2017年度浙江省社科联省级社会科学学术著作出版资金资助出版（编号：2017CBZ09）

当代浙江学术文库
DANGDAI ZHEJIANG XUESHU WENKU

网络舆情分析

赵 磊 著

中国社会科学出版社

图书在版编目（CIP）数据

网络舆情分析 / 赵磊著 . —北京：中国社会科学出版社，
2019.1（2023.8 重印）
（当代浙江学术文库）
ISBN 978 - 7 - 5203 - 3891 - 2

Ⅰ. ①网… Ⅱ. ①赵… Ⅲ. ①互联网络—舆论—研究
Ⅳ. ①G206.2

中国版本图书馆 CIP 数据核字（2019）第 000266 号

出 版 人	赵剑英	
责任编辑	田　文	
特约编辑	陈　琳	
责任校对	张爱华	
责任印制	王　超	

出　　版	中国社会科学出版社	
社　　址	北京鼓楼西大街甲 158 号	
邮　　编	100720	
网　　址	http://www.cssgw.cn	
发 行 部	010 - 84083685	
门 市 部	010 - 84029450	
经　　销	新华书店及其他书店	

印　　刷	北京君升印刷有限公司	
装　　订	廊坊市广阳区广增装订厂	
版　　次	2019 年 1 月第 1 版	
印　　次	2023 年 8 月第 3 次印刷	

开　　本	710×1000　1/16	
印　　张	21.5	
插　　页	2	
字　　数	364 千字	
定　　价	89.00 元	

凡购买中国社会科学出版社图书，如有质量问题请与本社营销中心联系调换
电话：010 - 84083683
版权所有　侵权必究

前　言

随着信息技术的发展和信息设备成本的降低，互联网生活的普及化程度越来越深，互联网已经成为继报纸、广播和电视之后影响人类生活、生产甚至社会发展的第四种大众媒体，当今社会也已经全面进入卡斯特所描述的网络社会，信息的来源由之前的单一由媒体机构固定时间集中发布把控转变为所有网民随时随地分散发布，信息的传播由之前的单向灌输式转变为双向互动式，整个媒介生态系统发生了巨大的变化，并且处于不断地演化之中。随着信息的传播方式发生转变，舆情的存在形式也从传统舆情的单一形式转换为传统舆情与网络舆情并存的新阶段。

面对这样的事实，近些年从学术界、商界到政商界，都对网络舆情产生了很大兴趣，投入了大量热情，投入了大量的人力、物力和财力，力图探究网络舆情的内在本质，以把握网络舆情的规律，充分发挥其正面引导作用，规避负面影响。在信息化为标志的网络社会情境下，传统舆情仍然存在的同时，网络舆情因网络技术的传播特性而呈现出迥异的特点。互联网的发展不但改变了社会结构和社会关系，带来了信息传播和生活方式的双重变革，更重塑了信息传播格局，并促成了网络化生存的基本态势。

互联网的迅猛发展为人们发布信息或发表意见提供了几乎零门槛的广泛场所，互联网的发展为公众介入公共政策和社会发展提供了便捷的参与之道，从而在互联网上释放出来了空前巨大的能量，在推进社会不断进步的同时，也产生了不可忽视的社会不稳定因素和各类风险问题，放大了转型期中国面临的各种社会问题，政府和公众都在这个全新的信息传播方式及其所引起的影响中经受着历练。互联网消除了广大公众政治参与的技术障碍，激发了网民的政治参与热情，多元化思潮导致的网络舆情激增引起了政府的高度重视，网络舆情事件接连不断，大量舆论热点通过互联网折射出不同层次的社会问题，在改变了信息的占有与分配结构的同时，也改变了政治参与的方式和人们的互动结构，为民意的有效表达提供了新的空间。网络舆情业已成为我国政治生活、社会生活和文化生活中的重要组成部分，互联网也成为政府了解社情民意和治国理政的新平台，各级政府对网络舆情高度重视。

舆情源于舆论，在西方，与之密切相关的英文为 Public Opinion，字面意思即公众意见，但舆情与舆论不同，舆情不仅包含已经形成的多数人的意见，还涵盖了民众对于某个议题的所有情绪、意见、看法和态度及其交错的总和，从而演化为一个中国式的概念。要将网络舆情的一般规律与中国特色社会主义发展阶段的实际有机结合，就要自觉地坚持以马克思主义为指导，自觉把中国特色社会主义理论体系贯穿研究和应用的全过程，转化为清醒的理论自觉、坚定的政治信念和科学的思维方法，只有将网络舆情的一般规律与中国当前的发展现状有机整合，网络舆情理论才能更符合国情实际，才能真正解决舆情管理问题。

互联网作为人类伟大的发明之一，改变了人类生产、生活的方方面面。党和国家历来重视舆论在社会生活中的重要作用，特别是党的十八大以来，以习近平同志为核心的党中央，高度重视互联网发展势态，及时加强了我国互联网发展顶层设计和统筹规划，成立了中央网络安全和信息化领导小组，确立了建设网络强国的重大战略目标。在当前的历史发展阶段，党中央也对新闻舆论工作给予了高度重视，党中央在多次会议上均作出了重要论断。2016 年 2 月 19 日在党的新闻舆论工作座谈会上，习近平总书记指出，党的新闻舆论工作是党的一项重要工作，是治国理政、定国安邦的大事，要适应国内外形势发展，从党的工作全局出发把握定位，坚持党的领导，坚持正确的政治方向，坚持以人民为中心的工作导向，尊重新闻传播规律，创新方法手段，切实提高党的新闻舆论传播力、引导力、影响力和公信力。2016 年 4 月 19 日，在网络安全和信息化工作座谈会上，习近平总书记指出，为了实现我们的目标，网上网下要形成同心圆。我们要本着对社会负责、对人民负责的态度，依法加强网络空间治理，加强网络内容建设，做强网上正面宣传，培育积极健康、向上向善的网络文化，用社会主义核心价值观和人类优秀文明成果滋养人心、滋养社会，做到正能量充沛、主旋律高昂，为广大网民特别是青少年营造一个风清气正的网络空间。习近平总书记多次指出，要把网络舆论工作作为宣传思想工作的重中之重来抓，善于运用网络传播规律，改进创新网上宣传，发展健康向上的网络文化，形成网上正面舆论强势。大力推进传统媒体和新兴媒体融合发展，增强主流媒体的传播力、公信力、影响力和舆论引导能力。加强网络社会管理，加强网络新技术新应用管理，推进网络依法有序规范运行，确保互联网可管可控，使我们的网络空间清朗起来。习近平总书记强调，网络空间天朗气清、生态良好，符合人民利益。网络空间乌烟瘴气、生态恶化，不符合人民利益。党的十八大以来，各级部门各司其职、密切配合、齐抓共管，在个人信息保护、互联网新闻、互联网网站、网络直播、互联网账号等多个领域持续开展各类专项治理行动，推动着网络生态进一步好转，网络空间日渐天朗气清。总书记的重要指示高屋建瓴、切中肯綮，体现了对互联网发展趋势和我国媒体格局、舆论生态深刻变化的准确把握，彰显了党中央与时俱进的执政智慧和战略抉择。

应时所需，近年来有关网络舆情应对的著述竞相问世，不少专家学者的精品力作脱颖而出，为帮助学术研究人员或政府管理人员认识网络传播规律、应对负面网络舆情、维护社会和谐稳定、保障个人合法权益发挥了重要的作用。但是，纵观已经出版的网络舆情分析类的著作或教材，普遍存在着或偏重理论、或偏重实践或理论结合实践但不深入以及不全面的不足，难以有效地发挥网络舆情分析理论对于网络舆情处置与应用的指导性作用，即或多或少存在鲜见理论论述全面、方法分析透彻和实践指导意义较强等问题。

针对网络舆情理论研究及其应用现状，本书按以下思想组织。从方法论上看，从系统论的整体角度，考察网络舆情从萌芽、出现、发展、兴起、高潮、衰退以至消亡的整个生命周期，提出有效从事网络舆情工作应包括理论、监测、研判、预警和处置应对等环节，采用扁平化操作模式认识把握网络舆情工作，更符合互联网的信息传播规律。从体例上看，本书基于我国当前国情的现状和社会发展的特点来进行写作，从舆论谈起，进而演化到传统舆情，再过渡到网络舆情，结合与网络舆情有关的理论和发展等、网络舆情的监测、预警等技术方法，最后落脚在网络舆情的处置与应对，扣合网络舆情分析的最终目的，层次清晰、逻辑严密，将基础理论、技术手段、操作流程和应对实践等有机结合，兼顾理论深度和思想高度的同时，又充分涉及制度层面和实务层面，最后阐述具体实践细节，既能帮助科研院所的理论工作者们接触一线的网络舆情分析实务，又适合政府舆情管理部门或企业舆情监测部门操作培训，具有一定的实用性。

网络舆情分析作为一个综合性较强的研究领域，要进行深入的研究或从事与之相关的工作，需要结合新闻传播学、哲学、经济学、管理学、社会学、心理学、计算机以及数量分析等跨学科的背景知识作为基础，要求较高难以把握。由于笔者水平及知识范围所限，本书在网络舆情的分析方法、技术手段、舆情引导以及相关法律法规等方面，仍然未能进行更为细致的论述，请广大读者提出宝贵的意见和建议。

目　录

第一章　网络舆情总论 ………………………………………… (1)
　第一节　网络舆情的研究背景 ………………………………… (1)
　　一　互联网成为舆情传播的重要媒介 ………………………… (4)
　　二　网络舆情的社会影响力日渐增大 ………………………… (7)
　　三　网络舆情研究的必要性不断增强 ………………………… (9)
　第二节　网络舆情的基本概念 ………………………………… (11)
　　一　舆情概念研究述评 ………………………………………… (11)
　　二　舆情、舆情信息与网络舆情 ……………………………… (16)
　　三　舆情、舆论与民意 ………………………………………… (21)
　第三节　网络舆情的构成要素 ………………………………… (30)
　　一　网民 ………………………………………………………… (31)
　　二　公共事务 …………………………………………………… (32)
　　三　时间和空间因素 …………………………………………… (35)
　　四　情绪、意愿、态度和意见 ………………………………… (36)
　　五　网络舆情的强度 …………………………………………… (41)
　　六　网络舆情的质和量 ………………………………………… (42)
　第四节　网络舆情的特点 ……………………………………… (43)
　　一　自由性与可控性 …………………………………………… (43)
　　二　即时性与交互性 …………………………………………… (44)
　　三　隐匿性与外显性 …………………………………………… (45)
　　四　情绪化与非理性 …………………………………………… (46)
　　五　丰富性与多元性 …………………………………………… (46)
　　六　公开性与特殊性 …………………………………………… (47)
　第五节　网络舆情的形态 ……………………………………… (48)
　　一　网络言论及其分类 ………………………………………… (48)

二　网络行为 …………………………………………… (50)
　第六节　网络舆情的传播途径 ………………………………… (52)
　　一　网站 ……………………………………………… (53)
　　二　电子邮件 ………………………………………… (53)
　　三　即时通信 ………………………………………… (53)
　　四　电子公告板 ……………………………………… (54)
　　五　博客 ……………………………………………… (55)
　　六　维客 ……………………………………………… (56)
　　七　播客 ……………………………………………… (57)
　　八　跟帖 ……………………………………………… (58)
　　九　微博 ……………………………………………… (58)
　　十　QQ空间 ………………………………………… (59)
　　十一　微信朋友圈 …………………………………… (60)
　　十二　搜索引擎 ……………………………………… (61)
　　十三　移动客户端 …………………………………… (62)
　　十四　社会性软件 …………………………………… (62)

第二章　网络舆情分析概述 ……………………………………… (65)
　第一节　网络舆情分析理论 …………………………………… (65)
　　一　网络舆情分析理论研究进展 …………………… (65)
　　二　网络舆情分析技术及其进展 …………………… (76)
　　三　网络舆情分析类型 ……………………………… (85)
　第二节　网络舆情基础理论 …………………………………… (86)
　　一　网络舆情概述 …………………………………… (86)
　　二　网络舆情要素 …………………………………… (91)
　　三　网络舆情演化路径和传播轨迹 ………………… (100)
　第三节　网络舆情演化模型 …………………………………… (108)
　　一　网络舆情演化理论基础 ………………………… (108)
　　二　进程的基本理论 ………………………………… (110)
　　三　网络舆情演化进程模型 ………………………… (113)
　第四节　网络舆情演化分析 …………………………………… (116)
　　一　命名实体提取 …………………………………… (116)

二　事件抽取 …………………………………………………… (122)
　　三　事件演化分析 ……………………………………………… (125)
　　四　话题内容演化分析 ………………………………………… (127)

第三章　网络舆情分析技术 …………………………………… (129)
第一节　网络舆情信息的采集技术 …………………………… (129)
　　一　网络舆情信息的采集方法 ………………………………… (129)
　　二　当前主要的搜索引擎技术 ………………………………… (135)
　　三　网络舆情信息分类及抽取技术 …………………………… (138)
第二节　网络舆情信息话题搜索技术 ………………………… (143)
　　一　话题搜索概述 ……………………………………………… (143)
　　二　网络舆情信息话题搜索技术 ……………………………… (144)
　　三　国内外舆情采集技术的进展 ……………………………… (152)
第三节　网络舆情信息处理技术 ……………………………… (156)
　　一　网络舆情信息的处理方法 ………………………………… (156)
　　二　网络舆情信息内容分析技术 ……………………………… (157)
第四节　网络舆情的内容分析技术 …………………………… (158)
　　一　网络舆情内容分析框架 …………………………………… (158)
　　二　国内外舆情分析技术研究进展 …………………………… (160)
第五节　网络舆情信息的可视化技术 ………………………… (166)
　　一　数据可视化技术基本 ……………………………………… (166)
　　二　数据可视化原理 …………………………………………… (167)
　　三　常用数据可视化工具 ……………………………………… (167)

第四章　网络舆情监测与预警 ………………………………… (169)
第一节　网络社会与网络舆情 ………………………………… (169)
　　一　网络社会的特征 …………………………………………… (169)
　　二　网络社会的兴起与治理 …………………………………… (172)
　　三　网络舆情与网络问政 ……………………………………… (176)
第二节　网络舆情搜集与监测 ………………………………… (177)
　　一　网络舆情监测理论 ………………………………………… (178)
　　二　政府网络舆情监测的重点领域 …………………………… (178)

三　网络舆情监测对象和信息采集 …………………… (181)
第三节　网络舆情的研判 ……………………………………… (183)
一　网络舆情研判的基本原则 …………………………… (184)
二　网络舆情研判流程 …………………………………… (185)
三　网络舆情研判的方式方法 …………………………… (186)
第四节　网络舆情预警 ………………………………………… (189)
一　网络舆情预警的内涵 ………………………………… (190)
二　网络舆情预警分级标准及响应机制 ………………… (196)
三　网络舆情预警的具体内容 …………………………… (199)
第五节　网络舆情处置 ………………………………………… (202)
一　网络舆情处置的内容 ………………………………… (203)
二　网络信息公开的原则和策略 ………………………… (206)
三　网络舆情引导的策略 ………………………………… (208)
四　网络舆情管控的策略 ………………………………… (209)

第五章　网络舆情分析报告 ……………………………………… (217)
第一节　网络舆情分析报告概述 ……………………………… (217)
一　网络舆情分析报告的作用 …………………………… (218)
二　网络舆情分析报告的类型 …………………………… (219)
第二节　网络舆情分析报告的撰写 …………………………… (223)
一　网络舆情分析报告的撰写原则 ……………………… (223)
二　网络舆情分析报告的要素 …………………………… (225)
三　网络舆情分析报告撰写的基本要求 ………………… (230)
第三节　网络舆情分析报告的撰写方法 ……………………… (235)
一　网络舆情分析报告的组织结构 ……………………… (235)
二　网络舆情分析报告标题 ……………………………… (236)
三　网络舆情分析报告摘要 ……………………………… (238)
四　网络舆情分析报告中的图表 ………………………… (239)

第六章　网络舆情与社会 ………………………………………… (241)
第一节　网络舆情与网络行为 ………………………………… (241)
一　理性温和型 …………………………………………… (241)

二　情绪波动型 ………………………………………… (243)
　　三　极端过激型 ………………………………………… (244)
第二节　网络舆情与突发事件 …………………………………… (246)
　　一　网络群体性事件的舆情 …………………………… (246)
　　二　社会热点事件网络舆情的演变 …………………… (250)
　　三　社会热点事件网络舆情的演变规律 ……………… (258)
第三节　网络舆情与社会心理 …………………………………… (265)
　　一　网络社会对社会心理的影响 ……………………… (265)
　　二　网络社会的社会心理现状 ………………………… (266)
　　三　网络社会环境下社会心理变化的原因 …………… (269)
　　四　网络社会心理问题的疏导 ………………………… (272)
第四节　网络舆情与政府执政 …………………………………… (275)
　　一　政府应对处置网络舆情的现状 …………………… (275)
　　二　政府应对网络舆情乏力的原因分析 ……………… (278)
　　三　提高网络舆情应对能力的建议 …………………… (282)
第五节　网络舆情与公共政策 …………………………………… (285)
　　一　网络舆情对公共政策的影响 ……………………… (286)
　　二　公众的政策态度对公共政策的作用 ……………… (286)
　　三　网民的政策态度对公共政策的意义 ……………… (287)

第七章　网络舆情的应对与处置 ………………………………… (289)
第一节　网络舆情的影响因素 …………………………………… (289)
　　一　按网络舆情涉事件性质分类 ……………………… (290)
　　二　按网络舆情的持续时间分类 ……………………… (290)
　　三　中共中央宣传部舆情信息局的分类 ……………… (292)
第二节　网络舆情主体的心态 …………………………………… (292)
　　一　利益分配不匀导致失衡心态的兴起 ……………… (293)
　　二　伴随社会发展民族主义情绪的放大与泛滥 ……… (294)
　　三　对当下不满导致的怀旧心态 ……………………… (296)
　　四　与社会整体进步反其道而行之的弱势心态 ……… (298)
第三节　网络舆情的分析与研判 ………………………………… (300)
　　一　网络舆情研判内容 ………………………………… (300)

二　网络舆情研判原则 …………………………………………（301）
　　三　网络舆情研判要求 …………………………………………（302）
　　四　网络舆情研判方法 …………………………………………（303）
第四节　网络舆情应对精神、理论与原则 …………………………（304）
　　一　网络舆情应对精神 …………………………………………（304）
　　二　网络舆情应对理论 …………………………………………（306）
　　三　网络舆情应对原则 …………………………………………（309）
第五节　网络舆情应对策略 …………………………………………（312）
　　一　构建网络舆情应对工作体系 ………………………………（312）
　　二　完善网络舆情应对法律法规 ………………………………（313）
　　三　健全网络舆情应对工作制度 ………………………………（314）
　　四　建立网络舆情应对的系统化机制 …………………………（318）

参考文献 ……………………………………………………………（322）

第一章
网络舆情总论

第一节 网络舆情的研究背景

随着计算机技术和互联网的飞速发展与普及，特别是移动互联网的广泛应用，从传播学和社会发展的角度而言，网络媒体业已被学术界、政府管理部门和公众公认为是继报纸、广播、电视这三种大众传播媒体之后的第四媒体。与之前业已在社会生活中占据重要地位的三种大众传播媒体形态一样，网络媒体作为新的媒体形态，同样具有信息传播的基本功能，网络媒体信息传播的平台，即互联网自然也成为反映社会舆情的主要载体，在当前信息化社会的舆情传播中起着越来越重要且不可忽视的作用。

通俗来说，网络舆情是指公众对在互联网这一信息平台上传播的某一特定话题，所表现的有一定影响力、带倾向性的意见、态度、情绪、言论或行为及其相互交错情况的总和。舆情早已存在于报纸、广播和电视等媒体的信息传播过程中，网络舆情则存在于互联网这个媒体平台信息的传播过程中，所以网络舆情与这三种传统媒体引起的社会舆情在内容、表现形态方面往往具有一定的相似性，两者都反映了公众的现实心理状态，与此同时，网络舆情与社会舆情又相互影响，相互作用，使得综合层面的舆情，比互联网平台出现之前的社会舆情变得更加复杂。由于网络舆情所产生的互联网平台技术上天然的优越性，与社会舆情相比，网络舆情也自然自身具有快速、即时和公众参与广泛的特点，可以在极短的时间内将所关注事件的舆情迅速扩大化，并反过来深刻影响社会舆情的发展。

进入新千年，以互联网为代表的信息技术日新月异，引领了社会生产新变革，创造了人类生活新空间。在互联网时代，整个舆论生态发生着深刻的变化。由于网络舆情与社会舆情迥然不同的特点，政府与公众之间的关系也发生了根本性的变化。政府部门需要理解掌握网络舆情的特点，才可以理解掌握并利用网络舆情的规律，塑造政府良好形象，营造进步的公共管理环境,进而推动各级政府推动政治民主建设,促进社会的健康良性发展。反之,如果不了解或者对网络舆情的特点理解或把握不到位,就极易造成网络舆情处理不当,造成公众与政府之间的隔阂,给政府管理带来负面影响,进而危害公共管理秩序,甚至引起社会动荡或骚乱。

据此,党的十六大以来,在若干重要文献中,均从党的执政能力和领导水平的高度,对社情民意进行了深入的论述。在《中共中央关于加强党的执政能力建设的决定》中,明确提出建立社会舆情汇集和分析机制,畅通社情民意反映渠道。在《全面建设小康社会,开创中国特色社会主义事业新局面》中指出,要完善深入了解民情、充分反映民意、广泛集中民智、切实珍惜民力的决策机制,推进决策科学化民主化。各级决策机关都要完善重大决策的规则和程序,建立社情民意反映制度,建立与群众利益密切相关的重大事项社会公示制度和社会听证制度,完善专家咨询制度,实行决策的论证制和责任制,防止决策的随意性。在《中共中央关于构建社会主义和谐社会若干重大问题的决定》中指出,坚持正确导向,营造积极健康的思想舆论氛围。正确的思想舆论导向是促进社会和谐的重要因素。新闻媒体要增强社会责任感,宣传党的主张,弘扬社会正气,通达社情民意,引导社会热点,疏导公众情绪,搞好舆论监督。健全突发事件新闻报道机制,及时发布准确信息。加强对互联网等的应用和管理,理顺管理体制,倡导文明办网、文明上网,使各类新兴媒体成为促进社会和谐的重要阵地。党的十七大以来,中共中央对网络媒体在舆论和国家发展中的重要性作出了全面而具有指引性的论述。2014年2月27日,习近平主持召开中央网络安全和信息化领导小组第一次会议强调,做好网上舆论工作是一项长期任务,要创新改进网上宣传,运用网络传播规律,弘扬主旋律,激发正能量,大力培育和践行社会主义核心价值观,把握好网上舆论引导的时、度、效,使网络空间清朗起来。

2014年8月,习近平总书记主持召开中共中央全面深化改革领导小组会议,部署推进传统媒体和新兴媒体融合发展。随后,中办、国办印发《关于推动传统媒体和新兴媒体融合发展的指导意见》。《意见》要求,中央和地方各主要媒体抓住历史机遇,跟上时代潮流,坚定有力地投身于这场重大而深刻的媒体变革。一批新型主流媒体正在兴起,为壮大主流舆论赢得了战略主动。

2015年10月,十八届五中全会通过了《中共中央关于制定国民经济和社会发展第十三个五年规划的建议》提出，要牢牢把握正确舆论导向，健全社会舆情引导机制，传播正能量。加强网上思想文化阵地建设，实施网络内容建设工程，发展积极向上的网络文化，净化网络环境。推动传统媒体和新兴媒体融合发展，加快媒体数字化建设，打造一批新型主流媒体。优化媒体结构，规范传播秩序。加强国际传播能力建设，创新对外传播、文化交流、文化贸易方式，推动中华文化走出去。针对建设网络文件问题，习近平指出："要有丰富全面的信息服务，繁荣发展的网络文化"，"网络信息是跨国界流动的，信息流引领技术流、资金流、人才流，信息资源日益成为重要的生产要素和社会财富，信息掌握的多寡成为国家软实力和竞争力的重要标志"。作为一种软实力的标志，必须树立以中华文明为底蕴的网络文化意识，并切实发展和壮大中国网络文化产业，提升我国网络文化的影响力，让以中华文明为底蕴的网络文化根植网络强国。

2016年2月19日，习近平总书记主持召开党的新闻舆论工作座谈会并发表重要讲话，用48个字概括了在新的时代条件下，党的新闻舆论工作的职责和使命，党的新闻舆论工作是党的一项重要工作，是治国理政、定国安邦的大事。要适应国内外形势发展，从党的工作全局出发把握定位，坚持党的领导，坚持正确政治方向，坚持以人民为中心的工作导向。要深入开展马克思主义新闻观教育，引导广大新闻舆论工作者做党的政策主张的传播者、时代风云的记录者、社会进步的推动者、公平正义的守望者。在党的历史上，这是首次针对新闻舆论工作者召开的座谈会，为新形势下做好党的新闻舆论工作明确要求、提出遵循。推动媒体融合发展，是以习近平同志为核心的党中央巩固宣传思想文化阵地、壮大主流思想舆论的重大战略部署。

2016年4月19日，习近平在网络安全和信息化工作座谈会上的讲话中指出，网民来自老百姓，老百姓上了网，民意也就上了网。群众在哪儿，我们的领导干部就要到哪儿去，不然怎么联系群众呢。各级党政机关和领导干部要学会通过网络走群众路线，经常上网看看，潜潜水、聊聊天、发发声，了解群众所思所愿，收集好想法好建议，积极回应网民关切、解疑释惑。这充分说明了当代中国领导人对于网络舆情在社会治理中的深刻认识和高度重视。

习近平总书记在2016年2月19日新闻舆论工作座谈会上强调党管媒体、舆论导向，新闻舆论工作各个方面、各个环节都要坚持正确的舆论导向。不能因为传播媒介不同而"网开一面",出现"舆论飞地""舆论特区"。

凝神聚气,培育和践行社会主义核心价值观,更需要一个风清气正的舆论场。2017年5月,经中共中央批准印发《关于实施网络内容建设工程的意见》,对加强网络内容建设作出全面系统部署,网络内容建设全面展开。同年6月,《网络安全法》正式实施。

比尔·盖茨曾说,网络正在改变人类的生存方式。随着网络技术的不断发展和广泛应用,网络文化已经深深注入人们价值观念、人文精神和生活方式。互联网作为思想文化传播的重要渠道,巩固壮大积极健康向上的主流舆论是社会主义文化建设的重要任务。习近平总书记指出,根据形势发展需要,要把网上舆论工作作为宣传思想工作的重中之重来抓。网络作为思想文化传播的重要平台,是共识与分歧对抗的舆论场,发挥好网络作为舆论阵地的作用,能够使得积极健康的思想文化得到有效的传播,利于正面的主流舆论的成型,对社会主义文化建设有着显著的帮助,能够凝聚公众价值的统一共识,团结社会主要力量,为社会主义事业作出巨大贡献,奠定我国发展社会主义事业的公共思想基础。党的"十三五"规划建议进一步指出,牢牢把握正确舆论导向,健全社会舆情引导机制,传播正能量。加强网上思想文化阵地建设,实施网络内容建设工程,发展积极向上的网络文化,净化网络环境。这些重要论述,更加突出了当前社会发展情况下网络舆情研究的重要性和必要性。

尽管网络舆情已经深刻地影响了社会生活的各个方面,但对于大多数人来说,网络舆情的认识、理解和把握,仍然处于初级阶段。这是因为,网络舆情隐性地存在于海量的网络信息和数据中,难以有效而且及时地收集、获取和分析网络舆情信息,并系统化地实现网络舆情的自动预警,对于各级党政部门及时了解、掌握和应对网络舆情,促进政府与公众关系的改善,对于确保社会和谐稳定甚至国家安全都具有重要的意义。

一 互联网成为舆情传播的重要媒介

根据2017年1月中国互联网络信息中心(CNNIC)发布的第39次《中国互联网络发展状况统计报告》显示,截至2016年12月,中国网民规模达7.31亿,全年共计新增网民4299万人。互联网普及率为53.2%,较2015年底提升了2.9个百分点。中国手机网民规模达6.95亿,较2015

年底增加了550万人。网民中使用手机上网人群占比由2015年的90.1%提升至95.1%。中国网民通过台式电脑和笔记本电脑接入互联网的比例分别为60.1%和36.8%,手机上网使用率为95.1%,较2015年底提高5.0个百分点,平板电脑上网使用率为31.5%,电视上网使用率为25.0%。中国域名总数为4228万个,中国网站总数为482万个,中国企业使用计算机办公的比例为99.0%,使用互联网的比例为95.6%,利用互联网开展营销推广活动的比例为38.7%。

由上述数据可见,互联网基础设施的完善和网络普及率的迅速提高,为中国整体发展增添了巨大动力,使得人们生活、工作、学习方式发生重要的改变。互联网已经发展成为舆情传播和发展并发挥巨大作用的平台,具体表现在以下几个方面。

1. 互联网已经成为人们获取信息的重要途径

随着信息技术的进步和普及,越来越多的人在互联网上从事获取资讯、学习工作、即时沟通、网络社交及各类休闲娱乐等活动,互联网已经深度介入到民众生活的方方面面,成为人们传递和获取信息的重要途径。互联网整合了各类资源,迅速发展壮大,为人们提供了快速、便捷、多样的信息资源,人们已经习惯使用并依赖网络提供的信息进行生活工作,积极关注国家和社会发生的各类事件。但在信息林林总总的互联网上,民众获取信息的来源也趋向集中于主流门户网站、网络论坛和社交平台等。一些主流门户网站,如人民网、新华网、网易网、腾讯网、新浪网、搜狐网和凤凰网等,是各群体民众获取综合类新闻信息的主要来源;百度贴吧、天涯论坛和网易论坛等网络论坛以丰富性和互动性见长,也是各群体多角度获取信息的重要来源;当各群体需要获取科学或专业类信息时,豆瓣网、知乎网、果壳网和各类公开课网站是主要的信息来源。微信和微博作为强势兴起的社交平台,也逐渐成为民众重要的网络信息来源。

2. 互联网成为人们发表个人看法和交流意见的重要平台

随着互联网的发展,社交作为互联网应用发展的必备要素,不再局限于信息传递,而是可以就社会事件发布自己的看法或意见,甚至可以与沟通交流、商务交易类应用融合,借助其他应用的用户基础,形成更强大的关系链,从而实现对信息的广泛、快速传播。

互联网的服务方式从电子邮件、论坛、博客、贴吧到微博,变得越来越自由、迅速的网民互动交流方式，使得发表个人意见更加方便快捷。其中，微博作为重要的个人意见自由表达平台，已经成为社会舆论的发动机和发酵器，微博的影响力持续扩大。根据2016年12月新浪发布的《2016年度微博用户发展报告》显示，截至2016年9月底，我国微博月活跃人数达到2.97亿，较2015年同期相比增长35%，日活跃用户达到1.32亿，较去年同期增长32%。网民中的微博用户比例达到54.7%。手机微博用户规模2.02亿，占所有微博用户的65.6%，接近微博用户总体人数的三分之二。

除了来源于博客的信息发布平台，来源于即时通信工具的信息发布平台也在网络信息的传播和网络舆情的形成中起到了重要作用，例如腾讯公司推出的即时通信工具QQ和微信及其QQ空间和微信朋友圈。QQ空间，又称为Qzone，是腾讯公司2005年基于QQ开发出来的一个个性空间，具有博客功能，自问世以来受到众多人的喜爱。在QQ空间上，可以书写日志、写说说，上传用户个人的图片，听音乐，写心情，通过丰富多彩的方式展现自己或自己关注的信息。截至2016年底，QQ空间月活跃账户数达到6.52亿、QQ空间移动终端月活跃账户数则达到了5.96亿。与QQ空间不同，朋友圈是腾讯微信上的一个社交功能，于2012年4月19日微信4.0版本更新时上线，用户可以通过朋友圈发表文字和图片，同时可通过其他软件将文章或者音乐分享到朋友圈，用户还可以对好友新发布的信息评论或点赞，其他用户只能看共同好友的评论或赞。

微信朋友圈、QQ空间，作为以即时通信工具为基础衍生出来的社交服务，在舆情的形成过程中也起到了越来越重要的作用。在CNNIC发布的第38次《中国互联网络发展状况统计报告》中显示，截至2016年6月，微信朋友圈、QQ使用率分别为78.7%、67.4%。微信朋友圈是基于微信联系人形成的熟人社交平台，随着用户规模的拓展、产品功能的丰富，弱关系社交也逐渐渗入，在产品内部形成多个相互平行、自成体系的圈子。QQ空间在关系链上强弱关系兼而有之，在信息维度上则以个体信息为主，媒体属性较弱。

微博是基于社交关系来进行信息传播的媒体平台，在经历了行业调整后，发展策略转换为垂直化内容生态建设，打造垂直化的兴趣社区，兼具媒体和社区属性。截至2016年6月，微博用户规模为2.42亿，逐渐回升，使用率为34%，与2015年底相比略有上涨。微博主打陌生人社交，通过人与人之间的关注、被关注网络来传播信息。在内容维度上，微博正在从早期关注的时政话题、社会信息，更多地向基于兴趣的垂直细分领域转型。当社会重大事件发生时，网民已经从信息接收者转变为信息传播者。微博、QQ空间以及微信朋友圈的出现，为网民信息的发布和意见的发表提供了极大的便利，网民发表的大量网络信息，也在无形之中改变着网络舆情的走向甚至于整个社会舆情的生态状况。

人民网舆情监测室发布的《2016年互联网舆情报告》指出，近些年来，中国网络舆情呈现出"正能量"宣传在社交媒体中赢得话语权、舆情热点向城市居民群体转移、"广场式舆论"与"茶馆式舆论"背离、全民法治意识增强、对热点案件的关切不减、在网络热点问题上意识形态因素凸显、境内境外舆论场交互民意隔阂需要沟通化解等特点。

新华网发布的《2016年度社会热点事件网络舆情报告》则显示，社会热点舆情的发酵呈现新的特点和趋势，热点话题区域化、行业化、全民化，多个热点舆情超越地域限制，引发全国性关注已成常态；自媒体成主要发酵平台之一，网民实现了"指尖发声"，舆论进入"围观新常态"；主流媒体仍然是推动舆情话题发酵的重要因素，一方面让讨论深入，同时对敏感议题还具有"脱敏"效果；"标签化传播"仍十分常见，网民刻板认知致使"舆情反转"频现；明星频频介入公共话题，社会力量持续发展；整体舆论生态现微妙变化，主流意见趋向积极。未来社会舆情仍将长期保持较为活跃的态势，教育文化、医疗卫生、社会保障、环境保护、旅游管理等依然是舆情高发、频发地带。随着深化改革的全面推进，政策的实施层面将承载更多的舆情，舆论的诉求对象也将从中央转向地方，网民不仅关心政策的出台，更加关心政策的执行。同时，以中产等为代表的群体，参与社会性公共事务的热情持续增高，其舆论诉求将更加着眼于权利实现，成为良性舆论环境的建设者。鉴于互联网在社会治理中扮演的角色越来越重要，网络治理仍将是社会治理的重要部分，良性的网络空间秩序有待于持续建设与维护。

二 网络舆情的社会影响力日渐增大

与报纸、广播和电视主导的社会舆情相比，网络舆情的表达具有快捷即时、信息多元、互动性强等特点，使得舆情形成迅速，网络舆情对社会的影响日益增大。

一方面，网络开放性和网民互动方式多样性，使得民意表达更加畅通，网络舆情已经监督和影响着各级政府部门行为，并在一定程度上改变了政府的决策。例如，2016年重审的聂树斌案。2016年6月8日，网民对聂树斌事件的主动搜索次数逐渐达到高峰，随后迅速走低并趋于平缓，由此可见网民对此次聂树斌事件并未形成持续性关注。最高法罕见主动谈聂树斌案，对聂树斌案舆情的二次传播推动效果明显。在聂树斌案重审事件中，最高人民法院官网与官方微博、新华社、人民日报和头条新闻等媒体，将政府动态及时准确传递给公众，并开展交流互动，做到了及时回应社会关切，在推动网友热议方面的影响力较为突出。在家属和部分媒体以及相关部门的坚持下，将案情通过网络途径，在论坛等网络空间中进行讨论，促进了该案件的重审。2016年11月30日，最高人民法院第二巡回法庭作出了《聂树斌故意杀人罪一案再审刑事判决书》，同年12月14日，聂树斌亲属前往河北省高级人民法院，递交了聂树斌一案的刑事国家赔偿申请书。此次事件应对中，政府、媒体与网民三者互动良好，未见极端次生舆情出现。又如2016年初的高考减招风波。舆情爆发后，新闻媒体及时跟进，积极报道事件相关进展，突出强调官方处理及回应相关内容。起初，试图通过政策解读来平息众怒，如中国网以《江苏高考减招不减反增其实录取几率增大》为题作报道，等等。在缓解效果不甚理想时，媒体加大舆论引导力度，如常州网新闻推出《江苏高考今年减招？专家：客观增加六千人机会》等报道。该舆情是媒体的统一行动，作为舆论主阵地，媒体的抱团发力对缓解舆论风波，起到了直观有效的作用，舆情后期平稳过渡。

另一方面，由于互联网本身的虚拟性和互联网用户身份的隐匿性，造成缺少规则限制和有效监督，使得互联网成为一些网民发泄非理性情绪的空间。随着网民的组织化程度的提高，各种形式的网络社团不断出现，如百度贴吧、QQ群和微信群等，加快了网络舆情的扩散速度，而且很多网民已经从网络中走到现实，通过实际行动直接表达自己的情绪。例如，2016年5月的雷洋事件，涉事主体各执一词，为谁该为雷洋意外身亡负责而争执不休。该事件引起的"舆论涟漪"效应使得舆情不断发酵，而警方的舆情应对策略存在争议，客观上进一步撩拨了本来就敏感而脆弱的警民关系。雷洋事件的舆论热点一旦出现，就如一粒投入平静湖面的石子，本身可能并不甚大，却能荡起层层涟漪，其中每层涟漪都在激活新的补充信息点、唤醒沉睡的生僻知识点，最终形成新的舆论内容，这一过程不断周而复始，直至最终完成整个舆论话题的消费过程。又如，在杨改兰事件中，个别媒体以《3年未获低保》《低保被取消》等鲜明标题为引导，主观上推动舆情外溢蔓延。此类标题极具诱导性，且起到了先入为主的作用，对舆情发酵产生明显影响。在舆情发展后期，又有媒体指向农妇杨改兰丈夫的入赘角色问题，报道侧重其家庭情况之复杂，不少网友脑洞大开，设想其家庭情况成为悲剧产生的诱因。两种具有代表性的媒体舆论未借助官方调查，却影响了舆情走势和网民情感态度，媒体舆论导向性值得商榷。

三 网络舆情研究的必要性不断增强

网络舆情对社会的影响日益增大，各级政府部门愈加关注和重视网络出现的民情民意。近年来，政务新媒体得到快速发展，已经成为各级政府部门发布权威信息、加强政民互动、引导网络舆论、提升社会治理能力的一个重要组成部分。政务新媒体正在改变和影响着舆论格局、社会治理结构，并且已经成为区域影响力的重要元素。

2004年9月召开的党的十六届四中全会，明确提出要建立社会舆情汇集和分析机制，畅通社情民意反映渠道，充分了解民情、反映民意，广泛集中民智，切实珍惜民力的决策能力。会议要求宣传思想战线积极开展舆情信息工作，探索建立覆盖广泛、统一高效的舆情汇集与分析机制，及时全面地反映社会舆情的总体态势。要求政府作为国家管理者，及时了解民众的诉求，建立与民众之间的良好交流与互动关系，协调政府与民众之间、民众内部的矛盾，实现社会和谐发展。这无疑给了舆情研究破茧而出的重要动力。在党的号召下，中共中央宣传部舆情信息局及各地舆情信息研究机构纷纷挂牌成立，我国的舆情信息工作在全国大范围内开展。接着，上海社会科学院社会调查中心、天津社会科学院舆情研究所两大科研机构分别在上海、天津成立，一些相关的舆情著作和论文也相继出版和发表，我国的舆情研究开始取得一些阶段性成果。

2008年6月，胡锦涛总书记在人民日报社视察工作时指出，互联网已成为思想文化信息的集散地和社会舆论的放大器，我们要充分认识以互联网为代表的新兴媒体的社会影响力。与人民网强国论坛的网友在线交流时指出，互联网是了解民情、汇聚民智的一个重要的渠道。温家宝总理每年在全国"两会"期间，都很关注网友对政府的意见，单是从人民网、新华网、央视国际网的不完全统计，给政府提出的意见和针对总理本人提出的问题就多达几十万条。温家宝总理指出，我从群众的意见中感受到大家对政府的期待和鞭策，也看到了一种信息和力量。

2014年2月27日，习近平在中央网络安全和信息化领导小组第一次会议上的讲话指出，做好网上舆论工作是一项长期任务，要创新改进网上宣传，运用网络传播规律，弘扬主旋律，激发正能量，大力培育和践行社会主义核心价值观，把握好网上舆论引导的时、度、效，使网络空间清朗起来。

2016年2月，中办、国办印发《关于全面推进政务公开工作的意见》，部署全面推进各级行政机关政务公开工作。8月，国办下发《关于在政务公开工作中进一步做好政务舆情回应的通知》，11月，国办印发《〈关于全面推进政务公开工作的意见〉实施细则》。2016年，国务院办公厅公开发表的文件明确要求，各地区各部门要适应传播对象化、分众化趋势，进一步提高政务微博、微信和客户端的开通率，充分利用新兴媒体平等交流、互动传播的特点和政府网站的互动功能，提升回应信息的到达率。

目前，全国政务微博账号有24万个，政务微信账号超过10万个。以拥有粉丝600万的中组部共产党员为代表，以粉丝超100万的国资委国资小新等为主阵容，由全国公安、高检、高法、铁路等系统组成的中央部门政务新媒体大号兵团，把用户当伙伴、当朋友，以平等的姿态、卖萌的语气，集权威发布、信息查询、政务服务等功能于一身。还有各类地方政务媒体，突出面向百姓的贴心服务，已经成为各级政府部门发布权威信息、加强政民互动、引导网络舆论、提升社会治理能力的重要组成部分，成为推动政府管理创新、建设服务型政府、提升政府公信力、做好舆论引导的重要抓手。

截至2016年12月31日，新浪微博平台认证的政务微博已达到164522个，实现了级别、地区、部门的全覆盖。人民网新媒体智库分析显示，2016年1月至11月的600多起舆情案例中，政府回应率达到87%，有57%以上的事件政府首次响应在事发24小时之内，有73%的事件政府部门首次回应在48小时之内（含24小时）。其中，41%的事件通过政务新媒体作出回应。

网络舆情应对能力正成为党政机关执政能力的重要标志，不断提高应对网络舆情的能力，也成为各级党政机关施政服务中不能回避的重要课题，急需建立快速应急机制，提高网络舆情应对速度，争取主动权。大力发展政府在信息化社会下的网络舆情把控能力，是大势所趋、时代所需。

第二节 网络舆情的基本概念

舆情、网络舆情和舆情信息是几个相互联系又有所区分的概念。目前为止，其中的核心概念舆情，都还没有一个被各界广泛认可和接受的权威性定义。究其原因，舆情本身即是人类的一种丰富且复杂的精神、认知和意识现象，而关于人类精神层面的活动的描述，往往受到多方面的影响，难以使用短短数语加以刻化。以至于造成舆情研究作为历史有限的社学科学研究领域，受到国外研究的影响，国内的研究和讨论也已经展开，国内诸多高等院校和研究机构已经设立多家舆情研究所，尽管已经取得了一些很有价值的研究成果，并且舆情的研究和应用越来越受到学界和政府、新闻、媒体、商业等行业的重视，但关于舆情本身的研究深度还仍需加强。

一 舆情概念研究述评

相对于以西方为主的国外学术研究界，我国研究舆情起步较晚，但结合西方的研究为基础，结合中国国情进行深入研究，舆情的研究和实践均已经取得了较多的成果。

舆情是一个中国语境内的概念。"舆情"一词最早出现在唐代的文献里，但是作为一个研究范畴，以及概念的确立到目前为止时间并不长。目前，学界尚未形成对舆情概念的统一认识。近年来，党和政府对舆情工作的重视，以及日常舆情信息工作实践的开展，对我国的舆情研究工作提出了更高的要求，也加速了我国舆情信息工作的研究与探讨。

据文献考证，目前能够检索到最早出现"舆情"一词的文献是唐代的《旧唐书》一百七十七卷中记载的关于唐昭宗李晔在乾宁四年（公元897年）的一封诏书："……朕采于群议，询彼舆情，有冀小康，遂登大用……"，这也是"舆情"作为一个词汇首次出现。此后，舆情一词在文献中出现的频率便逐步增加。例如，南唐诗人李中在《献乔侍郎》

一诗中写道:"格论思名士,舆情渴直臣。"宋代秦观的《与苏公先生简》一文中提道:"伏乞为国自重,下慰舆情。"清朝皇帝康熙首次南巡驻江苏宿迁时,发现漕运总督邵甘问题严重,随即传旨召见,说道:"朕时巡之举,原欲周览民情,查访吏治。尔身为大臣,理应洁己率属,乃莅任以来,并无善状,且多不谨处。此朕得之舆情,访闻颇确。"清代的1873年,李鸿章在奏请于天津建"曾国藩专祠"的奏折中写道:"仰恳天恩,俯赐照准,以顺舆情。"在这些文献中,舆情一词指的是民众的情绪、意见、意愿。据学者对《文渊阁四库全书》电子版进行全文检索,舆情一词在其中出现了一千一百余次。由此看出,舆情是中国本土化的概念,且最早使用源于官方,而非民间;舆情特指用于反映普通老百姓的看法,而非统治者的意见。

　　从语言结构来说,舆情一词属于偏正结构,即以"舆"修饰"情",而"舆"与"情"又有其各自原来的含义。"舆"最初描述车的周围有四只手,合力造车的样子,原指造车的工匠,后多指车厢,并泛指车,又引申为"众人之论",泛指地位低微的人,亦用以指众人。作为一个单字,"舆"的语义也经历了长时间的发展与演变。"舆"为象形字,"舆"原意指人力抬举的车,最早出现在商代的甲骨文,与现代汉字中的"舆"的形状大致相同,由"车"与"异"两个部分组成,前者象征轿子,后者是合力抬举的四只手的象形。在古代,"舆"的本义有两个:一是车厢或轿。如《老子》:"虽有舟舆,无所乘之。"如《考工记》中即有"舆人为车"的说法。二是奴隶或差役中的一种,春秋时列为"人有十等"的第六等,后泛指供人驱使地位低贱的人。《说文解字》中记载,"舆,车舆也。"舆人原指造车匠,后指与车有关的车夫、差役、小官吏和随车士卒等下层普通大众,又逐渐演变为对普通百姓的泛称。如《左传·昭公七年》:"皂臣舆,舆臣隶"。"舆人"则是指推车的人或抬轿子的人,随着语义的发展演化,"舆人"逐渐具有了"众人"的含义。如《左传·僖公二十八年》记载的"晋侯听舆人之诵"。《晋书·王沉传》中的"自古圣贤,乐闻诽谤之言,听舆人之论"。从此,与舆相关的词语皆是围绕着众多的意思,舆论的基本概念开始确立。

　　而"情"字,在白话版《说文解字》中解释为:情,人之阴气有欲者。从心,青声。即,情是指内心有所欲求的隐性动力。字形采用"心"作边旁,采用"青"作声旁。本义即感情,因外界事物所引起的喜、怒、爱、憎、哀、惧等心理状态，表达的是对事物的关心和牵挂，同时也指事物的状况。从字面上面，舆情即众人对某件事物的看法和意见等，以及引起的心理状态等。根据古代文献记载，舆情和舆论的词义大致相同，指的都是民众的意愿、众人的意见，强调的都是希望为政者多听取民众的意见，不要违背百姓的意愿。由于古代思想家们并没有对"舆情"和"舆论"的含义进行比较明确的区分，更没有从内涵上进行系统的探讨，因而它们并不具有现代意义上的真正含义，不能被称之为一个概念，仅仅是作为一个词汇在使用。

从辞源学的角度分析，舆情的基本含义应为民众的情绪、意愿、态度和意见等。近年来，关于舆情基础理论的研究取得了很大进展，尽管研究成果还不甚丰富，但是在一些成果中，对舆情这一概念已经进行了大量积极的探讨。

舆情作为一个仅有着数十年发展历史的概念，其提出有着深刻的历史与时代背景，是在借鉴西方民意研究和中国舆论研究相关成果的基础上，结合中国社会发展的现实情况而发展起来的。要研究网络舆情，需要先对舆情进行探讨。比如，有学者认为：舆情，舆者，舆论也；情者，情况矣。与之类似的理解还有，"简单地说，社会舆情是指社会舆论反映的社会公众具有普遍性的情况。""舆，指群众的言论，众人之议论；论，指主张、讲述、学说，言得其理也，舆论是舆和论的合称。舆论是指公众论事说理、评论是非；舆论常同舆情联系起来，舆情是指公众的意见和态度，也称舆论动态。"以上定义都没能正确地理解"舆"和"情"的意义，并将舆情和舆论两个概念相混淆，因此，都没能把握住舆情一词的真正含义。也有研究者对舆情的含义有了一些感性认识，例如，"我们应注重对社会心态的研究，准确分析把握社会舆情，以群众情绪为第一信号，时刻关心了解人们在想什么，说什么，关注什么，找出其心理特征和需求"，"社会舆情是指社会群众的意见和态度。"《现代汉语通源词典》将其解释为公众的意见和态度。根据这样的解释可以认为，舆情的基本含义应该是民众的情绪、意愿、态度和意见等，《辞源》对舆情的解释是民众的意愿。

舆论一词更多地体现的是中国语境的概念。舆论作为一个词组，最早见于《三国志·魏·王朗传》，"没其傲狠，殊无入志，惧彼舆论之未畅者，并怀伊邑。"其中，舆论指公众的言论。在维新变法时期，一些当时具有先进的西方思想的学者们就开始对舆论进行相对系统化的分析研究。在近代中国，以梁启超为代表的资产阶级改良派和以孙中山为核心的革命派，都借鉴西方以民意为基础的人民主权思想，利用民意的力量在中国进行思想启蒙运动，推行君主立宪和议会政治，以实现中国资产阶级民主化。由于几千年来中国封建君王和专制统治思想的根深蒂固，在积贫积弱的封建社会里，国民的政治素养、教育水平的低下，资产阶级的软弱性等因素，导致资产阶级改良派和革命派的改革和革命均以失败告终。但是值得肯定的是，以梁启超为代表的思想先驱们在办报的过程中，对舆论问题在中国的研究奠定了坚实的基础。"夫舆论者何，多数人意见文公表于外者也。是故少数人所表意见，不成为舆论；虽多数人怀抱意见而不公表文，仍不为舆论"，梁启超将舆论界定为公意，点明了舆论中公众这个主体，也指明了舆论"公表于外"的形成和体现方式，以梁启超为代表的改良派运用报刊媒介传播资产阶级改良与革命思想，发动群众、鼓动人心、控制、引导舆论。

　　网络舆情作为舆情的重要组成部分，对其理解自然要基于舆情。一般认为，网络舆情是指媒体或网民借助互联网这一工具，对社会某一个焦点问题、社会公共事务等所表现出来的具有一定影响力、有着明显倾向性的意见或言论。网络舆情，从书面上理解就是在互联网上传播的，以网民为主的公众对某一共同关注的焦点或热点问题所表现的有一定影响力、具有倾向性的意见或者言论的情况。正如以上文字所述，该定义仅仅局限于字面理解，并未深入地反映网络、舆和情三者之间的关系。

　　天津社会科学院研究所研究员王来华在我国第一部舆情基础理论专著《舆情研究概论》中，将舆情定义为，舆情是指在一定的社会空间内，围绕中介性社会事项的发生、发展和变化，作为主体的民众对作为客体的国家管理者产生和持有的社会政治态度。这可谓现代舆情概念的起源。王来华还在该书中，解释了与舆情相关的其他几个概念。如舆情空间，是指民众的社会政治态度形成、变化和发生作用的情境或环境，是多层的、结构化的和复杂多变的，是主体、客体和空间中具有的其他基本因素之间的多维或多元的"互动"即相互的刺激、影响和制约的情境；中介性社会事项，是国家管理者的权力运行结果，是舆情的直接刺激物，包括国家管理者制定和推行的法律规章制度、各类方针政策、工作措施，也包括影响民众利益及主客体利益关系变化的事件、人物，甚至还包括国家管理者的工作成就和存在的各种问题等。王来华关于舆情的定义被称为狭义舆情，因为该定义把民众的意愿限定在民众的社会政治态度方面，外延相对缩小了，但该定义所包含的民众与国家管理者之间利益关系的基本含义就变得更加突出，定位在民众主体对国家管理者客体的社会政治态度，认为中介性社会事项是舆情的刺激物。但是，需要思考的是，所谓中介性社会事项是否仅仅是舆情的刺激物。换言之，舆情客体是否包含中介性社会事项。因为，引起民众舆情的社会事务、社会现象并不全是国家管理者权力运行的直接结果，一些民众关心的人物或事物同样可以引起广泛的舆情关注。例如，始于2006年以及后续多起的虐待动物事件，2008年曝光的某学校汶川地震捐款视频事件以及众多演艺明星感情生活的绯闻等事件在网络曝光以后，都引起了广大网民强烈的反响。显然，这些事件并非完全属于中介性事项，却既刺激了民众舆情的产生，也是舆情所指向的客体。需要肯定的是，王来华对舆情的这一定义的重要意义在于，揭示了舆情的核心内容，即民众的社会政治态度。

天津社会科学院舆情研究所研究员刘毅在王来华定义舆情的基础上，扩充了舆情所指向的主体和客体，认为"舆情是由个人以及各种社会群体构成的公众，在一定的历史阶段和社会空间内，对自己关心或与自身利益紧密相关的各种公共事务所持有的多种情绪、意愿、态度和意见交错的总和"。该定义明确了舆情的主体、客体和本体。

张克生则在其专著《国家决策：机制与舆情》中认为，舆情可以认为是国家决策主体在决策活动中必然涉及的、关乎民众利益和民众生活（民情）、社会生产（民力）和民众中蕴涵的知识和智力（民智）等社会客观情况，以及民众在认知、情感和意愿等情绪的基础上，对社会客观情况以及国家决策产生的主观社会政治态度。简单地讲，就是社会客观情况与民众主观意愿，即社情民意，即作为民众社会政治态度的狭义舆情是该定义的核心内容。很明显，这一定义注意到狭义舆情定义外延过于狭隘的问题，将舆情扩展到社会客观情况与民众主观意愿，即社情民意。但是，通过对舆情一词的辞源学分析，舆情的"情"字应该理解为情绪，而并非情况。舆情是民众的情绪、意愿、意见、态度，这是对舆情最基本的认识。所以，对狭义定义进行扩展的焦点应该是舆情客体，这也是该定义没有注意到的。

王建龙认为，社会舆情是一定时期、一定范围的群众对社会现实的主观反映，是群体性的思想、心理、情绪、意见和要求的综合表现，是社会发展状况的温度计和晴雨表。社会舆情源于社会现实，具有相对独立性，有自身产生、发展、传播、变化的规律。社会舆情一旦产生，就具有波状扩散的传播特性，呈现同类群体叠加反复、快速扩散的传播特点。社会舆情的涨落变化与社会矛盾运动相对应，不同群体既因各不相同的矛盾产生不同的舆情，又因不同时期矛盾的转变交替导致不同舆情的消长。该定义比较完整地交代了舆情的主体、客体以及主要构成要素，并简单阐述了舆情产生和变动的规律性。因此，有人借鉴了该定义，认为舆情是指处于不同历史阶段的社会群体对某些社会现实和现象的主观反映，是群体性的意识、思想、意见和要求等的综合表现。但是该定义与前几个定义都存在一个问题，就是没有指出舆情区别于舆论的一般特征。

舆情作为丰富和复杂的人类精神现象，难以给舆情下一个易于被广泛接受的权威性定义。目前，国内学者对舆情的定义并没有形成统一的认识，研究文献中通常会从广义和狭义两个维度来理解舆情。狭义的舆情是指作为主体的民众对作为客体的国家管理者产生和持有的社会政治态度，即舆情是指民众对社会的政治态度。广义的舆情是指社会各阶层民众对社会存在的事务所持有的情绪、态度、看法、意见和行为倾向。

从以上分析可以看出，尽管舆情理论研究已经开始有一段时间，但不同的研究者对舆情概念的认识由于自身的认识等原因，对舆情的定义仍略显偏颇，缺乏系统性科学性严谨性的论述。随着社会的发展，人们越来越趋向于随时随地发表自己的所见所闻及其观点和看法，从而为舆情的定义赋予了新的内涵。一方面，舆情的客体不仅包含公共事务，一些私人事务也被人们所讨论甚至产生较大影响，如王宝强离婚这一私人事件由于关涉道德伦理而一度成为公众关注的热点话题；另一方面，舆情所隐含的不仅是人们的情绪、态度等，不少言论具有较高的鼓动性，表现出一定的行为倾向，如 2012 年日本政府的钓鱼岛购岛事件和 2017 年韩国部署萨德导弹防御系统的事件，因为事关国家安全或民族情绪，一度成为互联网上的舆论热点话题。可以预见，关于舆情的定义会在上述学者的研究基础上，随着研究的不断开展而逐步完善。

二 舆情、舆情信息与网络舆情

尽管关于舆情的定义尚处于百花齐放的状态，但综合上述学者关于舆情的认识和论述，暂且将舆情定义总结为，舆情是由个人以及各种社会群体构成的公众，在一定的时间和社会空间内，对自己关心或与自身利益紧密相关的各种公共事务所持有的多种情绪、意愿、态度和意见及其交错的总和。与前面的几个舆情定义相比，这个定义具有以下几个特点：

1. 以个人以及各种社会群体构成的公众作为舆情主体，既突出了舆情是一种个人的心理反应过程，也说明舆情的产生和变化受到群体心理的影响，从而表明了舆情的交错性。

2. 作为舆情客体的公共事务，是舆情的起源也是舆情的指向，其根本特征是公众关心与自身利益紧密相关的事务，既包括社会事件、社会热点问题、社会冲突、社会活动，也包括公众人物的言论和行为，而这些言行并非国家管理者权力运行的直接结果。

3. 舆情的本体表现为各异的情绪、意愿、态度和意见交错、碰撞和作用的总和，往往呈现出错综复杂的状态，相互交织在一起。

4. 舆情作为一种事物，同样其存在、产生和变化也是在具体的时间和空间中，表现出明显的时间和空间的相关性。

除了舆情，舆情信息这一概念近年来也在日常生活、学习和工作中频繁使用，但人们对信息的理解多种多样，因人而异并不统一。综观历史上不同学者关于信息的解释，可以发现信息概念不下百种。《辞海》中关于信息的解释为，音讯或通信系统传输和处理的对象，泛指消息和信号的具体内容和意义。信息论奠基人之一香农对信息的解释是，信息是用来消除不确定的东西。

将信息与舆情的定义相结合，舆情信息可以认为是民众态度、意见、看法、要求等思想状况的一种反映方式。再与互联网相结合，网络舆情的产生是一种复杂的，表现为"刺激—反应"的心理过程。公共事务含有的刺激性信息激发了公众对某一具体议题的情绪、意愿、态度和意见，并包含行为反应倾向，这并不是简单的叠加，而是按照从浅显到深刻、从感性到理性、从内隐到外显的顺序发展的。在现有舆情传播研究中，往往更多的是关注舆情本身的传播情况，少有关注媒体、网民的观点立场。

中共中央宣传部舆情信息局在《舆情信息工作概论》中，将舆情信息定义为社情民意的交汇聚集。

北京邮电大学教授钟义信归纳分析了多种有关信息的观点后认为，从本体论层次上定义的信息是广义的信息，信息是事物运动的状态和方式。

其中，事物泛指存在于自然界、人类社会和思维活动中的一切对象和现象。方式指事物的内部结构和外部联系。运动泛指包括机械的、物理的、化学的、生物的、思维的和社会的等在内的一切意义上的变化。

张兆辉、郭子建定义舆情信息为，舆情信息就是指在民众社会政治态度的收集、整理、分析、报送、利用和反馈的信息运动过程中，用以客观反映舆情状态及其运动情况的资讯、消息、音信、情报、指令、数据和信号。

如果考虑到信息的产生、认识、获取和利用离不开人这个主体，从人这个主体的角度定义信息的话，本体论层次的信息定义就转化为认识论层次的信息定义。从而在认识论层次上将信息定义为，主体所感知或表述的事物存在的方式和运动状态。即主体所感知的是外部客观世界对于主体的刺激，主体所表现的则是主体向外部世界输出的信息。显然，在引入了主体的人这个约束条件后，信息定义的范围变窄了。

但与此同时，认识论层次的信息概念比本体论层次的信息概念具有更为丰富的内涵。这是因为：首先，作为主体的人具有感知能力，能够感知事物的存在和运动状态；其次，人有理解能力，能够理解事物的存在和运动状态的特定含义；第三，人有目的性，能够判断事物的存在方式和运动状态对其目的而言的效用价值。而且这三个方面是相互依存不可分割的。事实上，人只有在感知了事物存在的方式和运动状态的形式，理解了它的含义，明确了它的效用之后，才能真正掌握事物的信息，从而可能作出正确的决策。

结合以上对信息从不同角度上的理解和认识，从认识论层次上，舆情信息可以认为是通过物质载体记录和表达的，能够反映公众情绪、意愿、态度或意见的语言、符号、数据、消息等。除此之外，口头言论、表情、行为举止等以非记录形式，在人或群体间产生、传递、交流，通过分析最终应用于指导决策活动，都包含于其中。故而，舆情作为情绪、意愿、态度和意见及其交错的总和，虽然不能直接测量和度量，但可以通过收集和分析舆情信息，挖掘和推断其中所含舆情的内容、指向和强度，达到指导服务决策活动的目的。

舆情信息与舆情是不同的两个概念。舆情是由舆情因变事项而引发的民众社会政治态度，不管你反映不反映，它都每时每刻存在于客观世界之中；而舆情信息则是人们有组织、有目的地对舆情进行采集并经过加工而形成的，是专门对某些特定舆情状态及变化情况进行描述、反映的一种载体形式，它所能触及的舆情事项只是很少的一部分。因此，舆情信息与舆情的主要区别就在于舆情是客观存在的，而舆情信息只是舆情的一种反映形式。

网络舆情与传统舆情本质上具有共同点，两者的形成都是源于现实事件和社会思潮，都是公众对公共事务和现实问题的态度、情绪和意见相互交错的总和。网络舆情只是人们将表达和传播舆情的场所搬到互联网上。同时，网络舆情与传统舆情也存在互动关系。网络舆情作为传统舆情在互联网空间的映射，又反过来影响传统舆情，甚至一些事件的舆情策源地本身就是互联网。

通过分析舆情和舆情信息，网络舆情的概念也就即将呼之欲出了。网络舆情中的网络，即互联网，对应英文 Internet，从英文构词法角度分析，该单词由前缀 inter-和名词 net 组合而成，字面即相互连接的网络，是网络与网络之间所串连成的庞大网络，这些网络以一组通用的协议相连，形成逻辑上的单一巨大、遍及国际的计算机网络。简单地说，网络舆情就是通过互联网表达和传播的各种情绪、态度、看法和意愿及其交错的总和。而网络舆情信息则是网民在互联网上发布和传播的反映其舆情的文字、图像、音频、视频以及多媒体内容等，其中又往往是以文字形式为主。值得一提的是，尽管网络舆情表达和传播平台都是在互联网上，但其触发因素仍然源于现实，只是与传统舆情相比，网民将表达和传播舆情的场所从传统的报刊等纸质媒体或电子的广播电视媒体转移到了数字化的互联网上。网络舆情作为一种情绪、态度和意见，不能直接被测度，但网络舆情信息是可以被测度的，通过收集和分析网络舆情信息，可以挖掘分析出其中所包含的舆情内容、指向、强度和质量。由于互联网这一新兴媒体与报纸、期刊、广播和电视等传统媒体不同的传播特性，使得网络舆情在表达和传播的过程中呈现出的特点也区别于传统舆情，具有自身独特之处。网络舆情信息伴随着网民在网上的各种行为活动而产生，在当下的大数据时代，网络舆情信息的存在状态呈现出多样性的特征。

互联网宽松的发布环境使得网民可以自由发表自己的想法，但也给少数网民随意发表过于偏激的观点提供了可能，导致互联网上既有反映真实情况的信息，也有许多虚假信息，因此，网络舆情信息存在一定的偏差。同时，网民并非社会的全部人群，因此，对网络舆情信息的分析能否得出整个社会舆情的结果，是需要正视的问题。

随着互联网日新月异的发展，网民数量急剧增长，在网络技术背景下的各种线上公共空间为网民提供了表达意见、态度、情感等的公共场所，形成了不可小觑的舆情现象，可以称之为网络舆情。但是，关于网络舆情的内涵，各界并不统一，基本上只要有探讨网络舆情问题的，都会在自己的语境内提出相关概念，也有作者直接引用他人较为成熟的概念。

学界定义之一：网络舆情是由于各种事件的刺激而产生的通过互联网传播的人们对于该事件的所有认知、态度、情感和行为倾向的集合。网络舆情有四大可测要素：认知、态度、情感、行为倾向。

商界定义之一：网络舆情是以网络为载体，以事件为核心，广大网民情感、态度、意见、观点的表达、传播与互动，以及后续影响力的集合。网络舆情有六大要素：网络、事件、网民、情感、传播互动、影响力。

刘毅在其著作《网络舆情研究概论》中给网络舆情下了如下定义："简单地说，网络舆情就是通过互联网表达和传播的各种不同情绪、态度和意见交错的总和。"而网络舆情信息则是"民众在互联网上发布和传播的能够反映民众舆情的文字、图像、音频、视频等，往往是以文字形式为主"。

网络舆情与普通的社会舆情相比，存在着较为明显的相互联系。其相互联系主要体现在如下几个方面：首先，网络舆情与社会舆情都是对社会某一焦点问题的反映，两种舆情都不能改变事件发生的现实性，但是都可以通过舆论的传播来影响事件的处理进程和结果，具有很强的社会性。其次，网络舆情与社会舆情都是公开表达和传播不同主体对事件的态度、看法。当事件发生后，媒体、公众、网民都是通过一些公开化的手段来表达各自对事件的看法、态度及处理建议，并通过传统媒体、互联网等平台进行传播，进而影响到他人对事件的看法，扩大受众群体。最后，网络舆情与社会舆情之间具有很强的互动性，社会舆情传播系统与网络舆情传播系统往往会因为某些因素关联到一起。

与此同时，网络舆情与社会舆情之间的区别在于以下几个方面。首先，二者传播方式不同。社会舆情传播方式多数类似于小道消息，即通常是人们在茶前饭后通过街谈巷议、口传心授所获得的，并且当人们倾向于相信某一种传播事实后可能会通过行动表现出来。网络舆情的传播则以互联网工具为载体，当网民的态度、意见相对比较集中后，其多数会影响到有关媒体对事件的再认识，从而影响到实体主体的行为。其次，网络舆情与社会舆情参与对象范围存在差异。通常网络舆情传播在地域上没有限制，参与主体也呈现出多元化，但其受众只限于那些可以使用互联网的民众。而社会舆情在传播地域、受众范围上都会受到一定的限制，但其参与者不会受到是否是网民的限制。

由于互联网具有不同于报纸、杂志、广播、电视等传统媒体的传播特性，使得网络舆情在内容、表达形式、传播过程等各方面都呈现出与传统舆情不同的特点，而且这种差异性的特点还随着互联网的发展而不断变化。例如互联网上舆情主体的广泛性、传播的隐匿性、发言的自由性以及影响的交互性等，使得在互联网上，人们既可以真实表达意见，又可以随意表达意见。不少言论在缺乏把关人的情形下在网上传播开来，一些言论带有较强的情绪化、盲目性因素。因此，网络舆情呈现出更加不稳定和多变的特点。

三 舆情、舆论与民意

舆情、舆论和民意三个概念因其相当程度上概念的相似性，人们使用时往往不加以区分，以至于被严重混淆甚至滥用。尽管并不影响人们的日常交流，但作为学术层面，对三者间的异同特征进行辨析十分必要，不仅对舆情这个核心概念本身的认识可以加深理解，更可促进舆情相关实际工作的开展和进行。

（一）舆论概念的多角度解析

据考证，在我国历史文献中，关于舆论一词最早的记载，源于西晋陈寿（公元233—297年）编著的《三国志·魏书·王朗传》之《钟繇华歆王朗传》一文中，原文如下。

孙权欲遣子登入侍，不至。是时，车驾徙许昌，大兴屯田，欲举军东征。朗上疏曰："昔南越守善，婴齐入侍，遂为家嗣，还君其国。康居骄黠，情不副辞，都护奏议以为宜遣侍子，以默无礼。且吴濞之祸，萌于子人，馈器之叛，亦不顾子。往者闻权有遣子之盲而未至，今六军戒严，臣恐舆人未畅圣旨，当谓国家温于登之逋留，是以为之兴师。设师行而登乃至，则为所动者至大，所致者至细，独未足以为庆。设其傲狠，殊无人志，俱彼舆论之未畅者，并怀伊邑。臣愚以为宜敕别征诸将，各明奉禁令，以慎守所部。外曜烈威，内广耕稼，使泊然若山，淡然若渊，势不可动,计不可测。"是时,帝以成军遂行,权子不至,车驾临江而还。意即魏文帝以吴国在遣送质子问题上言而无信为由,欲出兵伐吴。王朗上疏谏止,最大的理由便是"舆论未畅",条件不成熟,不宜出兵。上文中,前有"舆人未畅圣旨"后有"舆论之未畅者",显而易见,舆论就是舆人之论的简称。

除此之外,《梁书·武帝纪》中也记载道,"行能臧否,或素定怀抱,或得之舆论。"其中的"舆论"与现代意义上舆论的含义非常近似,泛指众人的看法与意见。

现代以及当代以来关于舆论的概念,国内外学者因其研究领域以及认识的差异,从不同角度进行了界定,但是至今并没有比较权威的统一结论。究其原因,也是因为舆论作为社会生活中一种发挥重要作用且极为丰富和复杂的人类精神现象,可以从多角度进行评价与分析,又受到各位学者所在研究领域和社会现实条件不断变化更替等因素的影响,呈现出百花齐放之势。

由于近代以来国内文化领域的后进,对于舆论的研究同样起始于西方发达国家。1922年,美国新闻评论家、专栏作家李普曼(Walter Lippmann)在其出版的著作《舆论学》中,将舆论定义为:"外部世界的这些特征,我们简单地称作公共事务。这些特征当然与他人的表现有关,只要他人的表现与我们的表现相抵触,就会受到我们的左右,或者引起我们的关注。他人脑海中的图像——关于自身、关于别人、关于他们的需求、意图和人际关系的图像,就是他们的舆论。这些对人类群体或以群体名义行事的个人产生着影响的图像,就是大写的舆论。"

而在美国 Scholastic 出版的《美国百科全书》(Encyclopedia Americana)中,舆论被概括为:"舆论是群众就他们共同关心或感兴趣的问题公开表达出来的意见综合。"在由美国芝加哥不列颠百科全书公司出版的《大不列颠百科全书》(Encyclopedia Britannica)则认为,舆论是社会上值得注重的相当数量的人对一个特定问题表示的个人意见、态度和信念的汇集。1980年,联合国教科文组织下属的国际传播问题研究委员会(The International Commission for the Study of Communications Problems)在对世界信息基础组织结构和传播资源进行三年调查研究后,在其研究成果的专题报告《多种声音,一个世界》(The McBride Report)中,将舆论定义为:"舆论是一种常常难以进行确切的科学分析的集体现象,这是同人的社会性紧密联系在一起的。但是舆论既不是暂时无变化的，也不是从地理角度上构成一个整体的"。

以上是国外和国际上著名机构或出版物对于舆论的论述。在我国，早在清朝末年的辛亥革命前后，一些资产阶级革命者就注意到舆论在推动革命运动过程中的重要性，并指出，"舆论者，国民心理之所表著者也"。随着中国社会的快速发展，舆情概念由封建统治时期强调民众被动参与的古代舆情，逐步转向以主动参与决策行动为核心内容的现代舆情，进而使得现代舆情与西方的 Public Opinion 概念在关注民众主动参与社会政治活动问题上产生共鸣，而学术界关于舆论的研究，一直到20世纪80年代末90年代初才正式展开。舆情作为一个概念真正开始被研究，也是随着我国社会发展的重大现实需要而逐渐开始，并在借鉴西方民意研究、中国舆论研究相关成果的基础上，逐步开展对舆情概念内涵的探讨。

新中国成立之后，作为党的喉舌的新闻媒体在传播重要新闻信息的同时，反映社情民意、宣传国家的重要法规政策、引导舆论成为其重要的功能。改革开放之后，我国的舆论研究开始出现了大的发展。甘惜分在其著作《新闻理论基础》中，将舆论定义为，舆论是社会生活中经济或政治地位基本相近的人们或社会集团对某一事态的大体相近的看法。邵培仁、叶亚东在《新闻传播学》一书中，将舆论定义为，舆论是公众对社会事务所持有的相近意见的显性传播。李良荣在教材《新闻学概论》中认为，舆论是在特定的时间空间里，公众对于特定的社会公共事务公开表达的基本一致的意见或态度。刘建明在其1988年出版的专著《基础舆论学》中提出，舆论是显示社会整体知觉和集合意识、具有权威性的多数人的共同意见。自此国内的舆论问题研究及其相关的学术著作纷纷出版，舆论学研究得到快速发展，对舆论概念内涵的探讨也更加深入。随着西方舆论相关著作被大量引进中国，国内的一些学者在吸收借鉴西方舆论学的基础上，结合中国社会结构的转型、新闻媒体功能调整等出现的一些新变化，逐步修订完善对舆论概念的界定。中国人民大学新闻学院教授陈力丹在《舆论学——舆论导向研究》一书中提出，"舆论是公众关于社会以及社会中的各种现象、问题所表达的信念、态度、意见和情绪表现的总和，具有相对的一致性、强烈程度和持续性，对社会发展及有关事态的进程产生重要影响。"并指出舆论包含的八个要素：舆论的主体——公众；舆论的客体——现实社会以及社会中的各种现象和问题；舆论的本体——信念、态度、意见和情绪的总和；舆论的数量——一致性程度；舆论的强烈程度；舆论的持续性（存在时间）；舆论的功能表现——影响舆论客体；舆论的质和量——理智与非理智。

综合上述中外学者关于舆论概念的阐述，可以看出大多数定义中的共有描述。首先，舆论关注的是公共事务，能够引发舆论的社会事务一是要有公共性，即发生的事情与公共的利益有某种联系；二是要有显著性，就是事情重大，所涉人物有名；三是要有新异性，即异乎寻常，能对公众产生较大吸引力和刺激性。其次，舆论是一群人共同的、一致的意见。对于某一项公共事务，可能会产生若干种影响力大的舆论，每一种舆论都代表了一个群体相对趋同的观点。因此，舆论可以由某个集团人为地制造出来。第三，舆论是一种显性的传播，单独一个人心里想的，自言自语的，没有公开发表的，不能算是舆论。

舆情与舆论尽管字面上只有一字之差，两者的概念在紧密联系的同时，又不完全一样。舆论更多强调人们的认知、态度、情感和行为倾向的集聚表现，是多数人形成的一致的共同意见，是单种意见的集合，即需要持有某种认知、态度、情感和行为倾向的人数达到一定的量，否则不能认为是一种舆论。

随着党的十六届四中全会上"要建立社会舆情汇集和分析机制，畅通社情民意反映渠道"要求的提出，我国舆情研究的步伐开始加速。2006年，张兆辉、郭子建在《舆情信息工作理论与实务》中，进一步将舆情定义为，是指在一定的社会空间内，围绕特定的舆情因变事项的发生、发展和变化，在民众中产生和存在的对执政者及其所持有的政治价值取向的社会政治态度。

针对王来华概念中外延过窄的局限，丁柏铨提出："舆情即民意情况，涉及公众对社会生活中各个方面的问题，尤其是热点问题的公开意见（外露的部分）或情绪反应（既可能外露又可能不外露的部分）。"刘毅认为，所谓舆情就是指由个人以及各种利益群体构成的公众，在一定的社会空间里，对自己关心或与自身利益紧密相关的各种公共事务所持有的多种情绪、态度和意见交错的总和。这两个定义把舆情客体和本体的外延都作了一定程度的扩展，反映了当前中国舆情研究发展的特点，但不足之处在于没有揭示舆情与舆论的区别，特别是没有突出舆情的主体是与政府相对应的民众，而不是一般社会学意义上的包括全体社会成员的公众，而且对舆情客体的把握也不太精准。孙立明认为，舆情就是社情民意，至少包括了公众对公共问题的情绪、态度、意见三个方面的内容，而且它们经常一同出现在网民的表达实践之中，此说的特点是清楚地界定了舆情并阐明了其内涵。

张元龙又进一步完善了舆情的定义，认为舆情是社会民众在一定的历史阶段和社会空间内，对关乎自己切身利益的公共事务或自己关心的特定事件所持有的群体性情绪、意愿、态度、意见和要求的总和及其表现。这个定义克服了之前各种舆情定义的种种不足，在现实性、全面性、精准性上又前进了一步，揭示了舆情内涵的特点，更能反映当下中国舆情研究的发展情况。除了舆情的定义，关于舆论的代表性定义如下。

甘惜分：舆论是社会生活中经济政治地位基本相近的人们或社会集团对某一事态的大体相近的看法。

刘建明：舆论是显示社会整体知觉和集合意识、具有权威性的多数人共同意见。

张友渔：舆论是把少数人除外的多数人的意见。

孟小平：舆论是公众对其关心的人物、事件、现象、问题和观念的信念、态度和意见的总和，具有一定的一致性、强烈程度和持续性，并对有关事态的发展产生影响。

秦志希、饶德江：舆论是社会公众对特定事态的公开评价及其一致性意见。

余家宏、宁树藩：舆论是社会生活中的一部分群众或一定集团对某一事态的发展所持的大体一致的意见。

喻国明：舆论是社会或社会群体中对近期发生的、为人们普遍关心的某一争议的社会问题的共同意见。

除了上述定义外，徐向红在其著作《现代舆论学》中辨析了舆论现象的界定。其一，个别人的意见并不是舆论。个别人的意见形不成声势，构不成压力，在整个舆论场上没有统计意义，因此不能算作舆论；其二，没有表达的意见不是舆论。舆论是公开表达的意见，舆论人要为自己的言论负责，心里想的和未经公开的想法，都不能认为是舆论。

陈力丹指出，大众传播媒介的言论不能等同于舆论，将大众传播媒介、宣传行为等同于舆论的说法，容易误把媒介的意见、上级的意见简单视为公众的意见，妨碍对舆论概念的理解。因此，舆论主要对各种媒体中的思想或意见等方面的信息更加看重或倚重，而在研究方法上，则更依靠或直接取自各种媒体的信息，也更强调大众传播媒介与舆论之间的关系为区别舆论和舆情的标准。

上述关于舆论的认识和理解，从不同角度对舆论进行了分析和强调，但是有其共同点：第一，强调舆论是多数人的意见；第二，强调舆论是共同的、一致的意见；第三，舆论是经过各种形式公开表达的意见。总之，学者们都认可舆论是一种公开表达的多数人的共同意见。

与舆论相比，舆情只是人们的认知、态度、情感和行为倾向的原初表露，可以是一种零散的、非体系化的东西，也不需要得到多数人认同，是多种不同意见的简单集合；而舆论则是一种集聚表现，是多数人形成的一致的共同意见，是单种意见的集合，即需要持有某种一致或类似认知、态度、情感和行为倾向的人数达到一定的量，否则不能认为是一种舆论，这也是二者最根本的区别所在，即舆情的内涵比舆论更宽。舆论强调的是某种共同的意见，而舆情则强调各种不同意见的总和，其中既包含了多数人的一致意见，也包含了少数人的想法，其中有正确的、理性的舆论，也有错误的、情绪化的舆论。舆论是构成舆情的一个部分，舆情大都引发和促成舆论的产生，而舆论可以引导、影响、决定乃至扭转舆情的走向。当舆情产生聚集时就可以向舆论转化，因而对舆情的管控就是阻止舆情转化为舆论。

虽然，到现在为止，学界并没有一个确定的关于舆情的概念，但是舆情包含的主要内容、基本元素等已基本确立，即舆情是指在一定的时期、一定范围内民众针对某种社会政治事件、社会现象或公共事务的群体性情绪、意愿、态度、意见和表现的总和。

（二）对民意概念的理解

国外的民意研究源于19世纪中期，20世纪中期已经趋于成熟。但国外没有舆情的概念，而与之相似的概念Public Opinion，多翻译为舆论、民意。卢梭的"公意"思想，为近代西方资产阶级反对封建专制，建立资产阶级民主制度奠定了思想基础，也推进了民意思想的相关研究。随着民意调查在现代西方选举过程中的推广，民意概念被广泛地使用，内涵也在不断发生着变化。

民意概念起源于古希腊哲学家柏拉图和亚里士多德的论述，"民意是公众的意志，是对自己权利的意识和表达，与之关联的是制度层面的问题；民欲是公众的具体需要，与之关联的是行政层面的问题"。虽然民意的概念到近现代才逐步确立，但是民意和民意的表达现象却与生俱来与人类社会息息相关。根据恩格斯对远古社会的研究，在人类的氏族公社时期，成员意见的表达就已经成为公共生活中的重要问题。古希腊城邦的民主政治生活更离不开民意，城邦的治理是民意表达的直接结果。亚里士多德的《政治学》和马基雅维利的《君主论》都高度评价了民意表达的重要意义。以苏格拉底、柏拉图、亚里士多德等为代表的西方古代思想家们，基于维护贵族统治的需要，对民意问题给予了关注，并对当时的民主政治进行了批判。在《政治学》一书中，亚里士多德认为当时的社会是最坏的，"在这种民主政体中，民众意愿取代法律成为最高的权力，推波助澜的正是蛊惑人心的民众领袖的位置。而民众一旦以自己的意愿取代了法律，平民领袖就应运而生，平民大众合成了一个单一的人格，变成高高在上的君王。这种性质的平民，由于挣脱了法律的束缚，就俨然以君主自居，寻求君主式的统治权力"，这种论述表明了西方古典政治学关于民意问题的理论自觉。

西欧17世纪人文主义思潮的盛行，带动了民意研究的兴起。英国思想家托马斯·霍布斯把表示意识和良知的"conscience"与表示观点和意见的"opinion"结合起来，界定了从信仰到判断的一系列与民意概念相关的范畴。1651年，霍布斯在《利维坦》一书中，最早使用了"public opinion"一词，并对民意运动进行了论述，"会议的公众意见如果在辩论终结前可以看出来，那么他们就不应当征询、也不会应当接受任何进一步的建议，理由是会议的公众意见就是辩论所得的决议和一切审议的目的。"虽然其中的民意并不具有舆情的含义，但是为民意概念内涵的确立奠定了基础。

1762年，法国思想家让-雅克·卢梭（Jean-Jacques Rousseau）在《社会契约论》（*Du Contrat Social*）中首次提出了 Opinion Publique 概念，对应的英语表述为 Public Opinion。伴随着资产阶级民主思想的形成，洛克、伏尔泰、孟德斯鸠、约翰·密尔、孔德、黑格尔等一大批启蒙思想家对民意进行过相关的研究，这也在一定程度上拓展了民意研究的思路，推动了民意概念向社会科学研究的迈进。20世纪以后，受西方实用主义哲学思潮的影响，以及伴随民意调查或民意测验的推广，民意的概念被广泛使用并被赋予了新的内涵。到目前为止，现代意义上的民意已有近百年的发展历程。1922年，美国著名政论家沃尔特·李普曼在其《公共舆论》一书中，将民意界定为"人们头脑中的图景，人们关于别人、关于他们的需要、目的、人际关系的图景"，是"一群人或是个人以团体的民意作为他们行动依据的关于世界的图景"。1933年，美国的社会学家乔治·盖洛普开始进行民意测验，随后民意测验开始在美国以及其他西方国家得到广泛运用。

民意的中文译法由于不同中文使用地区文化的差异有很多种，在中国大陆地区被译为舆论或公共舆论，在香港和台湾地区则多被译为民意。台湾学者王石番在其1995年出版的《民意理论与实务》一书中，详细论述了西方学者若干种民意的定义，书中的民意即对英文Public Opinion 的一种翻译，含义上与大陆地区的翻译舆论并没有区别。所以，一些学者尽管试图辨析民意和舆论这两个概念，但是民间这个概念来源于具有文化背景略有差异和特殊的香港和台湾地区，往往并不能达到辨析舆论和民意的目的，这是由于不管是港台地区的民意还是大陆地区的舆论，都是源于西方学者所定义的Public Opinion 一词，至于其含义并不会因为中文字面的变化而异化，所以辨析难以取得实际的结果。

在中国大陆地区，清华大学新闻与传播学院刘建明教授认为，民意又可以称为民心、公意、公论等，是广大人民群众意识、精神、愿望和意志的总和，可以作为社会真理的坐标，是立国、治国之本，是判定社会问题真理性的尺度，是推动社会前进和历史发展的根本性和决定性力量，民意是社会舆论的一种类型，同样反映着特殊的共同意识，挖掘出了民意的本质。民意体现了人民改变现状、维护自己利益的历史要求，违背民意就是阻止历史前进，最终遭到历史的抛弃。人们通常所说的舆论多指民意，即某时间和空间境况下大多数人的看法或意见。

综合以上学者关于民意的论述，民意不能以定性的方式确定，不能轻率地将某种意见定义为民意。要认定某种意见是不是民意，只有依靠定量的方法，通常采用的方法即民意调查，获得必要确凿的数据作为支撑。与之对应，完全根据个别人的好恶判断并将把个人观点视为民意，极易是盲目的和站不住脚的，所以民意是任何个人或小集团凭借宣言无法自我标榜的，也不是任何媒体的意见所能代劳的，只能由占民众大多数的广大人民自发表达，需要通过民意测验或民意调查等方式取得确凿的数据才能最终确定。采用定量调查和数据分析的方法，来判断民意中的赞成或反对态度,是考察民意唯一科学的方法。在任何一个群体里面,70%都是占据数量比例的绝大多数,通常将70%的群体持有的意见视为民意量度的基准,基本上可以反映其所在人群的代表性意见。

所谓民意,理应包含社会群体绝大多数成员的利益,代表绝大多数成员所持有的意见,建立在这样前提下的民意才是公正的,并且民意所包含的意见为大多数社会成员所接受。民意一旦形成,即认为占群体多数比例人群的一致意向已经形成了意识整体,并消除了群体中每个个体的利己追求。民意一方面本身具有公正性、整体性和顽强的意志,另一方面又需要外在的自由和民主的环境解放它的自主意识。在社会问题的认识和选择上,民意永远不会发生谬误,民意一旦出现谬误,也是错把少数人的意见当作了"民意",而不是民意机制出现了问题。如果少数具有权势的群体从自身利益出发,对民众施加压力甚至使用暴力镇压,或利用特务等非常手段监视人民的活动,民意就会暂时隐藏收敛起来,或者违心地、表面上表达观点和看法,以达到暂时避免伤害的直接目的,保全经济、政治或生命等利益,等待外部环境的变化和缓和,释放真正的民意。当外部环境和民众的民意以及相当数量的意见领袖等多个因素汇聚时,民意就成长为强大的意识力量,民意被意见领袖和舆论人发动起来后,会表现为一种任何力量都不可战胜的刚性,甚至会引发社会运动甚至社会斗争和革命,从而推翻旧社会,推动历史的进程。

通过对以上观点的考证与分析,可以将关于对民意的认识总结如下。第一,民意是舆论的一种类型,是人民意识、精神、愿望和意志的总和,也是一种一致性的意见;第二,民意是任何个人或小集团凭借宣言无法自我标榜的,只能靠量化的数据结果来认定;第三,民意是公正和正确的,因为它反映了人们在社会发展过程中必然的历史要求;第四,民意是判定社会问题真理性的尺度,是推动社会前进和历史发展的根本性和决定性力量,民意不可违。

(三) 舆情、舆论与民意的辨析

通过对舆情、舆论和民意三个概念的分析,其区别主要在于:第一,舆情包含的范围最宽,而民意的范围最窄。舆情是多种情绪、意愿、态度和意见交错的总和,其中包含着多数人一致的意见就是舆论。而民意是舆论的一个类型,它仅仅是那部分正确和公正的,且能反映人们在社会发展过程中必然的历史要求的多数人的共同意见。第二,民意永远是正确和公正的，代表了历史发展的必然趋势。而舆论有可能是部分人群或当权者为了自身利益人为制造的，以错误的舆论误导群众的例子并不鲜见。舆情有对错之分，情绪化是舆情的重要特征之一，舆情中可以包含非理性因素，舆论和舆情都不能简单称为民意。第三，一般情况下，舆论是多数民众内在看法的公开表达，而舆情和民意可以是内隐的。舆情的产生和变化是一个复杂的过程，舆情中包含的情绪、态度、看法或意见可能受到自身和环境等多种因素的影响。而民意在受到外部因素压制的情况下，也可能暂时隐藏起来。第四，正因为舆情可能是内隐的，所以需要借助调查手段来了解真实的舆情。舆论或民意则在调查结果中显现，就是那部分绝大多数的一致意见。第五，舆论强调共同意见，而舆情强调不同意见的集合，侧重调查各种意见的分布、倾向、强度和发展趋势，提供在某一问题上意见的总体态势。

舆情、舆论和民意三者的联系主要表现在：都是极为丰富和复杂的人类精神现象，都表现为公众的意见或态度等；舆情虽然是多种情绪、态度和意见交错的总和，但是，这种意见的分散或小范围内的意见一致状态，很可能会随着事态的变化以及人为的引导而趋向于大范围一致。当它被社会绝大多数人认同的时候，就会转化成为声势更为浩大的社会舆论。其中正确和公正的意见会被广大群众推崇和追随，代表着历史发展的必然趋势，从而形成了民意。针对某一公共事务的分散和错综复杂的舆情，向一致有序的舆论与民意的转化是一种必然趋势。

对舆情、舆论和民意三个概念辨析的目的，不是为了割裂三者难以分割的联系，舆情研究也大量借鉴了舆论学和民意研究的成果。在目前一些涉及舆情研究的成果中，的确存在着不少将舆论和舆情相混淆的情况，这种情况恰恰反映出舆情研究还需要在广度和深度上继续上水平，以便提高舆情、舆论和民意的理论研究水平，更好地指导和服务实际工作的开展。

第三节　网络舆情的构成要素

要素是构成一个客观事物的存在并维持其运动的最小必要单位。网络舆情作为不受到任何单个网民主观意愿控制的客观事物，其产生、传播和变动同样具有必要构成要素的支撑。综观上述关于网络舆情的概论及其分析，总结其共同点可以认为网络舆情的构成要素包括以下几个方面。

一　网民

舆情作为一种与心理密切相关的精神活动，其主体是活生生的人，即公众。只有了解公众总体的变化和基本特征，才能深刻地理解某个群体的成员在具体问题上舆情的产生和变化。为了从整体上把握当前我国公众的状况，孟小平提出了公众总体的概念，但由于这个概念本身比较抽象，难以直观感受到，需要通过统计材料和调查研究才能把握。而网民作为网络舆情的主体，只能算作公众总体的一个子集，网民的特征则是影响网络舆情形成及演化的直接因素。

网民是指半年内使用过互联网的 6 周岁及以上中国公民。网民主要是一个从网络使用者的行为效果来阐释的概念，在个体自我意识上、对使用网络的态度上、网络活动的特征上以及网络活动的行为效果上等表现出一定特点的使用者才可以被称为网民。

网民与其他使用互联网的人群并不完全能画等号。通常而言，网络使用者（Net User）是一个最为宽泛的概念，即指所有将其终端（包括计算机、移动终端等）连接上互联网进行网络活动的人。而网络受众（Net Audience）则强调网络使用者特定类型的网络活动，比如信息查询行为。由于受众（Audience）这个词，是从传统的媒介研究中继承过来的，因此难以磨灭其在传统媒介研究中所继承的单向传播特性和主体被动接受的影响，这造成网络受众概念其实并不太符合网络研究的要求，而只能是一个约定俗成的概念来使用，但是对其并不能用传统媒介研究中受众概念的特定含义来理解。不过，对于进行特定类型的网络活动的网络使用者，这个概念还是具有一定的适用性。

比如南京大学学者巢乃鹏在《网络受众心理行为研究》一书中，就是针对进行网络信息查询这一特定网络活动的网络受众来研究的。有鉴于此，国外有研究者认为用网民（Netizens）这个词才能更好地突出网络对人们社会活动的巨大影响。Netizens 一词最早是被霍本所创造的。霍本认为人们理解的网民其实有两种概念层次，一种是泛指任何一位网络使用者，而不管其使用意图和目的；另一种是指称特定的对广大网络社会（或环境）具有强烈关怀意识，而愿意与其他具有相同网络关怀意识的使用者一起共同合作，以集体努力的方式建构一个对大家都有好处的网络社会的一群网络使用者。也就是说，并非所有网络使用者或网络受众都够资格被称为网民,只有那些其网络活动具备一定的特征与特质的网络使用者才可被称为网民,从而赋予网民一词正面的含义。维基百科将网民的定义为,"网民鼓励扩展社会族群的活动,比如传播观点,丰富信息,试图将网络培养为一个知识资源和社会资本的场域,并且为自我整合(self-assembled)的网络社区作出选择……他们利用并知晓网络的一切(use and know about the network of networks),通常具有自我激励(self-imposed)的责任。推动网络的发展,并鼓励言论自由和开放阅览"。

郑傲则在其著作《网络互动中的网民自我意识研究》中认为,网民主要是一个从网络使用者的行为效果来阐释的概念,并不是所有利用互联网的人就可以被称为网民,而是必须在个体自我意识上、对使用网络的态度上、网络活动的特征上以及网络活动的行为效果上等表现出一定特点的使用者才可以被称为网民。

2017年1月,在中国互联网络信息中心(CNNIC)发布的第39次《中国互联网络发展状况统计报告》中显示,截至2016年12月,中国手机网民规模达6.95亿,较2015年底增加了5500万人;网民中使用手机上网人群占比由2015年的90.1%提升至95.1%;中国网民通过台式电脑和笔记本电脑接入互联网的比例分别为60.1%和36.8%,手机上网使用率为95.1%,较2015年底提高5.0个百分点;平板电脑上网使用率为31.5%;电视上网使用率为25.0%;中国域名总数为4228万个,其中".CN"域名总数为2061万个,占中国域名总数比例为48.7%,中国域名总数为47.4万个,中国网站总数为482万个,".CN"下网站数为259万个;中国企业使用计算机办公的比例为99.0%,使用互联网的比例为95.6%,通过固定宽带接入方式使用互联网的企业比例为93.7%、移动宽带为32.3%;此外,开展在线销售、在线采购的比例分别为45.3%和45.6%,利用互联网开展营销推广活动的比例为38.7%。尽管网民在整个人口中的比例呈现不断上升的趋势,但网民只是公众主体的一部分。因此,网络舆情虽然具有很大的决策参考价值,在相当程度上可以代表广大网民的意见,但网民作为整个社会群体的一部分,其持有的意见不一定具有广泛的代表性,不能简单地等同于民意。

二 公共事务

公共事务是指该社会的统治阶级为了把社会控制在既定秩序范围内,

力图推动社会发展,所进行的满足社会成员共同需要与要求的一系列社会活动,为了达到这个目的,公共事务通常需要事关社会全体或大多数成员的共同利益和需求。从广义上看,公共事务可以被定义为组织的所有非商业化行为;从狭义上说,公共事务指的是组织涉及的政治活动及其与政府的关系。公共事务的表现形式是公共物品与公共服务,公共物品与公共服务具有消费的非排他性,不能只为供给方单独享有,而是会使社会成员普遍受益。公共事务其本质即社会矛盾在现实生活中的反映,在信息化社会的背景下,相较以往,人们的物质生存空间和精神生存空间都得到了极大拓宽,社会交往和联系也从现实不断延伸到互联网上,社会矛盾由于互联网这个信息传播平台的介入而变得更加复杂和严峻,导致因公共事务的刺激而产生新的舆情。公共事务引发的网络舆情产生之后,公众可以借助互联网进行表达和传播。网络舆情仍然由现实社会公共事务导致,要细究网络舆情的起源还需要从其源头公共事务说起,这就需要把握公共事务的主要特征。

一是阶级性。在阶级社会中,社会的公共利益必然反映出统治阶级的利益要求,公共事务的具体内容也必然满足统治阶级的根本需要。

二是公益性。公共事务的表现形式是公共物品与公共服务,公共物品与公共服务具有消费的非排他性,不能只为供给方单独享有,而是会使社会成员普遍受益。因此,从形式上看,公共事务的受益对象是一定范围的社会公众。

三是多样性。公众对公共物品和服务质与量方面的需求偏好千差万别,而且呈现出不断变化的趋势,这就决定了公共事务种类繁多和内容广泛的特点,同时也决定了公共管理方式方法的多样化特征。

四是层次性。公共事务所针对的是不同层次的公共问题,所涉及的社会成员范围有大有小,由此,公共事务可分为全球性公共事务、全国性公共事务和地方性公共事务等不同层次。其中,阶级性与公益性是公共事务的本质属性,多样性与层次性是公共事务的表现形式。

由于不同的公共事务在阶级性和公益性特征方面存在明显差异,通常根据这一点从理论上把公共事务分为政治性公共事务和社会性公共事务两类。所谓政治性公共事务,是指与国家政权建设紧密相关,涉及国家政权稳定和国家政治发展的,需要依靠国家强制力加以解决的公共事务,如军事、外交、司法、公共安全等。政治性公共事务具有明显的阶级性特征,但同样具有公益性，比如，国家安全和公共安全不仅对统治阶级有利，也对被统治阶级有益。社会性公共事务指不必然依靠国家强制力来解决的公共事务，如教育、科技、公共交通和医药卫生等，这类公共事务与社会成员的切身利益休戚相关，显示了较强的社会公益性，但在阶级社会中，任何社会性公共事务同样具有阶级性，都必然反映统治阶级的意志与利益。尽管公共事务具有以上几个基本特征，但不同学者由于研究领域的区别，对于公共事务的分类不尽相同。

中山大学教授王乐夫将公共事务分为国家公共事务、政府公共事务、社会公共事务三类。

1. 国家公共事务。国家公共事务主要包括维护国家主权统一和领土完整，制定法律、法规，维护社会秩序等，侧重于与国体、政体方面有关的，关乎整体职能把握的宏观控制和影响类型的公共事务。

2. 政府公共事务。政府公共事务通常包括政治选举、行政区划与国家礼仪方面的政治性公共事务、国家安全公共事务、对外关系公共事务、人事行政公共事务、财务行政公共事务以及机关内部的公共事务等等。

3. 社会公共事务。社会公共事务主要包括教育、科技、文化艺术、医药卫生和体育等公共事业，以及社会服务、社会公用事业以及维持社会秩序的公共事务等。社会公共事务往往与全体社会成员的切身利益和日常生活联系最紧密，同时这部分社会公共事务的管理是直接以全体社会成员为实施对象，呈现强烈的社会公共性。

徐向红在其著作《现代舆论学》中，将公共事务划分为社会事件、社会问题、社会冲突、社会活动或社会运动等四种。

（1）社会事件。社会事件是矛盾运动与特定条件风云际会的产物，其具有内在的必然性的同量，又有偶然的、突发的外在形态，时空界限明确，活动内容相对独立，对人们的刺激比较单一，存在的时间也不会太长。社会事件还具有超常的重要性，格外引人注目，尤其在社会矛盾积聚到一定程度时，潜在能量和张力充分积累，人们早有同感但并未找到时机明确表达的情况下，重大社会事件易于演化为落入干柴的火种，引发重大的社会动荡。

（2）社会问题。社会问题是在社会生活中某些环节或方面的矛盾发展到一定程度，使社会关系或环境失调，在一定时期内经常出现妨碍社会发展、危及正常社会生活的梗阻事件，极易引起社会的广泛关注，需要不断动员社会力量有组织地加以调整的情况下产生的。与社会事件相比，社会问题具有更大的普遍性和持久性，影响范围更为广泛。

（3）社会冲突。社会冲突是社会问题没得到及时解决或者根本不可能彻底解决，矛盾在不断激化，斗争采取了外部对抗的形式。有的社会冲突不可调和，最后以一方战胜另一方而告终；有的可以调和，经过努力，矛盾双方斗争后妥协最终回到统一体中。

（4）社会活动或社会运动。这是人们为了战胜自然，改造社会，解决由社会矛盾引起的各种社会问题与冲突，促进社会的健康发展和良性运行，推动社会进步，提高文明水准，提出一定的任务，动员、组织广大社会力量，进行大规模的社会改造工程，涉及方面广泛，影响力大，自然为广大群众所关注。

徐向红的关于公共事件的划分，提示了公共事务对舆情产生的刺激性作用。但不同类型的公共事件对于舆情的产生起到的作用又各不相同，具体来说，经济工作、重点工作是社会舆情的中心点；重大事件是社会舆情的集中点；突发事件是社会舆情的兴奋点；重大改革措施出台与群众改革预期的落差是社会舆情的动点；重大政策调整容易产生社会舆情热点、难点；与群众切身利益密切相关的工作大多成为干部群众关注的焦点；媒体炒作容易成为社会新舆情的诱发点。只要公共事务事关群众的切身利益，自然会引起群众的广泛关注，当刺激力足够大时，就会激发公众对该公共事务的心理反应从而产生舆情。而随着公共事务的发展，在个人心理以及社会环境因素的双重影响和作用下，舆情也处于不断地变化、运动和演化之中，需要及时关注公共事件与舆情之间的相互影响。

三 时间和空间因素

时间与空间，是世间万物赖以存在的条件和环境，网络舆情作为一种事物，同样有其产生和存在的时间和空间，网络舆情的产生和变动总是在特定的时间和空间内进行的。在日常生活中，通常存在着很多话题，但未必都能吸引舆情主体公众的注意，只有该话题中的公共事件与公众利益密切相关时，舆情才有可能被激发。舆情一旦形成，总要存在一段时间，并在个人以及社会环境因素的影响下不断变化和发展，从而体现公众的心理持续性。如果符合公众的兴趣爱好，或者涉及公众切身利益的公共事务的刺激强度大、持续时间长，那么其引发的舆情持续时间也会相对较长。反之，假如公共事务中所包含的矛盾得到及时解决，或者很快失去了公众的关注，舆情持续的时间就会短，与之有关的舆情就会消亡。除此之外，舆情的产生与发展和活动，也受到空间因素的影响，触及公共切身利益的公共事件，往往与公众所处的地理空间密切相关，相应地，身处该地理空间内的公众则会表现出更为强烈的关注，从而引发强烈的与空间相关的舆情，反之则会表现出较少的关注甚至漠不关心，产生较轻微的舆情或者根本产生不了舆情。

作为舆情的一个组成部分，网络舆情的形成和变化也同样受到现实社会和网络空间的双重影响，现实社会和网络空间可以统称为社会空间，是公众交往以及与外界信息的交换的平台，更是舆情的存在空间，当舆情生成后，从舆情的角度上，社会空间转化为舆情空间。刘毅在《舆情研究概论》一书中，将舆情空间定义为舆情形成、变化和发生作用的地方，是一种容纳舆情主客体、中介性社会事项、硬软场环境在内的多维或多元互动的社会空间。随后，刘毅又将舆情空间分为软空间和硬空间，硬空间指舆情发生的各类有形的场所，包括组织或团体空间（如教育场所、工作场所、朝觐场所等）、地域生活空间（如居住区和社区等）、设施空间（社会场馆或其他社会场所）、日常生活空间（家庭、日常交往、文娱生活、商品或服务买卖、生活活动场所等）等。软空间则指那些制约民众舆情的无形内容，大致分为秩序规定因素、角色规定因素、目标规定因素、法律法规因素、规章制度因素以及民族文化传统因素等，约束或指导人们内心或言行的因素。

与网络舆情与舆情的关系相对应，网络舆情空间是舆情空间在互联网上的延伸和拓展。首先，互联网为公众表达和传播舆情提供了新载体，网络舆情空间是舆情形成和变动的具体场所；其次，网络舆情空间不仅不可能将政治和经济影响排除在外，反而依然会深刻地受到秩序规定因素、角色规定因素、目标规定因素、民族文化传统等因素的影响。与此同时，这些因素的制约作用又会在网络环境下发生不同程度的改变，制约因素与网络环境两者相互影响，呈现出以往现实舆情所不具有的特征和演化情况。

四 情绪、意愿、态度和意见

网络舆情作为一种复杂的群体性人类精神现象，其产生表现为一种典型的"刺激—反应"的复杂心理过程。公共事务包含刺激性信息激发了公众对某一具体议题的情绪、意愿、态度、意见以及行为反应倾向，这几种精神状态、心理活动和行为并非简单的叠加，而是按照从浅显到深刻、从感性到理性、从内隐到外显的规律发展，在相互交错的影响中推动着舆情的发展和演化。

（一）情绪

情绪是人对一系列主观认知经验的通称，是多种感觉、思想和行为综合产生的心理和生理状态，是对客观事物态度的体验，是人的需要获得满足与否的反映。情绪是舆情表达的重要特征，同时也是舆情本体的重要组成部分。最普遍、通俗的情绪有喜、怒、哀、惊、恐、爱等，也有一些细腻微妙的情绪如嫉妒、惭愧、羞耻、自豪等。情绪常和心情、性格、脾气、目的等因素互相作用，也受到荷尔蒙和神经递质影响。无论正面还是负面的情绪，都会引发人们行动的动机。尽管一些情绪引发的行为看上去没有经过思考，但实际上意识是产生情绪重要的一环。人的情绪有天生也有后天控制的成分。情绪作为随着认知和意识过程事物态度的体验，是人脑对客观外界事物与主体需求之间关系的反应。情绪既是主观感受，又是客观生理反应，具有目的性，也是一种社会表达，情绪是多元的、复杂的综合事件。根据强度、持续性和紧张度等特征，情绪可以分为以下几类。

1. 心境。心境并不是关于某种事物的具体体验，而是比较微弱但能持久影响精神活动的情绪状态。社会生活条件的变化是影响心境的根本原因。心境尽管微弱，但可以影响人的整个精神状态，愉快的心境让人精神抖擞，感知敏锐，思维活跃，待人宽容；而不愉快的心境让人萎靡不振，感知思维麻木、多疑，看到的、听到的事物全都易于变得不如意、不顺心。

2. 激情。激情是一种强烈的情感表现形式，如狂喜、愤怒、惊恐、绝望等，是一种强烈的、短暂的、爆发性的情绪状态，往往发生在强烈刺激或突如其来的变化之后，具有迅猛、激烈、难以抑制等特点。在激情的支配下，往往能调动身心的巨大潜力。激情通过言语形式适当表达出来，是一种心理能量的宣泄，对人的身心健康的平衡有益，但过于泛滥的激情，会引起理解力、自制力降低，甚至失去自我控制能力，伴随着状态的改变和明显的表情、动作而失去自我控制能力，则也会使情绪失衡，而导致潜在的危险。

3. 应激。应激，是由危险的或出乎意料的外界情况的变化所引起的一种情绪状态，是决策心理活动中可能产生的一种心理因素。导致应激的刺激可以是躯体的、心理的和社会文化的诸因素，但是这些刺激通常不能直接地引起应激，在刺激与应激之间还存在着许多中介因素，诸如人体健康、个性特点、生活经验、处置能力、认知评价、遗传因素、自身信念、后天学习训练以及所得社会支持的质与量等，都能起重要的调节作用。

日常生活中各式各样的公共事务或非公共事务，都会或大或小地影响公众的情绪，最终影响舆情的产生和发展。如果公众的利益得到满足，就会产生正面的积极情绪，反之，如果公众的利益不能得到满足甚至被侵害，就会产生负面消极情绪，负面情绪达到足够大的程度，就会引发剧烈的舆情事件。但与现实中的舆情可以通过人们的言行或表情直接观察不一样，互联网上的情绪往往以文字信息为主，以图片、音频和视频等形式内容为辅表达，造成网民情绪难以判断，但可以通过文字的含义以及语气和图像音频视频内容等分析方法，推测网民的情绪，用于网络舆情的研判参考。

（二）意愿

意愿通常指单个个体对事物的看法或想法，以及由此而产生的主观性思维。意就是心意、心的方向；愿就是愿望、愿动力，即意愿就是想要达到某个特定的目标和方向，然后用尽自己的能力去达成那个目标和方向。意愿构成舆情中公众关于公共事务的愿望和心愿，并外在表现为对于解决公共事务的期望、建议和要求等。舆情中的意愿一般表现为以下几种形式。

1. 期望。在舆情中，期望即公众希望政府或相关方面采取某些政策或具体措施，使公共事务往公众希望的方向发展。比如，城市新贫困人口往往希望政府出台政策或措施，以提供更多、更公平的就业机会；在城市的外地务工人员期待当地政府能够提供方便快捷与当地市民无区别化的公共服务等。

2. 建议。建议，对单个个体来说，通常是在适当的时候针对一个人或一件事的客观存在，提出自己合理的见解或意见，使其具备一定的改革和改良的条件，使其向着更加良好的、积极的方面去完善和发展，是有益处的。舆情中的建议即公众对政府或其他相关方面，就有关公共事务提出具体的行动方案，供决策者参考。例如，近些年来，每年的全国"两会"期间，新华网等媒体都会通过互联网调查收集网民的意见和建议，反馈给有关部门，让人民的声音及时传递给政府，在为广大民众疏导情绪提升参政议政的同时，也为政府部门的执政和服务提供了依据，并促进了政府与人民群众的良性互动。

3. 要求。要求，指提出具体愿望或条件，希望做到或实现，要求比期望和建议更加直白，直接表明人们希望看到的结果是什么，具有更加明显的外显性特征。例如，一些国家或地区的人民，因为不满当局的政策或执政理念，通过游行、静坐等方式集体要求政府领导下台等，例如2016年，韩国总统朴槿惠因为闺蜜参政事件，引起全国广大民众的大规模抗议活动而不得不接受调查后被弹劾。

4. 号召。舆情中的号召，是指向与某个利益相关的公众人群发出通知，让大家响应所发出的告示，也通常称为动员。与现实社会中外显性明显的行为相比，互联网号召行为通常以网络签名活动的形式体现。例如，由于2008年北京奥运会前夕CNN的不实报道，导致中国大陆地区声势浩大的反CNN报道奥运签名，充分体现了人们的爱国意愿，释放了人们强烈的爱国情感。

尽管这几种形式的意愿含义不完全一致，但均蕴含着公众对公共事务的参与热情，以及解决公共事务的行为趋向，从而体现出意愿功能表现，即提出公共事务中所要解决的问题，表达政策改变的方向，制约实践动机和目的形成并监督实践过程，同时反馈实践活动的信息，通过请求、呼吁、敦促和监督等行为方式，力图保证公众意图的实现。

（三）态度

态度指公众中的个体或自身，对某种事物或事务所持有的一种具有一定结构和比较稳定的内在心理状态或倾向，其中蕴含着个体的主观评价以及由此产生的行为倾向性。就国家而言，无论其采取什么样的体制或处于什么样的发展阶段，民众与国家管理者之间各自所持有的基本态度都会在社会生活过程中经过学习和经验积累形成而一直存在，如果两者之间的基本态度处于平稳状态，即说明民众对于国家的政策比较赞成，反之，则有可能引起社会动荡，甚至朝代的更迭。态度仅是一种心理倾向，是一种内在的心理变化过程，并非行为本身。态度不能直接通过观察感知，只能从个体的外部行为推断或通过对客体作出积极或消极的评价来测量。作为典型的人类精神现象，态度同样表现为"刺激—反应"之间的中介。目前，多数社会心理学家对态度的理解持三元论看法，均认为态度由认知、感情和行为倾向等三部分组成。

1. 认知。认知是指人们获得知识或应用知识的过程，或信息加工的过程，是人的最基本的心理过程，包括感觉、知觉、记忆、思维、想象和语言等。人脑接受外界输入的信息，经过头脑的加工处理，转换成内存的心理活动，进而支配人的行为，这个过程就是信息加工的过程。认知通常带有评价成分，即不仅是对某种事物的认识和理解，同时还会进行评判、赞成或反对。

2. 感情。感情是人内心的各种的感觉、思想和行为的一种综合的心理和生理状态，是对外界刺激所产生的心理反应，以及附带的生理反应，如：喜、怒、哀、乐等。感情是个人的主观体验和感受，常跟心情、气质、性格和性情有关。感是思维概念，是感觉，情是依托，是依赖。思想的相互依赖就是感情。感情即对一系列主观认知经验的通称，是多种感觉、思想和行为综合产生的心理和生理状态。

3. 行为倾向。行为倾向又称行为意图，是人对某种事物对象作出某种反应的意向，是个体或行为中采取行动前的一种准备状态，是个体作出行为之前所保持的一种准备状态。舆情中的行为倾向往往指某个与利益相关的公众群体的反应意向。

理论上，态度的这三种成分之间相互协调一致，而一旦出现了矛盾和不协调，个体则会根据自身经验或智慧采取一定的方法进行调整，试图使其恢复一致的和谐状态。对于公众而言，舆情引导的实质就是通过一定的方法或手段，如劝说法、暗示法以及团体影响等方式，采取典型报道、深度报道、新闻评论、意见领袖等具体引导方式，去消除负面或不利的舆情，使其转变为积极和有利的舆情，在这个转变过程中，关键要抓住控制公众外在行为的关键性因素，即内心的态度。

（四）意见

在社会心理学领域，意见是人们对事物所产生的看法或想法。舆情中的意见则指公众对于某个公共事务用言语表达出来的态度、见解、意向，具有鲜明的外显性特征。意见与态度关系密切且复杂，美国舆论学者威廉·艾尔贝格在其著作《舆论导论》中认为，意见是态度的语言表达，但态度除了可以语言来直接表达以外，还可以通过表情、姿势和行为等形式间接表达。态度和意见构成了舆情中公开与非公开、内隐与外显两种相互对立又关系紧密的成分。

1973年,在德国大选及一系列舆论调查之后,伊丽莎白·内尔－纽曼在《传播学刊》上发表了《重归大众传媒的强力观》一文,宣称大众传播在影响大众意见方面仍能产生强大的效果。纽曼发现,大多数人在用自己的态度作出选择时会有一种趋同心态,当个人的意见与其所属群体或周围环境的观念发生背离时,个人会产生孤独和恐惧感。于是,便会放弃自己的看法,逐渐变得沉默,最后转变支持方向,与优势群体、优势意见一致。这个过程不断把一种优势意见强化抬高、确立为一种主要意见,形成一种螺旋式的过程。这一理论把大多数的传播学者从对大众传播媒介的有限效果模式的热衷带到了对强大效果论的坚信的时代。舆情要求是对社情民意的客观反映,因此对于这种不真实的真情反映,最好的解决方法就是进行舆情调查。由于网络意见表达少了现实社会中约束机制的束缚,网民可以在互联网上畅所欲言,直言不讳地表达自己的见解和主张,也因此网络舆情越来越引发社会的重视。

以上理论来自于互联网时代之前的研究结果,由于受到外部因素的影响,受访者在某项具体事物表达意见和观点时往往会顾及其他受访者的看法,从而呈现出典型的"沉默的螺旋"现象。但随着互联网的发展和普及,网民在互联网上表达意见和观点时,由于网络的隐匿性和网民之间空间的隔离,几乎可以不受任何外部因素的干扰,直接不加约束地表达自身的想法,从而表现出较为真实的舆情信息,为了解舆情提供了前所未有的便利和条件。

五 网络舆情的强度

网络舆情强度反映媒体和网民对事件的关注度,通常按一定的时间段内媒体报道评论数,网民参与、关注、评论数等进行定量统计。网络舆情的量,即指向某一公共事务的舆情信息数量,通常以点击率、关注度、回复帖子数量以及相关网页数量等因素体现,这些舆情信息的量反映了舆情的强度、倾向以及发展态势,是网络舆情研究中首要注重的舆情要素。大量且集中反映某一社会问题的舆情信息无疑是舆情信息工作关注的重点,只有强度要素达到相当程度的舆情事件,才有关注的必要,否则无论事件的重要性多么高,在舆情处置的角度上,都不需要提起太多的注意。

社会舆情的强度往往可以通过观察相关群体语言、行为等方式,通过观察法、座谈法、访谈法等方法直接获取。需要高度注意的是,一般会采取静坐、游行示威、集体抗议等行为方式表达不满情绪，严重的情况下极易升级为骚乱或暴力事件。舆情还有可能以内在态度的形式体现，由于这种形式的内隐性，舆情强度就需要通过舆情调查等方式，通过统计分析调查数据，来间接获取不同强度的舆情分布情况，结合观察法、网络访谈和座谈法、网络调查法等得到较直观的舆情情况，运用内容分析等方法对舆情信息的分布、强度和倾向进行更为深入的分析，以供相关部门参考，根据舆情调整政策，采取必要的积极引导方式，引导舆情往有序化方向发展。

六 网络舆情的质和量

在舆情的诸多要素中，质和量也是两个重要的方面，舆情的质和量相当程度上决定了舆情的决策参考价值。舆情的质指舆情这个精神现象中呈现出的价值观、信念以及理智性等。网络舆情也是一样，其质和量的因素由互联网传播特性、网络舆情主体结构、网络舆情形成和演化过程等因素构成。与传统媒体相比，互联网所具备的自由性、交互性、匿名性等传播特性，虽然为人们真实地表达情绪和意见提供了最佳的条件，但也造成信息传播过程中把关人角色的缺失，以及风俗习惯、伦理道德和法律法规等约束的乏力，使网络舆情呈现出真实性备受质疑的特点；互联网上的网民数量尽管众多，但与整体公众群体相比，只是其中的一部分，哪怕占的比例再大，也不能代表整体公众的意见。除此之外，互联网用户中网民的结构往往集中于某些相对固定的群体，其对于公共事务的看法通常具有较高的统一性，甚至往往与公众的意见和看法相左，导致网络舆情并不总是具有广泛的代表性，它只代表了某个或某些阶层的情绪和意见，不能简单地将网络舆情与整个舆情画等号，更不能贸然以网络舆情中的意见当作民意作为决策的决定性因素；网络舆情作为网民的群体性意见，由于互联网本身的传播特性和网民网络活动的心态，网络舆情在具有较强的自发性和盲目性的同时，也受到社会环境等其他因素的影响而波动，从而使得网络舆情呈现不稳定和多变的特点，进而影响了网络舆情的质和量。

网络舆情的量，是以某一公共事务为中介，指向某一舆情客体的舆情信息的数量。与广大公众切身利益关系密切或者容易激发公众兴趣的公共事务，公众就会自发地在互联网上的论坛、评论、回帖等平台上发表与该事件相关的看法、意见和观点，形成关于该公共事务的讨论氛围，包括该公共事务本身网页在内的舆情信息数量，就是这一舆情事件网络舆情的强度，通常也称为热度。强度随时间推移的变化，充分体现出这一公共事务网络舆情的发展态势，当网络舆情的量达到某一限定程度时，就需要引起各个相关方面的高度重视。

第四节 网络舆情的特点

随着网络社会信息化程度的不断提高，互联网在政治、经济、文化和社会生活中扮演的角色也越来越重要，业已成为公众发布信息和交流看法和观点的重要平台和渠道，与之相关的网络舆情也发挥了越来越重要的作用，深刻理解并把握网络舆情的传播特点，才能充分规避负面的网络舆情，引导正面舆情。网民在参与形成网络舆情的过程中，同时发挥着信息发布者和信息接收者的双重角色，与传统舆情相比，网络舆情具有以下的几个特点。

一 自由性与可控性

纵观人类的信息传播技术发展史，相对已经存在的媒体，每次出现的新的媒体信息传播方式，都在一定程度上扩展了信息的传播范围，从而增加了信息接受者接收信息的自由程度。在信息传播方面，与以往的几种大众媒体相比，网络媒体在改变信息单一传输模式的同时，还引入了更为广阔的信息表达平台，信息的传输和获取表现出与之前传统大众媒体不同的双向性和互动性，网络参与者可以以前所未有的自由度表现或获取信息，从而提高了信息获取的自由度，网络参与者信息发布者和接收者的角色同时扮演，提高了信息的复合加工和传播能力。在互联网时代，由于信息的数字化，信息可以通过比以往更为灵活的方式进行传输，比如电子邮件、网页、论坛、即时通信工具、博客、微博等，信息传输和表达方式的多样化，为信息的灵活传播提供了基本的技术条件。网络Web1.0和Web2.0的年代，可以非常快捷地通过网站模板建立个人网站，而在即时通信工具和移动通信工具普及的当今，还可以通过H5等方式，建立更为新颖的信息发布和交流平台，借助移动通信工具的便携性，达到更高的信息传播便利程度。

上面论述的是网络舆情的自由性，但在网络给信息传播赋予相当自由度的同时，更需要注意在互联网这个相对比较自由平台上传播的不恰当、负面甚至反动和犯罪的信息，这些信息的存在及其所引起的负面作用不可以回避，是信息传播自由度增大后难以避免的产物，这是传播信息技术进步过程中新近出现的问题，虽然与以往的媒体信息传播技术不同，但仍旧没有摆脱科学技术的范畴。针对这个现象，需要针对互联网信息传播的特点，增加其信息传播的控制性，抑制其自由性，使其在某种规范的指导下良性发展，才能较好地规避自由度带来的负面效应，充分发挥其正面的舆情引导作用。即与人类社会生活的正常运转道理一样，人们需要获得较大的自由度，却不能为所欲为，而是在道德和法律的约束下，才得以获得有限但相对稳定的自由。可以根据德国批判学派学者哈贝马斯对科学技术统治合理性的论述，有机整合互联网信息传播的自由度和控制性，让互联网信息传播有法可依，才能促进互联网信息传播相关领域的正常发展和壮大。

二 即时性与交互性

与以往的传统大众媒体相比，网络媒体即互联网上的信息都以数字化的形式体现，本质上是以电子数据的形式存在，由于电信号传输的快速性，也展现了互联网上信息传播的即时性，由于电波的传输速度与信息传输仍然局限于地球表面的特点，所以信息传输的时间延迟基本上可以忽略不计，而认为是即时传输。而电子信号的传输则需要与以往不同的信息传输渠道，即以电子信号为主的电缆信号通道以及以无线、光波为辅助的其他信号通道，但均以光速传输信号，并不影响信息传播的即时性。互联网平台在促成信息传播即时性的同时，也自然搭建了信息发布以及意见观点交流的平台，从而可以即时地在互联网平台上交流看法，而构成网络舆情传播的交互性特征。

斯坦福大学顾问教授保罗·萨福（Paul Saffo）等由此认为，同其他人发生联系并进行跨越时空的互动交往，是网络传播方式的本质特征和最大价值所在。网络舆情的交互性主要体现在以网民与政府之间的互动、网民与网络媒体的互动以及网民之间的互动等方面。

时效性是影响舆情价值的重要因素。传统媒体时代，舆情信息通过报刊、广播、电视等媒体，经过采集、撰稿、编辑和把关之后，才可以按固定时间发布，等信息到达受众时，已经是新闻事件发生许久之后，再等读者或受众反馈关于该新闻事件的看法和观点，又是一个漫长的过程，再经过分析这些受众的意见汇总出舆情，可能公众对于该新闻事件的关注度已经下降，舆情已经处生命周期的末期了，从而容易丧失舆情的价值所在。在舆情信息的时效性上，网络媒体比传统媒体具有先天性的优势，网络媒体传播信息的即时，可以将舆情同样以即时性的方式展现出来，并通过信息技术等工具在很短的时间内分析出结果，而随时随地可以收发信息的移动通信工具的出现及其计算能力的不断提升，更把网络舆情的即时性和互动性往前推进一步，达到了前所未有的高度。

三 隐匿性与外显性

加里·马克思曾提出过现实社会中个人身份识别的七大要素：合法姓名、有效住址、可追踪的假名、不可追踪的假名、行为方式、社会属性（比如性别、年龄、信仰、职业等）以及身份识别物。与现实社会中交往的通常面对面形式的明显外显性不同，在互联网上，公众发布信息或者发表意见都具有相当的自由性，通常可以不必使用真实的姓名、身份、社会角色等形式，可以发布扭曲甚至是恶意捏造的信息，或者任意发表对某个事件的看法和意见，充分体现了网络舆情的隐匿性。虽然为公众大胆地发布信息提供了方便，在一定程度上增加了网络舆情真实性的同时，也不可避免地难以去除其中所包含的网络噪音，即其中恶意发布的不实消息或意见观点等内容。

与隐匿性相对应，网络舆情同样表现出一定的外显性。尽管网络舆情的存在空间是虚拟的网络空间，但网络舆情仍然是公众主体心理活动这一点并没有发生变化，心理活动问题以公众外在的议论和言行等表现出来，只是与现实舆情不同的是，网络舆情的外显性表现为公众发布在互联网上的舆情信息，通常以文字、图片、音频或视频等技术形式体现，间接地体现网络舆情的外显性，其中所包含的网络舆情，只能从这些舆情信息中分析推断得出。与传统舆情相似的是，互联网上表现出来的言行也未必就是公众真实的内心想法，而互联网的虚拟性则为公众隐匿真实身份或看法提供了天然的庇护，所以需要去除其中混杂的信息，从而得到比较真实的网络舆情。

四 情绪化与非理性

尽管舆论与舆情在范畴和含义上并不完全一致，但关乎两者质量的主要因素都在于其理性程度，即处置带有强烈情绪的舆情或舆论时，往往需要关注其中所包含的理性和非理性成分，以最大程度地获取关键的信息。与传统舆情的传播环境不一样，由于互联网上信息发布时把关人角色的缺失导致的自由性和隐匿性，非理性舆情在互联网上更易于产生传播和发酵，这仍然是源于社会现实的事务与以网民为主的公众心理相互作用的结果。眼下，正处于社会转型期的现实所导致的社会、政治、经济、文化等方面发生的变化，都有可能涉及广大公众的精神或经济利益，从而引发负面的情绪，这样的情绪通常难以在现实生活中向周围的亲人、朋友或同事等倾诉，而互联网的特点则为这些情绪的释放和传播提供了天然的平台和传播环境，进而体现了网络舆情的情绪化和非理性特点。

尽管这些情绪化和非理性特点的舆情信息通常反映的都是社会生活中负面的信息和内容，其中还是包含了大量有价值的反映当前社会公众所集中关注事务的理性信息，这就需要舆情工作者从缤纷繁杂的舆情信息中，通过适当的手段区分其中的理性和非理性信息，并对情绪化比较严重的舆情及时介入，加以引导降低舆情中的情绪化成分，引导舆情往稳定的方向转变和发展。

五 丰富性与多元性

与传统媒体相比，网络媒体对于公众发布信息的门槛大大降低甚至可以说是零门槛，任何人都可以在互联网上就任何关注关心或感兴趣的事件或事务发布信息或观点，从而赋予网络舆情的丰富性。以国内著名的网络论坛人民网强国论坛为例，下设时政版块、生活版块、地区版块和原创栏目等四个部分，每个部分下又分别设立若干个分版块，时政版块下又设立新闻论坛、国际论坛、军事论坛、深入讨论、百姓监督、煮酒论史、经济论坛等分版块，生活版块下又设立贴图论坛、娱乐论坛、女性论坛、联谊会馆、育儿宝、大学生、人民瓷坛、房产论坛、教育论坛和文化论坛等分版块，地区版块下设立城市论坛、中日论坛、强桂论坛、强闽论坛、强陕论坛、强深论坛、热带论坛、湖北论坛、强赣论坛等分版块，原创栏目版块下设立一语惊坛、i 态度、强国图解、强国观点、强国视点、态度调查、谣言狙击榜、真心话大冒险、名家战后等分版块。网民发表的言论也根据各个论坛的不同主题涉及各个方面，几近全方位地反映了各种公共事务，给网民的信息发布和观点交流提供了良好的平台。除了发布信息的丰富多样性外，网络舆情信息的传播方式也表现出多样化，经过多年的发展，目前互联网上几乎所有的应用方式，都可以作为舆情信息传播的手段，比如Email（电子邮件）、Newsgroup（新闻组）、IM（Instant Messaging，即时通信，如QQ、MSN、微信等）、BBS（Bulletin Board System，电子公告牌）、Blog（博客）、Wiki（维客）、SNS（Social Networking Service，社交网络服务）等等。

在网络舆情信息及其传播方式多样化的前提下，网络媒体的零门槛特点又使得处于不同阶层和地位的公众，在面对同样的共同公共事务时，由于其出发点的各异，导致所发表意见和看法的多样化和分散性，而网络平台信息交流功能的作用，又导致公众不同观点和看法的相互影响和交错，这也加深了网络舆情表达的多元化和发散性的特点。随着全球范围内互联网普及率的不断提高，网络舆情的多样化和丰富性不再仅仅限于某个国家或地区范围内，通常还会受到境外文化、制度、法律、思想等因素的影响和渗透，所有这些因素，都增加了网络舆情的复杂性，这就更需要网络舆情工作人员在处理网络舆情时严格区分和对待。

六 公开性与特殊性

理论上来说，出生自带自由基因的互联网是完全开放的，如果具备技术条件和利用网络的能力，任何人都可以在互联网上发表信息和意见，在虚拟空间中拓展所有网络参与者的公共空间，又由于网络参与者隐匿性的特点，网民可以在互联网上，就所关注的公共事务发布现实生活中不便公开的信息，从而客观上增加了网络舆情的真实性因素。

网民作为网络舆情的主体，以各种方式和途径在互联网上发布观点或获取信息和交流看法，并对自己感兴趣的信息发表评论，与其他网民进行交流互动。在就某个公共事务公开交流观点和看法的过程中，往往在受到他人影响的同时，也会影响到他人的看法，从而在不自觉中，以群体性的方式自发形成某种或若干种看法、意见、态度或情绪，年龄背景相仿、经历相近的网民，则很容易找到适宜的谈论话题，相互之间更容易包容和理解，由每个网络参与者观点的单一特殊性，聚集为某些群体意见的特殊性，进而最终表现为网络舆情。

第五节　网络舆情的形态

在现实中，传统舆情通常以个人的言论和表情、动作，以及群体性的行为等形式表现，可以由观察者直观具体地感受到。但在互联网上，由于信息发布者角色的虚拟性、发布信息没有把关人的特点以及网络舆情信息的数字化特点，舆情通常以文字、图片、音频或视频等形式及其发布过程，表现为网络言论和网络行为两种形态。

一　网络言论及其分类

与现实中言行的明显外显性不同，网络言论以信息符号的技术形态表现为文字、图像和多媒体三种。其中，文字在三者形态中出现最早、影响最广泛和影响力最大。一直到多媒体信息异常丰富以及移动互联日益普及的当今，网民还是主要习惯使用文字形式在互联网上发布所见所闻或观点，而对于这些信息看法的反馈，则更多的使用文字形式表达。从根本上来说，这是由于文字是人类思想的工具以及表达意见的根本性手段，文字比其他的表现形式更易于表达精确的看法意见或观点，并且易于在各种网络技术环境下交流，受限很少，而适应范围则几乎不受限制。与文字相比，图像具有更为鲜明的直观性和生动性，可以以字符图形、表情符号、单纯图片或者图片配文的形式出现，可以直接以视觉的形式表现事发现场的情况，或者以创作以及二次加工过的图片表达对于某个事物的看法。但由于图片信息的模糊性，以及图片采集镜头的刻意性，容易产生以偏概全的负面传播效果，而发布图片的人的真实意图的表达，往往不能精确传递给图片观看者，还易于造成误会，所以在使用图片表达现场情况或观点时要注意引发的不可预计的效应，需要引起舆情工作者的特别注意。从技术角度来说，文字和图片均属于静态媒体，与时间流动没有关系，而融合了时间流动因素的时基媒体，即多媒体内容，则在播放的情况下才可以展现其所包含的内容，多媒体通常有机融合了文字、图像等静态内容以及音频、视频等动态内容。在表现形式上，更拉近人在现实中自然所感受到的信息，表达形式更为自然，适应的受众更为广泛，由于时基因素的引入，可以表达静态文字和图片难以表达的内容和效果。随着互联网技术的发展，多媒体内容在网络舆情中发挥了越来越重要的作用，影响力也与日俱增。

除了从技术形态上对网络言论进行分类之外，还可以按信息来源将网络言论分为网络媒体机构言论和网民个人言论两类。关于网络媒体在新闻出版行业的地位和角色，世界各国均依照其各自的实际情况以及法律规定，实施不同的管理方法。在国内，按目前对于网络媒体的管理政策，各种网络媒体均不具有新闻采访权，所以其发布的新闻信息均来自于掌握在国家手中有采访权的传统媒体，如新华社、人民日报社、中央电视台以及各级地方政府下属的传统媒体机构，网络媒体以与这些传统媒体机构签订合作授权协议的形式，按要求转发传统媒体采集编辑的新闻信息，所以网络媒体上发布的信息间接受到传统媒体提供内容的管控。从这个角度上讲，网络媒体上的言论一定程度上就是传统媒体言论的再现和延续，或者说是传统媒体言论的搬运工。除了新闻类的信息，网络媒体机构还可以发布政策允许范围内的原创言论，这部分言论通常由该网站的用户提供，主要包括围绕所发布新闻进行的评论或原创文学、音频、视频或多媒体作品等类型，在网络论坛或细分版块中体现，在丰富网站内容的同时，也为广大网民提供了信息和观点的交流平台，还充分反映了当前社会的思潮和动向，在相当程度上也反映了当前的舆情变化特征，是舆情工作者不可忽视的舆情信息来源。上述各种类型的信息，除了可以通过传统的网站传播以外，移动互联也逐步扮演了越来越重要的角色。

由于不同国家和地区文化和法律的差异性，对于言论的分类也不尽相同。比如美国法院对言论内容的分类情况如下。

1. 煽动性言论，是指鼓动以暴力方式来反抗政府的某一政策或者主张以革命方式来推翻现行政府的言论。先天带有自由基因的互联网为这种言论的传播提供了前所未有的便利，尤其是境外一些网站，利用编造假新闻、捏造事实等手段，鼓动民众对执政政府的不满情绪，导致不明真相的群众产生消极、反面甚至对立和抵抗舆情，特别不利于社会稳定，需要引起高度重视，并谨慎处置。

2. 商业性言论，是指提议进行商业交易的言论，是与发言者、受言者的经济利益相关的言论。商业性言论在传播成本较低的互联网上的推广无可厚非，但是由于互联网监管的不到位导致的欺诈性和低级趣味的商业性言论的泛滥必须另当别论，通常也易于引起负面的网络舆情，需要及时加以引导或制止。

3. 挑衅性言论，是指可能直接导致受言者对发言者采取暴力行为或可能引起骚乱或危害公共秩序的言论。挑衅性言论在网友的讨论中经常能看到，往往是因为就某个事务的意见不一致，或话不投机而对他人进行人身攻击、侮辱或嘲弄。挑衅性言论会立刻引发受言者激烈的情绪反应，导致相互谩骂，甚至会发展成为现实中的暴力攻击行为，演化成治安案件，需要引起舆情工作者高度的重视。

4. 象征性言论，是一项兼有言论与行为两重性质的人类活动，以象征性的符号或行动来表达思想、观念主张或态度。例如，毁坏某国生产的商品，以表示对其政府政策的不满和反抗等。在网络上，由于政治事件和民族主义的驱动，不同国家黑客之间相互攻击政府网络，侮辱对方国旗等标志性符号的事件屡见不鲜。

5. 诽谤性言论，是指以各种载体形式通过捏造事实损毁他人的名誉，以降低社会对其评价或者阻止第三人与其交往或交易的言论。互联网提供的廉价自由往往导致对自由的滥用，曾经推动信息自由浪潮的互联网，由于有效监管的缺失和网络参与者素质的有待提升，导致越来越多的言论围绕着诽谤、造谣、传闻、澄清、回应等字眼打转。

6. 淫秽性语言，指包含色情淫秽内容，且没有任何社会、艺术或教育价值，仅仅是为了迎合性本能的言论。从其传播的内容看，这类言论的意图不是表达舆情，但容易引起网络信息受众延伸到现实生活中治安事件的频发，所以也要列入网络舆情的范围加以监视，并及时向有关部门报备，以消除其不稳定因素。

二　网络行为

网络舆情作为舆情的一种类型，与现实舆情一样，在使用言论表现情绪、意愿、态度和意见错综复杂的同时，参与形成舆情的主体网民还表现出一定的行为倾向，而行为倾向本身就在一定程度上代表着舆情的倾向。现实舆情的外在行为方式具有明显的外显性特征，可以在现实生活空间中直观地被感受到，通常表现为公众的群体性行为，比如静坐、游行、示威、串联等等。相比之下，互联网作为虚拟空间，由于网络行为的隐匿性，互联网上的行为就难以像现实生活空间中的行为那样被直观感受到。通常，可以根据网络行为的目的性，将网络行为分网络交易行为、网络消费行为、网络娱乐行为、网络政治行为等，由于这些网络行为的参与者均为现实生活中实实在在的网民，网络行为也体现出网络行为背后网民的特点，从而间接反映为网络舆情。由于舆情本身人类精神和心理现象的特征，还可以从社会心理学的角度，将网络行为分为网络侵犯行为和网络利他行为。

(一) 网络侵犯行为

从社会心理学的角度，侵犯行为被归属为一种外显行为，而非情感、态度或动机的内在心理状态。侵犯行为的认定通常要符合以下三个条件：一是某些内在心理状态的外部表现，即动机转化为伤害他人外在行为的外显性；二是在某些内在动机、意图的驱使下所发生的有目的的行为，侵犯他人后满足一定的物质或精神需求；三是通过言语或动作伤害他人身体或心理的行为。上述三个条件均发生在侵犯者与他人之间，一般均是以双方接触的方式发生。而网络侵犯行为由于网络的虚拟性，侵犯者和被侵犯者双方往往不会见面，侵犯行为往往以言语或计算机数据或信息传输的方式进行，比如破坏计算机数据、数据轰炸、复制传播有害信息、网络人身攻击、网络诈骗和窃密等，均会对被侵犯者造成经济或精神上的伤害。

在当今网络越来越普及的时代，利用计算机软件技术所进行的互联网数据攻击和木马、病毒等不法行为层出不穷，屡禁不止。究其原因在于这些不法行为的发起者通常具有高超的计算机软件知识、年纪较轻，往往性格孤僻、在现实中与他人缺乏交往，以自我为中心的倾向严重，精神与现实脱节，容易将现实生活中压力寄托于虚拟的网络空间进行发泄，从而在网络攻击甚至于破坏或获取非法经济利益得到虚假的满足，是典型网络侵犯行为的表现方式。

需要注意的是，利用互联网技术上的漏洞，进行所谓的正义的宣扬而修改或侵害他人的计算机数据，尽管出发点并不邪恶，但同样不能被认为是有益于他人的行为，在道德和法律上均不能得到认可。

(二) 网络利他行为

与现实世界一样，作为人类活动的平台，在反映参与者邪恶的一面的同时，也会展现出善良的一面，互联网也展现出其利于他人的方面，即网络利他行为。一般地，利他行为指没有自私动机，自觉自愿为别人有好处的行为，由于互联网的低门槛和分布广泛的特性，为利他行为提供了更为广阔的平台,也更加丰富了利他行为的内涵和方式,网络利他行为的提供者,由于在互联网这个广大平台上可以帮助更多需要帮助的人,也得到了在现实中难以获得的精神满足。

互联网可以借助其分布范围广泛的特点,将供需信息或慈善信息进行汇总,将细小的力量进行聚集,最终转化为巨大的积极因素,推动社会的进步。2008年,百胜旗下肯德基、必胜客等餐厅与中国扶贫基金会、联合国世界粮食计划署共同发起"捐一元·献爱心·送营养"项目,每年利用两周左右,邀请消费者捐出一元钱,为中国贫困地区儿童提供营养加餐。这种低门槛的公益行为,让每个人参与慈善和公益成为可能,力所能及地为贫困地区儿童的健康成长伸出援助之手,项目培养和激发了更多人的爱心和社会责任感,对推动全社会公益意识的提升起到了积极的促进作用。类似地,2016年8月27日,蚂蚁金服宣布为旗下支付宝平台的4.5亿实名用户,推出了碳账户。蚂蚁金服宣称,用户登录支付宝,加入蚂蚁森林公益行动,参与活动达到一定标准后,就可以获得虚拟树苗一棵,在虚拟网络中用户每天精心培育,等这棵树长大后,蚂蚁金服就会在现实世界种下一棵真树。2017年9月5日,阿里巴巴公益周论坛上,蚂蚁森林公布了最新数据。截至2017年8月底,其用户已超2.3亿,累计减排122万吨,累计种植真树1025万棵。与此同时,蚂蚁森林发布名为"planet blue"的公益开放计划,表示将把产品能力、科技平台开放给全社会,呼吁人人参与绿色未来。这一现象级的环保公益项目,尝试变身社会公益创新的孵化器。新的蚂蚁森林开放计划,将鼓励更多低碳场景接入,期待非营利组织、政府机构、国际组织等合作伙伴加入这场公益创新。除了以上两个网络利他行为的例子以外,新浪微公益、腾讯月捐和腾讯乐捐等公益项目,均引起了较好的社会反响,充分体现了网络行为的利他性。

由于人们在互联网上的广泛参与性,互联网通常可以做到个别人或少数人难以完成的事情,在利他动机的驱动下,同样也可以通过分享信息的方式为有需要的人提供帮助,展现了网络社会情境下,人们善良心底的外面表达,推动了社会的进步和发展。

第六节　网络舆情的传播途径

互联网作为信息技术发展后对人类影响最大的公共产品,为人们提供了丰富多样的服务方式，而这些服务方式尽管各自服务领域有所不同，但均以信息传播为手段展开，提供了很多便利的服务项目，在网民使用这些服务项目的同时，也就自发地形成了网络舆情。

一　网站

1995年5月17日，随着原中国邮电部提供接入国际互联网的服务，中国互联网进入Web 1.0阶段。这一阶段，以门户网站转载报纸、广播或电视上以图片或文字形式为主的新闻报道为主，网民则以单向的浏览新闻页面的方式使用互联网服务，仍然处于自上而下的单向信息传播模式。

截至2016年12月，我国IPv4地址数量为3.38亿个，拥有IPv6地址21188块/32。我国域名总数为4228万个，其中".CN"域名总数年增长为25.9%，达到2061万个，在中国域名总数中占比为48.7%。我国网站总数为482万个，年增长14.1%，".CN"下网站数为259万个。国际出口带宽为6640291Mbps，年增长23.1%。

二　电子邮件

电子邮件（Electronic Mail）是互联网上最早、最广泛和最成功的应用之一。与传统的邮政系统相比，用户可以以非常低廉的价格和非常快速的方式，采用文字、图像、声音等方式，与世界上任何一个角落的网络用户建立快捷的联系，为网民交流提供了简单快捷的途径。如果某位网民对网络中的某事件感兴趣，就可以通过电子邮件的方式将其发给自己的朋友，同时会掺杂自己对该事件的看法，然后他的朋友再进行转发。如此一来，该事件便会以放射状的方式进行传播，让更多的人知道。该事件在传播的过程中，如果引起了某位网民的兴趣，他可能会到网络中去搜索，进一步了解整个事件，同时他还可能会在网络中发表自己的看法和观点，有意或无意地推动整个事件网络舆情的发展。

三　即时通信

即时通信（Instant Messaging）即网民基于互联网，以文字、图像、视频或音频等信息的实时交换，进行交流沟通活动的业务。早期的即时通信通过借助WWW技术构建的网络聊天室中的网络聊天形式进行，网民在网络聊天室里以一对一、一对多或多对多的方式,以文字、加强型文字或音频、视频等形式实时交流信息,可以看作信息实时更新的网络论坛平台,曾一度是网络中最受欢迎的一种网络服务。在网络聊天室进行实时聊天时,往往可以按地域、兴趣爱好或年龄等因素,划分为各自的主题聊天室,用户可以根据需求有选择进入参与聊天,在发言时也可以选择广播给全体同一网络聊天室成员或选择性与指定成员聊天,具有较高的私密性。

除了网络聊天室可以进行实时交流聊天以外,当前的即时通信活动主要通过借助即时通信工具进行。当前国内外因为互联网发展程度和文化背景的不同,存在着丰富多样的即时通信工具,但用户数量较多的即时通信工具主要包括 QQ、腾讯微信(WeChat)、ICQ、微软 MSN Messenger、Anychat、AOL Instant Messenger、Yahoo! Messenger、NET Messenger Service、YY 语音、中国移动飞信等。

随着网络社会从技术和设备终端移动化趋势越来越明显,即时通信的功能和即时通信工具也顺应这个历史潮流,逐步完成了移动化,几乎所有的即时通信工具都有其对应的移动化版本软件,而有些即时通信工具天生就是来源于移动化媒体,比如腾讯公司 2011 年推出的强联系性的即时通信软件微信,由于用户需要与手机号码绑定才可以注册,一经推出已经收割了几亿的海量用户。

四 电子公告板

BBS 即电子公告板系统,英文 Bulletin Board System 的缩写。顾名思义,BBS 来源于传统的公告板,即将信息发布到互联网的公告板平台,用户可以通过通用的网络浏览器或专用的客户端程序接入该平台,进行信息的发布、浏览或回复等活动,来达到信息交流的目的。早期的 BBS 由教育机构或研究机构管理,现在多数网站都建立了各自的 BBS,供其网站用户进行信息的交流。与网络聊天室类似,由于 BBS 主管或创建方背景的不同,以及参与用户兴趣爱好以及关注点的差异,尽管 BBS 设立之初有偏向于某个方面的考虑,但不足以满足细分用户的需求,所以多数 BBS 会下设多个分版块,来提供更为个性化的服务。同样地,作为一种信息传播的平台,对所传播的信息真实性及质量也会有相应的要求,从而催生了 BBS 版块管理者,即版主这一角色,对其所负责的版块内容进行把关,起到传统媒体中信息把关人的作用。由于 BBS 兼具信息发布、交换与评论等功能，所以通常又叫作网络论坛。

经过多年的发展，已经形成一些颇具影响力的 BBS。尤其是在青年人聚集的高等院校里，BBS 已经十分普遍，在诸多高校 BBS 中，影响力比较大的往往是一些著名高校建立的 BBS，如清华大学的水木清华、北京大学的北大未名、西安交通大学的兵马俑和华南理工大学的木棉论坛等；而传统媒体由于其舆论导向了解以及政策传达的需要，也纷纷建立了以传统媒体为依托的 BBS，比如依托《人民日报》的人民网强国社区、依托中央电视台的 CCTV 社区以及依托新华网的发展论坛等；以商业门户网站为依托的网络论坛，如搜狐论坛、新浪论坛、网易论坛、凤凰论坛；自身独立运营而存在的 BBS，比如天涯社区、猫扑社区、凯迪社区、中华论坛网等。

BBS 论坛的发展使网上发表言论的网民数量快速增加。在这些 BBS 论坛上，网民多以匿名发言的形式发布自己的观点，社会公众的话语影响力大为增强，舆论空间的话语秩序发生改变。网络舆情迅速发展，网络社区也逐步形成。但近几年来，随着微博、微信等新的社交网络的兴起以及移动化的迅猛发展，BBS 与媒体移动化之间的脱节难以弥补，造成专门的 BBS 论坛网站已呈现逐年减少之势，但其影响力仍然不可小觑。

五　博客

博客这个名称源于音译，对应的英文名为 Blogger，本义为网络日记或简称日志。Blog 原意指航海日志，由于是在网络上记录每天或非周期性的时间的内容，引申后与网络的单词 Web 组合，再结合英文构词法，形成了记录内容的人，即 Blogger。

博客的管理主体通常为自然人即个人管理、定期或不定期发布新的以文章为主的内容。由于其设立之初即有明显的时间线特征，所以天然地，每个博客上所发布的文章，都默认以时间线为顺序进行排列，即最后发表的文章处于最上端，而越早发表的文章则越处于往下的位置。除了这样的文章排序方式之外，还可以根据文章的主题内容进行分类，以方便用户的浏览。

作为一种典型的新媒体形态，博客除了可以以文字形式发表文章外，还可以加入更加形象化和具体的形式，如图像、音频、视频甚至于互动性多媒体对象,这些内容的加入,为博主的内容表达提供了极大的便利,同样地,这些功能也可以开放给用户回复时使用,让网民在信息交流时达到更便捷的效果。

与众说纷纭的 BBS 论坛相比,由于博客的主人,通常简称为博主可以完全控制自己的博客,所以具有非常鲜明的个人特点,是展现个人才华和能力的有效平台和方式。文章发布到博客的目的就是为了将自己所要表达的内容与用户分享,通常还需要与用户进行意见的交流,所以博客还通常提供评论功能,用户可以在看过文章后发表对文章的看法、意见或态度,博主则可以对这些回复内容进行进一步的处理,从而达到深度交流信息的目的。同时,也提供关闭评论的功能,即博主发布文章后,只允许用户阅读,而不允许用户回复对于文章的意见,这样的情况也比较常见,通常是文章涉及声明等利益相关比较重大等内容,博主并不想由于用户的意见叉开其他用户的注意力,削弱声明的作用。除了完全关闭回复功能,博客通常还提供关闭匿名用户评论功能,从而减少因网络隐匿性造成的不负责任发表信息的现象。

目前,国内影响力比较大的博客有新浪博客、网易博客、腾讯博客和百度博客等各大互联网公司开设的博客。随着博客这种个性化媒体形态影响力的不断扩大,越来越多的用户通过网站上建立的个人博客来发布信息,与朋友保持更加直接的联系,建立起大交际圈,博客也逐渐为舆情传播提供了场所,博客言论已经展现出巨大的影响力,是网络社会不得不重视的舆论场之一。

六 维客

维客是英文 Wiki 的音译,该词来源于夏威夷语 wee kee wee kee,是快点快点的意思。将该词引入互联网领域后,沃德·坎宁安于 1995 年创立的维客则指一种基于互联网,支持面向社群的开放式多人协同创作的超文本系统。在该系统中,不仅支持超文本系统的协作式写作,还包括一组支持多人协作的辅助工具,通过这套工具,参与者可以在该系统中探讨问题,交流看法或发表意见。参与发表意见的人,就称为维客。由于维客使用的便利性和开放性,往往在具有比博客还大的自由度的同时,还可以专注于某一议题。

从一般意义上来看,维客打破了网络上垄断信息发布、更新与维护工作的情况，进一步体现了信息自由共享与分权的思想。与博客相比，维客更强调多人协作，这一技术应用于新闻报道，将改变在博客网站你写我看和写的人少看的人多的现象。对于一个新闻事件的报道，可以由不同的网民根据自己所掌握的信息来进行补充、更新，报道处于更加开放的状态。对于公众的舆情表达来说，维客则营造了一个群体交往的新空间，网民可以在网络上就某个主题进行有目的性的讨论或交流。

七 播客

根据维基百科的解释，播客一词来源于英文 Podcasting，是苹果电脑的 iPod 与广播（broadcast）的混成词，指一种在互联网上发布文件并允许用户订阅 feed 以自动接收新文件的方法，或用此方法来制作的电台节目，是一种全新的广播形式。播客于 2004 年下半年开始在互联网上流行，以用于发布音频文件。由于英文中的 Podcast、Podcaster 或 Podcasting 等词的相关性，中文中往往统称为播客。用户可以利用播客将自己制作的视频或音频文件上传到网上与广大网友分享，这种传播方式使得人人可以表达个性化的观点，颠覆了被动收听广播或观看电视的方式，使听众和观众在仍然充当受众的同时，也成为了节目的主动参与者。

从技术的角度，戴维·舒舍尔（Dave Shusher）提出播客必须具备的三个要素。一，必须是一个独立的、可下载的媒体文件；二，媒体文件的格式为 RSS20 Enclosure feed；三，接收端能自动接收、下载并将文件转至需要的地方，或放置于播放器的节目单中。与主流媒体比较而言，播客不能在互联网上进行现场广播，只能录制完成后将音频或视频文件上传到播客网站上供其他人分享，然而这并不是技术限制造成的，而是一个应用程序的先天缺陷。播客设计用来订阅非现场信息，媒体文档被以如 MP3 或 MP4 等格式的文件形式发向订阅者，以便订阅者可以离线收听。

与博客和维客利用文字为主的内容传播信息不同，播客主要利用音频或视频等多媒体内容进行信息的传播，在表现形式上更加具体化和形象化，更适合当前网民的信息接收习惯，降低了网民接收信息的门槛，所以在影响面上更加广泛，在舆情影响上也更加深入。目前，国内的主要播客网站有乐视视频、Acfun、Bilibili、优酷土豆网、腾讯视频、搜狐视频、百度视频和新浪播客等。随着移动互联网的迅猛发展，播客又化身为各种支持网民上传和分享的移动设备终端应用程序，与智能手机和平板电脑等硬件设备组合,随时随地进行播客内容的上传或共享,更加提高了影响舆情的实时性,非常有必要纳入网络舆情的研究范畴。

八 跟帖

在 BBS 上,信息的发布、观点的展示甚至意见的交锋都可以以长篇各自为战即帖子的形式发起,当帖子在 BBS 上发布以后,对帖子内容感兴趣的论坛成员,就可以在发表的帖子后面写上自己的意见,称为跟帖。

跟帖的对象自然是原发性的帖子即主帖,网民又根据发表跟帖的先后顺序和发帖质量,制造出了沙发、板凳、地板、灌水等专用跟帖名词。沙发、板凳和地板分别指主帖发表后,第一、第二和第三个回复的帖子。论坛成员往往以抢先回复表示对主帖的支持或关注,以至于并不回复内容,只是抢位子以体现速度和关注程度。而灌水则是指一些比较没有实质内容表现论坛成员比较无聊的心态,或者对于某些话题不便发表的看法或冷漠的心态。回帖作为对主帖的回复,回帖行为本身除了表现了对主帖的关注外,还起到鼓励发帖者、支持主帖言论等作用。据此,国内著名的门户网站网易,甚至提出了无跟帖不新闻的概念,将一条新闻是否受关注的标志定义为回复数量的多少,而不取决于版面和时段。

九 微博

微博从来源来说,来自于博客,但由于受到通常不多于 140 字字数的限制,故而称之为微型博客,微博即微型博客(MicroBlog)的简称。与博客发布于网页上等待用户前来阅读不同,微博通常通过关注机制,以广播形式来分享简短实时信息,微博用户之间可以形成非常便利和复杂的交互机制,从而构成了分布广泛的社交网络平台。微博是基于社交关系来进行信息传播的媒体平台,在经历了行业调整后,发展策略转换为垂直化内容生态建设,打造垂直化的兴趣社区,兼具媒体和社区属性。微博是一种中国式的称呼,由于新浪微博在诸多微博中用户最多,影响力最大,以至于其网站名称都以微博的汉语拼音 weibo 作为网址。

作为一种互联网时代的新媒体形式,微博同样源于西方,但其商品或推广名称并不一定都称之为微博,比如最早的微博是美国的 twitter,国内诸多互联网公司将其运作机制引入国内后,再增加了中国化特有的功能后,转化为具有中国特色的微博生态形式,用户数量多的微博平台除了新浪微博以外，还有腾讯微博和搜狐微博等，共同构成了影响舆情甚至舆论的新媒体传播平台。CNNIC 发布的第 38 次《中国互联网络发展状况统计报告》显示，截至 2016 年 6 月，微博用户规模为 2.42 亿，逐渐回升，使用率为 34%，与 2015 年底相比略有上涨。微博主打陌生人社交，通过人与人之间的"关注""被关注"网络来传播信息。在内容维度上，微博正在从早期关注的时政话题、社会信息，更多地向基于兴趣的垂直细分领域转型。

与其他媒体形态一样，微博同样具有其催生的技术基础，即移动互联技术。移动互联技术本身刚好具有随时随地采集、编辑和发布简短信息的特点，便利微博用户可以使用网页、WAP 页面、手机短信彩信、即时通信工具、开放应用程序接口接入的第三方互联网工具发布信息，并支持关注、评论、转发和私信等功能。由于关注机制的引入，使得某个微博用户的关注者立即可以看到其关注微博用户发表的信息及其评论，淋漓尽致地体现了新媒体传播便捷性、即时性、互动性、能动性、多向性及时效性等特点，构成了新媒体传播时代不可忽视的舆情影响力量。

十 QQ 空间

2005 年，腾讯公司基于其庞大的 QQ 用户资源，推出了 QQ 空间（Qzone）这一具有博客的功能，与 QQ 用户 QQ 号绑定的个性化产品，一经推出即受到广大用户的热烈追捧。QQ 空间分为主页、说说、日志、音乐盒、相册、个人档案、个人中心、分享、好友秀、好友来访、投票、城市达人、秀世界、视频、游戏等诸多功能丰富的板块。

在 QQ 空间上可以书写日志、写说说，上传用户个人的图片，听音乐，写心情，通过多种方式展现自己。除此之外，用户还可以根据个人的喜好设定空间的背景、小挂件等，从而使每个空间都有自己的特色。当然，QQ 空间还为精通网页的用户提供了高级的功能：可以通过编写各种各样的代码来打造个人主页。

随着 QQ 这一用户巨大的即时通信工具的移动化转变，2013 年 12 月，QQ 空间手机客户端安卓版 4.2 正式上线，iOS 版本也同时上架。4.2 版本主要围绕移动场景下的优势以及用户对照片和视频等需求开发新的功能，水印相机、视频说说、滤镜功能成为这个版本的重要特点，在丰富了产品功能的同时，也增强了用户体验，为 QQ 空间的进一步发展和便捷化和即时性提供了基础。

截至 2016 年底，QQ 空间月活跃账户数达到 6.52 亿，QQ 空间智能终端月活跃账户数达到 5.96 亿。QQ 空间在表现用户多姿多彩生活的同时，也在关注着诸多社会热点事件的发生、兴起和演化，数量巨大的 QQ 用户在 QQ 空间中发表的评论、看法和意见，也是影响舆情演化的重要因素。

十一　微信朋友圈

微信朋友圈是腾讯公司旗下即时通信工具微信上的一个社交功能，于 2012 年 4 月 19 日随着微信 4.0 版本更新时上线公之于众。微信用户可以通过朋友圈发表文字和图片，发布自身所见所闻以及所想的内容，也可以对其他人发布的内容进行评论或发表意见，除了微信本身之外，由于微信用户众多，自从微信朋友圈功能推出之后，其他网络用户也可以在支持分享微信朋友圈分享功能的网页上或使用其他软件将文章或者音乐、视频和文件等资源分享到自己的微信朋友圈。由于微信注册需要绑定手机号码的规定，使得微信用户之间形成了与其他社交工具更强的强联系特性，微信用户需要得到其他用户的许可添加微信好友后，才可以与其他微信好友通信，才有可能看到微信好友中更多的朋友圈内容。到目前为止，微信分为移动设备端、个人电脑端以及网页端等多种应用版本，只有移动设备端的微信才支持朋友圈的发布、阅读和评论功能，但由于当前数字媒体无线移动化业已形成的主流地位，个人电脑端和网页端不支持朋友圈这一情况并没有对朋友圈的影响力产生明显的作用。移动端支持 iOS、Android 等主流移动操作系统的各个版本，一些早期操作系统的历史版本如 Symbian 各版本和 Windows Mobile 等，也部分支持微信软件的运行。

随着微信朋友圈用户的逐步增多，诸多依附于朋友圈的功能也相继推出。2012 年 8 月 22 日，微信 4.2 版更新朋友圈新增评论回复功能以增加选择可见范围。2012 年 9 月 4.3 版更新，可以不查看某人的朋友圈更新，并可以把朋友圈上的私密照片设为公开。2013 年 8 月 9 日，微信 5.0 版新增了收藏功能，可以收藏聊天、公众号、朋友圈的信息。2013 年 12 月 31 日，微信新增了表情商店、绑定银行卡、收藏功能、绑定邮箱、分享信息到朋友圈等功能。2014 年 3 月微信 5.21 版本更新发朋友圈时，可以附上你所在的餐馆或景点位置。2014 年 5 月 19 日，微信 5.3 版更新发朋友圈时可以创建新的位置信息。2015 年 1 月 25 日，微信朋友圈首批可口可乐、Vivo 智能手机和宝马汽车等三条广告上线。

CNNIC 发布的第 38 次《中国互联网络发展状况统计报告》显示，截止 2016 年 6 月，微信朋友圈、QQ 使用率分别为 78.7%、67.4%。微信朋友圈是基于微信联系人形成的熟人社交平台，随着用户规模的拓展、产品功能的丰富，弱关系社交也逐渐渗入，在产品内部形成多个相互平行、自成体系的圈子。QQ 空间在关系链上强弱关系兼而有之，在信息维度上则以个体信息为主，媒体属性较弱。微信众多用户的存在、用户之间的较强联系特性及其相当高程度的移动化特点，微信朋友圈对舆情的形成和影响已经成为不可忽视的重要因素。

十二　搜索引擎

搜索引擎是指根据一定的策略、运用特定的计算机程序从互联网上搜集信息，对信息进行组织和处理后，为用户提供检索服务，将用户检索相关的信息展示给用户的系统。搜索引擎可以分为全文索引、目录索引、元搜索引擎、垂直搜索引擎、集合式搜索引擎、门户搜索引擎与免费链接列表等，分别适用于不同的领域。在诸多搜索引擎中，百度和谷歌等是搜索引擎中影响力最大的代表。由于搜索引擎使用方式简单，并且能够快速地在互联网中找到所需要的信息，因此搜索引擎得到了广泛的使用，在网民想获取关于事件的信息时，搜索引擎的使用起到了非常重要的推动作用。用户关于事件关键字的搜索，反映出广大网民对于该事件的关切程度，从而构成了网络舆情中舆情热度这个重要的因素。

就国内搜索引擎而言，自从谷歌 2008 年暂时退出大陆市场以来，百度在搜索引擎领域处于绝对领导地位，尽管有搜狗、360 等搜索引擎的竞争，但由于百度较早的入局以及谷歌退出的契机都为百度的发展提供了良好的条件，其广告词"百度一下，你就知道"的流行，反映出百度一定程度上已经等同于网络搜索的代名词。百度基于广大网民搜索数据的产品百度指数，也应运而生。百度指数（Baidu Index）是以百度海量网民行为数据为基础的数据分享平台，是当前互联网乃至整个数据时代最重要的统计分析平台之一。百度指数能够告诉用户，某个关键词在百度的搜索规模有多大，一段时间内的涨跌态势以及相关的新闻舆论变化，关注这些词的网民是什么样的，分布在哪里，同时还搜了哪些相关的词等影响舆论的诸多要素，为网络舆情的监测提供了极大的便利。依据百度广大的用户数据，百度指数将其功能细化为基于单个词的趋势研究（包含整体趋势、PC趋势还有移动趋势）、需求图谱、舆情管家、人群画像；基于行业的整体趋势、地域分布、人群属性、搜索时间特征等五个模块，对于网络舆情而言，百度指数所提供的竞品追踪、受众分析和传播效果等功能，均以科学图表全景呈现，相当程度上便利了网络舆情的分析。

经过多年的发展，搜索引擎已经发展成为作为仅次于即时通信的第二大网络应用，搜索引擎的网民使用率已进入稳定发展阶段，短期内大幅增长的可能性不大，但搜索引擎作为互联网的基础应用，是网民在互联网中获取所需信息的重要工具，其用户规模和舆情影响力仍会随着网民总体规模的增长而进一步提升。

十三　移动客户端

移动互联网的发展和智能移动终端的普及，使人们获取新闻信息的方式发生新变化，越来越多地使用新闻移动客户端阅读新闻。运营商通过应用商店发布新闻移动客户端并提供新闻服务，用户通过智能终端下载客户端阅读新闻。

新闻移动客户端兼具新闻发布和社交功能，成为人们分享新闻和发表言论的重要平台。以网易新闻客户端为例，网易新闻跟帖的特色服务拥有相当数量的黏性用户，无跟帖不新闻的理念积聚了大量的用户参与评论。由此看来，移动客户端契合了舆情事件对于信息传播的各种要求，已经成为信息传播的主要途径，对社会舆情的发展和管理将会产生重要的影响，使舆论形成机制呈现聚合化、实时化的特征。此外，手机意见领袖在新闻客户端上日益活跃，并通过社交功能与微博、论坛、博客等互动，影响力越来越大。

移动新闻客户端凭借其丰富的资讯资源、实时的信息推送和方便的社交互动被越来越多的用户认可。互联网各大门户网站纷纷使出浑身解数，希望占领尽可能多的移动新闻客户端市场份额。相比于互联网各大门户网站移动新闻客户端的市场发展和人气，纸媒的移动新闻客户端市场份额可以说是相去甚远，难以望其项背。

十四　社会性软件

2003年4月，在美国ETC（Emerging Technologies Conference）大会

上,美国纽约大学教授 Clay Shirky、产业界精英 Tom Coates 等以社会性软件为主题进行了发言,从而将社会性软件（Social Software）讨论推向了高峰,引发了世界范围内对社会性软件的关注。

目前,学界和业界对社会性软件的概念界定还没有达成统一。当前,主要有以下几种有影响力的解释或说明。Stewart Butterfield 把社会性软件定义为人们用于相互间交流的软件,具有个性化、参与性、人际关系性、商讨性和群体性五个方面特点。Lee Le Fever 认为,一般软件是把人与计算机以及网络连接起来,而社会性软件则把人们的思想、感情和观点连接起来。Stowe Boyd 则提出,社会性软件应该满足以下前提中的一个或几个,即支持个人之间或者群体之间的互动式对话;支持社会反馈活动,例如,一个群体对他人的贡献作出评价,形成数字声誉;支持社会网络的构建,帮助人们建立和管理新的数字化人际关系。以上定义虽然各有侧重,但是研究者们对社会性软件的主要特点都有基本相同的认识,即社会关系与人际交往是作为人的本质存在的,社会性软件从个人与他人发生社会联系的需要出发,通过软件工具构建社会网络,使得知识的分享从人机对话的显性知识交流推进到人与人交流的隐性知识交流。

社会性软件按其体现和促进社会关系和协作形成的方式不同,可以分为显性社会性软件和隐性社会性软件。隐性社会性软件则是在完成软件某种功能的过程中促进了群体间的默契与协作,通过用户的集体行为改变信息或者知识的内容及组织形式,从而涌现出新的知识或更高级的信息秩序,具有明显的集体协作特征,例如前面已经列举的 Blog Wiki 等。显性社会性软件在功能上直接促进某种程度人际互联关系的构建和发展,直接关注社会网络关系的发展与维护、朋友之间进行人脉关系的资源分享等,具有明显的社群性质,如 Friendster Ryze、Linkedin、Yoyoriet 等,都是通过已有的信任关系作为传递媒介建立起新的社会关系,从而发展出基于信任的社会性关系网络。社会性软件之新意,并非在于技术上的创新,而是在于设计思想上的人本化,它把握住了人类本质的社会性,着意于以技术改善人际交流,打破虚拟世界和现实世界的隔膜,使人们共享因技术而带来的自由交流。从这个意义上说,社会性软件为舆情的形成和表达提供了新的途径,对舆情也将产生重要的影响。

现代社会的信息化使得现实生活越来越准确映射到网络生活,而网络生活也不断影响着现代生活。网络已经同报纸、广播、电视一起成为当代生活的四大媒体。与报纸、广播和电视这些传统媒体不同，普通民众可以随时随地成为新闻人，发布自己所关注的信息，与社会其他个体进行交流，分享自己的观点与看法，正是由于这些变化，网络舆情拥有更符合现代社会的传播优势，同时由于互联网媒体自身的特殊性质，网络信息的传播和演化具备了一些传统媒体所不具有的特征。传统的分析手段已经不足以解决这些问题，所以各国都开始了对于网络舆情演化的研究。

第二章
网络舆情分析概述

第一节　网络舆情分析理论

一　网络舆情分析理论研究进展

目前，网络舆情研究主要集中在社会科学和工程技术两个领域。其中，社会科学领域主要研究与网络舆情相关的基础理论，而工程技术领域则重视网络舆情的技术研究方法和工程实现与应用。

（一）网络舆情理论研究概述

随着社会的发展，20世纪，舆情这一概念在国外的新闻学、社会学以及管理学领域逐渐都得到了广泛的使用。按照舆情研究的不同水平和侧重，可以将舆情研究分为三个阶段。20世纪初到1934年以前，学界开始研究舆情和发表与舆情有关的论著；1935年至1959年，伴随着世界范围内社会的发展和第二次世界大战期间对舆论宣传的需求，舆情调查及舆情测验日益得到重视，提高了政府、学术机构研究舆情的兴趣，一定程度上促进了民主政治的发展；1960年之后，舆情研究的重点在于理论的解释、舆情调查学的使用，进一步促进了舆情研究的深入。舆情作为与多个学科有关的新兴领域，舆情的研究与舆情测验息息相关，始终与基础理论的进步和实际的社会应用紧密联系在一起。1933年，美国数学家乔治·盖勒普（George Gallup）开始设计并进行舆情测验，并于1935年成立了美国舆情测验所（The American Institute of Public Opinion）。当时，许多国家和政府已经将广泛范围内的舆情测验结果作为决策参考的重要依据。第二次世界大战之后，在国家主导下，政府机构、高等学校和社会学管理学研究所等学术单位开始发力研究舆情，相继成立了美国舆情研究协会（AAPOR）、欧盟舆情分析中心等具有相当代表性和深远影响力的舆情研究机构。

与国外的舆情研究相比，国内的舆情基础理论研究起步较晚，但在与我国独特国情联系紧密的情况下，发展速度较快，成果较为明显，呈现积极的态势和特点。目前国内学者对网络舆情的研究主要集中在网络舆情预警、网络舆情的指标体系、网络舆情的演化机理及传播机制、网络舆情的检测和监控、网络舆情的应对策略、网络舆情对政府的影响等方面。

1999年，天津社会科学院舆情研究所成立，致力于舆情领域的基础理论研究工作，发展舆情研究学科建设，出版了《舆情研究概论——理论、方法和现实热点》和《网络舆情研究概论》等舆情研究专著。《舆情研究概论——理论、方法和现实热点》在理论上提出舆情载体、表达方式和变动机制问题，探讨了舆情的民族文化内涵，分析了新闻媒体与舆情的互动关系。《网络舆情研究概论》则将研究集中在网络舆情基本概念辨析、网络舆情构成要素及分析、网络舆情的影响、网络舆情政府应对策略等方面。2005年，中国传媒大学公共舆情研究所成立，研究包括社会舆论、危机预警等多个方向，出版各类舆情报告，举办舆情论坛，为政府、院校等相关组织提供舆情咨询。2008年，上海外国语大学建立中国国际舆情研究中心，依托多语种语言优势，研究国际舆情。2009年，上海交通大学民意与舆情调查研究中心成立，主要面向政府研究政府决策所需要的民意现状及发展走势，提供公共政策事前制定、事中跟踪和事后评估等信息资源，作为政府决策参考依据。

除了学界，相关政府部门机构根据各自的工作领域，也成立了为自身服务的舆情研究中心。成立于2003年的新华网网络舆情监测分析中心是国内最早从事网络舆情监测分析服务的机构。为落实中央领导密切关注网上舆情、提升舆论引导能力的重要指示，新华网推出了舆情在线网络舆情监测与分析系列产品和服务，业务范围涉及全国乃至全球网络舆情、电视舆情监测研判服务，危机公关和舆论引导服务等等，旨在依托新华网权威媒体平台和先进技术手段和阵容庞大的专家队伍，以网络舆情研判为基础，提供智库类综合信息服务，帮助各级党政机关和企事业单位领导干部探索利用互联网倾听民意呼声，改进工作方式。成立于2008年的人民网舆情监测室，是国内最早从事互联网舆情监测、研究的专业机构之一，在舆情监测和分析研究领域处于国内领先地位。目前，人民网舆情监测室在人民日报社、人民网的领导和中国社科院、北京大学、清华大学等单位的专家学者的指导下，已形成了一套较完整的网络舆情监测理论体系、工作方法、作业流程和应用技术，可以对传统媒体网络版、网站新闻跟帖、网络社区/论坛/BBS、微博客、网络意见领袖博客、网站等网络舆情主要载体进行 24 小时监测，并进行专业的统计和分析，形成监测分析研究报告等成果。此外，人民网舆情监测室还创办了国家重点新闻网站首家舆情专业频道——人民网舆情频道，出版了国内唯一一份有正式刊号的内部参考读物《网络舆情》，并承担了很多网络舆论和危机管理等方面的研究工作。作为为政府提供支撑服务的重要信息服务机构，工业和信息化部电子科学技术情报研究所也把网络舆情作为决策情报服务工作的重要新方向，于 2010 年筹划成立网络舆情研究中心，以雄厚的技术研发力量为基础，通过及时、准确、全面采集网络舆情数据，准确评估舆情动态和舆论环境，开展网络舆情相关业务，旨在为政府、企业把网脉助决策，帮助各级政府部门了解民意民情，科学决策；帮助企业掌握市场和行业动态，提高风险管控水平，实现快速发展。

　　针对网络舆情在社会生活中越来越重要的作用和社会各界对网络舆情分析的需求，以 IT 公司为主的相关社会力量，也投入了大量人力、财力和物力到网络舆情监控系统的开发中。网络舆情监控系统是利用搜索引擎技术和网络信息挖掘技术，通过网页内容的自动采集处理、敏感词过滤、智能聚类分类、主题检测、专题聚焦、统计分析，实现各单位对自己相关网络舆情监督管理的需要，最终形成舆情简报、舆情专报、分析报告、移动快报，为决策层全面掌握舆情动态，作出正确舆论引导，提供分析依据。目前国内较为广泛使用的网络舆情监控系统主要有谷尼互联网舆情监控系统、邦富互联网舆情监控系统、军犬网络舆情监测系统、红麦舆情监测系统、方正智思信息服务平台、拓尔思 TRS 大数据舆情分析平台、中国舆情网 PALAS 帕拉斯网络舆情监控系统、麦知讯第三方网络舆情监控系统、Goonie 网络舆情监控系统、博约舆情监测系统、鹰隼网络舆情监控系统、本果舆情监测系统、美亚舆情监测系统、阳光安吉舆情监测系统、西盈网络舆情监测系统、铱星网络舆情监测系统、Rank 舆情监测系统、优捷信达网络舆情监测系统、美通社网络舆情监测系统、托尔思舆情监测系统和乐思舆情监测系统等诸多类型的网络舆情监测系统，呈现百花齐放之势，根据其不同的特点分别应用于各自的领域。

（二）舆情舆论等概念及其辨析

　　舆论、舆情、网络舆情等几个概念不但字面相似，其含义也有这么多重合和交叉的地方，就此，诸多学者就从不同角度分析了这几个概念。

1. 从舆情与舆论关系的角度辨析。认为舆论是指公众论事说理、评论是非；舆论经常与舆情联系起来，而舆情是指公众的意见和态度，也称为舆论动态，从而经常将舆情与舆论通用。网络舆情则是指借助互联网平台传播，公众对某一焦点、热点问题所表现出来的具有一定影响力、带有倾向性的意见或者言论的情况。

2. 从舆情核心内容角度辨析。认为舆情是指在一定的社会空间内，围绕中介性社会事项发生、发展和变化，作为主体的民众对作为客体的国家管理者产生和持有的社会政治态度，从而揭示了舆情的核心内容，即民众的社会政治态度，也与舆论有了较大的区分。但从舆情的广泛含义来讲，舆情内容并不只等同于民众的社会政治态度，还包括广大公众对于任意感兴趣话题的看法、意见、态度和情绪等多方面的内容。

3. 从舆情构成及变动的角度辨析。认为舆情是由个人以及各种社会群体构成的公众，在一定的历史阶段和社会空间内，对自己关心或与自身利益紧密相关的各种公共事务所持有的多种情绪、意愿、态度和意见交错的总和，明确了舆情构成要素以及变动的特征。

综合上述辨析，舆论这一概念中包含了动态的意味，从舆论形成过程的角度考虑，认为舆情是舆论形成过程中的舆论状态，即公众对公共事务意见的总体态势；舆情和网络舆情则是公众的情绪、意愿、态度和意见，舆情中的情被理解为情绪而不是情况，将舆论视为稳定的概念，舆情视为动态的概念，认为与某一公共事务相关的分散而错综复杂的舆情，最终会转化为一致有序的舆论甚至民意是必然的。

不同于上述理解和辨析，在这里将舆论和舆情都视作动态概念，将舆情看作舆论形成过程的某个阶段公众对公众事务意见的总体态势，同时舆情的动态演化体现了舆论的动态形成过程。但无论从哪个角度对其进行定义，它们都具有舆情体现了公众与公共事务之间的关系，以及舆情趋于向舆论转化的共性。舆情的产生的传播媒介从传统的媒介转移到互联网上，则产生了网络舆情，简言之，网络舆情即通过互联网表达和传播的各种不同情绪、态度和意见交错的总和。尽管网络舆情产生、发展、兴盛和消亡都基于互联网这个媒介平台，但网络舆情的指向和触发要素仍然源于现实社会，只是网民将其在互联网这一媒介和场所上进行表达传播，从而网络舆情和传统舆情具有很多相同点。

网络舆情是网民与公共事务之间关系以网民的情绪、态度、意见等形式表达的体现，形成网民与公共事务之间关系的刺激源依然是公共事务。公共事务是具有公共性的事务，即与社会广大成员的利益、关系、思想、兴趣以及观念等相关的问题，具有公共性的事务才能成为人们关注的对象，其本质是社会矛盾在现实生活中的反映。

   现实公共事务对舆情产生不同的刺激性作用。徐向红认为，经济工作、重点工作是社会舆情的中心点；重大事件是社会舆情的集中点；突发事件是社会舆情的兴奋点；重大改革措施出台与群众改革的落差是社会舆情的动点；重大策略调整容易产生社会舆情热点；媒体炒作容易成为社会舆情的诱发点。中共中央宣传部舆情信息局出版的《舆情信息工作概论》概括了网络舆情信息收集报送的重点内容，将公共事务类型划分为重大决策部署、重大事件；国计民生等社会热点问题；思想意识形态领域问题；重要境外涉华和港澳问题等。

   网民与公共事务之间的关系以情绪、态度、意见等形式体现。刘毅认为，公共事务中所包含的刺激性信息激发了公众的情绪、意愿、态度和意见及其行为反应倾向，但情绪、意愿、态度和意见都无法被直接测量，网民与公共事务之间关系测量要通过分析情绪、意愿、态度和意见的物质载体获得，即反映公众情绪、意愿、态度或者意见的语言、符号、数据等。网络舆情载体主要包括文字、音频、视频等。目前，网民主要通过网络言论的形式表达自己的情绪、意愿、态度和意见，其中，文字言论是网络中最为普遍的形式。

   网络言论可以分为网络新闻媒体言论和网民言论两大类。由于网络新闻媒体大多是传统媒体在网络上的延伸，其言论受到严格管理，即使媒体聘用的特约撰稿人，也由于自身和媒体的局限，网络新闻媒体言论并不能完全代表其自己的观点。由于互联网开放性、匿名以及多样的互动表达方式，使得网民能通过新闻网站、网络论坛、博客、邮件、新闻组、Wiki（维基）、播客、微博等多种渠道，真实表达自己见解，网民与网民之间见解互动才能产生舆情。所以，相比网络新闻媒体言论，网民言论更能真实地反映网络舆情。

   网民与公共事务之间的关系随着时间和外界刺激不断变化，针对某一公共事务的分散和错综复杂的舆情，向一致有序的舆论与民意转化是一种必然趋势，即网络舆情趋于向舆论转化，从而体现为多数人经过各种形式公开表达比较一致的意见。由此可见，网络舆情是互联网外社会事务或者互联网内传播的社会事务刺激而随时产生的网民的情绪、态度、意见等，以公众意见的形式表现出来，而舆论不仅强调公众意见，同时强调是公众的公开意见。与网络舆情相比，舆论更能反映公众深层的社会价值取向，因此对政府管理部门影响力更大。在互联网信息传播载体形式多样、网民人数众多、观点表达方便快捷的情况下，网络舆情很容易转化为公众的公开意见。网络舆情一旦转化为舆论，其社会的影响力将成倍增大，对决策者的约束力更大，这也是政府管理部门对网络舆情倍加关注的重要原因，如果管理者能将问题解决在网络舆情向舆论转换过程中，则可以尽可能避免形成舆论，能够极大地减轻决策的压力。

（三）网络舆情演化理论

1. 网络舆情的形成及变动

如上所述，网络舆情是公众对现实问题产生的情绪、态度和意见及其交错的总和，与现实舆情不同的是，网络舆情是通过互联网平台，以外在的形式进行表达，仍然属于舆情的范畴。因此，舆情形成和变动的一般规律，也是研究网络舆情形成和变动的基础。

天津社会科学院的学者刘毅在其著作《网络舆情研究概论》中，从哲学角度分析了舆情形成和变动的客观因素、实践因素和认识论因素，提出了基于舆情形成过程的时量特征划分的渐进模式和突发模式、基于舆情信息的传播主体和过程划分的人际模式、群体模式和公众—媒介—政府模式、基于舆情形成过程的结构和功能划分的线性模式和动力模式等四种舆情形成的模式，以及涨落规律、序变规律、冲突规律和衰变规律等四种网络舆情变动规律。姚福生等《舆情核心要素与大学生舆情演化的关联性分析》一文中，以舆情的主客体、舆情空间、中介性社会事项等核心要素影响力的作用机制为切入点，分析了增长性舆情、稳定性舆情、衰退性舆情相互间转化的内在机制，并阐述了舆情生成、发展、变化的规律。王来华在其论文《舆情变动规律初论》中指出，舆情的现实发生是中介性社会事项对民众产生刺激的结果，随着中介性社会事项的变化而变化，并围绕中介性社会事项、民众和国家管理者等要素，提出了舆情变动规律中的几个基本假设。

当前的研究，对于舆情形成的模式和变动的规律性进行了描述，但对舆情形成和变动的内因、外因还缺乏系统的分析，对于相关要素及其关系对舆情形成和变动的影响尚缺乏深入的分析。

2. 舆论演化模型理论

舆论的产生与新闻的发展息息相关，随着大众传媒的不断进化，以及各种新技术的理论在新闻领域的应用，也逐步影响到了舆论的演化。在解释舆论演化的多种理论中，系统动力学和复杂网络两种理论起到了其他理论所不具有的重要作用，可以解释多种舆论现象的演化。除此之外，由于基础科学的发展，多种来自其他学科的理论和模型也引入舆论学，来进行舆论的解释。

国外的舆论演化模型研究，主要集中于 21 世纪初的欧洲地区。2000 年，波兰学者 Sznajd 认为，在封闭社区内，由微观粒子间的简单交互规则导出该社区的复杂现象，建立了 USDF（United we Stand Divided we Fall）规则，并提出了基于 Ising 模型的舆论演化模型，在一定程度上解释了部分舆论现象。2002 年，法国学者 Galam 将多数原则 MR（Majority Rule）引入舆论演化研究，提出了 MR 舆论演化模型，规定在封闭群体内，大多数人的观点应该被采纳，用以解释公众争论话题演变、谣言传播和恐慌传播等现象。而以法国学者 Deffuant 为代表的学者针对之前的舆论观点离散问题进行改进，认为在固定大小的群体内，观点不再局限于好与不好两种，而是一个连续的分布，每两个粒子的交互导致两个粒子观点的倾向与折中，即两个粒子的观点分别向中间观点靠近，提出了连续观点有界信任模型，以量化形式准确地描述了现实生活中并非非善即恶的问题。

与国外的研究相比，国内学者关于舆论演化模型的研究也自有其特色，更注重与实际技术理论的实际应用。2006 年，刘常昱等在其论文《基于小世界网络的舆论传播模型研究》中，利用小世界模型构建人际关系网络拓扑，以此为基础通过设计个体的局部相互作用规则引入个体心理因素和外界媒体影响，提出了利用计算机仿真建立舆论传播演化模型。2008 年，李兰瑛在其论文《基于 CA 的网络舆论传播因素的研究》中，提出了一种基于元胞自动机的网络舆论传播模型，引入人员移动、人口密度和大众媒介导向三个因素，模拟分析了这几个特定的要素对网络舆论传播的影响。2008 年，司夏萌等在其论文《群体间交互对舆论演化影响的研究》中，针对现实舆论环境中属于不同群体的公众之间仍可以相互交流的实际情况，提出了群体间交互的舆论演化规则，建立了包含群体间观点交互的舆论演化模型。这些方法大多利用基于舆论主体的局部个体空间相互作用的微观模型，来研究舆论演化过程中涌现出来的若干性质，是研究复杂系统整体行为的一种手段，但均基于舆论主体及其关系，且侧重于方法的研究，但对于舆论客体的分析相对较少，更缺乏对舆情系统化地分析。

3. 网络舆情演化模型的构建

由于互联网广泛性、门槛低、自由性和互动性的特点，网络舆情在形成与变动过程中，形成了与社会舆情所不同的特点和规律。要构建能有效描述网络舆情的演化模型，就要从网络舆情主体、客体以及演化规律等多个方面着手进行研究和探讨。

(1) 网民特征及影响力的研究

网民作为网络舆情的主体，网民的数量、年龄、教育程度和职业状况等基本特征，自然是影响网络舆情的最重要的因素。2007年，刘毅在《网络舆情研究概论》一书中，分析了网民的行为特征、心理特征和网络群体特征。2007年，毕宏音在《舆情视野中的网民上网行为分析》一文中，从社会行为学的角度对网民的网络行为进行了分析；2007年，毕宏音在《网络舆情形成与变动中的群体影响分析》一文中，从心理学角度，通过对群体压力、群体极化、集体无意识、群体互动等研究，展示了网络舆情形成和变动中的群体影响力。当前，对于网民特征影响力的研究还处于定性分析阶段，对于影响力的认识缺乏量化研究和深层次的规律分析，比如不同类型网民的群体特征以及网民结构对于网络舆情的影响、网民行为与话题相关特征的研究等。

(2) 网络舆情指标体系的研究

网络舆情指标体系是指通过一系列相互联系、相互补充的指标，来反映网络舆情的整体状况。网络舆情指标体系的建立，使得网络舆情信息判断更加客观，定性定量相结合可以实现综合分析，直观展现复杂问题，增强对网络舆情形势的把握度。指标体系涉及整个网络舆情生命周期，有助于全面了解网络舆情的发展状况，挖掘有价值的信息，并及时通过预警指标判断网络舆情潜在问题，可以指导网络舆情监控工作，并可以根据指标来明确网络舆情信息采集的来源、范围和方向。围绕网络舆情指标体系这一研究对象，国内诸多学者都从各自的研究领域出发，发表了多种多样的学术成果。

2008年，吴绍忠等在其论文《互联网络舆情预警机制研究》中，分析影响网络舆情的因素，构建了包括舆情、舆情传播、舆情受众三大类11个指标的舆情预警指标体系，运用Delphi法确定指标体系的权重。谢海光等在其论文《互联网内容及舆情深度分析模式》中，从统计学的角度构建了互联网内容与舆情的热点（热度）、重点（重度）、焦点（焦度）、敏点（敏度）、频点（频度）、拐点（拐度）、难点（难度）、疑点（疑度）、散点（散度）等10个分析模式。当前建立的网络舆情指标体系一是从网络舆情的影响要素的角度，二是从信息采集的角度，存在理论与实际脱节的现象。

2009年，李雯静、许鑫等在《网络舆情指标体系设计与分析》一文中，根据网络舆情的特点，关注信息本身，从指标设计、分类、构建等方面，在网络舆情信息汇集、分析、预警的工作流程中，按照主题将信息分门别类，统计、计算出若干指标值，对舆情进行横向、纵向的监测和评估，筛选出有价值的信息，帮助舆情工作者对舆情突发事件进行研判及态势预测，并对指标利用过程中存在的问题提出建议。

2010年，戴媛、郝晓伟等在其论文《基于网络舆情安全的信息挖掘及评估指标体系研究》中，对网络舆情信息挖掘的渠道和环节、挖掘内容重要的因素六个点及挖掘方式提出了新的想法，构建了网络舆情安全评估指标体系，来量化评价舆情发展态势，并为管理者提供预警和辅助决策的科学依据，也对网络舆情监测和预警综合系统的平台运行具有重要的指导意义。

2010年，谈国新等利用I—Space（信息空间）模型对网络舆情的传播过程和产生根源进行分析研究，提出了网络舆情监测指标体系，该舆情监测指标体系由舆情发布者指标、舆情要素指标、舆情受众指标、舆情传播指标以及区域和谐度指标五个指标群构成，分别展现舆情的地理分布、来源、传播渠道以及舆情内容的性质和受众的反应。同时针对网络舆情的实时监测及预警预报，研究了不同指标的量化方法，给出了相应的计算公式，为更加客观、全面、深入地分析舆情提供了科学依据。

2010年，张一文、齐佳音通过建立指标体系来衡量和评价非常规突发事件网络舆情热度，通过权重计算能够明确各个指标影响力的大小，从而明确舆情涨落的深层次影响原因，为政府舆情控制、引导以及预案制定等提供理论依据。

2010年，曾润喜在向专家发放问卷调查的基础上，利用层次分析法构建了警源、警兆、警情三类因素和现象的网络舆情突发事件预警指标体系，并对影响这一指标体系的因素和现象进行排序，确定了影响权重。

2010年，李杰、锁志海从基于网络舆情特征定量指标的统计分析、基于知识挖掘的网络舆情资源萃取，以及针对学校网络突发性群体事件及网络舆情的管理机制和辅助领导决策方案研究几个方面论述网络舆情管理决策平台的建设，最终形成一个基于指标控制和知识挖掘的网络舆情监控平台，为高校网络舆情建设提供了新的发展思路，为高校应对突发性事件提供了重要的辅助决策工具，有助于提升各高校舆情管理能力。

2011年，兰月新、邓新元分析挖掘了群体性事件在互联网上所体现的舆情演变规律，构建了事态扩散、民众关注、内容直观、主题敏感、态度倾向五个维度的群体性事件网络舆情信息安全评估指标体系，实现了群体性事件网络舆情信息的安全态势评估。

2011年，郭岩、刘春阳通过对网络舆情、信息源、影响力等概念的深入研究，构建了网络舆情信息源影响力评估体系，试图从根本上抓住网络舆情信息源影响力的本质特点。在研究中，还考虑网民对影响力的反馈，以及信息源转载信息这一行为中隐含的对同行信息源影响力的反馈。在量化影响力时，文章借鉴网络链接分析算法 PageRank，提出通过算法 SrcRank 对信息源重要度进行排名。实例分析结果表明，评估方法能够客观而合理地评价网络舆情信息源的影响力。

2012年，陈新杰、呼雨从网络舆情传播关系出发，阐述了网络舆情监测指标构建基本原则和网络舆情发展演变过程，建立了四维指标体系；通过加入传播主体身份视听化程度和内容详略度指标，构建了监测预警模型，从而为政府和网络监察部门工作提供理论支持。

2014年，曾润喜等在《网络舆情指标体系、方法与模型比较研究》一文中，从指标设计和方法模型两大方面，运用比较研究方法对我国网络舆情的相关学术成果进行梳理、归纳和总结。研究发现，网络舆情指标体系研究涉及多个学科领域，但存在指标体系设计缺少相应的论证过程、未注意末级指标的相互重叠现象、网络舆情权重确定方法和模型存在主观性、网络舆情指标体系构建尚未形成完整体系等问题，应基于统一标准建立系统化、全生命周期的网络舆情指标体系，是对近年来网络舆情指标体系的概括性总结。

(3) 网络舆情演化规律的研究

在国内最早的网络舆情著作，刘毅的《网络舆情研究概论》一书中，结合实例对网络舆情形成和变动过程进行研究，探讨了舆情变动规律后认为，话题传播领域的研究主要集中在网站间宏观层次、网站内微观层次以及结合复杂网络模型进行仿真实验等三个方面。

宏观层次上，研究者主要关注信息在网站间的传播行为，Avare Stewart 分析了博客之间信息交互的行为特征；万小军等将相关网站上某新闻事件所有的文档都获取下来，获得该新闻事件在各个网站传播的整体状况。

微观层次上，研究者以人即网络的用户网民为研究对象，关注网民之间的信息交互关系，从而探讨网站内部信息传播的机制和特征。西安交通大学的宫辉等利用社会网络矩阵分析法分析网络虚拟社区中的信息传播模式，概括了网络虚拟社区群体的基本特征，并利用计量分析模型验证和分析了网络虚拟社区特征对虚拟社区的信息传递的影响，从而提出了控制信息传播的对策。白淑英等将研究重点集中于网络论坛互动的结构性要素及其互动过程的内在机制，以及相关的一般性的理论问题。

多种来自自然科学领域的理论也用于网络舆情的演化分析、建模和实验仿真。厦门大学的张嘉龄等利用无尺度网络的健壮性对复杂网络模型进行了简化，提出了博客网络信息传播的博弈演化模型，探讨了在网络高效率的传播机制下信息的扩张和湮灭。李彪采用内容分析法，探讨了新浪网上央视新台址大火相关新闻的网民评论各类维度，描述了该事件网络舆情传播机制。谢科范等提出了网络舆情突发事件的生命周期分为潜伏期、萌动期、加速期、成熟期、衰退期五个阶段，并基于生命周期原理提出网络舆情突发事件应对及决策的原理与方法。史波等从形成机理、发展机理、变异机理、作用机理和终结机理五个方面，深入系统地分析了公共危机事件网络舆情在整个生命周期中的演变路径、演变表现和演变动因，从而构建了公共危机事件网络舆情的演变机理体系并分析了其内在逻辑性。

当前对于网络舆情演化规律的研究大多仍然停留在定性分析的层面，量化分析则是从话题传播的不同角度构建模型，在数据获取、研究范围、与实际环境结合等方面存在一些不足之处，缺乏对网络舆情演化的系统分析，以及对网络舆情的相关要素及其属性、要素属性变化对舆情的影响规律的深入分析。

二 网络舆情分析技术及其进展

互联网技术的发展不仅改变了普通人民群众的生活方式和工作方式，也深刻影响着政府部门运作方式。对待这一先进的工具，政府部门不仅要积极建设，还要加强引导和强化管理，必须对各种网络舆论及时反馈引导，才能对现实中出现的各种网络舆论防患于未然，防止网络中的负面信息和消极意识形态等内容破坏经济、政治、文化、社会的和谐稳定。然而，互联网的受众群体随着互联网技术的发展呈现爆炸式的分布，网络中流动蕴藏的信息浩如烟海，很难采用传统的手段提取庞杂数据中所包含的舆情信息，仅靠人力鉴别网络舆情信息的性质和走向难以得到良好的效果，鉴于互联网信息的数字化特征以及依靠信息化设备传播的特点，可以天然地利用计算机这个工具，采用先进的信息处理技术抓取、分析网络舆情数据，从而建立起全面、有效、快速的舆情监测预警机制，为应对处置网络舆情提供必要的技术条件和支持。为了达到这个目的，诸多学者和技术人员都作出了大量努力，建立了多种网络舆情分析模型和关键技术。

（一）网络舆情分析技术研究概述

传统的舆情获取方式主要有三种。第一，国家各级部门层层上报。这种方式反应迟缓，存在下级部门有意迟报、漏报、瞒报、蓄意篡改信息的可能，往往难以反映公众直接的心理感受；第二，主流新闻媒体报道。新闻媒体渠道传递反映舆情的速度和信息量，容易受制于媒体本身信息采编和分析的能力及新闻管制，反映的舆情与实际舆情也存在一定的偏差；第三，专业研究机构的调查分析。研究机构通过问卷调查、电话访问或面谈等方式获取公众的心理感受，结果较前面两种方式更为精确，可以准确地反映民众的舆情，但速度迟缓，而且调查结果受调查对象和范围的影响，所体现的舆情时效性不高，难以准确及时反映作为舆情主体的公众在公共事件发生时的感受。

随着以计算机为代表的数字化设备的普及和互联网技术的发展，网络舆情作为现实社会舆情在网络空间的延伸，关于网络舆情的研究也开始逐渐受到学术界和政界的重视。由于网络的开放性和互动性，网民可以在互联网上在第一时间将自己的直观感受方便快捷地表达出来,民意表达更加畅通,网络舆情最能及时、直接地反映公众的心理状态,因此获取网络舆情具有重要的现实意义。网络舆情不同于传统的现实舆情,其产生、发展、形成、兴起、高涨、衰落以及消亡的整个生命周期,都隐含在互联网上新闻、论坛、评论、博客、微博、电子邮件、回帖、朋友圈等海量而且分散的数字化数据中,要想从中提取所包含的舆情信息,就必须采用工程技术手段对隐含于上述各种媒介中的信息进行抓取后分析和处理。传统舆情获取方式无法适应于包含网络舆情的海量数据,寻找到能有效获取网络舆情信息网络信息的技术,并监测、分析和预测网络舆情,自然成为信息技术在舆情研究中的重点,在社会各界的广泛需求之下,网络舆情分析技术研究尽管起步较晚,却取得了飞速的发展。

在国外,2002 年,美国国防高级研究计划局(Defense Advanced Research Projects Agency,DARPA)提出了 TIA(Total Information Awareness)计划,用以收集尽可能多的个人信息,建立庞大的数据库,在数据库基础上进行挖掘,从中发现可疑的恐怖活动等情报线索,用于反击恐怖活动的需要。2003 年,美国国会通过网络空间安全国家战略,该战略责成国土安全部负责领导和协调建立美国国家网络空间安全响应系统,利用计算机技术收集并处理舆情信息。美国的 Dark Web Portal 项目则通过监控互联网上的恐怖主义网站上的公开信息,使用内容处理等手段分析其中可能透露出来的恐怖主义袭击可能性。

在国内,已建立多家与网络舆情监测技术相关的研究中心,它们依托自身优势从不同方面对其进行研究。2008 年,人民日报社正式组建国内最早从事互联网舆情监测研究的专业机构之一——网络中心舆情监测室,为国务院新闻办网络局和各级党政机关、企业团体等提供网络舆情监测和舆情分析等服务。2009 年,北京交通大学结合国家舆情需求成立国内第一家网络舆情安全研究机构——网络舆情安全研究中心,利用电子信息技术手段,从人文、计算机和复杂系统等多学科的角度,研究网络舆情产生、传播和导控等和自主研发网络舆论安全关键技术。2009 年,中国人民大学与北京大学方正集团成立了人大——方正舆情研究基地,围绕网络舆情预警分析、应对机制等领域进行合作,致力于网络舆情监测与预警技术研究与系统开发。

随着社会各界对网络舆情重要性认识的逐步深入和提高,对网络舆情的应用需求也呈现迅猛增长态势，国内外相关机构企业开发了大量网络舆情分析系统来满足需求。

与网络舆情的理论研究类似，在网络舆情分析系统的开发上，国外也走在了前列。企业搜索厂商 Autonomy 推出的互联网舆情监控分析系统，是诸多网络舆情分析系统的典型代表，该系统具有自动上下文摘要、检索结果自动分组、信息关联、定向跟踪采集、跨语种和跨媒体的信息分析、舆情信息收集、专题跟踪处理、专题趋势分析、信息分布分析、舆情报告整编等贯穿舆情发现、监控、处理等全部流程的诸多功能，适合于政府网络信息监测部对网络舆情信息进行自动分拣、热点识别、长效监控等工作。

国内早期具有代表性的网络舆情分析系统，是北大方正技术研究院推出的方正智思舆情预警辅助决策支持系统，该系统由舆情规划、舆情收集、分析处理和舆情预警等四个功能模块构成，能够自动抓取互联网上的海量互联网新闻、论坛、博客等渠道所传播的信息，采用自动分类、自动聚类、主题识别与追踪等技术，实现网络舆情监测和专题追踪等功能，最终形成简报、报告、图表等分析结果作为预警信息。此外，国内还有中科公司的天玑舆情监测系统，中科电子的军犬舆情监控系统，北京拓尔思公司（TRS）的网络舆情监测系统等，这些系统在功能上大致相同，只是在个别功能上存在技术成熟度的差异。

目前，网络舆情分析系统的开发大多以用户需求为牵引，从不同领域引入具体针对性的技术进行解决，网络舆情分析技术的研究从结构上比较零散，整体上不具有连续性和系统性，从而难以形成完整的技术解决方案。

（二）网络舆情分析模型

与社会舆情不同，网络舆情隐含在海量而且分散的网络数据中。传统社会科学领域的舆情研究方法，无法适应网络中海量的数据环境处理分析的需求，使得很多传统的现实舆情分析理论和方法无法有效应用。因此，网络舆情理论研究成果与网络舆情分析技术紧密结合，成为建立网络舆情分析模型的关键。

1. 网络舆情态势分析和估计

现有的网络舆情分析技术原理是话题检测与追踪，相应的系统只是利用话题检测与追踪、文本检索等技术，主要注重分析和追踪舆情话题的主题内容，利用统计方法给出的话题变化趋势直接作为预警信息。这种原理和思路并不完全适用于网络舆情分析，原因如下。

（1）舆情目标单纯化。强调以话题为主体，而舆情分析人员关注的舆情目标除了话题，更关注公共中介事件本身和舆情的主体人物。

（2）舆情分析浅层化。强调话题内容分析，缺少网民的属性分析、网民与舆情目标之间的关系分析以及舆情演化分析，而这些信息对于舆情研判、预警和决策都非常重要。

（3）舆情预警简单化。舆情分析浅层化导致舆情预警可用的信息简单，而基于知识推理的缺失，最终会影响预警决策的可靠性和有效性。

产生上述问题的根本原因在于，网络舆情分析属于情报分析范畴，而现有的技术原理缺乏情报学理论指导，无法获取深层次舆情信息。因此，可以考虑引入情报学理论和思想，研究基于情报学理论的网络舆情分析技术。

2. 网络舆情分析模型构建

1984年，美国国防部成立了数据融合实验室理事联合会（Joint Directors of Laboratories，JDL），随后提出了JDL模型，JDL模型能够促进理论研究者、设计人员、评估人员相互之间的沟通和理解，使系统的设计、开发和实施过程得以高效顺利地进行。

JDL模型主要由数据源、数据预处理、目标识别、态势分析、威胁估计、数据库管理系统、过程评估、人机接口等功能模块组成。除态势分析与威胁估计外，数据源包含了各类传感器及其相关数据；数据预处理是对数据的预筛选；目标识别就是融合各传感器数据以获得最为可靠和精确的目标的位置、速度、特征、身份的估计过程；过程评估则是对所有的数据融合处理进行监督以评定和改善实时处理系统的性能；数据库管理系统用来完成系统数据的存储、检索等功能；人机接口提供人与计算机的交互。

根据网络舆情分析和战场态势分析与威胁估计具有的目标与过程的类似性，借鉴和改造JDL模型，将完成网络舆情分析所需的功能模块，包括网络舆情数据采集、网络舆情信息抽取、网络舆情目标识别、网络舆情态势分析和网络舆情威胁估计等分别与JDL模型的相关模型进行映射，构建网络舆情分析模型。

（三）网络舆情分析关键技术

网络舆情分析基于网络舆情信息进行，而网络舆情信息则分散地分布于浩渺无际的互联网上，只有有效地提取到与某个主题相关的网络舆情信息，才可以进行更为深入的分析，所以，涉及的关键技术包括网络舆情数据采集、网络舆情信息抽取、网络舆情目标识别、网络舆情态势分析和网络舆情威胁估计等方面的技术。

1. 网络舆情数据采集与信息抽取技术

网络舆情数据采集即网络数据采集，通过页面与页面之间的链接关系，从与某个舆情事件相关的网页上，通过计算机程序自动抓取包含有舆情信息的网页。目前，网络数据采集技术主要有只需要采集新产生的或者已经发生变化页面的增量式网页数据采集技术、有选择地搜寻与预先定义好的主题相关页面的基于主题的数据采集技术和根据用户制定或与用户交互等手段采集信息的基于用户个性化的数据采集技术等三种。

网络舆情存在于新闻、论坛、博客、微博等各类网络空间中，网络舆情信息抽取就是从不同类型网络空间中准确、快速地抽取与某一主题相关的舆情数据。2004年，美国伊利诺斯州立大学的刘兵等将信息包含的HTML标签顺序连接成字符串，通过比较发现相似的字符串来确定待抽取的数据区域，从中自动寻找抽取规则或模式。为了克服与舆情事件相关噪声的影响，研究人员提出采用分块处理的思想，例如，2010年，Ji等提出的标签树方法。近年来，研究人员提出一些新方法，2010年，Wimalasuriya等提出了基于本体的信息抽取方法，王允等提出了网页布局相似度方法；2011年，ChulyunKim等采用对网页进行基于结构的聚类，生成每个聚类的抽取模板。

随着Web 2.0技术的发展，社会媒体得到了迅猛的发展，正在取代传统网络媒体，成为网络舆情的主要来源。因此，社交网站、微博、脸谱（Facebook）、推特（Twitter）、人人网、新浪微博、腾讯微博、论坛、博客、维基百科和视频网站等社会媒体，也成为网络舆情数据采集与信息抽取研究的重点对象。

2. 网络舆情目标识别技术

网络舆情目标识别就是从大规模网络数据中，检测识别出网民所关心、关注的话题、事件和人物等网络舆情目标，网络舆情目标识别技术要实现其功能，需要从以下几个方面入手。

（1）敏感信息过滤

敏感事件是涉及某一特定敏感话题的事件，由于敏感事件很容易成为社会舆论焦点和热点，一般把不利于社会稳定的言论统称为敏感话题。利用敏感信息过滤技术，可以发现和追踪敏感事件和人物。敏感信息过滤技术主要包括 IP 或 URL 黑名单拦截过滤技术、关键词匹配过滤和基于内容建模的过滤技术。

（2）新事件检测

突发事件是指突然发生，造成或可能造成严重社会危害，需要采用应急处理措施以应对的自然灾害、事故灾难、公共卫生事件和社会安全事件等，很容易成为社会舆论焦点和热点，需要对突发事件所引起的舆情特别谨慎处理。尽管突发事件具有突发性这个根本特点，但其发展及其引起舆情的演化还是具有一定的过程性，这就需要在事件发展中，及时有技术跟进行检测。发展新事件检测（New Event Detection，NED），即可以完成这个任务，它可以将某个事件的待检测报道与前期报道进行相关性匹配，如果检测时序新闻流中对某一话题的首次报道，即识别新的话题，否则就是已经产生的关注的话题。在突发性事件的检测方面，研究人员也做了大量行之有效的工作。比如，2011 年，Alvanaki 等研究了新闻、博客、微博等网络媒体中的突发事件或话题实时发现；2012 年，Zhao 等提出一种基于突发特征的文本表示模型，进行事件检测。

（3）话题检测与追踪

话题检测即通过技术手段在互联网上检测新话题的出现，并将先前已经发现的话题的舆情信息及数据归入相应话题或重新建立新的话题。传统话题检测方法主要采用聚类算法、增量 K 均值聚类和增量式聚类算法等。目前主要借助于语义理解技术来提高话题检测性能。2011 年，Kasiviswanathan 等提出使用词典学习方法来检测新的话题。

话题追踪即通过一个或多个报道样本确定一个话题，识别出其后关于此话题的进一步报道。话题追踪可以看作一种按报道的文本分类，如 K 近邻分类器、决策树分类器、贝叶斯分类器、神经网络分类器和支持向量机分类器等。目前，话题追踪方法主要向在线方式和实用化方法发展。2009 年，Aisurnait 等提出了基于生成主题模式的在线话题检测与跟踪方法；2010 年，Mario Cataldi 等针对微博中的主要角色识别和时事的话题检测抽取进行了话题检测研究；2011 年，Zhao 等尝试将话题检测与追踪技术运用到网络论坛话题追踪中；2012年，Qiming Diao等研究了微博的突发话题发现。

3. 网络舆情态势分析技术

网络舆情态势分析主要分析舆情要素的属性、舆情目标与网民之间的关系、舆情目标之间的关系，以及这些属性与关系随时间和空间的变化趋势。其中，前三者为态，第四者为势。

（1）舆情要素的属性分析

舆情要素的属性分析主要体现在如下三个方面：

①内容属性分析。分析舆情目标的内容信息，如时间、地点、人物、地名、组织机构名、关键词等。

②行为属性分析。分析网民的行为信息，如文档的数量、发帖量、点击数、回复数等。

③结构属性分析。分析网民的结构信息，例如，地理空间分布、网民社团结构等。

内容信息和行为信息可以在舆情信息抽取和舆情目标识别过程中获得。2010年，Ekbal等提出了命名实体的识别方法；2011年，许超阳等提出了时间表达式识别和文本事件抽取方法。

网民群体具有局部聚集结构特性，同一个群体的网民之间的关系相对密切，不同群体的网民之间的关系相对疏远。其中，基于图结构约束的网民社团结构发现是主要的技术手段。2005年，Palla等指出了社团重叠这一重要现象，并提出了一种基于完全子图渗流的重叠社区发现方法。2006年，Newman等提出模块度的概念，通过节点的反复组合来优化节点群的模块度，从而发现社团；Arenas通过研究网络同步过程和社团结构的关系，提出了一种能够揭示网络同步过程中阶段性特征的社团发现方法。2008年，Rosvall通过考察网络上随机行走路径的最短描述长度来研究网络的社团结构，提出了著名的InfoMap方法。2010年Shen等引入尺度伸缩变换概念，很好地解决了异质网络的多尺度社团发现问题。

（2）舆情目标与网民之间的关系

舆情目标与网民之间的关系主要体现为网民对舆情目标的敏感性和情感倾向性。

网民对舆情目标的敏感性体现为关注度、热度、传播速度等，主要根据舆情目标评论数量、出处权威度、发言密集程度、相关报道数目等参数进行综合性分析获取。2010 年，李弼程等给出了网络舆情态势分析模式提取方法；王瑾等利用模糊积分分析网民与话题联系的紧密程度；2012 年，张一文和方滨兴等引入静态贝叶斯网络进行热度评估。

文本情感倾向性分析主要包括词汇情感倾向性分析、句子情感倾向性分析、篇章情感倾向性分析和细粒度情感倾向性分析等。网络舆情分析需要从细粒度重点研究口语评论的情感倾向性分析，也就是从篇章、段落或者句子中得到评论持有者、评论对象、情感词、情感倾向性等评论要素，在此基础上分析获得文本中作者对每个评论对象的情感倾向。网民发表的评论，特别是口语评论，直接反映网民情感倾向性。因此，口语评论情感倾向性分析是舆情分析的重点。2010 年，林琛等研究了网络新闻口语评论中人物对象识别方法；周杰等提出了面向网络评论的观点主题识别方法和基于机器学习的网络新闻评论倾向性分类方法；Long Jiang 等结合情感特征词和特征的评论对象，研究微博的情感倾向性。

（3）舆情目标之间的关系分析

舆情目标的相互关系主要包括：

①关联关系分析。主要分析话题（事件）之间在特定条件下存在的某种强度的联系，决定哪些话题（事件）将一起出现。

②因果关系分析，就是一个舆情目标引发另一个舆情目标出现，例如，一个话题引发另一个话题的出现，一个事件导致另一个事件的发生，反映话题（事件）的演化结果。

舆情目标的相互关系分析主要用于未知话题（事件）发生的预测、话题演化、话题检测与追踪等。其基本技术主要采用关联挖掘技术。在网络舆情分析中，发现和挖掘因果关系是非常必要的。贝叶斯网络具有复杂关联关系表示能力、概率不确定表示能力以及因果推理能力，可以用来分析舆情目标之间的因果关系。

（4）舆情演化分析

舆情演化是网络舆情分析的核心内容之一，也是研究最薄弱的环节。目前研究主要集中在话题内容的演化分析。舆情演化分析主要研究舆情要素的属性及关系随时间和空间的变化趋势，主要包括四个方面。

①内容演化。主要分析话题、事件、人物内容属性的变化趋势。2005 年，金珠等针对话题发生迁移和分化的特点，提出了事件框架思想。2006 年，赵华等提出了一种面向动态演化的双质心话题模型。2009 年，Christopher 等提出构建事件演化图来刻画事件演化趋势。2011 年，楚克明等通过话题抽取和话题关联实现话题的演化。2012 年，胡艳丽等利用 LDA 提出了一种话题演化建模与分析方法。

②行为演化。主要分析网民行为属性的变化趋势。时间序列分析是比较合适的行为演化分析方法。2007 年，Zeng 等采用 HMM 对网络舆情话题的生命周期进行建模并预测；2011 年，高辉等通过对 Google trends 上形成的时间序列曲线进行聚类，形成长期变化趋势的类模型库，随后对新发生的事件进行分类。现有的时间序列分析方法一方面没有充分考虑网络舆情演化过程特性的动态变化性，致使模型选择盲目；另一方面没有考虑网络舆情演化过程所包含的趋势成分、周期成分、突发成分、随机成分等多成分性，致使建模过于简单。

③结构演化。主要分析网民地理空间分布和网民社团结构的变化趋势。地理空间分布演化，可以引入地理信息系统来研究。网民社团演化主要研究社团随时间变化的情况，并分析导致这些变化的机制和原因。2005 年，Sarkar 等使用动态概率对社团演化建模分析。2007 年，Palla 利用提出的完全子图渗流社团发现方法研究社团演化。2009 年，Yang 等提出了动态随机社团块模型对社团进化过程进行建模分析，并利用吉布斯采样来优化贝叶斯的先验概率。与社团发现相比，网民社团结构演化的研究仍然处于初级阶段。2012 年，TSung-Ting Kuo 等在分析社会网络结构的基础上预测话题传播；Rui Yan 等利用图协同评价方法进行 Tweet 推荐。

④关系演化。主要分析舆情目标之间的关系、舆情目标与网民之间的关系等的变化趋势。其中，舆情目标之间的关系演化可以从内容上进行分析；舆情目标与网民之间的关系演化需要从内容、行为和结构上进行综合分析。

网络舆情演化是内容、行为、结构和关系的综合作用的结果，它们之间相互联系、相互制约，而演化的主线是话题内容的演化。话题在不同的时刻表现为多个子话题，话题内容演化主要表现为子话题的变化，并且反映一定的因果关系，同样可以利用动态贝叶斯网络建立子话题之间的演化关系，即子话题动态贝叶斯网络模型，进而得到话题内容的演化历程。进一步，以话题内容演化为主线，分别分析子话题对应的网民行为属性，网民结构属性，以及与网民之间的关系，就可以得到网络舆情行为、结构和关系演化历程。

4. 网络舆情预警及估计

目前，网络舆情预警方面的研究主要包括以下三方面。

(1) 预警指标体系的构建。目前建立指标体系主要考虑话题的属性、网民的属性、网民与话题的关系，并没有考虑这些属性及关系的变化趋势，而变化趋势对于预警是非常重要的。

(2) 基于情感倾向性分析技术的预警。使用的舆情信息过于片面，难以保证预警的准确性和可靠性。

(3) 基于 Web 数据挖掘的预警。主要考虑话题内容信息，忽略了舆情的行为、结构、关系及演化。

从情报学原理可知，要实现准确的网络舆情预警，需要综合利用舆情态势信息，包括舆情的内容、行为、结构、关系及演化，对网络舆情的社会影响度进行定量评估，即网络舆情威胁估计。网络舆情威胁估计研究刚刚起步，主要借鉴战场威胁估计的研究思想，利用机器推理技术。2011年，李弼程等引入直觉模糊推理，根据状态信息研究网络舆情预警。舆情态势信息形式多样、关系复杂、数量众多，云模型兼顾模糊性和随机性，是信息量化和表示的有力工具，成功应用于网络舆情威胁估计中。

三　网络舆情分析类型

根据所涉及事件的性质，网络舆情分析可以分为涉及政府和企业形象的网络舆情分析、社会热点事件的网络舆情分析、其他话题和现象类的网络舆情分析等三种类型。

1. 政府和企业形象的网络舆情分析

这类舆情的主体通常为政府或企业等社会组织，这种类型的主体在社会生活中扮演着的角色，涉及相当比例的社会成员，所以一旦出现与其相关的负面网络舆情，将非常容易影响主体的正常运转。因此，这类网络舆情分析着重于被广大社会成员所关注且亟待解决的焦点和热点问题，但由于涉及人员广泛，需要综合运用简单随机抽样、分层抽样以及系统抽样等多种方法，抽取其相对复杂的舆情数据样本。

2. 社会热点事件的网络舆情分析

社会热点，指与广大人民群众的利益和现实生活密切相关，被人民所关心的各种问题。社会热点事件的网络舆情分析，涉及人民群众生产生活的方方面面，其舆情在网民的推动下易于急速发展，在选择样本时要十分关注其时效性与全面性，并需要综合把握各类因素，以获得比较全面的舆情分析结果。

3. 话题、现象类的网络舆情分析

由于互联网本身具有即时性、公开性和广泛性，与网络舆情相关的话题和现象也自然具有不确定性、宽泛性和时效性。因此，在进行此类网络舆情分析时，在注意抽样与分析的尺度的同时，尽量多在更为广阔的范围内收集舆情信息，并结合舆情事件发展的趋势与特点，找准角度进行参数设置，最大限度地发掘其研究价值。

第二节　网络舆情基础理论

一　网络舆情概述

网络舆情作为社会舆情的重要表现形式，在具有社会舆情一般属性的同时，又有其自身的特点。因此，网络舆情概念的理解不能脱离一般舆情。对舆情概念的界定主要围绕舆情的构成要素及其属性展开，不同概念的差异主要体现在对舆情客体和本体范围的界定上。

（一）舆情基本

1. 舆情概述

20世纪初，舆情这一概念开始被广泛地运用，社会舆情调查与测验在这一时期也逐步兴起，而将舆情从理论高度进行概括起源于20世纪末。1993年，Noelle Neumann E 在其著作中认为围绕某一事件或者议题舆论双方的势力呈此消彼长的关系，即一方面沉默会造成相对一方的强势，在双方长期博弈中，舆论双方却会最终逐渐形成较为一致的观念，而在客观上可以促进社会意识的一体化发展，并将这种现象命名为沉默的螺旋，与之的理论概括为沉默的螺旋理论。1995年，Glasser T 和 Salmon C 等在其舆论课题的研究中认为，民意的倾向能有效引导社会信息的传递渠道和方向，基于这一现象，在社会舆论的管理与控制过程中要充分考虑民意的发展。1997年，Brooks 分析了网络传播对新闻工作者的影响后认为，网络传播的兴起会对传统新闻媒介产生重大冲击，网络传播以其速度快、信息量大、渠道便捷等优势对传统新闻媒体展开了全方位的挑战。同年，Feldman T 在著作中，深入解析了数字时代的网络媒体与传统媒体之间的区别，阐明了网络媒体相对于传统媒体的优势以及传统媒体再发展的路径。1998年，Timothy E-Cook 引入宏观调控的管理思想，认为可以将一国或地区的新闻媒体视为该区域的公共机构，从而对其实现管控。2000年，Bart W. Edes 细致分析了政府新闻发言人的角色后，认为信息的有效传递对有关利益相关者之间的博弈具有重要的现实意义，政府信息的有效传递可以帮助公众更全面地了解政府决策，有效实现公众、政府、媒体等之间的信息沟通。2000年，Barbara A. Bardes 和 Robert W. Oldendick 从民意调查的应用角度出发，统计分析了美国各级政府对民意调查的应用，认为民意调查应用程度的不同会对该区域内舆情的传播路径及深度产生重要的影响。2000年，Stephanie A. Roy 沿用了 Barbara A. Bardes 等学者的思想，对美国不同时期的民意调查结果进行了比较分析，认为这些民意在连续的时期内呈现出较为复杂的变化。2001年，David L. Sturges 等人研究后认为，当某一危机发生后，其责任并不能只归咎到单一的组织或机构身上去，这些危机的产生可能与其周围环境及利益相关者有着密不可分的关系。2006年，Kam C. Wong 从博弈论的角度出发，探讨分析了公众舆情、国家政策和媒体的相互关系，分析了三者对公众行为产生的影响及影响路径。2007年，Syd Zafar Ilyas 和 John Sheffield 从舆情角度出发，研究认为政府政策的成功制定、实施与公众的充分知情有密切关系。除了国外学者对于舆情的研究外，国内的学者也对舆情进行了大量有效的研究工作。

王来华在其专著《舆情研究概论》中，从社会科学的角度将舆情定义为，舆情是指在一定的社会空间内，围绕中介性社会事项的发生、发展和变化，作为主体的民众对作为客体的国家管理者产生和持有的社会政治态度。从该定义可以看出，舆情的主体是民众，舆情的客体是国家管理者，舆情的本体是社会政治态度。

张克生在其著作《国家决策：机制与舆情》中指出，舆情可以认为是国家决策主体在决策活动中必然涉及的、关乎民众利益的民众生活（民情）、社会生产（民力）和民众中蕴含的知识和智力（民智）等社会客观情况，以及民众在认知、情感和意志基础上，对社会客观情况以及国家决策产生的主观社会政治态度。在这一定义中，舆情的客体不仅包括国家决策，还包括了社会客观情况。

王建龙则认为，社会舆情是一定时期、一定范围的群众对社会现实的主观反映，是群体性的思想、心理、情绪、意见和要求的综合表现，是社会状况的温度计和晴雨表。该定义中强调了舆情主体的群体性，认为舆情的客体是社会现实，体现了舆情的功能性。

刘毅在其著作《网络舆情研究概论》中将舆情定义为，舆情是由个人以及各种社会群体构成的公众，在一定的历史阶段和社会空间内，对自己关心或与自身利益紧密相关的各种公共事务所持有的多种情绪、意愿、态度和意见交错的综合。这个定义认为舆情的客体是公共事务，并体现了舆情的时空属性。

从以上诸位学者对舆情概念的认识可见，狭义的舆情是指社会政治态度，而广义的舆情则是思想、心理、情绪、态度、意见等方面的综合。对于舆情客体认识的差异主要体现在是指社会事项还是社会现实本身，但最终还是指向国家管理者。在各类事项中，有些是与国家管理者运行权力过程直接相关的，有些则是与社会发展历史阶段、自然环境等方面相关的。综合比较狭义和广义上两种关于舆情的理解，可以将舆情的狭义定义，作为舆情主体的民众对国家管理者产生和持有的群体性的社会政治态度，其来源为国家管理者权力运行相关事项，以及广大与舆情事件相关的社会成员对舆情事件所持有看法、观点、态度和情绪及其交错的总和。

2. 舆情的时空属性

无论是社会舆情还是网络舆情，其产生和变化总是在一定的时间和空间中进行。从时间上看，舆情具有时效性，其发展也以时间为参照系。从空间上看，舆情的主体具有鲜明的地域性、社会阶层等特点，舆情的本体以不同的形式存在于传统媒体或网络媒体中。

（1）与因变事项的时间关联性

舆情的发生问题围绕某一舆情事件，作为因变事项舆情事件的发展变化也势必会推动和促进舆情的发展，与此同时，舆情也会在一定程度上影响到因变事项的发展或解决。舆情与其因变事项之间的关联性主要体现在以下几个方面。

一是舆情因为因变事项发生而产生。比如，当政府出台一项新政策后，民众将会对这项政策有一些理解和看法，当民众对该新政策的思想、心理、情绪、态度、意见等具有群体性时，就形成了舆情。

二是舆情因为因变事项的变化而变化。舆情产生于因变事项，当因变事项暂时或最终得到解决时，会使得舆情平息，而当因变事项朝更加严峻的形势发展时，舆情会进一步高涨。

三是舆情反过来影响因变事项的发展。舆情的广泛传播所造成的影响,反过来又势必对其因变事项的处置带来不可忽视的影响。而当舆情不断发展累积,一旦升级为民意,且具有较强的社会影响力之后,政府只有顺应民意处置因变事项,才有可能得到社会公众的有力支持,得到较为理想的处理结果,否则不顾民意一意孤行,与社会公众对立,就会处于非常不利于问题解决的境地。

(2) 有形空间与无形空间

从物理属性来看,舆情及舆情事件发生的时间,属于无形空间,而舆情及舆情事件发生的地理空间,则属于有形空间。对于这两种空间,学者也曾作出相关论述。

王来华在其著作《舆情研究概论》中,把舆情空间定义为舆情形成、变化和发生作用的地方,是一种容纳舆情主客体、中介性社会事项、硬软场环境在内的多维或多元互动的社会空间。其中,硬空间指舆情发生的各类有形的场所,软空间指制约民众舆情的无形空间。

舆情产生及发展所在的有形空间主要体现在舆情的主体和舆情本体的存在性。然而,舆情作为民众的社会政治态度,必将受到民众所处的社会以及民众的心理和认知等方面的影响。社会环境决定社会道德、文化、知识水平等方面,社会发展影响人的思维和认知方式。

(二) 网络舆情

1. 网络舆情的概念

网络舆情主要是依据舆情的传播空间来区分的一种社会舆情,它是民众的社会政治态度在互联网空间的表达。尽管舆情的存在空间发生了变化,舆情的表现形式也发生了变化,但舆情的指向仍然是现实社会生活中的事项,体现的仍然是现实社会民众的态度。诸多学者在文献中认为,以互联网为平台,通过新闻、评论、发帖、回复等为载体表现出来的舆情,就是网络舆情,这突出了网络舆情的载体,即网络舆情的表现形式。与此同时,舆情在网络上传播时必须具有与其相适合的传播渠道,才能引起舆情信息的传播、互动和交流等,这些渠道主要包括新闻评论、论坛发帖、网络社区跟帖、博客、微博、播客、电子邮件、新闻组、微信朋友圈和QQ空间等。各文献同时指出,网络舆情就是通过互联网表达和传播的各种不同情绪、态度和意见交错的总和,网络舆情信息则是民众在互联网上发布和传播的能够反映民众舆情的文字、图像、音频、视频等内容,往往是以文字形式为主。网络舆情也是源于现实,只是人们将表达和传播舆情的场所或渠道拓展到了互联网上。

据此，王来华在其专著《舆情研究概论》将网络舆情定义为，网络舆情是指在一定的互联网空间内，围绕中介性社会事项的发生、发展和变化，作为舆情主体的民众对国家管理者产生和持有的社会政治态度。

从上述网络舆情的定义可以看出，出于研究者对舆情的不同认识，对网络舆情的定义也有所不同，这种不同主要体现在对于网络舆情客体和本体范围的界定上。不同定义的共同点体现在对网络舆情是社会舆情的一种形式的认识上，认为网络舆情就是在互联网上形成和传播的舆情，本质上仍然是社会舆情。

基于对舆情概念的界定，以网络媒体为载体，体现出的民众的社会政治态度，就是网络舆情。与社会舆情不同的是，网络舆情的几个要素发生了变化，网络舆情的主体是网民，是影响网络舆情的直接因素；网络舆情的客体是国家管理者，社会公共事务是网络舆情的直接刺激物和态度指向物；网络舆情的本体是民众的社会政治态度，其载体是网络上的新闻、评论、发帖、回复等内容。与此同时，网络舆情的形成和演变是在一定的时期和特定的互联网空间范围内发生。

2. 网络舆情的特点

由于互联网的无地域性、主体的广泛性和信息载体的多样性等特点，依附于互联网的网络舆情，在传播速度、传播空间、舆情形态、演化模式以及表达和传播等方面，表现出区别于传统传播空间的显著的特征。

（1）传播时间的快速性

网络信息通过网站、论坛、无线互联等形式可以同时被多数人浏览，在非常短的时间内被大量网民获悉，这种快速性非传统的口头传播所能比拟。尤其是某些重大事件、突发事件等，更是很快地就会在网上传播、扩散，进而形成舆论甚至民意。

（2）传播空间的广泛性

由于网络空间的无地域性，在现实空间的任何区域、任何地方都能进入网络。因此，网络舆情可以跨越不同地域、不同文化进行传播。随着上网门槛的降低和网络用户规模的不断增长，网民的构成更具有多样性，使得网络舆情传播的主体更加广泛。

（3）传播主体的自发性

广播、报纸、杂志、电视、电影等传播媒体所传播的信息会受到相应的审查和控制，以自觉舆论为主。而在互联网空间上，每个参与其中的网民都可以在第一时间方便快捷地发表自己的看法、观点、意见、态度等，充分体现网络舆情自发舆论为主的特点。

（4）舆情形态的多样性

网民作为舆情传播的主体，在网络空间可以几乎不受约束地发表各种看法、观点、意见、态度等。因此，具有多种思想意识、价值观念、生活准则、道德规范等特点的议论在网络中并存，从而使得舆情的形态呈现出多元化特点。

（5）演变的反馈互动性

在论坛、社区、博客、微博等空间，每个网民都可以就某件事务实时地发表自己的观点，并将之公之于众，方便大家共同讨论或辩论。再加之网络的广泛性和自由性，在评论者与发布者之间易于形成反馈互动，评论者之间也可以形成反馈互动，这种互动的过程也推动了舆情的传播或深化。

二　网络舆情要素

网络舆情的构成要素及其相互关系是网络舆情演化的内在依据，对各个要素属性的度量是网络舆情监测预警的基本依据。网络舆情的构成包括作为网络舆情主体的网民，作为网络舆情客体的国家管理者，作为舆情刺激源的中介性社会事项，以及作为舆情本体的民众社会政治态度，其载体是网络上的新闻、评论、发帖、回复等几个方面。

（一）网络舆情主体

网络舆情主体是在互联网上对社会事务发表态度和意见的网民、媒体、政府机构和其他各类社会组织等。当前，我国正处于政治经济社会转型期，互联网因其低门槛和广泛参与的特点，成了大众表达利益诉求最重要的通道。此外，一些意见领袖也借助互联网频繁发言，在显示话语权、延展影响力之外，收获众多粉丝。媒体、政府机构、社会组织等，出于各自的需求，也纷纷借助互联网发布和传播信息。总之，社会各个阶层、各类主体都开始上网发表言论。作为网络舆情主体网民的知识水平、社会地位、经济状况以及社会道德、文化水平等因素，都直接影响着对社会事项的态度，进而影响着网络舆情的产生和发展。

1. 网民的概念

网民一词最早是被霍本所创造的，他将网络的英文 net 和市民的英文

citizen 进行拼接，以 netizen 表示网民。霍本认为，网民有两种层次的概念，一种概念泛指任何一位互联网使用者，除了正常使用互联网为工作、生活和信息交流等提供帮助的使用者外，还包括黑客、病毒制造者等利用互联网达到不正当目的的使用者；另一种概念则指特对广大网络社会具有强烈关怀意识，以集体努力的方式建构一个对大众都有好处的网络社会的互联网使用者，从而将黑客、病毒制造者及网瘾沉溺者等不正常互联网使用者排除在外。

目前，国内对网民概念的界定多是围绕着网民的范围展开，依据网络使用者的网络行为界定。中国互联网信息中心（CNNIC）在其历次发布的《中国互联网络发展状况统计报告》中，将网民界定为半年内使用过互联网的 6 周岁及以上的公民。1999 年 8 月由方兴东、王俊秀创立的互联网实验室则在《中国城市居民互联网应用研究报告》中，将网民定义为最近 1 个月内平均每周使用互联网 1 次及以上的城市居民。前者以年龄来界定网民，后者以上网频度和城市居民来界定，都是以强烈的技术特征来划分网民，却忽略了网民作为网络社会中的一员的社会特质。

全球网络上最大且最受大众欢迎自由内容、自由编辑的参考工具书维基百科则认为，在生活习惯上，网民很可能每天都花上数个甚至十几个小时在网上，再加上各种各样移动通信设备，使网民即使离开了办公室及住所，仍然可以随时随地地上网；在社会学意义上，网民都经常光顾各网络论坛，并对某一事件或主题发表自己的看法。

根据文献对网民这一概念的理解，网民应有广义和狭义之分。广义上，网民泛指上网者；狭义上的网民是指持续地接触网络信息，具有自我意识和网络思维方式，利用网络及其特定类型的活动关注社会现象和社会活动，参与促进现实社会关系的良性互动的网络使用者，该概念对于狭义网民的界定体现了网民的认知、社会参与意识以及网络活动的行为效果。由于网络舆情分析关注网络舆情的宏观影响，这里所关注的网民是指狭义的网民。

2. 网民的心理特征

心理学认为，动机是指引个体活动，维持已引起的活动，并促使该活动朝某一目标进行的内在作用。网民对网络的需要是其上网动机的基础，而网民上网的动机和心理状况将会影响其在网上的言论和行为方式。

网民上网的动机可以分为三类。第一类是获取信息的心理，即希望通过上网了解时政新闻、社会现象、他人的态度等，这类网民大多是只浏览信息，很少参与互动；第二类是在网络社会中获取社会存在感，建立一定的网络社会关系的心理，这类网民大多具有平等参与的心理，具有较强的参与意识；第三类是获取社会认同的心理，这类网民喜欢发表自己的观点，彰显自己的个性，追求自我和价值的实现。

按照心理状况，网民可以分为健康和不健康两类。心理健康的网民对各种社会事项能够有比较客观的判断，不会盲目跟风；而心理不健康的网民则容易表现出一些过激言论或行为。

3. 网民的认知特征

认知是指人们在分析、解释周围世界及其自身的思维和行为中发生的智力和知觉过程。由于这些过程具有主动解释的特征，所以信息加工这一词通常与认知联系在一起。认知过程是指通过人的感官接触外界事物，人的头脑再加工处理外界事物的信息，转换成内在的心理活动，进而控制和支配人的行为。可见，人的认知受以下因素影响，一是刺激源，即外界事物本身；二是人已有的认识；三是上述两者的融合。因此，网民的认知受自身的社会环境、文化背景、道德和价值观念等多方面的影响，从而表现出不同的特点。

网民的网上言论是网民认知结果的一种表达，体现了网民对于某项事物的判断和态度倾向。网民对于某个社会事项的态度，表现为强烈支持、支持、中立、反对、强烈反对等。

4. 网民的结构特征

网民的结构特征包括年龄结构、性别比例、职业分布、教育程度、收入状况等。2017年1月，中国互联网络信息中心（CNNIC）发布的第39次《中国互联网络发展状况统计报告》中，截至2016年12月，我国网民规模达7.31亿，互联网普及率为53.2%。

随着网民规模的逐渐扩大，网民结构也在不断发生着变化，其整体收入结构、职业结构呈现出与现实生活中的结构趋近的特点，从一定程度上体现出网络媒体已经成为人们生活的重要组成部分。我国网民规模经历近10年的快速增长后，人口红利逐渐消失，网民规模增长率趋于稳定。2016年，中国互联网行业整体向规范化、价值化发展。首先，国家出台多项政策加快推动互联网各细分领域有序健康发展，完善互联网发展环境；其次，网民人均互联网消费能力逐步提升，在网购、O2O、OTT、网络娱乐等领域人均消费均有增长，网络消费增长对国内生产总值增长的拉动力逐步显现；最后，互联网发展对企业影响力提升，随着"互联网+"战略的贯彻落实，企业互联网化步伐进一步加快。

5. 意见领袖

意见领袖是美国哥伦比亚大学传播学者保罗·拉扎斯菲尔德（Paul Lazarsfeld）的《人民的选择》一书中提出的一个重要概念，而后拉扎斯菲尔德又联合伊莱休·卡茨（Elihu Katz）在《个人影响》中对此概念进一步作出阐释。拉扎斯菲尔德提出的意见领袖指活跃在人际传播网络中，与受其影响者处于同一团体并有共同爱好和兴趣，通晓特定问题并乐于接受和传播这方面的信息，能够对他人施加个人影响的人物。

除了意见领袖，拉扎斯菲尔德还提出了两级传播理论，该理论认为观念总是先从广播和报刊传向意见领袖，然后再由这些人传到人群中不怎么活跃的部分，即信息的传播按照"媒介——意见领袖——受众"的方式进行。意见领袖介入传播过程，加快了信息传播过程并扩大了传播信息的影响。

而互联网上的意见领袖则比传统的意见领袖更加活跃，他们在网上对公共话题发表言论，或者是在某一领域拥有独到见解，或者言辞犀利吸引眼球，拥有大批拥趸。微博上的意见领袖既可以是个人，也可以是社会组织。他们大都拥有数百万甚至上千万粉丝，在普通网民中具有强大的影响力。尤其当微博平台为意见领袖身份进行加"V"认证后，这种实名的状态使这些意见领袖发布内容的影响力更大，在舆情发生机制中的作用越来越凸显。以微博为例，微博内容传播基于关注和被关注的方式进行。用户可以一键转发别人的微博，分享给自己的粉丝，实现裂变式传播。当前，微博粉丝数居于前十名的账号，粉丝数都达到数千万级别，具有相当大的影响力。

虽然微博赋予每一个普通人平等发声的机会，但主导网络舆论的权力仍在少数意见领袖手中，他们的舆论影响力要远大于一般的社会民众，他们的观点意见主导了网络舆论场，而数量巨大的普通网民大多数要么是跟风者，如同法国社会心理学家古斯塔夫·勒庞所描述的乌合之众；要么是沉默者，形成德国政治学家伊丽莎白·诺艾尔·诺依曼（Elisabeth Noelle Neumann）所描述的沉默的螺旋现象。然而，这并不是说普通网民的观点不正确，或者是说真理掌握在少数人手里，而是从舆论影响力的角度来说，少数大 V 和社会组织的舆论影响力大大超过了普通网民，虽然后者数量巨大，但却影响甚微。就如同在一部电影中，演员一大堆，但大部分都是只有几个镜头的群众演员，主角只有几个，而且被观众记住的通常也只是那几个主角。

对于个人意见领袖而言，其强大的公众黏性主要是因其绝大多数人本身就是社会名人，在现实社会中已经具有显著的名人效应，再加之大多具有良好的教育背景、职业经历、经济实力和社会资本，从而自然造成其网络影响力与现实社会中的身份高度匹配的结果。与传统媒体一本正经的表达方式不同，他们有娴熟的议程设置能力和鲜活的话语风格，相互之间还有紧密的圈群联系，影响力非常大。对微博个人意见领袖的研究发现，该群体具有公共话题参与度高、博文原创率高；粉丝多、转评多、博文多；群体连接性强，经常相互关注、转发、评论、私信、点赞等共同特点。而其职业则集中于媒体界、知识界、文化界、法律界、企业界、党政界以及草根网络名人等领域，与此同时相当比例的意见领袖兼具两到三种社会身份，无形之中更增加了其言论和网络行为的影响力。

（二）网络舆情的中介性事项

中介性社会事项作为网络舆情的刺激源，激发民众对国家管理者产生和持有一定的社会政治态度，并影响着公众态度的倾向性和强度。

1. 中介性社会事项的内涵

由于网络舆情的指向为国家管理者，中介性社会事项必将是与国家管理者决策、管理相关的一些事项。李昌祖等在其论文《网络舆情的概念解析》中指出，中介性社会事项作为公权力运行的过程及结果，包含公权力运行的主体，公权力运行的方式，中介性社会事项必须是特定的、具体的事件，中介性社会事项具有典型的外部性特征等四方面的信息。

（1）公权力运行主体

公权力运行的主体包括国家、国家公权力机关、根据法律授权或代理行使公权力的组织和个人，这个主体可以是国家管理部门、机构以及从事国家管理工作的个人。

（2）公权力运行行为

公权力运行的行为过程及行为结果，既包括国家管理者在行使管理职能过程中的方式、方法，也包括执政者制定和实施的各类方针政策、制度法规、工作措施；既可以是针对具体的事、具体的人的处置与应对的管理活动及其结果，也可以是更具一般性、涵盖一般公民的管理活动及其结果。

（3）公权力运行的相关事件

通常，舆情的产生来源于某些事件的刺激，某些事件的发生把原本隐匿的意见突现出来，并最终汇聚，逐步形成网络舆情。

2. 中介性社会事项的类型

依据公权力运行的过程和结果，可以将中介性社会事项分为行为过程相关事项和行为结果相关事项，前者如民主程度、信息公开等，后者如制定的各类方针政策、制度法规等。根据公权力运行的对象可以分为一般性事项和特定社会事项，前者指关系大多数公民利益的事项，后者指关系具体的人或事的事项。

网络舆情指向的中介性社会事项从具体的诱因来看，主要有以下几个方面：一是经济事项，包括经济衰退、失业率、通货膨胀等；二是政治事项，包括国外、国内重大政治事件等；三是社会事项，包括违背伦理文化事件、治安刑事案件等；四是政策事项，包括政策法规出台、政策法规的附带效应等；五是公务人员行为，包括部分领导干部工作作风不良，甚至简单粗暴，或行政不作为损害群众利益，以及贪污腐败等；六是突发事件，包括政府在突发事件的处置、应对、信息公开等方面的行为及其结果。

（三）网络舆情的客体

舆情客体是公共事务，包括社会热点事件和公众人物的言行等等，是舆情的具体指向，也是舆情产生的刺激源。网络舆情客体指引发网络舆情的各项社会事务。网络舆情客体都有其现实载体，即社会公共热点事件本身。人们随时、随地地对一切社会事件进行意见表达，如政治新闻、经济新闻、社会问题、娱乐圈八卦、私人事务等。现实社会热点事件在网上反映出来就是急剧升温的网络舆情，一般能引起网络舆情热潮的公共事件都具有冲突性和新奇性的特点。

作为公权力运行主体的国家管理者，其管理行为、管理方式、管理水平、管理效果等都将或深或浅地影响公众态度。国家管理者又可以通过网络媒体、传统媒体等平台参与信息的交流互动，从而具有了网络舆情参与者的身份。

1. 网络舆情客体的双重身份

国家管理者是处于管理社会民众地位上的政党、政府、参政议政机构等各类国家和社会事务管理人员的总称。国家管理者作为网络舆情的客体，是多数网络舆情的指向。在一般公众眼里，国家管理者具有特殊的身份：一是其行为过程及结果的影响面较一般个体更具广泛性；二是其行为及其行为的结果具有权威性；三是其管理行为覆盖政治、经济、文化、军事、民族等重要领域，且其行为结果对于社会生活具有标向性。因此，国家管理者的公权力运行的行为，更容易引起社会民众的关注，成为社会舆论的焦点。

国家管理者又是舆情的参与者，政府官员现身网络，与网民互动，通过网络媒体发布信息，成为体察民情以及引导、控制网络舆情的重要方式。越来越多的领导干部以各种形式参与到网络社会中，在了解、调控、应对网络舆情方面发挥着重要作用。

2. 网络舆情客体的属性

处于网络舆情指向的国家管理者，其执政能力和水平将会影响到民众的态度，具体体现在国家管理者的执政方式、对危机事件的应对以及对舆情的快速反应和调控等方面。

（1）政府公信力

所谓公信力，是指因社会公众的信任所产生的社会影响力和支配力，反映的是民众对信誉和能力的评价，即对政府的满意度和信任度。在某种程度上，政府的公信力是政府职能活动所产生的一种社会结果。政府公信力是政府在行使职能的过程中不断积累的结果，并且这种结果将会随着政府履行职能的方式、方法、诚信等方面的改变而发生变化。

政府的公信力与政府的职能目标定位、履行职能的理念、方式、方法、效率等密切相关，具体体现在政府行为的法制化程度、民主化程度以及政府决策的科学性等方面。政府的行为将直接影响到民众对政府的评价。因此，政府行使职能的过程要尽可能地达到公开、透明、公平、民主、高效等方面的要求。

（2）政府危机公关能力

危机事件因其突发性、危害性等特征，与其他事件相比，更容易引起公众的关注，成为舆论的焦点。在危机事件处置过程中，政府应急管理能力直接影响着危机事件的发展，进而影响着民众对政府的态度。

政府的危机公关能力体现在快速反应能力、决策决断能力、控制驾驭能力、资源调配能力等方面。具体体现在危机事件爆发时的快速觉察、处理过程中的及时解决、面对各种复杂情况的科学决策、事件演化过程关键节点的把握、各类资源的综合调配等等，通过审时度势、把握时机、果断决策、优化配置等，使得危机事件的解决效果达到最优。

（3）政府信息处理能力

现代社会通信技术发达，通信手段多种多样，各种信息通过网络、手机等途径得到广泛而快速的传播，政府的信息公开和及时应对直接影响着信息的传播和有效控制。

政府信息处理能力包括对各种各类信息的分析判断能力、信息利用能力、舆论引导能力等。政府要能够利用电视、网络、报纸等各种媒体，澄清互联网上的各种言论，传播真实信息，及时对民众作出回应，引导和构建良好的舆论环境。

（四）网络舆情的本体

网络舆情的本体表现为民众对国家管理者的社会政治态度本身，表现出对于国家管理者的支持、反对、中立等立场，以及这种立场的强烈程度。在网络环境下，这种态度是通过网络言论、行为来表现的，以文字、图像等形式作为载体，表现在网页、论坛等网络场所。

1. 网络舆情存在的场所

网络信息的传播主要通过网站、网页以及论坛、留言板、BBS等交互式栏目实现。

网站主要包括政府新闻网站、新闻媒体网站、商业门户网站等，它们以信息发布为主。政府新闻网站作为政府新闻信息发布重要渠道，主要发布政府要闻、专题报道、评论等，具有较高的权威性，如新华网、人民网、光明网、央视网和中国新闻网等。新闻媒体网站侧重于时事新闻的发布、重大事件的跟踪报道、热点评论等，如新华社、《人民日报》和《光明日报》等。商业门户网站则涵盖了时政、财经、体育、娱乐等新闻，如新浪、搜狐、网易等。

网络论坛为网民发布信息提供了平台，信息发布者发起话题，感兴趣的网民可以通过对话题的评论或转发实现与他人的交互。论坛为网民提供了一个交流的场所，在这个空间里网民可以畅所欲言，使得信息的交流跨越地域的间隔，不受时间限制。网络论坛是网络舆论聚集的地方，国内比较有名的网络论坛有天涯社区、网易论坛、强国论坛、西祠胡同、中华论坛、凯迪社区等。微博、博客、QQ 群因为其交流的快速、方便，尤其是随着智能手机的广泛使用，逐渐成为信息传播的重要渠道。

2. 网络舆情存在的形态

网络舆情主要以网络言论和网络行为两种形态存在，前者体现了舆情的静态存在，后者体现了舆情的动态变化。依据网络言论的表现形态，可以将网络言论划分为文字、图像、音频和视频等。文字言论是互联网上最为普遍的一种言论形态，遍布于论坛、博客、微博等。图像言论包括图片、符号、漫画等，能够比较直观地表现发布者的态度倾向。视频信息可以表现的内容最为丰富，更具感染力和影响力。

网络行为表现为网民的网络转载、跟帖、创作等信息发布行为，网络示威、网络动员、网络搜索、建立网络组织等网络群体行为等等。信息传播的频度、广度决定了信息传播的快速性和传播的范围。群体行为由于具有群体特征，在网络上将产生较大的影响，严重时将转化为现实行动，进而影响现实社会。

3. 网络舆情本体的属性

网民的社会政治态度表现为对某一社会事项的态度及其强度。网络舆情的时空特性，表现为网络舆情的持续性和数量特征：

（1）网络舆情的强度

网络舆情的强度表现为网民对某一社会事项的态度倾向及其强烈程度。网络舆情的强度往往通过言论、行为等方式来体现。在表达舆情的言论中，语义传递的肯定、否定或中立的态度，语气或温和或激烈，措辞或委婉或犀利。语气、措辞体现了网民所持观念的坚定程度。

（2）网络舆情的质

网络舆情的质是指网络舆情所表达的社会政治态度是否理智、真实，是否反映民意。网络言论的匿名性、网络舆情主体的心理和认知、网络舆情传播过程等都是影响网络舆情质量的因素，在网络舆论中理性思考与情绪化的发泄并存，社会现象的真实反映与恶意扭曲并存，个人立场坚定与随波逐流并存。

网络舆情的质主要体现在：一是舆情是否符合客观事实；二是舆情是否是民众的理智思考；三是舆情是否反映民情民意。虚假言论会误导舆论走向，话语权垄断会蒙蔽民众的声音。低质量的舆情会对现实问题的有效解决产生不利甚至阻碍作用，而高质量的网络舆情能够为国家管理者提供决策依据。

（3）网络舆情的量

网络舆情的量是指对某一社会事项不同态度倾向的信息的数量。网络舆情的量体现了某一事项的信息传播情况以及影响范围，表现出网络舆情的空间分布特征。网络舆情的受众越多，说明舆情的影响越大。网络舆情的量随时间的变化，一定程度上反映了网络舆情的发展态势。

（4）网络舆情的持续性

网络舆情的持续性是指网络舆情从发生、发展到消亡持续时间的长短。舆情持续的时间反映了舆情的影响情况。舆情持续的时间长一方面体现了舆情的热度，另一方面也说明舆情指向的事项仍未得到很好的解决。

三　网络舆情演化路径和传播轨迹

如前文对网络舆情的定义，网络舆情是网民对现实问题产生的情绪、态度和意见等，通过互联网平台进行表达的总和，所以，舆情形成和变动的一般规律也是研究网络舆情形成和变动的基础。与网络舆情的各个属性相对应，网络空间信息的传播模式和空间载体作用方式，影响网络舆情传播范围和影响力的大小，网络主体的认知模式和行为模式则影响网络舆情的强度和质量。

（一）舆情的形成和演化

目前，国内外学者从不同的学科角度和方法出发，展开了对舆情形成和演化机理的研究。

1. 舆情形成与演化的主要因素

舆情是民众对于客观现实的认识，舆情的形成既有客观原因，也受到人主观认知的作用和影响，而舆情的形成和变化可以看作一种刺激——反应的过程。

（1）客观因素

作为舆情起因的中介性社会事项是客观存在的，其所体现出的社会问题、社会矛盾也是客观存在的，中介性社会事项所依附的社会矛盾及其运行构成社会生活发展变化的内在依据，就自然成为舆情形成的客观根源。事件的发生虽然具有一定的偶然性，但事件所展现出来的问题却有一定的必然性，这种必然性一方面与社会发展所处的历史阶段有关，另一方面也与国家管理者处理社会问题、社会矛盾的方式、方法等有关，这些都是客观存在的。舆情只是原本深藏在民众中的观点、意见、看法、态度等以某些事件为契机的集中外在表现。

作为舆情主体的民众是存在于一定社会环境中的群体，民众的心理特征和认知方式受社会文化、宗教信仰、社会习俗等多方面的影响，而这些影响因素也是客观存在的。此外，技术的发展推动了通信方式的变革，为信息传播提供更为快速、便捷、广泛的传播方式，也改变了人们获取信息的能力，影响着舆情的产生、汇聚、高涨、反复以及消亡等生命周期的各个环节。

（2）主观因素

民众对于社会事项的政治态度体现了他们对该事项的判断，具有一定的主观性。个体对某一事物的判断，受到自身的知识水平和认知能力的影响，而且主观判断容易受个人情绪、心理等方面的影响，即使对同一事物不同个体也会存在不同的认识。这些主观因素影响着个体态度的理性与非理性、客观性与歪曲性、片面性与全面性等。

民众的主观判断一定程度上会受到他人观点的影响，态度一经表达出来，必将会引发各种情绪、态度、意见等的交流。在交流的过程中个体观点相互影响，个体判断会有一个再认识和不断调整的过程。经过交流、碰撞，舆情呈现出一定的态势，或不同态度方势均力敌，或某方占绝对优势。

2. 舆情形成的基本过程

与传统舆情类似，网络舆情同样有其自身的演变规律，需要借鉴舆情传播规律进行分析和把握。舆情热点的形成，与某些事件或问题的发生息息相关，一些关系国家民族利益的事件、自然灾害事件、与弱势群体相关的事件、反映社会道德困惑的事件、反映社会主要矛盾的事件等的发生，以及与国计民生相关的政策、法规等的出台，往往容易引起公众的关注，从而形成一定的情绪、态度和意见。公众情绪、态度和意见随着人际间的交流，当某些意见得到相当规模的公众的认同，形成了相对稳定的意见结构和有序状态，就形成了舆情。因此，舆情的形成经历了个体意见表达、社群意见碰撞、网络舆情形成三个阶段。

（1）舆情酝酿阶段/潜伏期

舆情的形成是在潜在社会问题、社会矛盾和已发生的社会事项的共同作用下形成的，社会事项的发生激发了公众对于社会问题、社会矛盾的审视，形成个人情绪、态度、意见。在这个阶段，由于引发网络事件的因素已经开始累积，如警民冲突、暴力执法、司法不公、医疗改革等长期受到民众关注的社会矛盾及热难点问题，一旦被某个事件刺激后就会点燃社会矛盾，甚至酿成群体性事件。如果事件关系国家民族利益、自然灾害、弱势群体利益、社会公众安全等，或者与民众主流价值观念相冲突，也极易激发网民强烈的表达欲望，这种欲望推动舆情爆发，引发更多的网民参与讨论，并成为论坛、微博、微信、博客等互联网空间的焦点话题。

从舆情形成的数量特征来看，舆情的形成是一个从渐变到突变的过程，是从量的积累到质的飞跃的过程。由于社会矛盾具有在一定条件下逐渐积累、逐渐深化的特征，相应地公众对其认识也是一个不断发展的过程。因此，从这个角度看，舆情的形成具有渐变的特征。但另一方面，某一事项的发生作为导火索，便会激起公众的强烈反应，舆情相对集中表达。

（2）舆情汇聚阶段/爆发期

个人情绪、态度、意见形成后，随着人际间、群体内以及群体间各种意见的交流，将会有更多的公众关注和参与到讨论中，使得事件受关注的程度会越来越高，影响会越来越大。个体在交互的过程中也在不断地调整个体的态度，随着个体间态度的碰撞，各种观点逐渐汇聚，呈现出某些态度、意见逐渐发展成为主流观点，具有较多的拥护者。舆情汇聚阶段具有受众数量不断增加、信息传播速度加快、公众交互频度大等特征。

由于作为舆情主体的公众处于一定的社会群体中，即使有些情况下并没有显式的组织，不同的利益需求也会让公众聚集成不同的群体。因此，在汇聚阶段个体态度逐渐汇聚成群体的态度倾向。在群体态度形成的过程中容易受到从众心理的影响，而表现出沉默的螺旋现象。

针对舆情汇聚阶段间隔短、时间传播速度快的特点，网络舆情分析在这个阶段的重点是尽快通过各种渠道搜集信息，掌握舆情事件在网上的传播态势，密切跟踪事件的最新发展动态，分析网民的反应等，以初步研判舆情的走向。

（3）形成阶段/高涨期

当个人情绪、态度、意见汇聚成某一群体的共同态度时，舆情就会形成，并呈现出一定的态势。舆情的形成是信息通过网络、广播、电视、报纸等媒体的传播与个体观点演化相互作用的结果在某一时间节点的展现。

在这一时期，舆情在媒体、普通网民、意见领袖等多股力量的参与下走向高潮。这一阶段的舆情信息相当丰富，不仅要分析总结境内外媒体对事件的主流评论，还要总结网民的意见。通过搜集网络上各方对事件的态度和观点，分析舆情事件的演变过程，为相关部门处理事件提供决策参考。在舆情搜集上，要综合运用各种搜索引擎工具，大量浏览境内外主流网站的分析评论，从新闻回帖、论坛、微博、博客等互联网平台搜集网民评论，分析网民赞同和反对的比例，对事件处置满意与否，以及网民呈现某种态度的具体原因。舆情内容的分析上，要求尽量全面客观，既要有正面评价，也要把负面舆论包括在内，还要进行舆情的综合分析研判，找到舆论争议的焦点，评估网络舆情对现实生活的影响等，针对舆情应对中存在的问题，要提出可操作性的对策建议。

（4）衰退阶段/平息期

舆情走向衰退受到各种因素的相互制约，相关部门在恰当的时间节点介入干预事件，通过媒体进行适当的议题设置，引导舆论走向统一，网民对事件的兴趣减弱，新的舆情事件出现，以上种种都能转移舆论的关注焦点，促使网络舆情逐步淡出网民视线，但舆情也可能在经历短暂的沉寂后，以被爆料的形式再次触发民意从而出现新的舆论高潮，并导致舆情波动式发展。舆情事件的复杂程度决定了网民的关注度和事件持续时间。

一般来说，在网络舆情的生命周期的各个阶段中，潜伏期时间长短不一，但成长期和成熟期相对较短，往往经过几天的热议就渐渐转入衰退期。但衰退期可长可短，具体视事件的复杂程度而定，有些舆情事件由于网民深入挖掘相关信息，导致舆情反复甚至反转，也是经常发生的现象。所以，在衰退期要重点关注舆情波动情况，防止舆情反复再次进入新一轮舆情周期。另外，要关注事件后续影响，特别是对民众心理、情绪、行为等方面造成的影响，总结经验教训，为今后应对类似事件提供借鉴。

（二）网民的认知模式和行为模式

1. 网民的认知模式

认知是人类特有的认识世界、改造世界的能力。网民对话题的初始认知来自于对话题的主观注意及价值判断，受到网民自身的社会环境、知识结构、价值观念等内在因素的影响。当话题在网络中传播时，网民个体的认知将会受到其他公众的观点、态度的影响。根据受群体态度影响程度的不同，可以将认知模式分为理性思考型、固有成见型和群体协调型。

理性思考型网民从法律和道德层面进行理性思考，基于自身对事件的观点和态度，对于社会的强烈责任感，能够以平等的心态和批判的态度行使言论自由的权利，作出个体的判断。

固有成见是指人们对特定事物所持有的固定化、简单化的观念、印象，通常伴随着对该事物的价值评判，这一概念由美国新闻学者沃尔特·李普曼在著作《公众舆论》中提出。在网络社会中，网民的固有成见最突出的表现就是对事物作简单的价值判断，对那些符合其固定成见的观点或意见，不加慎重考虑而轻易地作出判断，并迅速作出积极肯定的意见表达，即通常所说的用脚投票。

心理学认为，态度是个体在社会化过程中通过与他人或群体的交往而习得的，态度的形成会受到社会环境信息强化刺激、模仿及团体的期望与规定等因素的影响。群体对个体的影响虽然是潜在的，但网民总要处于某一群体中，不可能脱离群体而存在，因此，网民对群体的选择是相对的，群体对网民的影响则是绝对的。群体协调型的网民在个体与群体产生认知不协调的情况下，容易改变自我认知与态度，以达成与群体态度的协调关系。群体对个体的影响大小因人而异，网民依赖群体的程度越高，其影响程度就越大，反之则影响程度越小。

2. 网民的行为方式

就行为本身而言，可以从生理学和社会学两个角度进行阐述，但影响网络舆情的行为更加侧重于社会学角度，即社会行为。行为是人或群体在生活中表现出来的生活态度及具体的生活方式，它是在一定的社会文化制度、个人价值观念的影响下，在生活中表现出来的基本特征，不同的个人或群体表现出来的基本特征，或对内外环境因素刺激所作出的能动反应。根据网民的情绪强度和现实行动倾向，将网民的行为方式分为理性温和型、情绪波动型和极端过激型三类。

理性温和型网民在认知上能够根据实际情况、运用逻辑思维对事件进行评价和判断，在言论上能够控制情绪，理性地发表自己的观点，不带煽动性和攻击性，在行为上表现为网络潜水、网络转载和理性温和型发言等形式。

情绪波动型网民容易受情感偏向或网络中他人立场的影响，表现出较强的情绪化行为，如情绪的不稳定、理性思考与过激行为并存等。情绪波动型行为方式具体包括情绪波动型发帖、回帖、网络签名以及网络创作等。

极端过激型网民行为表现出极端的情绪化和过激特征。网络极端过激型行为包括极端过激型言论、网络示威、网络动员、人肉搜索甚至于网络攻击等。言论形式的过激行为在很多时候都表现为言语上的相互攻击，较多地使用含有谴责、声讨、抗议等意味的愤怒、尖刻的言辞猛烈指责和抨击对方，甚至是威胁和恫吓。如果感觉通过口舌言辞已经不能发泄情绪，就会将情绪的宣泄从网上转移到网下，集结起来采用游行示威、静坐请愿等群体性活动表达。

3. 网民的行为动机

在认知理论上，动机是由一种目标或对象所引导、激发和维持的个体活动的内在心理过程或内部动力，使之朝着所期望的目标前进的过程，是人类大部分行为的基础。在组织行为学中，动机主要是指激发人的行为的心理过程。网民的上网动机是产生网上行为的内在动力，网民的行为动机包括信息获取动机、信息交流动机、利益动机、情感动机、维权动机、宣泄动机和道义动机等。

目前，中国网民的权利意识正在不断增长，网络这个开放的平台成为公众维权的重要途径之一。网民对权利的需要从低级到高级可以分为基本权利、知情权、话语权等，基本权利包括生命权、健康权、财产权、获得报酬权等关乎人生存的系列权利。在网络舆情热点事件中，知情权集中体现在网民探求事件的真相上。

网络中的舆情热点事件大多涉及社会敏感话题，如涉官、涉富、涉腐、涉警、涉医、涉黑等，这些因素关系到多数民众的现实生活，因而会出现利益直接相关者和非直接相关者借机宣泄个体对社会问题的不满和意见，使得这些事件成为网民集体穷追猛打、奋力宣泄的临时性对象。此外，在许多网络舆情热点事件中，有些网民往往与事件无直接利益关系，出于一种正面的价值取向，积极主动地在网络社会中表达出个体对于社会事件的态度和行为，充分地体现了广大网民内在道义动机的力量。

（三）网络空间信息传播模式

传播路径，主要是分析消息的首发者，研究信息如何从点到面的扩散传播，并评估舆情信息扩散范围。通过监测媒体、论坛的传播量衡量事件的影响程度，以此反映事件发生、发展及演变的过程和趋势，从而为有关部门的舆论引导工作提供决策参考。网络舆情热点的生成是各种媒介互动的结果，在舆情事件进展中，媒体、微博及网民之间不断进行消息共享和互动，推动舆情发展。

信息传播模式是指通过科学抽象，在理论地把握信息传播的基本结构、基本过程的基础上，最简要地描述信息传播的主要成分、传播过程的主要环节，以及这些成分、环节和有关变量之间主要关系的内在表现，可以直观而又具体地再现信息传播活动。

经典信息传播模式分为线性模式、控制论模式和社会系统模式等三类。线性模式以拉斯韦尔的 5W 模式为代表，5W 模式界定了传播的研究范围和基本内容，最早以模式的角度分析了人类社会的传播活动。在线性模式中将信息的传播看作是从传播者到受众的单向、直线型的过程，忽视了反馈和社会环境对传播过程的制约。以控制论为指导思想的传播过程模式，引入了反馈机制，认为传受双方传播信息、分享信息和反映信息的过程是往复循环、持续不断的，从而更客观、更准确地反映了现实的传播过程。社会系统模式将传播过程放到整个社会系统中进行考察，认为传播过程是处于社会系统中并受其影响的一个子系统，解决了传播环境和条件问题。

1. 信息基本传播模式

网络信息传播的基本要素包括传播者、接受者、信息、媒介、社会环境等，基于这些基本要素构建网络信息传播的基本模式，体现了网络信息传播的一般过程，以及传播者与受众、传播渠道、信息流向等信息传播的主要构成要素。网络平台包括电子邮件、网络论坛、博客、微博等。由于在网络环境中传播者与受众的界限逐渐模糊，多数网民既是受众又是传播者，在传播方向上呈现出更为发散的形式。

在网络信息传播中的传播者受众包括一般传播者受众、名人机构、传统网络媒体等。特别是传统媒体和网络媒体作为信息传播的专业机构，在信息传播方面具有其他普通网民所不能比拟的优势，更多地偏向于传播者。公众主要通过大众传媒了解公共事务，媒介能够影响公众对政策的偏好，决定公众的政治选择，对舆情的形成和变化起到了潜移默化的影响作用。

网络信息传播的效果是个体对于相关事项不断更新认识的结果，传播效果受个体的心理、知识水平、文化层次、智商水平、个体所在的群体以及社会环境等多方面因素的影响，而这些因素具体如何作用于个体的认知过程，还需要进一步地深入研究。

2. 演化模式

耗散结构理论是指用热力学和统计物理学的方法，研究耗散结构形成的条件、机理和规律的理论。耗散结构相对于平衡结构而提出，耗散结构理论认为，一个远离平衡态的开放系统，在外界条件发生变化达到一定阈值时，量变可能引起质变，系统通过不断地与外界交换能量与物质，就可能从原来的无序状态转变为一种时间、空间或功能的有序状态。按照耗散结构原理，舆情随机涨落使舆情的运动进入不稳定状态，从而又跃升到一个新的稳定有序状态。舆情从无序到有序、再从有序到无序变化的过程，体现了网络信息传播的态势，相关事项的信息传播过程在不同的时空里也会表现出一定的差异性。因此，把信息扩散过程置于时间空间信息量三维空间中，将网络空间信息传播看作曲折上升的阶梯式攀登过程。每一个完整的阶梯都可以分为平缓面、转折点和倾斜面，而每一个平缓面、转折点和倾斜面都充满着信息传播的网状运动，从而构成了信息扩散的阶梯网状模式。

演化模式不仅体现了信息的扩散过程，还体现了信息的时空特性和强度特性以及信息传播的态势。在平缓面上，影响信息传播的主体、受体、网络等各种要素及其特性相互作用，使得信源信息迅速传播至其所能触及的任意信宿，从而体现信息集聚的时效性。随着时间的推进和信息扩散的动力、阻力的变化，推动信息传播状态从一个平缓面向下一个平缓面变化。

综合传统媒体和网络媒体信息传播的模式得知，舆情传播路径并不是流水式的线性演变，而是遵循互动的态势。因此，描述舆情传播路径时，需要综合考虑各种传播媒介的不同作用，既要有传统媒体和网络媒体，也要包括微博、微信、视频等。只有分清不同传播路径对于事件的推动效果，采用与之适应的信息传播模式进行分析，才能提出相应的舆情应对建议。

第三节　网络舆情演化模型

演化又称进化，来自于生物学，指生物在不同世代之间具有差异的现象，以及解释这些现象的各种理论，后泛指具有自我生命周期且自行运作的各种事物。由于社会经济现象与生物演化的相似性，这一概念也借用到社会学领域用于网络舆情的分析。

一　网络舆情演化理论基础

网络舆情在主体、客体等相关因素的影响下随着时间的推进不断地发展变化，尽管不同事项所产生的舆情表现出不同的演化特征，但网络舆情演化也存在着一些共性的特征，在演化模式、演化机理等方面具有一定的规律性。

（一）舆情的自然演化特征

网络舆情演化受到题材的内容、影响范围、网民规模、舆情调控程度等多种因素影响，这些因素影响着网络舆情发展的强度和方向，使网络舆情在其自然演化过程中往往会呈现出聚集和扩散两个基本特征。

1. 聚集特征

现实中，题材种类和数量通常难以无限增加，因为题材的数量要受到网民数量、关注范围及社会环境的限制。若考虑到社会舆论和政策环境等所产生的作用，每个题材类别中的题材数量往往会在人们关注的过程中向某些特定方向集中，这意味着人们对网络舆情关注的深化，以及网络舆情向更高、更深的层次发展。

2. 扩散特征

由于社会是一个多元化群体，不同的人群关注的侧重点往往存在差异，当一种网络舆情发展到一定程度后，不同人群基于其不同的关注兴趣引发出一些新的舆情分支题材类型，伴随着社会的进步与人们的探新心理，这些新题材类型将可能逐渐增多并发展成新的广受关注的网络舆情，这个过程就是网络舆情扩散过程。

（二）舆情的人为致变特征

现实中，对于积极的网络舆情，人们在关注的同时，往往会不断添加新的相关题材，进而推动其关注度的持续增长。有时，增加的题材可能产生出乎人们预料的结果,如果引出一些其他话题,而这些话题淡化了原来的主题,即题材的变化引起了舆情的变化。在网络舆情的演化过程中,增加题材对实际关注度将有不同的作用。通常,增加的题材一方面可以直接引起网络舆情关注度的提高,另一方面则可能引发新的相关题材间接促使关注度的提高。

1. 舆情关注度上升

如果增加的题材符合社会相关人群的需求时,该舆情就会有越来越多的人关注,舆情的实际关注度就会逐渐增加,当网络舆情实际关注度发展到其极限时,可能出现两种结果:一是在相关问题得到解决或控制时,关注度逐渐下降以致消亡;二是引发新的舆情,甚至有可能产生一个新的网络舆情事件。

2. 网络舆情的转移

当网络舆情演化到其关注度极限时,原有舆情可能引出一些新的关注点。在这些新的关注点中,如果存在某个关注点能够引起人们的共鸣,这个关注点就可能形成新的网络舆情。当关注的人群逐渐增加,相应的关注度开始逐渐增大。这样,就实现了网络舆情在原有基础上的转移。网络舆情的转移意味着社会关注兴趣的升华与发展。

3. 网络舆情的消亡

当网络舆情演化到其关注度极限时,原有舆情虽然可能引出一些新的关注点。但是,这些新的关注点如果不能引起人们的共鸣,舆情的关注度就会开始下降。如果在舆情关注度下降的过程中,没有相关新题材能够继续引起人群的关注,原有舆情的关注度就会出现快速下降,直至消亡。网络舆情的消亡意味着,相关问题得到圆满解决,或者是原有舆情因不符合社会稳定与发展需要,受到政策压制,同样也会走向消亡。

(三) 舆情的趋同与偏离

一个关系国计民生、健康积极的网络舆情,其关注度通常会持续稳定地增加,这样的舆情称为稳态舆情,稳态舆情通常会受到国家政策的支持。当其他网络舆情的关注度逐渐向稳态舆情靠拢时,称为舆情的趋同,而趋同的过程称为舆情的过渡。当某些网络舆情的关注度逐渐远离稳态舆情关注度时,这个过程称为舆情的偏离。

1. 不同政策环境下的舆情趋同与偏离

当政策环境对舆情的制约较小时,舆情在经历一段时间的过渡之后会逐步趋同于稳态舆情。事实上，对于不同的稳态舆情，其过渡路径不尽相同。而对相同的稳态舆情，如果政策环境制约不同、网络舆情突发的初始条件不同，其过渡的路径也不尽相同，但过渡与趋同通常是同时存在的。

当网络舆情所受政策环境制约程度较高时，舆情在经历一段时间的过渡之后会出现缓慢的偏离现象，直至出现再次趋同或消亡。再次趋同意味着，舆情新增的主要题材逐渐符合稳态舆情的发展方向，因而政策制约的压力减轻，再度受到人们的关注。消亡意味着，舆情没有新增题材，或新增的主要题材不符合稳态舆情的发展方向，因而政策制约的持续压力，使得对其关注的人数迅速减少。

无论政策环境的压力大小，舆情演化最初阶段的过渡路径都是相似的，这是因为政策制约尚未显著产生作用。这一结论可以在后面的进程演化模型分析中得到支持。

2. 不同网民规模情况下舆情的趋同与偏离

当网络舆情的关注人数较少时，政策的制约作用往往也较小。这是因为其影响面较小，对社会、经济产生的作用也较小，政府机构通常不会将其视为监控重点。如果网络舆情的关注人数较多时，政策的制约作用往往会较大，这是因为其影响面较大，对社会、经济产生的作用也较大，政府机构通常会将其视为监控重点。

以上分析表明，对于网民规模较大的舆情关注度，其过渡时间往往较长。如果出现偏离，也只会在持续较长的过渡时间之后发生。对于网民规模较小的舆情关注度，其过渡时间往往较短。如果出现偏离，通常会在持续较短的过渡时间后发生。

二 进程的基本理论

众所周知，自然界中任何事物的成长与发展过程都包含着前进与后退两个基本阶段，而在事物的发展过程中又必然地存在动力与阻力的相互作用，这样的过程称为进退过程或兴衰过程，简称进程。基于这种理解，产业或企业的发展，以及社会、经济乃至生态系统的发展过程均可以概括为不同的进程。相关的分析与研究称为进退分析或进程分析。

（一）进程问题的基本要素

进程问题包括两对基本要素：作为主体的前进过程的主动行为者和作

为客体的前进过程中的综合环境，以及主体动力和客体压力。

主体是指能够主动选择策略并付诸实施的事物，主体行为的主导方向是前进与发展。客体是阻碍主体前进的客观事物，客体的主导行为是对主体前进被动性地施加压力。

促使主体前进的力量称为主体动力。主体动力也称为主体动能，包括内生动力和外生动力。由主体自身因素和内部环境产生的动力称为内生动力，由主体以外的环境因素产生的动力称为外生动力。主体动力产生的根源是生存、竞争和发展的需要。对利益增长的期望，以及技术、管理、资本等环境的变化都可能成为主体动力。主体动力包括体力、精力、智慧、能力、需求等。

阻碍主体前进的力量称为客体压力。客体压力也称为环境压力，环境压力包括内生压力和外生压力。由主体自身因素构成的内部环境变化所造成的压力称为内生压力，由主体以外因素构成的外部环境变化所产生的压力称为外生压力。

前进净动力是指动力减去压力的剩余部分，简称净动力。为了使进程的基础理论更加规范，这里给出基本假设。利益是指主体的各种合法需求的总和，包括资本、资产、资源、服务、意愿等。成本是指各种利益损耗的总和。净利益是指除去成本的剩余利益部分。

（二）进程问题的基本假设

根据前面的分析，这里给出关于进程理论的基本假设。

假设在社会领域中，任何变化着的要素都具有作用力，可以根据这种作用力将对事物的产生、发展、繁荣或衰退产生的影响，区分为动力或压力。任何外生因素只有转化为动力才能引起实际产出的变化；压力包括各种资源短缺与风险及其造成的实际后果。

按照经济进程理论，基础资源的增加可以直接推动事物的发展，而引起事物变化的各种条件与环境，可以作为内生动力推动事物不断发展。基础资源直接形成的结果称为事物基本状态，能够导致事物基本状态水平提升或下降的因素称为影响因素。

另外，事物的发展既需要获得多种资源的支持，又不得不面对各种阻碍因素所构成的环境。所以，环境对事物的发展始终具有某种制约作用。需要注意的是，影响因素在促进事物发展的同时，也会引起资源消耗、政策关注等环境问题，进而限制事物的发展。此外，用于影响因素的各种投入还将面临发展风险。所有这些制约和风险共同构成事物发展的环境压力，或称外生压力，是指经济环境动力和环境压力组合后形成的净压力。事物发展过程中消耗的自然、社会与经济资源统称为外生消耗。同时考虑基本状态、外生消耗、内生动力和外生压力的事物发展状态称为实际状态。

关于外生消耗和环境压力，假设对于实际状态而言，基本状态水平越高，需要的外生消耗也越多。事物发展的内生动力越大，其面临的环境压力也将越大。假设意味着，社会经济领域中任何事物的发展永远不可能一帆风顺，总会遇到各种各样的阻碍力量。

（三）进程问题的基本规则

为了研究进程问题，需要有相关的一般规则和基本规则。进程问题的一般规则如下：

1. 克服阻力，执着前进，可获得收益。
2. 持续前进才能使利益持续增加。
3. 停止不前或退却将遭受经济损失。
4. 利益耗尽且无力支付损失时淘汰出局。

进程问题的基本规则包括如下三类共九条。

（1）目标规则。主体前进的目标是综合收益最大化，其中综合收益包括经济收益、社会效益和环境效益等。

（2）条件规则。主体前进中的利益与路径满足以下条件。一是主体的初始利益及成本大于零。作为进程的启动性支出，主体需要有一定的初始成本。二是主体利益不能透支。主体拥有的资产量大于零时，才可能有前进动力。当主体的资产为零时，自动消亡。如果能够获得贷款，可视为投资。三是进程中无路径分叉。一般地，进程中可以出现路径分叉，也可以不出现。下面的讨论中，假设进程中的路径没有分叉。

（3）行为规则。在前进过程中，主体与客体的不同地位和表现行为，使它们具有不同的特征：一是主体的主动性。主体可以主动地采取策略与措施，并通过前进行为换得收益，即利益的增加。二是主体的灵活性。主体可以使用其利益进行投资，以增强其前进动力或减小客体阻力，也可以以损失利益为代价选择退让。三是客体的被动性。客体不会主动采取措施，只对主体行为作出非策略性被动反应或突发性自然行为，这种反应或行为将对主体的前进行为形成阻力，以减少主体收益或减缓主体收益的增长速度。四是客体的记忆性。主体前进幅度越大，利益增加越多，则客体将产生和施加的阻力越大，即客体对主体的前进幅度和利益水平具有记忆功能。客体的这种记忆有时表现为阻力的逐步积累，阻力的积累将最终以阻力的释放为结果。这种释放可以是逐步的，也可以是集中的。五是阻力的控制性。由于内生阻力产生于主体的内部环境变化，所以主体对内生阻力有较大程度的可控能力，即可以通过投资使其尽可能小。外生阻力产生于主体的外部环境变化，所以主体对其只有较小程度的可控能力，有时甚至完全不具备可控能力。

（四）进程问题的基本特征

在上述规则下，不难看出进程问题具有以下主要特征。

1. 结构的确定性。主体前进是基本趋势，尤其是对社会经济的整体发展来说，利益总量将伴随增长。但与此同时，前进的幅度越大，遇到的阻力也就越大。

2. 环境的随机性。在前进过程中，某些阻力因素可能随机出现或突发性出现，这会对前进动力产生影响，加之前进动力本身也会因环境不同而随机地发生变化。所以，主体在局部上进与退的选择具有某种程度的随机性。

3. 结果的不确定性。主体需要排除各种阻力，克服许多困难，以获得收益。不是所有的主体都能够成功，其中绝大多数将被淘汰。所以，谁将成为胜者难以确定。此外，主体的利益水平也因为进程受到的影响因素众多，而呈现出不确定性特点。

三 网络舆情演化进程模型

基于进程理论和进程模型，在对网络舆情演化的动力、阻力、环境因素等相关要素进行分析和描述的基础上，可以构建网络舆情演化的进程模型。

（一）基本变量

通常情况下，网络舆情突发事件的发生与发展，离不开社会利益、公众关注与媒体需求，同时与该事件的内在价值有关。通常可以有以下基本变量。

1. 对事件关注的核心人群数量称为基本关注度变量，用 μ 表示。

2. 社会对事件关注的需求就是网络舆情事件发生与发展的内在动力，用 σ 表示。

3. 网络舆情的突发性大小体现在关注度变量初值的大小，用 u_0 表示。

4. 政策调控指数是指政府相关机构对网络舆情突发事件的控制程度，用 θ 表示。政府相关机构对网络舆情突发事件会非常关注，并通过政策或行政手段对其实施监控。政府机构对网络舆情的控制程度可以由环境压力指数来体现，此时的环境压力指数称为政策调控指数。政策调控指数较大时，表明政府机构对网络舆情采取抑制的态度和措施；政策调控指数较小时，表明政府机构对网络舆情采取宽松的态度和措施。

5. 当人们对某网络舆情事件逐渐失去关注热情，或政府机构对该网络舆情事件采取严控行为时，该事件的关注度就将因损失而下降。网络舆情事件的关注度损失量，用 φ 表示。

6. 网民对其他事件的关注或政府的控制行为将对该事件扩散形成压力，用 K 表示。

（二）基本假设

关于网络舆情问题给出以下假设。

假设关于关注度的假设：

1. 基本关注度、基本损失量、发展动力、环境压力和实际关注均为非负数量。在舆情发展的初期阶段时间内，基本关注度逐步提高。

2. 实际关注度的基本决定因素是其基本关注度、发展动力及政策环境压力。

3. 对于逐渐远离基本关注度的实际关注度，其出现的可能性逐渐减小。

假设表明，通常情况下，网络舆情突发事件的实际关注度将围绕基本关注度随机波动，事件关注的实际损失量也将围绕基本损失量随机波动。事件关注度越高，其发展所面临的政策环境问题将越复杂，所面临的政策压力将越大。

假设事件的基本关注度越高，关注损失度也越高。此时，事件发展的内在动力也越大，进而面临的政策压力也将越大。

以上假设构成了网络舆情突发事件演化理论的基础体系，而它恰好与进程问题的假设相似，所以偏尾过程可以表示实际关注度的水平，它体现了实际关注度围绕基本关注度随机波动的变化过程。

(三) 网络舆情演化的基本模型

借助上述进程模型建立的基本思路，结合网络舆情演变的实际情况，可以建立网络舆情演化的基本模型。

由于实际关注度由基本关注度与内在动力转化而得的关注度增值共同构成，因此，实际关注度的变化率由基本关注度变化率与内在动力变化率决定，有如下线性关系：

$$\frac{dL}{dt} = a\left(\frac{d\mu}{dt}\right) + h\left(\frac{d\sigma}{dt}\right)$$

其中，L 为实际关注度；a 为比例系数；h 为转化系数（内在动力转化为关注度增值的比例系数），$a \geq 0$。

由假设，关注损失度由基本关注度及其引起的政策环境压力决定，故关注损失度增长率可设计为 $\mu^\varphi \frac{d\mu}{dt}$，这里 φ 为政策压力参数。政策压力可以转化为关注损失度的增值，该增值部分由内在动力及其引起的政策压力决定。因此，该增值部分的增长率由内在动力增长率及相应的政策压力构成，可以设计为 $\mu^\varphi h \frac{d\mu}{dt}$，这里，$h \frac{d\mu}{dt}$ 为内在动力增长率的有效部分，其中 μ^φ 为内在动力引起的政策压力，基于以上内容，考虑政策压力的实际关注度增长率为

$$\frac{dL}{dt} = a\left(\frac{d\mu}{dt}\right) + h\left(\frac{d\delta}{dt}\right) - \left(v\mu^\varphi \frac{d\mu}{dt}\right) + \omega\delta^\varphi h\left(\frac{d\delta}{dt}\right)$$

其中，a，v，w 为待定系数，θ，a，v，w，h 均大于零。

求解以上方程，可以得出以下标准演化方程

$$L = a\mu - \frac{v}{\theta}\mu^\theta + h\left(a\sigma - \frac{w}{\theta}\sigma^\theta\right)$$

其中，$\theta = \varphi + 1$ 称为政策压力指数，$\frac{v}{\theta}\mu^\theta$ 为关注损失度，$\frac{\omega}{\theta}\sigma^\theta$ 为政策压力或外生压力，其中 $\theta > 1$。这里假设，政府可以通过政策变化来调节政策压力指数，以实现对网络舆情的有效控制。由于政府不可能完全放弃对网络舆情的控制，所以政策压力总是存在的，即 $\theta > 1$。$L(0)$ 用来度量事件的突发程度，$L(0) = 0$ 表示非突发事件，$L(0) > 0$ 表示突发事件，$L(0)$ 越大，表示突发程度越高。

第四节　网络舆情演化分析

一　命名实体提取

相比传统数据库而言，包含网络信息的主要载体的网页文本的非结构化特性，决定了其数据缺乏规律性，造成传统信息挖掘方法在处理网络数据时显得力不从心。命名实体作为构成事件的主要要素，同时又作为构成网页文本的主要信息元素，是网络舆情分析人员感兴趣的主要信息成分。因此，快速、准确地从海量网页数据中提取命名实体，深度挖掘用户感兴趣的实体内容，成为网络信息挖掘的一个重要研究方向。

命名实体提取技术，即基于条件随机场与规则相结合的命名实体提取方法，针对传统命名实体提取方法简单、应用领域局限的缺点，先采用条件随机场对命名实体进行初步提取；然后自定义规则对错误命名实体进行修正，对网络信息中以文本为主要表达形式的信息进行提取，以获得有效的网络舆情信息。

（一）命名实体基础

命名实体主要包括人名（Person）、地名（Location）、机构名（Organization）、日期（Date）、时间（Time）、百分数（Percentage）和货币（Monetary Value）等七类词语。命名实体提取主要针对人名、地名、组织机构名及时间等网页文本中的基本要素进行提取，这些要素可以充分代表文本主要内容，是正确理解网页文本内容的基础。

命名实体提取包括直接识别和间接提取等两种方法。直接识别不对文本做任何处理，直接从连续文本中识别命名实体。直接识别包括基于规则的方法和基于统计的方法两种方法。基于规则的方法出现较早，多采用手工构造有限规则，使用模式和字符串进行匹配。一般来说，规则识别方法性能优于统计识别方法。由于规则识别方法的局限性，统计识别方法逐渐成为研究热点。统计识别方法的典型代表有隐马尔可夫模型（Hidden Markov Model）、最大熵模型（Maximum Entropy Model）、分类语言模型（Class Based Language Model）等。间接提取先将文本进行中文词语切分，根据命名实体出现规律制定相应规则，对中文分词结果进行修正，在中文分词基础上进行命名实体提取。

(二) 中文命名实体标注

为了在中文分词的基础上更好地提取命名实体,首先必须了解中文命名实体的标注规范。当前,中文命名实体标注规范由国家资源评测中心制订,包括多种命名实体类型的构成规则,代表了中文命名实体权威的标注规范。

1. 通用规则

(1) 实体连写规则

这种规则适用于两个有共用成分的词在一起组成的命名实体,例如〈ENAMEX TYPE = LOCATION〉亚欧大陆〈ENAMEX〉,〈NUMEX〉3 到 10 分钟〈NUMEX〉,〈TIMEX TYPE = TIME〉上午八九点钟〈TIMEX〉。如果两个实体没有共用成分,则不适用实体连写规则,例如〈ENAMEX TYPE = LOCATION〉河北〈ENAMEX〉,〈ENAMEX TYPE = LOCATION〉河南〈ENAMEX〉或〈NUMEX〉三十吨〈NUMEX〉。

(2) 实体嵌套规则

实体嵌套即一个实体只作为另一实体的一部分。这种情况下,命名实体标注则只标注嵌套实体,而不标注被嵌套实体。例如〈ENAMEX TYPE = ORGANIZATION〉中国中央电视台新闻评论部〈ENAMEX〉。

(3) 支配结构

当两个实体一起出现,但实体间是通过支配词建立的支配关系,则这两个实体属于支配结构。这时,两个实体应该分别标注,例如〈ENAMEX TYPE = LOCATION〉中国〈ENAMEX〉的〈ENAMEX TYPE = LOCATION〉上海〈ENAMEX〉。但如果两个一起出现的实体间没有支配词,则不属于支配结构,例如〈ENAMEX TYPE = LOCATION〉中国上海〈ENAMEX〉。

(4) 缩略语

缩略语可以用来表示特定的实体,包括别名、昵称、简称、缩写等。例如〈ENAMEX TYPE = ORGANIZATION〉皖〈ENAMEX〉(指安徽省),〈ENAMEX TYPE = ORGANIZATION〉人大〈ENAMEX〉(人民代表大会),〈ENAMEX TYPE = ORGANIZATION〉IBM〈ENAMEX〉(International Business Machines Corporation,国际商业机器公司),〈ENAMEX TYPE = PERSON〉老吴〈ENAMEX〉等。

2. 人名规则

(1) 昵称和谥号

用于表示特定人物的昵称或者称号、谥号作为人名。例如〈ENAMEX

TYPE = PERSON〉范文正公〈ENAMEX〉,〈ENAMEX TYPE = PERSON〉宋太祖〈ENAMEX〉,〈ENAMEX TYPE = PERSON〉刘罗锅〈ENAMEX〉,〈ENAMEX TYPE = PERSON〉孔子〈ENAMEX〉等。

(2) 家族

当人名用于表示家族的时候,作为人名标记。例如〈ENAMEX TYPE = PERSON〉李〈ENAMEX〉氏父子。

(3) 世代

名字中用于表示世代、年龄的特定用词作为名字的一部分。例如〈ENAMEX TYPE = PERSON〉伊丽莎白二世〈ENAMEX〉,〈ENAMEX TYPE = PERSON〉路易五世〈ENAMEX〉等。

(4) 头衔

名字前或后的职位、角色称呼不作为名字的一部分。例如〈ENAMEX TYPE = PERSON〉王〈ENAMEX〉院长、〈ENAMEX TYPE = PERSON〉张〈ENAMEX〉主任。需要注意的是,由姓及一个不能单独成词的字构成的双字称呼也被认为是一个完整的名字。例如:〈ENAMEX TYPE = PERSON〉李老〈ENAMEX〉,〈ENAMEX TYPE = PERSON〉王局〈ENAMEX〉,〈ENAMEXTYPE PERSON〉张哥〈ENAMEX〉,〈ENAMEX TYPE = PERSON〉王婆〈ENAMEX〉等。

(5) 年号

用年号指代的帝王名,当可以明确确定表示的是帝王的时候标记为人名。例如:〈ENAMEX TYPE = PERSON〉乾隆〈ENAMEX〉大帝,但是乾隆年间中的乾隆不标记为人名。

3. 地名规则

地名包含天体、大陆、国家、省、县、城市、地区、区、镇、村、邻居、铁路、公路、街道、海洋、海峡、海湾、运河、江、河、岛、湖、公园、山、沙漠、大陆以及虚构或者神话的地点,或者特指的建筑物。

(1) 嵌入式地名

嵌入或者限定某一个其他实体的地名不单独标记。例如〈ENAMEX TYPE = ORGANIZATION〉德国大众公司〈ENAMEX〉,〈ENAMEX TYPE = ORGANIZATION〉联合利华中国公司〈ENAMEX〉。

(2) 连续地名

当出现连续的地名时,这些地名分别标记。例如〈ENAMEX TYPE =

LOCATION〉吉林〈ENAMEX〉,〈ENAMEX TYPE = LOCATION〉日本〈ENAMEX〉,〈ENAMEX TYPE = LOCATION〉俄〈ENAMEX〉〈ENAMEX TYPE = LOCATION〉乌〈ENAMEX〉边境。

(3) 地名后缀

用于表明地名类型的固有后缀作为地名的一部分。例如〈ENAMEX TYPE = LOCATION〉黄河〈ENAMEX〉,〈ENAMEX TYPE = LOCATION〉阿尔泰山〈ENAMEX〉,〈ENAMEX TYPE = LOCATION〉墨西哥城〈ENAMEX〉,〈ENAMEX TYPE = LOCATION〉重庆市〈ENAMEX〉。但是固有的部分不能作为地名的一部分。例如〈ENAMEX TYPE = LOCATION〉美国〈ENAMEX〉西海岸中的西海岸、〈ENAMEX TYPE = LOCATION〉天津〈ENAMEX〉市郊中的市郊。

(4) 特定别名

用于表示某一个地点实体的特定别名作为地名标记。例如〈ENAMEX TYPE = LOCATION〉大陆〈ENAMEX〉(特指中国大陆地区)、〈ENAMEX TYPE = LOCATION〉亚太〈ENAMEX〉(指亚洲及太平洋地区)、〈ENAMEX TYPE = LOCATION〉西半球〈ENAMEX〉(地球西经20°以西,东经160°以东的区域)、〈ENAMEX TYPE = LOCATION〉北欧〈ENAMEX〉(欧洲北部地区)。但是,非特定的地点或者非地点性质的不能作为地名标记,例如西部大开发中的西部、发展中国家的国家。

(5) 含时间地名

含时间标记的地名中的时间词不包含在地名中。例如前〈ENAMEX TYPE = LOCATION〉苏联〈ENAMEX〉中的前,古〈ENAMEX TYPE = LOCATION〉希腊〈ENAMEX〉中的古。

(6) 地标地名

具有特指含义的建筑物名作为地名使用时标记为地名。例如〈ENAMEX TYPE = LOCATION〉东方明珠〈ENAMEX〉,〈ENAMEX TYPE = LOCATION〉天安门广场〈ENAMEX〉,〈ENAMEX TYPE = LOCATION〉珠港澳大桥〈ENAMEX〉。非特定的建筑物不标记,例如博物馆、城墙、寺庙和护城河等。

4. 组织机构名规则

组织机构名包含机构、企事业、团体、多国组织、党派、联盟等。

(1) 指定类型组织名

组织名中用于指定组织类型的公司、代表队等词是组织名的一部分。例如〈ENAMEX TYPE = ORGANIZATION〉世界贸易组织〈ENAMEX〉，〈ENAMEX TYPE = ORGANIZATION〉SONY 公司〈ENAMEX〉，〈ENAMEX TYPE = ORGANIZATION〉中国台北代表队〈ENAMEX〉。

(2) 建筑物组织名

仅有当建筑物名用于表示驻在的组织的时候，才会被标记为组织名，否则不标记。例如青瓦台，当用于表示韩国总统官邸时才被标记，〈ENAMEX TYPE = ORGANIZATION〉青瓦台〈ENAMEX〉声称中的标记，而青瓦台广场发生爆炸中的青瓦台不标记。

(3) 事件类组织名

事件不作为组织标记。例如冬季奥林匹克运动会不标记，但是和事件相关的组织应该标记，例如：〈ENAMEX TYPE = ORGANIZATION〉北京 2022 年冬奥会和冬季残奥会组织委员会〈ENAMEX〉。

5. 时间标注内容

(1) 精确时间

精确时间与数字有关，由数字来表明具体时间。精确时间一般是可以直接提取的、类似日历上的日期、天或者时间段等时间信息，一般包括以下几种形式。

①日期型时间，包括年、月、日等。例如 2017 年 2 月 21 日。

②时分秒型时间，包括日、时、分、秒等。例如 6 日 17 时 23 分 56 秒，昨晚 20 点 34 分等。

③周时间，包括某一周、上周、下周等。例如上周。

④时间段，包括一段时间，可以是几天或几个月，也可以是几年。例如过去的十二年。

(2) 模糊时间

模糊时间大部分是与数字无关的，其数字与量词结合在一起表达的也是一个模糊的时间概念。模糊时间一般从字面意思很难判断其表达的时间是具体到某年某月某日，如果结合上下文，有时可以将模糊时间根据上下文而转化为具体时间。模糊时间一般包括以下几种形式。

①精确数字模糊时间，虽然表达数字是精确的，但其表达的时间信息仍是模糊的。例如，一年来，欧盟国家和中国有了比以往更频繁的高层

互访。

②表示过去、现在、将来之类的模糊时间。例如近来、近期、从前、过去、当年、目前、当今、今后等。

③表示季节、季度、学期类模糊时间。例如今年夏天、第一季度,本学期等。

④固定表达式的模糊时间。例如周末、上午、下午和晚上等。

(3) 其他类型时间

除了精确时间、模糊时间外,还有起修饰类的时间、时间集、事件触发的时间以及特殊含义的时间等多种表达方式。

①修饰类时间。修饰类时间为上述时间类型的前后加上一定的修饰词,在上下文中起一定的修饰作用。如2014年为确定时间,但2014年末则为修饰类时间。一般的修饰语有大约、不超过、清朝前期、北宋中期、西周末期、春秋晚期等。

②时间集。有一些时间表示的是时间集合。例如每天、每年、年年、天天等。

③事件触发的时间。由一个事件或者一个动词来表示一个特殊的时间。例如某某同志去世那天、某某出生那天等。

④特殊文化类时间。特殊文化类时间与特定的文化紧密联系。例如中国的农历、虎年、NBA常规赛季等。

6. 时间戳

研究事件抽取中的时间信息,在明确了时间提取内容之后,还需要知道事件与时间的关系,即事件是发生在某个时间之前、正在发生还是已经发生,这就需要对时间戳进行研究。

(1) 在范围之中的时间

这是事件抽取中最常见的一种时间戳表达方式,意为某个事件发生在一个特定的时间内。例如会议将在下星期召开,即会议是在下星期召开,但不是召开一周,而是在下星期的某个时间召开,也就是说,会议召开这件事是在下星期里面的某个时间发生的。

(2) 恰好时间

如果文中清楚地表达一个事件持续了整个时间经过,这个时间就是恰好时间。判决恰好时间一定要看是否有一个清楚的表达词表示一个事件持续了整个时间段,如一直、整个等词。例如,最近三个月以来,工人们一直都在加班加点生产公共自行车。

区分在范围之中的时间还是恰好时间，主要看句子中是否有明确的证据表明事件持续了整个时间段。如果是，则是恰好的时间；若不是，则一定是在范围之中的时间。一个复数时间表达式可以对应多个事件，并且每个事件都发生在这个时间内，此时需要用在范围之内的时间，而不是恰好时间。中文中的"来"字既可以触发在范围之内的时间，也可以触发恰好时间，这取决于在这个时间戳上是否有多个事件，还是一个事件持续了这整个时间。如果是前者，这个时间就是在范围之内的时间；如果是后者，则表示为恰好的时间。例如，这几年来，警方共逮捕了2000多名通缉犯；近年来，不少武器都可以从黑市中购买等。

（3）开始时间和结束时间

如果文中清楚地表明事件在一个给定的时间开始/结束，那么这个时间就是开始时间/结束时间。这两种情况中，不一定有清楚的词表明事件是在开始/结束时间发生的，但一般都有暗示词，其暗示词包括介词和动词。例如，他们一直工作到深夜两点（到为介词）、会议这周三结束。在事件抽取中，有些能决定特定事件的时间范围往往可以利用开始和结束时间来判定。

（4）时间之前和时间之后

时间之前/后包括时间点之前/后和时间段之前/后，一般出现在当文中有清楚的词表明事件是发生在某个时间之前/后，如果这个时间是时间点，则为时间点之前/后；如果这个时间是时间段，则为时间段之前/后。例如，2010年以前出生的学生（时间点）、那是100天攻坚战之前（时间段）、5·12汶川大地震之后，已有数万人丧生（时间点后）。

二 事件抽取

事件抽取就是在采集舆情信息的基础上，把含有事件信息的非结构化或半结构化文本以结构化的形式呈现出来。事件抽取涉及数据挖掘、自然语言处理、机器学习等多个学科的技术和方法，在网络舆情分析中具有重要的现实意义。

（一）事件抽取基础

据中国互联网络信息中心（CNNIC）2017年1月发布的《第39次中国互联网络发展状况统计报告》显示，截至2016年12月，网络覆盖率为

53.2%。网络新闻作为传播网络舆情信息的传播主体,其网页具有内容丰富、形态多样等特点。尽管网络新闻网页内容多种多样,来源各不相同,但是以网页为代表的网络文档却有着一些共性。

1. 冗余性。由于网络新闻具有很强的时效性,因此,同一时间关于同一话题的不同报道会陈述相同的信息,导致这些报道之间有很大的重复性,甚至包含完全相同的句子或段落。

2. 层次性。某些重大的新闻,通常会有多家媒体对其进行多天的跟踪报道,随着时间的推移,观点和事实会不断更新,导致出现重心漂移,即一个新闻话题中出现了不同的事件集。

事件抽取即从文本数据中抽取事件,完成文本数据中事件信息的结构化表示。目前,中文事件抽取的研究仍然处于初级阶段,还存在以下若干需要改进的方面。

(1) 基于模式匹配的事件抽取方法应用领域严格受限,该方法并不能很好地适应当前国际上自然语言处理的主流发展趋势,满足对大规模真实的非受限文本的高效处理的需求。

(2) 基于机器学习的事件抽取方法也存在不足,一是抽取前事先规定了事件的类别,对于没有定义的事件则无法进行抽取,导致了召回率不高;二是事件检测过程中依据事件触发词进行判断,但文本中非事件触发词占据了很大的比例。因此,将每个词作为一个实例来训练并判断是否为触发词引入了大量的反例,导致数据稀疏,影响了事件抽取效果。

对于以上问题,一些学者已开展了相关研究。针对单一事件抽取方法的缺点,哈尔滨工业大学的宋凡等提出了一种基于模式匹配与最大熵相结合的事件抽取方法,但只局限于音乐领域进行了实验研究。针对机器学习方法中的不足,张先飞等通过引入聚类的方法突破了对事件类别限制的局限,然而通过触发词驱动的事件抽取做法并不可取。许红磊等通过事件实例驱动进行事件抽取解决了以触发词驱动所带来的正反例失衡以及数据稀疏的问题,但仍然局限于特定会议所规定的事件类别。

(二) 网络新闻文本事件抽取算法

针对上述存在的问题,结合网络新闻文本的特点,有关学者引入了一种基于事件实例驱动的新闻文本事件抽取方法。首先,将新闻文本中的每个句子作为一个候选事件,利用 SVM 分类器识别出文本中的事件实例,通过事件实例进行驱动;然后,用基于层次聚类 kmedoids 算法对事件实例进行聚类，实现新闻文本中事件的有效抽取。

1. 基于 SVM 的事件实例识别

（1）SVM 基本原理

支持向量机（Support Vector Machines，SVM）是 Vapnic 于 1995 年提出的一种模式分类方法，其主要思想是针对线性可分情况进行分析，对于线性不可分的情况，通过使用非线性映射算法将低维输入空间线性不可分的样本转化为高维特征空间使其线性可分，从而使得高维特征空间采用线性算法对样本的非线性特征进行线性分析成为可能，从而依据有限样本信息在模型的复杂度和学习能力之间寻求最佳折中。

（2）基于 SVM 的事件实例识别算法流程

统计表明，新闻文本中包含大量非事件实例，降低了事件抽取的准确率。因此，需要尽可能地过滤掉非事件实例。该方法将新闻文本中的每个句子作为一个候选事件，从句子中抽取出刻画一个事件发生的有代表性的特征构成候选事件实例表示，然后构造二元分类器对事件实例识别，新闻文本事件实例识别过程主要由训练、测试和评价模型三部分构成。

①文本预处理，主要包括句子切分、中文分词、词性标注等，完成对自然语言文本的初步处理，在语料库构建阶段已完成。

②由于将事件实例的识别看作分类问题，特征的选择和发现尤为关键，在步骤①的基础上，主要选取句子的长度、位置、词语的个数、命名实体的个数、时间的个数、数值的个数、停用词的频率以及相应的词语等特征。

③在完成特征提取之后，利用向量空间模型表示所有候选的事件。

④完成对候选事件的向量表示后，利用 SVM 分类器进行分类。SVM 分类器通用性好、分类精度高、分类速度快、分类速度与训练样本个数无关，在召回率和准确率方面都优于传统的分类器。

⑤训练时，对训练文档集预处理、特征提取以及向量表示，然后对 SVM 分类器进行训练，得到分类模型。

⑥分类评价模型是对分类器性能进行评价，同时给出反馈信息进行学习，从而对分类特征进行不断的修正。

⑦测试时，先对测试文档集预处理、特征提取以及向量表示，再输入到已经训练好的分类器中，完成事件实例的识别。

三 事件演化分析

事件演化分析，又称事件由来分析，是指对互联网上的热点事件发生、发展历程进行回顾、概括、总结的过程。目前，事件由来分析采用多文档自动文摘的方法来实现。有代表性的自动摘要方法根据段落或句子进行聚类，相比于传统统计方法，该方法避免了信息冗余。但网络新闻文本中有些段落或句子和主题无关，影响了聚类的效果，导致最终生成的摘要不够简洁，且时间复杂度较高。

针对上述问题，以下介绍一种基于事件抽取的多文档自动摘要方法。该方法通过事件抽取技术将文档原来以段落或句子为单位的物理划分转化为以事件为单位的内容逻辑划分；然后，通过主旨事件抽取、排序及润色，自动生成摘要。

（一）基于事件抽取的多文档摘要方法

随着计算机的日益普及和网络文本资源的迅猛增加，多文档自动摘要的价值充分显露出来，这也引起了越来越多研究者的关注，研究方法也层出不穷。

1. 基于事件抽取的多文档摘要原理与流程

基于事件抽取的多文档摘要方法在原理上，与传统基于统计的摘要方法不同，它是将事件抽取技术应用于多文档摘要中。如何抽取新闻话题中的有用事件信息和组织这些信息生成流畅的摘要，是基于事件抽取的多文档自动摘要研究的核心。

对网络新闻文本事件抽取后，得到了能够反映新闻话题重要内容和相关事件的集合。若想生成最终流畅的摘要还需要解决四个问题。首先，如何抽取事件集中的主旨事件来表示该类事件的中心思想；其次，按照什么准则对抽取出的主旨事件进行排序更加客观；再次，准摘要的哪些方面需要进行平滑与修饰；最后，如何使确定的摘要标题更一目了然。

首先通过事件抽取技术从网络新闻话题中抽取相关的事件，然后采用自动摘要的相关技术组织这些事件，最终生成易于理解的摘要。

2. 基于事件抽取的多文档摘要关键技术

为了解决上述问题，引入了基于类中心的主旨事件抽取、基于时空线索的主旨事件排序、基于上下文的摘要平滑与修饰以及基于核心文档的摘要标题确定四个关键技术。

(1) 主旨事件排序

主旨事件排序是生成摘要的重要环节，如果顺序不当，会降低摘要本身的质量和可靠性。主旨事件排序不能简单地依靠重要度进行排序，应按照事件的发展过程进行排序，这样才能使用户更加清楚地了解事件的来龙去脉。由此，采用一种基于时空线索的主旨事件排序方法，具体流程如下：

①对于可以直接比较时间的主旨事件按照时间先后排序。

②对于无法比较时间，但属于同一文档的主旨事件按照其位置先后顺序排序。

③对于无法比较时间，且属于不同文档的两个主旨事件，则根据它们所在文档中的报道时间先后排序。

时间的比较算法描述如下（精确到时，以 2010 年 03 月 29 日 23：18 为例）：

①查找字符年，抽取该字符左边部分字符串 2010，将其转化为日期型时间，用 year 表示。

②查找字符月，抽取该字符左边部分字符串 03，将其转化为日期型时间，用 month 表示。

③查找字符日，抽取该字符左边部分字符串 29，将其转化为日期型时间，用 day 表示。

④查找字符时，抽取该字符左边部分字符串 23，将其转化为时分秒型时间，用 hour 表示。

(2) 摘要平滑修饰

文章中句子间具有一定的上下文关系，而摘要时只是从文章中抽取部分句子，失去了其表达上下文的关系，使得摘要的连贯性难以保证，需要进行一些平滑修饰以提高摘要的连贯性和可读性。

①标点符号平滑修饰。一些句子中需匹配的标点符号（如引号），可能由于切分句子的原因被分离开，在摘要句中发生失配。在平滑处理时，可以把摘要句中失配的标点符号删除或补上，这里采用了删除的策略。

②删除摘要句中无用信息。摘要句中常包含一些无用信息，包括句首关系词（如另外、因此）、转折词（如然而、但是）等。如果出现在摘要句句首，则显得非常突兀，句子表达不连贯，需要删除。

③指示代词消解。指示代词的消解可以使摘要的结果更通顺流畅，指

示代词包括人称代词（你我他）、一般代词（前者、后者）等。如果一个被抽取的摘要句前面 n 个词中含有这些代词，则将该句的前一个句子也作为摘要句，依次类推，其中 n 取 70，经过以上的处理，基本达到了摘要润色的目的，增加了可读性。

四 话题内容演化分析

网络舆情的描述和呈现是指概括说明舆情事件本身，以及相应的传播态势。准确清晰的网络舆情的描述与呈现是做好网络舆情研判工作的基本前提和保障。话题发展变化的本质就是其中的各个侧面的发展变化，也就是子话题随着时间的变化。因此，若能发现话题中的子话题，并分析出子话题随着时间的变化过程，就可以对话题的来龙去脉有一个很好的了解。

基于以上分析，介绍一种基于动态贝叶斯网络的话题内容演化分析方法。该方法检测话题发展变化过程中各个子话题；对每个子话题进行内容分析；通过划分时间片段，利用动态贝叶斯网络建立子话题之间的演化模型，即子话题动态贝叶斯网络模型，可以得到话题内容在整个生命周期的发展情况。

（一）子话题检测

子话题检测类似于话题检测与追踪中的新事件检测任务，不同之处在于子话题检测不仅需要检测新事件，而且需要将属于某一子话题的网络舆情数据归入该子话题。

网络舆情数据中命名实体的数量有限，而其他关键词的数目巨大。但命名实体对区分不同话题的贡献大于其他关键词，若不对命名实体进行加权必将使其对话题的贡献被弱化甚至淹没。因此，可以采用基于双特征向量的子话题检测方法。

采用双特征向量表示文本、子话题、话题，双特征向量由命名实体向量和关键词向量构成。其中，作为双特征向量而表示的文本，其双特征向量的生成方法是先统计词的权重，将词区分为命名实体和关键词。

（二）子话题因果分析

研究发现，存在演化关系的子话题之间往往存在内容相似、时间相近的特点，并且反映一定的因果关系。如果子话题之间的时间间隔超过一定范围，则认为它们之间不存在演化关系；进一步，把子话题作为观测变量和假设变量，把组成子话题的要素作为状态变量，建立子话题之间的动态贝叶斯网络推理模型，实现话题的演化分析。

子话题因果分析是从一个话题的子话题集合中自动找出不同子话题之间因果关系及随时间变化的趋势。动态贝叶斯网络用来表示变量间的连接概率的图形模式，提供了一种方便的框架结构来表示因果关系，用来发现数据间的潜在关系。因此，采用动态贝叶斯网络对子话题之间的因果关系进行分析，形成因果关系变化过程的总体结构，并能随着时间更新结构。

组成话题的要素包括时间、人名、地名、组织机构名、关键词等，子话题之间因果关系体现为要素之间的时间相关性和因果相关性。基于动态贝叶斯网络的话题因果关系分析，就是把子话题作为观测变量和假设变量，把组成子话题的要素作为状态变量，建立子话题之间的动态贝叶斯网络推理模型。

第三章
网络舆情分析技术

由于网络舆情与社会舆情性质上的差异，网络舆情与新闻传播学、信息科学、计算机科学、社会学以及管理学等诸多学科息息相关，所以进行网络舆情分析的技术也非常庞杂。从网络舆情分析系统功能组成的角度，可以将与之相关的技术分为网络舆情采集与提取技术、网络舆情话题发现与追踪技术、网络舆情信息分类与挖掘技术和网络舆情倾向性分析技术等，所有这些复杂的技术，均涉及计算机及网络等方面的专业知识，对于网络舆情的从业者和研究者而言，掌握网络舆情分析技术的基本原理，把握网络舆情分析技术的基本发展方向以及其对于网络舆情监测的影响十分必要。

第一节 网络舆情信息的采集技术

网络信息数据采集是网络舆情分析系统中最关键、最基础的系统，决定着整个网络舆情分析系统的覆盖范围、分析质量和及时程度。目前，互联网上的网页数量以百亿计，所以首要问题就是如何高效地将如此海量的网页信息摄取到本地。尽管数据采集技术经过几十年的研究发展已经相对成熟，但随着互联网的飞速发展，它也面临着新的挑战。

一 网络舆情信息的采集方法

网络舆情分析，广义上包括初始阶段的网络舆情信息采集，中间阶段的网络舆情信息处理与分析以及末尾阶段的网络舆情预测分析结果处理及信息服务等环节。具体步骤是先从互联网上采集舆情信息，预处理采集的网页信息，在预处理的基础上抽取其中的关键信息，然后根据关键信息对舆情信息进行内容分析，最后将分析结果提供给用户。

网络信息自动采集环节分为数据抓取与数据存储两部分。数据抓取完成从网络信息源中获取页面数据的工作,数据抓取过程中解决的主要问题是网络爬虫的实现以及优化,具体包括相关网页下载、网页去重、网页脚本解析、更新搜索控制、爬行深度、广度控制和分布式技术等。

1. 网络爬虫

网络爬虫,是一种按照一定的规则自动地抓取互联网信息的程序或脚本。

(1) 网络爬虫的类型

网络爬虫系统根据其不同的应用场景所体现出的差异,大体可以分为三种类型。

①批量型爬虫(Batch Crawler)。批量型爬虫有比较明确的抓取范围和目标,当爬虫达到设定的目标后,即停止抓取过程,是目前数据采集系统中最简单的爬虫系统。

②增量型爬虫(Incremental Crawler)。增量型爬虫会保持持续不断地抓取,对于已经抓取过的网页会按照一定策略定期更新,是目前数据采集系统中最常用的爬虫系统。

③垂直型爬虫(Focused Crawler)。垂直型爬虫只关注特定主题的网页,其最大的挑战就是如何识别网页的内容是否属于指定主题,一般用于垂直行业的舆情分析。

(2) 网络爬虫的基本工作流程

首先选取一部分精心挑选的种子 URL(Universal Resource Locator,统一资源定位符);将这些 URL 放入待抓取 URL 队列;从待抓取的 URL 队列中取出待抓取的 URL,解析 DNS 得到主机的 IP 地址,将 URL 对应的网页下载下来,存储进已下载网页库中,再将这些 URL 放入已抓取 URL 队列;分析已抓取的 URL 队列中的 URL,分析其中的其他 URL,并且将 URL 放入待抓取 URL 队列,从而进入下一个循环,直到达到某个设定的条件,结束数据爬取工作。

(3) 网络爬虫的特性

无论哪种类型的爬虫系统,在实际的数据采集系统中都应具备以下几种特性。

①高性能。爬虫系统在单位时间内下载的网页数量越多性能越高。

②可扩展性。爬虫系统应该很容易通过增加抓取服务器和爬虫数量来缩短抓取周期。

③健壮性。爬虫系统可以处理抓取中遇到的各种非正常情况，并且自身有一套强大的容错机制。

④友好性。爬虫系统在保护网站部分私密性的同时，也减少被抓取网络的负载。

2. 网页去重

在当今的互联网环境中，有相当大比例的内容是完全相同或者大体相近的。这些网页不仅会增加数据采集系统的压力，而且会影响后续数据分析结果的质量，所以网页的去重问题尤为突出，已经成为提高数据质量的关键技术之一。

在实际的数据采集系统中，往往是在爬虫阶段进行网页去重操作。当爬虫新抓取到网页时，需要和已经建立到索引内的网页进行重复判断，如果判断是近似重复网页，则按照一定策略进行处理，如直接丢弃、打上相似标签等，如果发现是全新的内容，则将其加入到网页索引中。

近似重复网页发现，就是通过技术手段快速全面地发现网页的重复信息，以方便后期抽取数据时的单一性。网页去重所涉及的技术五花八门，但归纳起来，典型的网页去重算法基本都是由特征抽取、文章指纹生成和相似性计算三个步骤构成。目前，常用的网页去重算法有 Shingling 算法、I-Match 算法、SimHash 算法和 SpotSig 算法等。由于网络舆情瞬息万变，需要网页去重在具有能够快速处理海量数据的内在要求的同时，还要具备准确性和高效性。

3. 分布式爬虫技术

面对围绕某一主题分散于互联网上海量数据的抓取任务，只有采取分布式架构才有可能高效地完成抓取工作。常见的分布式架构有主从式分布爬虫和对等式分布爬虫两种。

（1）主从式分布爬虫

主从式分布爬虫（Master-Slave）是分布式技术中最传统的也是最常见的形式，不同的服务器承担着不同的角色。其中，主服务器来维护待抓取的 URL 队列，负责每次将 URL 分发到不同的从服务器，而从服务器则负责实际的网页下载工作。主服务器除了维护待抓取 URL 队列以及分发 URL 之外，还要负责调解各个从服务器的负载情况，以免某些从服务器过于清闲或者劳累，在协调整个数据爬取系统的工作，也容易成为整个系统的性能瓶颈。

(2) 对等式分布爬虫

在对等式分布爬虫（Peer to Peer）体系中，服务器之间不存在分工差异，每台服务器都承担着一样的功能，各自负责一部分 URL 抓取工作。由于没有 URL 服务器存在，如何分工就成为主要问题。目前最常用的解决方案就是采用一致性哈希（Consisting Hash）原则来确定服务器的任务分工。对等式分布爬虫不存在系统瓶颈问题，有很好的容错性和扩展性。

4. 网页搜索策略

网页的抓取策略可以分为深度优先、广度优先和最佳优先三种。深度优先在很多情况下会导致爬虫的陷入（Trapped）问题，目前常用的是广度优先和最佳优先方法。

(1) 广度优先搜索策略

广度优先搜索策略的设计和实现相对简单，是指在抓取过程中，在完成当前层次的搜索后，才进行下一层次的搜索。目前，为覆盖尽可能多的网页，一般使用广度优先搜索方法。也有很多研究将广度优先搜索策略应用于聚焦爬虫中，其基本思想是认为与初始 URL 在一定链接距离内的网页具有主题相关性的概率很大。另外一种方法是将广度优先搜索与网页过滤技术结合使用，先用广度优先策略抓取网页，再将其中无关的网页过滤掉。广度优先搜索方法的缺点在于，随着抓取网页的增多，大量的无关网页将被下载并过滤，而造成算法效率的降低。

(2) 最佳优先搜索策略

最佳优先搜索策略按照一定的网页分析算法，预测候选 URL 与目标网页的相似度，或与主题的相关性，并选取评价最好的一个或几个 URL 进行抓取，只访问经过网页分析算法预测为有用的网页。存在的问题是，在爬虫抓取路径上的很多相关网页可能被忽略，因为最佳优先策略是一种局部最优搜索算法，因此需要将最佳优先结合具体的应用进行改进，以跳出局部最优点，从而有效地降低爬取到无关网页的数量。

(3) 深度优先搜索策略

深度优先搜索策略设计较为简单，从起始网页开始，选择一个 URL 进入，分析这个网页中的 URL，选择一个再进入 URL，如此一个链接一个链接地抓取下去，直到处理完一条路线之后再处理下一条路线。然而门户网站提供的链接往往最具价值，但每深入一层，网页价值都会相应有所下降，这表明重要网页通常距离种子较近，而过度深入抓取到的网页却价值很低。同时，这种策略的抓取深度直接影响着抓取命中率以及抓取效率，对抓取深度的把握是该策略的关键。所以，相对于其他两种策略而言，此种策略很少被使用。

5. 网页更新策略

由于舆情事件不断变化所反映的信息，也会在网页上及时体现，所以数据爬取中需要及时更新相关的网页，即网页更新。网页更新常用的策略有历史参考策略、用户体验度策略和聚类抽样策略三种。

（1）历史参考策略

一般地，过去频繁更新的网页，那么将来也会频繁更新，所以为了预估某个网页何时进行更新，可以通过参考其历史更新情况来作出决定，建立在这个前提下的历史参考策略是最直观的一种更新策略。

（2）用户体验度策略

一般来说，用户提交查询结果后，相关的搜索结果可能成千上万，而用户没有耐心去查看排在后面的搜索结果，往往只看前三页的搜索内容，用户体验策略就是利用搜索引擎用户的这个行为特点来更新网页作为更新策略。

（3）聚类抽样策略

上面介绍的两种网页更新策略严重依赖网页的历史更新信息，但如果是首次爬取的网页，因为没有历史信息或没有用户查询结果作为依据，所以也就无法按照这两种思路去预估其更新周期，而且在现实中为每个网页保存历史信息会增加很多额外的负担。聚类抽样策略即是为了解决上述问题而提出的。

聚类抽样策略认为，网页一般具有一些自身才有的属性，根据这些属性可以预测其更新周期，具有相似属性的网页，其更新周期也是类似的。于是，可以根据这些属性将网页归类，同一类别内的网页具有相同的更新频率，并通过对各类别内网页采样的方式来确定更新周期。聚类抽样策略的挑战在于如何对数以亿计的网页进行聚类。

6. 搜索引擎及其基本原理

搜索引擎主要依赖网络爬虫程序工作，网络爬虫程序根据特定的爬行策略，周期性地采用多线程并发的方式将网页抓取并存储到本地的文件系统，然后将其提交给索引器；索引器负责对抓取的网页进行选择、抽取、主题分类、集合等数据处理，同时将网页内容转化成关系数据库的方式存储,最后遍历该数据库建立索引文件;信息检索模块执行检索操作,对检索词与索引词进行匹配运算,检索出包括检索词的网页,进行排序后呈现给用户。根据搜索引擎要完成的工作,搜索引擎主要由以下三部分组成。

(1) 采集器

采集器对于整个搜索引擎质量有着至关重要的影响。搜索引擎信息源的采集器通过网络爬行器或者人工的方式来遍历网络站点,实际工作的网络爬行器无法也不可能完成抓取整个互联网全部网页信息的任务,为了有效利用带宽资源和处理能力,抓取过程需要算法和策略支持,依照广度优先搜索策略、深度优先搜索策略、随机访问和 IP 段扫描搜索策略等,下载网页信息到本地,网络爬行器沿着网页的出链接前进,通过反复下载网页并不断从中发现尚未爬行的 URL,以此建立和更新网页数据库来保证网络资源的有效性和及时性。

(2) 索引器

信息采集系统将网页信息存放到本地之后,为了加快对用户的响应速度,提高查询性能,需要对网页库建立高效的索引。索引器对收集到的网页进行分析,提取相关网页信息,包括来源 URL、编码格式、页面内容所含的所有关键词、关键词位置、生成时间、更新时间、大小、链接情况等。再根据一定的相关度计算得到每一个网页针对页面文字中及超链中每一个关键词的相关度,然后用这些相关信息建立网页索引数据库。搜索引擎普遍借鉴了传统信息检索中的索引模型,包括倒排文档、矢量空间模型、概率模型等。建立索引库就是为了把文档内容表示成一种便于检索的方式,并存储在索引数据库中。索引结构和效率的好坏是信息检索效率的关键,要求易于实现和维护、检索速度快、空间占用低。

(3) 检索服务

当用户输入查询关键词后,查询请求经过检索器处理,从网页索引数据库中查找符合该关键词的所有相关网页。相关网页针对该关键词的相关信息在索引库中都有记录,只需综合相关信息和网页级别形成相关度数值,然后进行排序,相关度越高,排名越靠前。最后由页面生成系统将搜索结果以链接和摘要的形式返回给用户。搜索引擎经历了从人工搜索引擎到自动搜索引擎的过程,并逐步向智能化、个性化方向发展。尽管目前已经有许多成功的商业搜索引擎,但是由于运行原理、检索机制等自身固有的特点,搜索引擎还存在一些缺点和不足。特别是,以当前网页信息的增长态势，一个搜索引擎将很难采集全所有主题的网络信息，即使各主题的信息采集比较全面，但由于主题太宽泛，也很难将各主题都做得既精准又专业，这样造成了在用户的检索结果中返回了大量的无用信息。同时，由于采集的信息容量大，势必给数据更新带来很大的开销，降低了更新率。当前，即使谷歌这样优秀的搜索引擎，在采集覆盖度方面、特定主题的信息搜索方面以及数据库更新方面也是难以满足所有需求。

二 当前主要的搜索引擎技术

Archie 是第一个自动索引互联网上匿名 FTP 网站文件的程序，虽然它还不是真正意义上的搜索引擎，但其工作原理与现在的搜索引擎已经很接近，它依靠脚本程序自动搜索网上的文件，然后对有关信息进行索引，供使用者以一定的表达式查询。1993 年，Gray 开发了 World Wide Web Wanderer，这是世界上第一个利用 HTML 网页之间的链接关系来监测互联网发展规模的机器人程序。

随着互联网的迅速发展，检索所有新出现的网页变得越来越困难。因此，在 Wanderer 基础上，研究人员对传统的机器人程序工作原理做了些改进。其思想是，既然所有网页都有连向其他网页的链接，那么从跟踪第一个网页的链接开始，就有可能检索整个互联网。1994 年 7 月，Michael Mauldin 将 John Leavitt 的蜘蛛程序接入到其索引程序中，创建了 Lycos。除了相关性排序外，还提供了前缀匹配和字符相近限制，Lycos 第一个在搜索结果中使用了网页自动摘要，但是它最大的优势还是在于远胜过其他搜索引擎的数据量。1995 年，华盛顿大学的 Eric Selberg 和 Oren Etzioni 创办了第一个元搜索引擎 Metacrawler，用户只需提交一次搜索请求，由元搜索引擎负责转换处理后提交给多个预先选定的独立搜索引擎，并将从各独立搜索引擎返回的所有查询结果集中起来，处理后再返回给用户。1995 年 12 月，DEC 公司正式发布 Alta Vista，它是第一个支持自然语言搜索的搜索引擎，也是第一个实现高级搜索语法的搜索引擎。Alta Vista 的可贵之处在于它的一些新功能，如搜索 Titles、搜索 Java applets 以及搜索框区域的 tip 功能等，逐渐被其他搜索引擎广泛采用并沿用至今。1997 年，Alta Vista 发布了一个图形演示系统 Live Topics，它能帮助用户从成千上万的搜索结果中找到想要的信息。1997 年 4 月，斯坦福大学的 David Folio 和美籍华人杨致远（GerryYang）共同创办了 Yahoo 目录，它支持简单的数据库搜索，但是因为数据是手工输入的，所以不能真正被归为搜索引擎，事实上只是一个可搜索的目录。相比 Wanderer 抓取的 URL 信息，Yahoo 中收录的网站都附有简介信息，所以搜索效率明显提高，Yahoo 的出现成功地使搜索引擎的概念深入人心。

搜索引擎的又一次革新是 1998 年，美国由 Sergey Brin 和 Lawrence Page 创建的谷歌（google）。Google 在 PageRank、动态摘要、网页快照、DailyRefresh、多文档格式支持、多语言支持、用户界面等功能上的变革，再一次改变了搜索引擎的定义。创新的搜索技术和简洁的用户界面使 Google 从其他搜索引擎中脱颖而出，特别是 PageRank 算法和链接分析等技术的应用使 Google 能够给用户提供高质量搜索结果，从此搜索引擎进入了高速发展的新时期。2000 年 1 月，中国的百度（Baidu）公司成立，2001 年 10 月 22 日正式发布 Baidu 搜索引擎。目前，搜索引擎已经成为辅助人们检索信息的最普遍的工具，其在中国大陆市场的使用率自 2010 年后保持在 80% 左右水平。2012 年，360 搜索、搜狗和搜搜等新竞争者的进入又带动了搜索市场的整体发展，如减少搜索结果的虚假信息和不安全链接，以提升用户使用安全性；加强技术投入以提高搜索质量，并逐渐融入个性化和社交化等因素，试图智能化地呈现搜索结果以提升用户搜索体验。

1. 按工作方式的分类

搜索引擎按其工作方式主要可分为目录式搜索引擎、基于爬虫的搜索引擎和元搜索引擎三大类。

（1）目录式搜索引擎。目录式搜索引擎是最早出现的 WWW 搜索引擎，以 Yahoo 为代表，国内的搜狐也属于目录式搜索引擎。此类搜索引擎以人工方式或半自动方式搜集信息，由编辑员阅读信息，人工形成信息摘要，并将信息置于事先确定的分类框架中。信息大多面向网站，提供目录浏览服务和直接检索服务。目录式搜索引擎的优势在于内容比较好的站点更容易被编辑所认同，更容易被索引，因此索引质量比较高。目录式搜索引擎分类结构清晰、错误较少，比较符合人们的阅读习惯。缺点是需要人工介入、维护工作量大、信息量少，且信息更新不及时，不能适应 Web 资源的规模发展。

（2）基于爬虫的搜索引擎。网络爬虫（Crawler）也称网络机器人或网络蜘蛛，是一种智能程序。该程序以某种策略自动地从互联网搜集信息，搜集的网页经过分析处理后，建立索引，加入数据库中。用户查询时，根据用户输入的查询关键字检索数据库，形成查询结果返回给用户。这种搜索引擎一般要定期访问以前搜集的网页，刷新索引，以反映出网页的更新情况，去除一些死链接，网页的部分内容和变化情况也会反映到用户查询的结果中，这是此类搜索引擎的一个重要特征。其优点是信息量大、更新及时、不需人工干预，缺点则是不能真正反映出网页的质量、返回信息过多、有很多无关信息、用户必须从结果中进行筛选。目前主流的搜索引擎都采用该技术，主要代表有 Alta Vista、Excite、Google、悠游、Open Find、Baidu 等。现代搜索引擎一般将上述两种方法结合，形成混合式搜索引擎，它们既提供爬虫式搜索引擎服务，也提供目录服务。

（3）元搜索引擎。元搜索引擎也叫作 Meta Search Engine，其实是一种调用其他搜索引擎的引擎，严格意义上不能称为真正的搜索引擎，其本身并没有存放网页信息的数据库，而是通过调用其他独立搜索引擎来完成搜索功能。当用户输入查询关键字时，它把用户的查询请求转换成其他搜索引擎能够接受的命令格式，并行地访问多个搜索引擎来进行查询，并把这些搜索引擎返回的结果经过处理后再返问给用户。

元搜索引擎的优势在于能够查询多个索引数据库，并且不用维护庞大的索引数据库，用户也不需要记忆不同搜索引擎的地址和查询语法，它返回结果的信息量相比较于基于 Crawler 的搜索引擎来说更大、更全。但是元搜索引擎的网络资源开销比较大，从多个搜索引擎返回的结果中常常有很多重复信息，相关度排序十分困难。国外具有代表性的元搜索引擎有 InfoSpace、Dogpile、Vivisimo 等，中文元搜索引擎中具代表性的有比比猫搜索引擎、佐意综合搜索等。近期比较优秀的元搜索引擎有搜魅网，它整合了百度、谷歌、雅虎等多家主流搜索引擎的结果，并且独创网站查询。在搜索结果排列方面，有的直接按来源引擎排列搜索结果（如 Dogpile），有的则按自定的规则将结果重新排列组合（如 Vivisimo）。

2. 按检索内容、服务对象分类

按照搜索引擎的检索内容、服务对象的不同，还可将搜索引擎分为综合搜索引擎、垂直搜索引擎和特殊用途搜索引擎三类。

（1）综合搜索引擎。综合搜索引擎面向全体互联网用户提供综合的搜索服务，它们把不同主题和类型（如网页、新闻组、FTP、Gopher）的资源作为搜索对象，将各种主题与类型信息按一定的方式来组织，因此其信息覆盖范围很广，人们可利用它们检索几乎任何方面的资源。目前的大部分商业搜索引擎都是综合搜索引擎，它们的网页数据库容量非常大，搜集了来自各行业、各学科数以亿计的网页，是目前主流的搜索引擎。

（2）垂直搜索引擎。垂直搜索引擎专门收集某一学科、某一主题或某一行业范围内的信息资源，并用更加详细和专业的方法对信息资源进行标引和描述，在信息组织时设计利用与该专业密切相关的方法和技术，以提高信息被检索的概率。典型代表有 HealthCare、Medical World Search 等。我国在这方面尚处于发展阶段，出现了如基于中医药主题、基于房产主题、基于化学主题和基于机票主题的搜索引擎等，在技术和实用性方面均有待提高。

（3）特殊用途搜索引擎。特殊用途搜索引擎专门收集某一类型的信息和资源供用户检索。例如：查询地图的 Map Blast，收录新闻信息的 Deja News，查询图像的 Webseck，收录各种域名的 Check Domairt。这类搜索引擎的信息覆盖面较垂直搜索引擎则更加集中，应用面相对更窄。

三 网络舆情信息分类及抽取技术

目前，网络信息仍然大部分存在于网页中，网页信息依靠搜索引擎采集后，必须有适当的网络信息分类和抽取技术，以在分类的基础上抽取其中用户所关心的内容。网络信息分类和抽取技术包括网页分类技术和网页信息抽取技术。

1. 网页内容的自动分类

文本自动分类，一般是先把一组预先定义类别的文档作为训练集，通常基于决策树、神经网络、K 最近邻算法、贝叶斯方法和支持向量机等理论，分析训练集得到分类器，再对得到的分类器进行测试，并在测试的基础上再经过不断地训练和学习，丰富原来的类型词汇矢量表，使分类器更加精确，形成了自己的主题模式，最终使用分类器对其他文档分类。一般把文本分类方法分成以下三类。

（1）词匹配法。词匹配法可以分为简单词匹配法和基于同义词的词匹配法两种，主要根据文档和类别的特征词中共同出现的词或同义词，来决定该文档的类别属性。此方法简单易懂，但是效果不是很理想，准确率较低。

（2）基于领域专家知识的方法。该方法通过各领域专家编制的面向各个知识领域的规则库，将文档分到各个类别中，优点是分类结果相对精确，分类效率比较高，缺点是灵活性差，前期需要大量的工作作为分类的基础，难以实施。

（3）统计学习法。统计学习法的基本思路是先由专家以人工方法，收集一些与待分类文档同处一个领域的文档作为训练集，以保证分类的准确性，然后从中挖掘类别的统计特征，再利用已有指导学习方法将待分类文档分到最可能的类别中去。在分类过程中，也可以定期或不定期地对训练集进行更新，从而来补充特征词的不足。这种基于统计的经验学习法具有较好的理论基础、简单的实现机制，以及较好的文档分类质量等优点，目前实用的分类系统基本上都是采用这种分类算法。

根据分类结果，文本分类也可分为二元分类和多元分类。二元分类是对给定一篇文档，判断是否属于该类；多元分类，对给定文档计算其与给定类别之间的相似度，按照相似度大小进行排序分类。下面是一些文本分类中常用的算法。

①简单向量距离算法

该方法的基本思想就是使用算术平均值，为每类文本集生成一个代表该类的中心向量，对于待分类的文档向量，计算该向量与每类中心向量间的距离即相似度，并判定文档属于与文档距离最近的类，具体步骤如下：

一是计算所有训练文本向量的算术平均值，作为每类文本集的中心向量；

二是将待分类的新文本表示为特征向量；

三是计算新文本特征向量和每类中心向量间的相似度；

四是比较每类中心向量与待分类文档的相似度，将文档分到相似度最大的类别中。

②K最近邻算法（K Nearest Neighbor，KNN）

K最近邻算法简称KNN，在理论上比较成熟，也是最简单的机器学习算法之一。该方法的思路是，如果一个样本在特征空间中的k个最相似的样本中的大多数属于某一个类别，则该样本也属于这个类别。因此，k最近邻算法步骤可归结为，在给定新文档后，考虑与训练集合中与该文档距离最近（最相似）的文档，根据这篇文档所属的类别预测新文档所属的类别。

由于KNN分类器的训练时间非常少，但在用于分类时效率却比较低，所以该方法也被称为懒惰学习器（Lazy Learners）。KNN 分类器在具有处理与训练样本类似的文本其精度比较高的同时，也有其劣势。KNN 分类器的不足在于，如果对于类别描述文档中的文档个数 k 值的选择过小，不能充分体现待分类文档的特点，k 值选择过大，则可能把一些和待分类文档实际上并不相似的样本包含进来，增加了噪声，从而导致分类效果的降低；计算量较大，因为对每一个待分类的文本都要计算它到全体已知样本的距离，才能求得它的 k 个最近邻点。

由于互联网上的信息主要以文本形式存在，所以网页分类与文本分类相比十分相似。通过分类技术，不仅能够方便用户浏览文档，而且可以通过限制搜索范围来使文档的查找更为容易。准确精细的文本自动分类提高了检索的速度和精度，节约了大量人力和财力，避免人工分类带来的周期长、费用高、效率低等诸多缺陷。网页分类技术已经成为网页信息处理领域的基础性工作，不仅在主题爬行技术中起着重要的作用，而且在数字图书馆、个性化信息检索等领域也得到了广泛的应用。

2. 网页信息抽取技术

随着互联网的发展，网上的资源越来越丰富，由于网上的信息载体主要是文本形式，所以信息抽取技术对于那些把互联网当成知识来源的人来说至关重要。信息抽取（Information Extraction），即直接从自然语言文本中抽取事实信息，并以结构化的形式描述信息，用于信息查询、文本深层挖掘和自动回答问题等方面，为人们提供有力的信息获取工具。信息抽取技术的核心是从无结构或半结构的网页中抽取用户感兴趣的数据，比如，从新闻报道中抽取出恐怖事件的详细情况，如时间、地点、作案者、受害者、袭击目标、使用的武器等；从经济新闻中抽取出公司发布新产品的情况，如公司名、产品名、发布时间、产品性能等。信息抽取技术是传统文本信息抽取技术的扩展，处理对象由传统的自由文本扩展为半结构化的网页信息。通常，被抽取出来的信息被转化为结构化、语义更为清晰的格式，可以直接存入数据库，供用户查询以及进一步分析利用。

网页中不仅有用户需要或者感兴趣的有关信息，还有大量的无用信息，如与用户需要无关的导航条、广告信息、版权信息以及大量的无关链接等网页非主题内容。网页中的这些非主题信息不但大大降低了用户获取主题信息的效率，更为严重的问题是由于非主题信息通常伴随着和主题并不相关的超级链接，这些链接和链接所指向的网页将会给基于网页内容以及基于网页超链接分析的研究工作带来困难。在进行主题搜索过程中，大量的广告、版权信息等噪声内容甚至会导致主题偏移。因此，不能局限在对单个页面进行处理，而是要将处理操作对象深入到网页内部，即通过信息抽取技术抽取网页的标题、网页正文以及相关链接区域内容，去除广告、版权信息以及与网页主题无关的链接等噪声内容，将网页的处理单元的粒度进一步细化，以提高网页内容分析的准确度。

信息抽取技术有多种方式，采用的原理也各不相同。可以分为基于自然语言理解的方式、基于包装器归纳的方式、基于本体的方式和基于HTML结构的方式等几类。

(1) 基于自然语言理解方式的信息抽取技术

自然语言理解技术通常用于自由文本的信息抽取，主要步骤包括句法分析、语义标注、专有对象的识别和抽取规则。具体地说，就是把文本分割成多个句子，对每个句子的成分进行标记，然后将分析好的句子语法结构和事先制定的语言模式匹配，利用子句结构、短语和子句间的关系，建立基于语法和语义的抽取规则实现信息抽取，以获得句子的内容。规则可以由人工编制，也可从人工标注的语料库中自动学习获得。这种技术将文档视为文本进行处理，没有利用到文档独特于普通文本的层次特性，抽取规则表达能力有限，缺乏健壮性。另外，获得有效的抽取规则需要大量的样本学习，达到全自动的程序较难，而且速度较慢，对于操作网上海量数据来说这是一个大问题。目前采用这种原理的典型系统有SRV、WHISK。

(2) 基于包装器归纳方式 (Wrapper Induction) 的信息抽取技术

包装器是一种软件构件，一般包括规则库、规则执行模块和信息转换模块三个部分，由一系列的抽取规则以及应用这些规则的程序代码组成，负责将数据由一种模式转换成另一种模式。通常，一个包装器只能处理一种特定的信息源，如果从几个不同信息源中抽取信息，需要一系列的包装器程序库。抽取过程中，包装器根据输入页面的类型从规则库中选择相应的抽取规则集，并提供给执行规则模块，执行规则模块将相应的抽取规则应用到输入页面上，抽取出页面包含的信息，并把该信息输入到信息转换模块。最后，信息转换模块把抽取出来的信息转换成能够被其他系统识别利用的格式。信息抽取的规则在包装器中占有重要的地位，包装器归纳法可以自动分析出待抽取信息在网页中的结构特征并实现抽取，其主要思想是用归纳式学习方法生成抽取规则。与自然语言处理方式比较，包装器较少依赖于全面的句子语法分析和分词等复杂的自然语言处理技术，更注重于文本结构和表格格式的分析。但是使用包装器的困难在于，可扩展性差，可重用性差，缺乏对页面的主动理解。采用这种原理的典型系统有Musleal开发的STALKER和Kushmerickn等人研究的WIEN。

（3）基于本体方式的信息抽取

本体在哲学上泛指对客观世界的本体描述，在人工智能领域一般指智能系统中涉及的概念术语及其性质等静态知识的描述。按照斯坦福大学人工智能专家Tom Gruber的定义，本体是为了帮助程序和人共享知识的概念化规范，在知识表达和共享领域，本体描述了在代理之间的概念和关系。信息抽取主要利用了对数据本身的描述信息实现抽取，对网页结构的依赖较少。信息抽取系统中被分析的文档通常是针对某个特定的领域，该领域的文档典型地包含一些特定的待抽取成分。通过分析这些成分的特殊词法语义形态，就能相对准确地抽取这些成分，所有这些类、对象、属性、约束和术语或词汇构成了领域的基本本体。采用该方法，事先要由领域知识专家采用人工的方式书写某一应用领域的本体，包括对象的模式信息、常值、关键字的描述信息，其中常值和关键字提供了语义项的描述信息。系统根据边界分隔符和启发信息将文档分割为多个描述某一事物不同实例的无结构的文本块，然后根据本体中常值和关键字的描述信息产生抽取规则，对每个无结构的文本块进行抽取获得各语义项的值，最后将抽取出的结果放入根据本体的描述信息生成的数据库中。基于本体方式的最大的优点是对网页结构的依赖较少，只要事先创建的应用领域的本体足够强大，系统可以对某一应用领域中各种网页实现信息抽取。系统的缺点在于使用不太方便，只能由领域专家创建某一领域的本体，工作量非常大；另外由于是根据数据本身实现信息抽取的，因此在减少了对网页结构依赖的同时，增加了对网页中所包含的数据结构的要求。

（4）基于HTML结构的信息抽取技术

该信息抽取技术根据网页页面的结构定位信息，在信息抽取之前通过解析器将网页文档解析成语法树，通过自动或半自动的方式产生抽取规则，将信息抽取转化为对语法树的操作实现信息抽取。一般是通过交互的方式，由用户在样本页中指定抽取区域的起始位置，系统确定整个抽取区域，并确定区域的类型，然后通过可视化的方式，由用户在样本页中指定语义项以及与之对应的实例，系统自动产生抽取规则，实现对相似结构网页的信息抽取。采用这类原理的典型系统有 LIXTO 和 XWRA 等。

根据以上的分析可知，基于自然语言理解方式的信息抽取在一定程度上可以通过自然语言语法、语义获得抽取出的信息的语义，但工作量巨大，而且效果并不理想；全自动的信息抽取根据页面中的 HTML 标记间的关系抽出数据，并以嵌套的形式加以组织，但是抽取出的数据依然没有语义信息。目前，大量的系统采用人工或者半人工的方式附加语义，这种方法虽然简单，但是实用性很强。

第二节　网络舆情信息话题搜索技术

网络舆情问题围绕公众所关注的某个话题展开，所以网络舆情信息的话题搜索技术在网络舆情的信息采集中就起到了非常基础性的作用。

一　话题搜索概述

话题检测与跟踪（Topic Detection and Tracking）技术，是一种检测舆情新出现的话题并追踪该话题发展动态的信息智能获取技术，面向专业主题的搜索引擎是对网络中某个主题的信息进行采集、索引并整合，然后抽取出需要的数据进行处理后再以某种满足用户个性化需求的形式返回给用户，其实质是主题搜索引擎技术。面向专业主题的搜索引擎是与通用搜索引擎相对应的一个概念，属于仅覆盖网络某一领域的垂直搜索引擎，为用户提供某个主题或领域的网络资源的检索服务。由于它运用了专业领域知识、相关度计算、机器学习等智能化策略，因此比通用搜索引擎更加准确和有效，具有主题资源覆盖度高、专业性强、针对性强的特点的同时，还充分考虑了用户的个性化需求。

构造主题搜索引擎的核心是面向主题的爬行技术。主题爬虫的目标是尽可能地收集与特定主题相关的网页，同时最大限度地避免无关网页的下载，会分析每个收集到页面上的链接，判断哪些链接指向的页面可能是和预定主题相关，对这些链接进行优先爬行，和主题无关的链接则选择放弃，这对于节省硬件和网络资源都是有明显意义的。

1. 主题搜索引擎的基本结构

面向主题搜索引擎是在通用搜索引擎的基础上发展起来的。在体系结构上，除了具有通用搜索引擎的基本功能架构外，主要的不同体现在增加了与主题领域相关的信息过滤模块上，这部分设计将直接影响整个搜索引擎。

2. 与通用搜索引擎的比较

主题搜索引擎与通用搜索引擎的结构和工作原理基本相似，它们之间最大的区别在于主题爬行器和分类技术的应用。主题搜索引擎是面向主题，有严格的主题分类体系，而通用搜索引擎一般没有分类体系或分类系统较粗糙；主题爬行器的目的是尽可能多地爬行与主题相关的资源，尽可能少地爬行与主题无关的网页，而通用搜索引擎的爬行器不分主题，根据控制策略随机分配爬行任务。

需要指出的是，主题爬行系统并不能代替通用搜索引擎，主题爬行与通用搜索引擎之间应该是必要的互补关系。一方面，通用搜索引擎覆盖了互联网用户进行信息检索时可能涉及的大部分主题，它能够满足普通用户的搜索需要，而且在今后相当长的时间内仍将是互联网用户进行网页信息检索的主要工具。另一方面，主题搜索引擎能满足一些高级或者专业的信息查询需求，如针对某一个特定的主题或领域，相应的主题搜索引擎既能收集到足够多的相关网页，检索的查准率也会比较高。

二　网络舆情信息话题搜索技术

面向主题搜索引擎，就是以构筑某一专题或学科领域的互联网信息资源库为目标，智能地在互联网上搜集符合这一专题或学科需要的信息资源，能够为包括数字图书馆、学科信息门户、专业信息机构、特定行业领域、公司信息中心等在内的信息用户，提供整套的网络信息资源建设与开发方案。

随着互联网技术和应用的不断发展，越来越多的图书馆学研究者认为，有选择地利用互联网学术资源是数字图书馆资源建设的关键部分。互联网上的信息资源浩如烟海，对于互联网用户来说，最大的问题不是没有信息，而是信息太多，以至于互联网用户不能迅速而准确地获取他们最需要的信息。广大用户迫切希望数字图书馆提供便利、经过二次加工的网络信息资源，以确保他们获得便利的导航和访问服务，满足他们日益专业、深入的信息需求。这就需要图书馆搜集、选择网络信息资源，并按照用户需求进行主题分类甚至知识重组，这些工作的前提就是实现主题搜索。

1. 主题爬行技术

主题爬行（Topic Web Crawling），又称聚焦爬行（Focused Webcrawling），是获取网络中特定相关领域页面的关键技术。随着网络的发展，其结构越来越复杂，网络信息量以指数级增长，通用爬行技术越发不可能访问网络上的所有网页，并及时进行更新。主题爬行技术是在传统爬行技术基础上，加入文本分类、聚类以及网络挖掘等相关技术用于捕获相关主题的网页信息。不同于对所有链接不加选择的通用爬行，主题爬行分析每个网页的链接，预测哪些链接指向的网页可能和预定主题相关，对这些链接进行优先爬行，而舍弃那些和主题无关的链接。一个理想的主题爬虫能在最短的时间内，最大限度地爬行与指定主题最相关的网页，并最小限度地爬行不相关的网页。因此，主题爬行可以提高现有搜索的精度，降低搜索引擎对网络资源的占用，缩短网页数据库更新的周期，是构造专业搜索引擎的基础与核心。

2. 主题爬行的基本原理

网络爬虫是搜索引擎的基础组成部分，它是搜索引擎工作流程中的起点，它的性能直接影响着搜索引擎的整体性能。网络爬虫在采集网络信息时，把互联网当作一个有向图来处理，互联网中每一个单一的网页都被看成是有向图中的一个节点，由某一网页指向其他网页的超链接可以被看成为有向图中的有向边。传统爬虫从一个或若干初始网页的 URLs 开始，沿着网页上的出链接（Out-Links），按照宽度优先、深度优先、Best-First 等策略爬行，抓取相应的网页，并不断从当前页面上抽取新的 URL 经过处理后放入爬行队列中。如此循环，直到爬行队列为空或者满足系统某个爬行停止条件。

网络爬虫在互联网上爬取的过程可以看成是对一个有向图进行遍历的过程。从整个互联网拓扑图来看，网络爬虫自动地沿着页面间链接形成的边，从一个页面到另一个页面地访问网络，逐步访问到整个拓扑图上的每个节点，这是通用网络爬虫典型的工作流程。目前大多数网站都是使用这种网络爬行器从互联网上搜集各种资源。

主题爬虫是从网络中收集关于一个特定主题的网络页面，与通用网络爬虫不同，它关注的只是某一专业领域的信息，因此主题爬虫在搜索过程中没有必要对整个网络遍历，只需选择与本领域相关的页面进行访问。与通用网络爬虫相比，主题爬虫在网页采集技术上有很大的不同，其算法和工作流程更为复杂。主题爬虫在搜索网络时,需要根据一定的网页分析算法过滤掉与主题无关的链接,保留有用的链接并将其放入等待抓取的 URL 队列;然后,它将根据最佳优先策略从队列中选择下一步要抓取的网页 URL,并重复上述过程,直到达到系统的某一条件时停止。显然,通过它的工作使得下载的相关网页数量最大化,不相关网页数量最小化,这极大地提高了信息检索的查准率。当所有主题相关网页被爬虫存入本地数据库后,必须在本地数据库中进行进一步的分析、过滤,并建立索引,以便搜索。

在工作流程上,基于主题的爬行方式与其他的爬行方式基本上是一致的,但由于主题爬行器只是收集与预先给定主题相关的网页,与主题无关的区域都不予访问,所以它不但可以提高主题资源的覆盖度,还可以大大减少对网络信息的访问流量和文档下载量,从而也可以减少网络负担以及对存储资源的需求。另外,就网络的发展看,既然及时而全面的覆盖整个网络资源是不可能的,那么这种放弃广度追求深度与准确度的网络资源搜索思路无疑是网络信息检索发展的方向之一。

3. 主题爬行的若干技术

针对话题搜索,主题爬虫在爬行过程中主要需要解决两个问题。一是如何判断已经下载的网页是否与主题相关;二是如何解决主题爬虫爬行的顺序。前一个问题一般会采用自然语言理解和文本挖掘技术来处理。针对后一个问题,目前主要是将已经下载网页的主题相关度按照一定的原则进行衰减,分配给该网页中的超链接,最后把超链接按照相关度的大小插入到 URL 队列中。这时的爬行策略不再仅仅简单考虑是采用深度优先还是广度优先的问题,它需要参照相关度的大小和排位结果,相关度大的网页会被优先爬行。如何计算和确定待爬行队列的访问次序是不同类别的主题爬虫的一个重要区别。一个主题爬虫一般由页面采集模块、页面相关度评价模块和 URLs 评价排序模块三个部分构成。

① 页面采集模块

该模块是根据 URL 待下载队列中的内容,从网络中下载相应页面,存储到网页数据库中。网页信息下载过程中有待爬行池和已爬行池。在爬行程序开始的时候,待爬行池中存放的是一些内容与主题相关的种子 URLs,这些 URLs 需要按一定的优先级顺序排列,与主题相关度高的 URLs 优先级较高,优先级高的 URLs 排在前面。爬行器根据 URLs 从网络上下载相应的网页，然后将网页交给相关度评价模块分析，根据其内容与主题的相关性，进行相应的处理，同时分析它的链接结构，将网页的出链接都放入待爬行池，并通过相关度重新计算所有 URLs 的优先级。待爬行池中爬行队列的增长是指数级的，考虑到待爬行池的物理空间有限，大多应用都不允许其中出现重复的链接，待爬行池往往自行维护去重工作。同样的，已经下载网页的 URL 也要放入已爬行池并作相应的去重工作。一般情况下为了提高抓取的速度，还会采用多线程分布式的主题爬虫抓取网页内容，以提高页面的抓取效率。网页抓取程序还要能够判断一些网站访问的某些安全限制，如能够识别网站拒绝或者限制自动爬行程序访问的请求，这些网站需要采取专门爬行策略来应对。

②页面相关度评价模块

该模块是主题爬行重要的部分，它的任务是对抓取的页面进行识别，判断是否为相关主题的页面。该模块主要特点是引入了文本分类的思想，网页的分类技术是 Web 信息处理领域的基础性工作，而且已经成为 Web 领域的研究热点之一。在系统爬行之初，通常要对分类器进行训练。一般的做法是，从一些权威性比较高的网站中得到经典的分类表以及表中各种类型的示例网页，每一个类型都有它自己的类型词汇矢量表；然后，由使用者提供一些感兴趣主题网页的示例，并将它们的 URLs 提交给系统，这样可以提高分类器的分类敏感性。一般会采用文本分类领域中比较成熟的算法，如朴素贝叶斯分类算法，支持向量机（Support Vector Machine，SVM）文本分类算法等，根据建立的主题分类模型对主题域进行定义。爬行器下载的页面会被送入页面相关度评价模块计算其主题相关度值，若该值大于或等于给定的阈值，则该页面就被存入页面库，否则丢弃。

③URLs 评价排序模块

待爬行池中 URL 队列排序是主题爬行系统中最为核心的部分，也是主题爬行算法的关键。该模块主要用于评估从主题相关页面解析出来的 URL 与主题的相关度，并提供相关的爬行策略用以指导爬虫的爬行过程。即它能确定采用什么样的方法来决定各个 URL 的优先度，决定爬行器在 Web 上的爬行走向。主题爬行程序目标是尽可能多地下载相关主题页面，尽可能少地下载非相关主题页面。一旦发现某链接与主题无关，则该 URL 及其所有隐含的子链接都会被舍弃掉。这样爬虫就无须遍历与主题不相关的页面，从而保证了爬行效率。但是，此类行为也可能将潜在的与主题相关的页面舍弃掉。因此，URL 评价排序策略的好坏直接影响着爬虫的爬行效率以及爬行质量。在进行优先度计算时，通常引入收获率（Harvest Rate）度量值，即下载的相关网页数量和下载网页总量的比值。

除了以上三个部分，有些研究者还增加了页面解析模块。因为网页大部分都是半结构化的 HTML 代码，页面解析程序首先需要对这些半结构化页面进行处理，将 HTML 代码转换成 XML 数据结构，便于网络中的数据信息共享和检索，更容易从中挖掘有用数据信息；然后执行进一步的解析，一般情况下解析程序将页面在 XML 文档的逻辑上建立一个树模型，树的节点是一个个的对象，这样容易提取其中的文本和 URL，然而文本的提取过程中需要对页面噪声进行处理，页面噪声处理是主题爬虫一个非常重要的问题，很多人都在这个领域进行了深入的研究，提出了相关的理论和算法；最后提取的文本和 URL 按照一定的规则存储到数据库中。

总之，主题爬行涉及的链接评价算法、网页分类等涉及信息检索、自然语言处理、Web 挖掘和机器学习等多个领域。另外，还包括互联网特有的一些方法和技术，如超链接分析技术、结构化信息抽取技术等。

4. 主题爬行的实现

作为一种有效的面向领域主题的信息获取工具，近年来，主题爬行技术及其实现得到了越来越多研究人员的关注。

De. Bra 首次提到了 Web 主题爬行器，将爬行过程模拟为鱼群（Group of Fish）在网络上进行迁徙的活动方式，称为鱼群搜索方法，Fish Search。该方法通过关键词和规则匹配的方式确定页面是否与主题相关，然后给相关页面中包含的超链接赋予较高的权值，从而使相关网页中的超链接获得更高的优先采集权。同时，该系统采取多种缓冲策略来解决可能会给网络带来比较高的负载问题。

M. Hersovici 等人在 Fish Search 的基础上提出了 Shark Search 算法，该算法在计算 URL 的采集优先权时，综合考虑了链接锚文本的主题描述作用，并采用了向量空间模型来计算网页的主题相关度，进一步细化了采集优先权值的计算。较之 Fish 算法，Shark 算法在算法精度、选择爬行方向、爬行效率上的表现更胜一筹。F. F. Luo 等人给出了一个改进的 Fish Search 算法，利用图论来解决不同鱼之间的重复查找问题。苏祺等人对网页中不同区块的链接进行聚类，然后将相同类的所有链接的锚文本作为该类的描述文本来改进 Shark Search 算法。

一些主题爬行器利用分类器来判断网页是否与主题相关。Soumen Chakrabarti 介绍了有关利用分类器判断网页相关度的主题爬行器的经验，其研究目标主要包括超链接关系学（Who Links to Who）、站点和页面的主题属性、半监督学习等。主题爬行器使用一个规范的主题分类目录，用户可以定义一个特定的起点来启动主题信息采集器，也可以将自己感兴趣的页面归属到分类目录的某一个主题之下，所提出的主题爬行器由分类器（Classifier）、精炼器（Distiller）和爬行器（Crawler）三个主要组件构成。分类器用来判断采集页面与采集主题的相关程度，精炼器主要用来决定采集的优先度，其算法是基于连接结构分析的，提出了用收获率来评价主题信息采集的效果，即要做到在尽可能多地获得相关页面的同时还要有效地滤去无关页面。S. Chakrabarti 等人提出采用基准和加强两个分类器，其中基准分类器用来浏览网络以加强分类器获取训练集，加强分类器用基准分类器提供的数据进行训练，并根据 URLs 的锚文本来预测其优先级。

J. Cho 等人主要研究如何能够首先爬行到那些更有希望的网页，同时还提出了用多种尺度来衡量页面重要性，如网页内容的相似性、PageRank 值和网页在整个层次结构中的位置等，并在斯坦福大学的网站上进行了具体的应用测试。M. Diligenti 等人提出了一种新的主题爬行器（Context Focused Crawler, CFC），其基本思路是在采集开始之前，先使用普通搜索引擎获取一定数量的高质量主题页面，每一个页面被当成一个种子页面，然后对每一个种子页面进行扩充，并建立一个独立的上下文关联图 Context Graph。分类器的训练文本就来自于每一层的网页。在采集过程中，上面建立的分类器将用于指导爬行器进行采集，因为每一个分类器离目标文档的距离是不同的，因此，最短距离分类器的指导优先，其试验数据表明 CFC 保持了较高水平的主题相关度。J. Dong 等人也提出了一种基于链接上下文来进行主题爬行的方法，对给出的种子节点，利用 Google 进行逆向检索出所有指向该网页的链接，提出链接上下文，形成对主题描述的向量，对已爬行网页的每个出链提取链接上下文形成一个文本向量，通过计算该文本向量与前一步得出的主题描述向量的相似度来决定该链接的访问优先级。Rui Chen 等人给出的爬虫系统对 M. Diligenti 提出的上下文关联图进行了改进，将由内容分类器判断为相关的网页作为第 1 层，从第 1 层导出，被人工判断为不相关、但可能指向相关网页的网页构成第 2 层，并依据以下准则确定 URLs 的优先级：首先种子最高，其次是判断为属于第

1层的链接，再次是判断为属于第2层的链接，放弃判断为不属于第1层和第2层的链接。

还有一些研究人员利用本体来进行主题爬行。M. Ehrig等人采用基于本体的算法计算优先级，在对爬行的Web网页进行预处理之后，抽出网页内容与本体中的共现词，然后根据本体图计算网页与主题的相关度，并作为URLs的优先级。Chang Su等人提出利用本体来计算网页与主题的相关度，通过一种本体的学习方法来修正本体中概念的权重，从而更加准确地计算网页与主题的相关度。杨贞给出了一种基于本体的主题爬虫最好优先爬行算法，在网页搜索过程中遇到一个与主题无关的网页时，并不马上越过该网页，而是利用基于本体方法建立的领域知识模型对该网页进行概念相关性判断，并指导主题爬虫更好地探索爬行方向并穿过隧道。

一些学者对主题爬行的评价方法进行了研究。Menczer评价了三种基于主题的采集策略：BestFirst Crawler通过计算超链接所在页面与主题的相关度来取得采集优先级，PageRank crawler通过每25页计算一遍PageRank值来得到采集优先级，InfoSpiders通过超链接周围的文字利用神经网络和遗传算法来得到采集优先级。经过试验比较发现，BestFirst方法最好，InfoSpidders方法次之，PageRank算法最差。一向被给予高度评价的PageRank算法之所以表现不佳，Menczer认为它选出的高质量页面是基于广泛主题的，而对于特定主题来说，页面的主题采集质量可能不高。Srinivasan从效率和有效性上对多种爬行算法进行了评价，而且分析了主题的不同特征对爬行行为的影响。

实现主题爬行系统涉及的核心问题是，主动发现并爬行那些主题相关度高的页面而舍弃相关度低的页面；通过已经下载的网页对其出链接所指向网页的主题在下载之前进行准确的判断；判断爬行下来的页面与主题的相关性。系统可以从爬行页面中得到很多的URL，但并不是所有的URL对应页面都与主题相关。因此，在采集主题资源的同时，需要对已有的相关信息进行分析和处理，用来预测URL所对应的页面的主题相关度，根据最终所得的相关度值对URL进行排序或者剔除。当然，还需要计算已爬行下来页面的主题相关度值，若该值大于或等于给定的阈值，则该页面就被存入页面库，否则丢弃。近年来国内外许多学者在主题爬虫的爬行策略和爬行方法方面付出了诸多努力，也取得了可观的成果。以下介绍在主题爬虫的设计和实现过程中用到的一些关键算法及其思想。

①基于链接结构分析的算法

Web 是超文本的文档集合，页面之间相互链接并形成一定的链接结构。Web 的信息检索、数据挖掘等数据管理研究都需要对 Web 的链接结构进行分析。大量研究表明，Web 的链接结构在全局上具有自组织性，包括页面或站点在内的信息源间通过超链接按照相同或者相关的内容主题自然聚合（Clustering），形成多个群落（Community），群落内部的信息源之间密集链接，而群落之间稀疏链接或不链接。群落内部的信息源的链接结构也是有规律的特征模式。一个群落主要由两类信息源组成，一类主要被别的信息源所链接，另一类则主要链接到别的信息源。前者称为权威（Authority），包含高质量主题内容的信息源；后者称为中心（Hub），提供对高质量主题内容存取的信息源，这两类均是用户感兴趣的主题信息源。

基于链接结构分析的搜索策略，正是通过分析 Web 页面之间关联、引用、从属、包含等关系来确定链接的重要性，进而决定链接访问顺序的方法。通常认为有较多入链（权威）或出链（中心）的页面具有较高的价值。目前，基于链接关系分析的算法有 PageRank 算法、HITS 算法及其改进的算法。

基于 Web 链接结构分析的算法考虑了链接结构和页面之间的引用关系，能够较好地解决链接预测问题，但它的明显不足是忽略了页面与主题的相关性，虽然在发现权威页面方面具有很好的表现，但并不适合发现主题资源。因此，其局限性在于，由于 Web 链接结构的非精确性，导致链接爬行会出现主题泛化和主题漂移现象；基于链接结构分析的算法需要采用迭代的方法计算相邻矩阵的特征向量，故系统开销一般都很大，严重影响了主题网络爬行器的运行效率和速度。

②基于文字内容分析的算法

基于文字内容分析的算法主要是利用页面中的文本信息作为判断依据，根据页面和锚文本以及锚文本上下文的主题相关度的高低来评价链接价值的高低，并以此决定其搜索策略。这类算法的代表有 Best First Search、Fish Search、Shark Search 等。

基于文字内容评价的算法是早期主题爬虫广泛采用的启发策略算法，这类方法起源于文本检索中对文本相似度的评价，是根据语义相似度的高低决定链接的访问顺序，它的显著优点是计算量比较小，缺点是忽略了网络结构的作用。因为网络页面是一种半结构化的文档，其中包含了许多结构信息，页面中的超链接在一定程度上表示了页面之间存在着某些关系。由于基于文字内容评价的网络爬虫忽略了这些信息，因而在预测超链接的价值方面存在一些缺陷，而且它们也没有采用分类器，对搜索主题没有明显的学习和训练阶段，容易造成网页的误选。

三　国内外舆情采集技术的进展

1. 国外舆情采集的研究进展

① Scirus 搜索引擎

Scirus 搜索引擎于 2001 年，在 Fast Search & Transfer 的搜索引擎技术支持下，由科学信息出版社 Elsevier Science 创办的科技文献专业搜索引擎。Scirus 的信息主要来自网络和期刊数据库，拥有丰富的网络资源，使用 FAST 的搜索平台对用户提供了超过 4.5 亿个科技网页的检索，收录范围广泛，文献种类齐全。Scirus 将所搜索的主题按学科分成了 20 个类，但其提供的在线词表不能从主题概念角度反映同义词、近义词、多义词等词间关系，影响到检索查全率。

除了具有丰富的资源，Scirus 还采用基于 Web 的文本信息挖掘技术，将数据挖掘的思想应用到 Web 文本信息处理中，在 Web 个人浏览辅助工具中有着广泛的应用。由于数据挖掘的引入，大大提高了文本分类的准确度、文本索引对文本描述的全面性以及用户查询匹配的精度。Scirus 挖掘和索引科学网站信息，并且给这些网站进行分类，方便检索者在相关主题中查找，提高查找结果的准确性。为了能够精确地搜集相关的科学信息，Scirus 使用倒置金字塔技术描述搜集过程。在过程中的每一个层次，数据都进行了严格的过滤。位于倒置的金字塔顶端的是种子列表（Seed List），是 Scirus 进行互联网搜寻信息的基础。Scirus 使用一个类似于网络爬虫的机器人来读取种子列表的信息，仅为科学资源做标引，以确保精确查询。

② Focus Project 搜索系统

Focus Project 是印度学者 S. Chakrabarti 提出的 Web 资源自动爬行系统，即主题爬行器（Focused Crawler, FOC）。FOC 对主题的定义是一组具有相同主题的网页，所以称为面向主题的爬行器。FOC 实际上是一整套关于特定资源的自动建设方法，实现在 Web 上查找、获取、索引和维护与特定主题相关的网页，以建设 Web 主题资源。Web 内容由分布的

FOC 组管理，每个组专注于一个或多个主题，所以只需要在硬件和网络上作很小投资，就可以达到很好的 Web 主题资源覆盖度。FOC 的研究目标是精心挑选和爬行与预定义主题相关的网页，尽量避免对无关资源的爬行，这样可以节约硬件和网络资源，使得爬行结果具有更好的时效性。

该系统的最早版本采用了分类器和净化器两个程序，分别用来计算下载网页与主题的相关度并指导爬行器优先爬行相关资源，以及用来确定那些指向很多相关资源的网页。用相同的分类器同时来控制待爬行队列的优先级和评价下载网页的相关度，这样做会影响爬行性能的客观评价，使用功能不同的分类器，一个用来指导爬行，另一个用来计算下载网页与主题的相关度，就可以部分程度上减小错误。

为了减少用户最初使用系统时的学习时间，该系统采用经典的分类，预先建立了一个分类体系和相关的 Web 网页，一开始就可以取得很好的效果。在使用的过程中，用户可以对分类进行选择和细化，只选择自己感兴趣的类，对某些类进一步划分子类。同时，对某主题的网页，系统还计算出近邻网页，这些网页可能与该主题相关。用户在浏览的过程中可以对近邻网页进行审查，如果相关则纳入该类主题下。Focus Project 为用户预先提供分类体系和相关资源的功能，可以有效地减少用户的学习时间，提高系统的可用性。

③ Google Scholar 搜索系统

2004 年，Google 公司针对科学家和研究人员推出搜索服务 Google Scholar，服务对象主要是科学家和各类从事学术研究的人士，其搜索的范围涵盖几乎所有知识领域的高质量学术研究资料，包括论文、专业书籍以及技术报告等。一方面它过滤了普通网络搜索引擎中大量对学术人士无用的信息；另一方面 Google 与众多学术文献出版商等合作，加入了许多普通搜索引擎无法搜索到的加密内容，并要求合作者至少免费提供文献的文摘。

Google Scholar 是一种纯学术性的搜索引擎，具有学术性强、覆盖面广、使用便捷、免费服务等特点。使用 Google Scholar 除了可以搜索普通网页中的学术论文以外，还可以搜索同行评议文章、学位论文、图书、预印本、文摘、技术报告等学术文献，文献来源于学术出版物、专业学会、预印本库、大学机构，内容从医学、物理学到经济学、计算机科学等横跨多个学术领域。目前，它可检索的网页并没有确切的数量，但是有着

Google 能够检索 80 亿个网页的坚强技术后盾，以及与各大数据库厂商、专业学会等的强强联合，收录范围预计能够在众多专业搜索引擎中名列前茅。

Google Scholar 自身并不拥有学术资源，只是利用优秀的检索技术将图书馆、出版商等的资源集成并整合起来，为用户提供一站式的检索服务。Google Scholar 使用的搜索技术与普通的 Google 搜索技术一样，都利用其网页级别技术 PageRank 进行。利用该技术检查整个网络链接结构，并确定哪些网页重要性最高；然后进行超文本匹配分析，确定哪些网页与正在执行的特定搜索相关。因此，Google Scholar 所返回的检索结果为已排序的，其相关性排序依据考虑到了文章的全文、文章的作者、刊载文章的出版物的知名度以及该篇文章的被引用次数。Google Scholar 的特点在于它提供结果的引文链接，这样从一个关键词入手即可通过引用关系搜索到大量相关信息。

④ Collection Building Program

Collection Building Program，是美国国家科学数字图书馆（National Science Digital Library，NSDL）支持下的一个子项目，旨在为科学、技术、工程和数学教育创建大规模的在线数字图书馆，研究主题资源自动建设的可能性。

在该项目中，将馆藏定义为关于某个主题的 Web 网页、PDF、PS（Postscript）等文件通过主题爬行来逐渐生成组成的集合。其前提是假设对于任何主题在 Web 上都有相应的在线虚拟馆藏。开始是没有馆藏的，只有需要建设的馆藏的主题（词）列表，根据这些主题（词）列表，利用其他搜索引擎（如 Google）的检索结果构造相应的聚类质心来代表相应主题。

⑤ CiteSeer 索引系统

CiteSeer，是 NEC 研究院为了解决其科研人员利用科学文献的效率，及时获取最新科学文献及其相关 Web 地址，在自动引文索引机制的基础上建设的一个学术论文数字图书馆。这个引文索引系统提供了一种通过引文链接的检索文献的方式，目标是从多个方面促进学术文献的传播和反馈。该系统可以自动查找、抽取引文、判断不同格式的引文是否属于相同文献、识别论文主体的上下文、提供引文分析方面的统计数据。这些自动化技术的应用大大降低了资源建设的成本，提高了资源建设的效率，使

CiteSeer 获得巨大成功。

CiteSeer 专门收集 Web 上的各种格式的论文，包括学者个人主页、研究机构、计算机专业的大型商业数据库等，对其内容做深入分析，同时抽取其参考文献（References），利用 Science Citation Index 技术，建立了一个 Research lndex 数据库，为科研人员提供文献服务。

CiteSeer 项目的数据来源相对比较稳定，主要来自学者的个人主页、研究机构主页、商业数据库等，并且只分析格式标准的研究论文，不搜集 Web 网页内容。尽管它也实现了主题爬行功能，但没有在预测 URL 与主题的相关度上面作深入研究。

2. 国内舆情采集的研究成果

在国内，研究主题搜索引擎的团队也越来越多，目前着手研究该领域的主要是一些大学的研究机构和一些搜索引擎公司。但是，国内的研究与国外相比还处于一个初步发展阶段，主要侧重于有关系统功能的实现。

① STIP 系统

互联网科技信息门户网站 STIP（Science and Technology Information Portal）是中科院文献情报中心实施中科院文献信息共享系统的一个子课题，旨在开发和利用互联网上的科技信息资源，它通过搜索、发现、组织、加工、整理互联网上的科技信息资源并借助互联网网络向用户提供网络资源导航、检索等信息服务。该系统有一个类似于自动主题搜索系统的科技信息资源采集系统，该系统采用通用爬行器模型来实现资源采集，为资源建设者提供一种方便灵活的接口，利用人工来判断是否与主题相关、标引相关数据。该项目在自动主题搜索上基本没作深入研究，但它所提供的功能体系还是具有一定的先进性。

② I—KNOW 网络智能知识服务系统

网络智能知识服务系统 I—KNOW 是一个完整的、针对专业用户的系统，包括信息资源采集子系统、资源管理子系统、用户服务子系统以及信息处理独立模块。它的信息资源采集子系统 I—Robot 是 I—KNOW 的核心子系统，负责信息的采集和处理并最终形成索引。后来在 I—KNOW 的基础上，进一步发展为万方数据竞争情报计算机系统，旨在综合采集各种可以获取的网络资源、电子文档、印本书档等信息资源并进行统一的组织、整理、加工，最终服务用户。该系统服务于专业人员的情报加工工作，可以为最终用户提供情报相关产品。I—KNOW 系统最早是采用通用爬行器模式来实现自动主题搜索的,后来采用了 FISH 算法来提高主题搜索的性能。

③南京大学 IDGS 网络数据采集系统

南京大学软件新技术国家重点实验室张福炎、潘金贵等人设计了一个互联网数据采集系统(Internet Data Gather System, IDGS),旨在对 Web 上中英文技术资料进行自动搜集。IDGS 根据用户提交的挖掘目标样本,在 Web 上自动查找用户所需的信息。IDGS 采用向量空间模型和基于词频统计的权重评价技术,由特征提取、源站点查询、文档采集、模式匹配等几个部分组成。该系统的关键技术在于它的一个模式匹配模块,其任务是计算实际采集到的网页与用户兴趣之间的相关度。它的文档采集模块相当于一个爬行器,采用了兴趣漫游的模型,其基本思想是,如果某网页满足用户兴趣,则继续往下找,否则就终止该方向的查找。该模型类似于 FISH 算法,但它只是简单地用父节点的主题相关度来判断是否下载子节点,并且只在用户给出的有限种子站点基础之上爬行,搜索的深度很有限,更多地强调准确度,在一定程度上忽视了覆盖度。

④北京大学天网搜索系统

北京大学计算机网络与分布系统实验室研制开发的天网中英文搜索引擎系统,是国家九五重点科技攻关项目中文编码和分布式中英文信息发现的研究成果,并于 1997 年 10 月 29 日正式在中国教育科研网上向互联网用户提供 Web 信息导航服务,致力于探索和研究中英文搜索引擎系统的关键技术,以便向广大用户提供更为快速、准确、全面、时新的海量 Web 信息导航服务。天网从最早提供简单的网页信息查询服务以来,不断推出文件搜索服务、天网目录服务、天网主题服务,同时正在研制个性化服务。其中天网主题就是致力于特定领域、地域、特定主题的资源搜索搜集,其解决的关键技术是网页分类技术。

第三节 网络舆情信息处理技术

一 网络舆情信息的处理方法

1. 舆情信息预处理

舆情信息预处理是初步加工和处理采集到的舆情信息数据,为关键舆情信息的抽取和舆情分析奠定基础,舆情信息预处理主要包括页面解析、相似性排重处理、自动分词、网页数据的索引和储存与统计等。

2. 舆情关键信息抽取

舆情关键信息抽取，是在信息预处理的基础上获取网页数据的各种结构元数据和内容元数据。结构元数据包括网页的数据来源、数据时间等，内容元数据是指根据所采用舆情分析模型抽取的内容特征项，如关键词特征项、情感词特征项等。

3. 舆情信息内容分析

舆情信息的内容分析，主要包括舆情话题检测与跟踪、舆情敏感信息监控和对舆情观点的挖掘，在此基础上分析舆情热点、重点、焦点等，以及对舆情观点进行挖掘。

4. 舆情信息服务平台构建

舆情信息服务平台的主要功能是将舆情系统分析处理得到的结果显示给用户。舆情信息浏览，包括分站浏览、分类浏览、专题浏览等；报表数据显示，包括各种统计图表和统计数据表格；舆情信息检索，主要为用户提供信息检索服务，根据指定条件查询热点话题或倾向性，并浏览相关信息的具体内容。

二 网络舆情信息内容分析技术

1. 网络舆情信息内容分析

网络舆情信息内容分析建立在信息采集和预处理的基础之上，是网络舆情分析流程中最关键的环节，网络舆情内容分析的质量和深度直接影响最后舆情分析结果的准确度和可信度。

2. 网络舆情信息分析的主要技术

话题检测、话题跟踪、观点挖掘是内容分析阶段要完成的任务。话题检测的技术手段主要是舆情信息文本聚类，话题跟踪的主要技术手段是在话题已定的情况下进行舆情信息文本分类，观点挖掘主要对舆情信息文本的倾向性进行识别，而网络舆情特征抽取又是以上三个方面的基础。因此，网络舆情信息内容分析研究的重点和难点，包括以下三个方面。

（1）主题网络舆情特征抽取。从互联网上获取的主题网络舆情最终表现为舆情 Web 文本数据，从计算机处理角度看，Web 文本是由其特征项构成，主题网络舆情特征抽取指的是获取关于 Web 文本的特征项，特征项的抽取质量直接影响到对舆情信息分析处理的效果。

（2）主题网络舆情信息聚类和分类。主题网络舆情话题检测和追踪，是通过舆情信息的自动聚类和分类,来获得舆情话题的类别以及后续相关报道的识别。因此,舆情信息聚类和分类的效率和准确程度,对舆情热点话题检测和追踪有着重要的影响。

(3) 主题网络舆情倾向性分析。主题网络舆情,一般在态度上都具有明显的情感倾向性,通过分析判断主题网络舆情的情感倾向性,可以及时了解各方的观点态度。若发现负面因素,决策部门应该根据倾向性分析结果,及时科学地制定相关宣传方案,应对互联网信息内容威胁的严峻形势,主动引导网络舆情朝着健康正确的方向发展。

第四节 网络舆情的内容分析技术

一 网络舆情内容分析框架

网络舆情监控与分析的核心即舆情信息内容的深度分析,要进行有效的深度分析,不仅要充分利用相关的理论知识和先进的技术手段,更要提出更适用于网络舆情实际情况的解决方案。从对主题网络舆情信息内容深度分析的角度来看,语义层面的内容挖掘不仅可以提高挖掘结果的准确度,而且还能深度加工和利用网络舆情信息,符合网络舆情分析的要求。

现有网络舆情分析系统的内容分析模块,基本采用基于统计和关键词等传统方法,并未充分考虑词语间的语义信息,从而会造成文本语义信息的损失,导致结果的不精确。因此,可以考虑将知识技术引入主题网络舆情内容分析,结合本体论和语义计算等技术,建立基于知识技术的主题网络舆情内容分析框架,以提高内容分析的准确度。

1. 框架的构建

网络舆情信息预处理后,文本分类和聚类就成为了舆情话题检测和话题跟踪的关键基础技术,在跟踪到舆情话题之后,单篇舆情信息的情感分析又成为了内容分析要完成的主要任务。为了能对主题网络舆情进行深度分析与加工,在语义层面上对其进行分析研究,充分融合文本挖掘、知识发现、机器学习、语义分析等相关方面的成果,在舆情信息预处理、文本信息分类聚类和倾向性分析等关键技术上进行语义层面的研究,从而构建基于知识技术的主题网络舆情分析框架。

2. 框架的体系结构

在整个框架体系中,主题网络舆情本体构建理论处于基础位置,其他工作都建立在这个基础之上。后续工作中，主题网络舆情特征项的描述与挖掘，采用知识技术对特征项进行语义描述和规格化以及规则推理；在主题网络舆情的分类过程中，采用本体的概念扩展性进行多层次动态分类；在倾向性分析中，综合利用舆情本体与情感词本体定义主题网络舆情的语义模式并进行倾向性识别。

3. 框架的功能模块研究内容

根据系统要完成的工作，该系统需要与若干理论结合，分部分在各个功能模块里完成各项工作。一是主题网络舆情知识模型的构建理论，并将其应用于网络舆情分析；二是基于主题网络舆情知识模型的特征抽取理论，作为舆情内容分析的基础；三是综合运用知识挖掘技术，改进舆情信息聚类和分类的模型与算法，利用基于语义的主题网络舆情信息聚类和分类理论，提高主题网络舆情内容分析的质量；四是在情感本体的构建方法的基础上，基于情感本体的主题网络舆情倾向性分析理论，提高主题网络舆情倾向性识别的准确度。

（1）基于本体的主题网络舆情知识模型构建理论。在分析主题网络舆情的特征基础之上，从计算机语义角度对主题网络舆情进行定义，然后对知识源分类、描述语言的确定、架构库的结构设计以及具体的实现步骤进行探讨。

（2）基于 SIPO 本体的主题网络舆情语义特征抽取理论。语义特征抽取分成两个阶段。第一阶段是基于关键词的舆情信息特征项选择，第二阶段是在特征选择的基础上利用 SIPO 本体进行语义特征转换。

（3）基于语义的主题网络舆情信息聚类和分类算法。将基于本体的主题网络舆情模型 SIPO 本体引入聚类和分类过程中，研究基于 SIPO 本体的概念语义相似度计算模型，以概念语义相似度计算模型为基础研究基于语义特征和统计特征的 Web 文本相似度计算理论，并利用此理论对传统的聚类和分类算法进行改进。

（4）基于情感本体的主题网络舆情倾向性分析理论。基于 HowNet 和领域语料的情感极性概念选择方法，利用情感极性概念构建情感本体，然后利用情感本体抽取用于文本倾向性分析的特征词汇并判断词汇的情感倾向度，并结合句法规则考虑程度副词对词汇情感倾向度的影响，最后利用特征词汇情感倾向度作为特征的权重，采用基于机器学习的方法对主题网络舆情文本进行倾向性分类。

二 国内外舆情分析技术研究进展

网络舆情监测是指整合互联网信息采集技术及信息智能处理技术,通过对互联网海量信息自动抓取、自动分类聚类、主题检测和专题聚焦,实现用户的网络舆情监测和新闻专题追踪等信息需求,形成简报、报告、图表等分析结果,为客户全面掌握网民思想动态提供分析依据,从而作出正确舆论引导的整个过程。

网络舆情监测系统是政府机构、企事业等单位和个人在互联网和大数据时代进舆情监测、分析和管理的智能化信息平台。在互联网环境下,社会大众对政府、对企业各方面的言论随时随地都在发生,用舆情监测系统可实时收集、挖掘、分析、研判与政府及企业相关的各种舆情信息,通过实时监测、舆情预警等方式提供给政府和企业领导做决策参考,帮助企业实时监控和管理网络舆情。

1. 国外舆情分析技术研究进展

近些年来,国外在舆情分析技术方面的研究发展较快,其研究主要集中在调查问卷数据分析、文本数据自动分析、Web 数据自动分析、舆情感情色彩分析、人工智能与决策和复杂性社会网络系统六个方面。

(1) 调查问卷数据分析。主要方式是通过调查问卷、电话和面谈等方式收集舆情数据,录入系统后进行舆情分析。如 StatPac Survey Software 公司的 Survey Software Resolutions 系统,采用问卷方式进行调查,问卷由计算机辅助设计,系统自动分析问卷答案,形成舆情分析结果,主要应用于市场研究、公共舆论调查、客户满意度调查、政府、医疗、教育等部门相关项目评价;加州大学伯克利分校社会科学计算实验室的 CSM 项目发展而来的 CASES 系统 (Computer-assisted Survey Execution System) 通过网上问卷、电话等方式收集调查问卷的数据,然后自动分析问卷调查结果,形成舆情分析报告。

(2) 文本数据自动分析。通过搜集报纸、杂志、网上报道等文本信息,对其进行分析汇总后形成舆情分析结果。如美国专利局编号为 4930077 的专利,首先对文本进行自动分类,然后对每个类别进行摘要得到主要观点,通过文本分析来预测舆情的方法分析得到舆情结果。

(3) Web 数据自动分析。自动搜集和分析网络上的 Web 数据,形成舆情分析报告。典型代表如加州大学伯克利分校社会科学计算实验室开展的 SDA 项目，继承和发展了 CSM 的功能，除了可以进行 CSM 系统的调查问卷数据分析功能之外，还能自动收集 Web 数据并进行自动分析得到舆情结果。

（4）舆情感情色彩分析。典型代表是英国科波拉公司推出的感情色彩舆情分析软件，能分辨语法成分，如名词、动词和形容词，并确定动词的主语和宾语，甚至能分析它、他和她等代词，找出这些代词指代的是什么。由于理解了语法结构，该软件可以剔除与文章的感情色彩无关的词语，可以在 1 秒钟内读取 10 篇新闻资料并判断文章的政治立场，能判断报纸刊登的文章对一个政党的政策所持的态度，或者判断网上评论文章对某个观点的态度。

（5）人工智能与决策。指使用智能算法以更精确地搜索和分析舆情。其代表如美国国防部高级研究计划局（DARPA）在研发的 TIA（Total Information Awareness）系统，运用了人工智能算法和决策技术，可以从自动采集到的经济、旅游、网页、电子邮件等各种数据中发现可疑的恐怖活动情报线索。

（6）复杂社会网络系统。研究舆情各个主体之间的关系对舆情情报分析带来的影响，从链接关系和网络结构出发给出情报分析的辅助信息。典型代表是麻省理工学院的桑迪·潘特兰德于 2006 年开展的 Reality Mining Project，致力于利用现实挖掘技术从社会复杂系统中推导出人的倾向性行为，从而实现对舆情的挖掘。

除了学术领域外，国外比较成熟的舆情监测分析系统大都集中在企业应用领域，分为收费软件和免费软件，国外免费上网企业舆情监控软件的功能集中于信息搜索，通过搜索监控与企业相关的网络信息来得到舆情结果。目前，国外舆情分析研究的主要应用领域在情报挖掘、网络反恐和分析民众意愿三个方面，主要针对恐怖主义活动和民众心态。

（1）情报挖掘。在情报挖掘方面，最典型的应用当属美国国防部高级研究计划局（DARPA）开发的 TIA 系统，该系统运用计算机技术搜集全球各地计算机传递的信息，建立一个庞大的信息数据库，借助人工智能算法、复杂系统和社会网络等理论对其进行数据挖掘，从链接关系和网络结构中发现可疑的恐怖活动情报线索，结合情报单位的搜集能力，筛检可疑的线索事证，及时发出预警信息。

（2）网络反恐。2001 年的"9·11"事件之后，恐怖组织开始利用互联网在世界范围内频繁制造恐怖活动,美国亚利桑那大学的 Dark Web Portal Project 通过提取恐怖主义网站的海量 Web 页面,采用内容处理等技术手段,分析并预测潜在的恐怖主义袭击危险。

(3)分析民众意愿。2005年11月,美国中央情报局(ClA)成立了公开信息中心,该中心的主要任务就是每天在全球各个网站、论坛里搜集军事信息,并分析社会民众对军事领域重要事件所持的态度、看法与观点。

从国外舆情分析技术的发展来看,调查问卷数据分析、文本数据自动分析和 Web 数据自动分析,是从纯技术角度研究舆情自动获取和分析的方法和手段;舆情感情色彩分析则在情感层面上考虑了网络舆情的影响机理,实现对社会民众态度倾向性的评估;人工智能与决策在微观层面上对挖掘与分析舆情提供了精准、有效的算法,复杂性社会网络系统将庞大的互联网看作一个虚拟化社会,并通过对其中的社会主体关系进行深入认知来发现舆情,对网络舆情安全评估中社会民众关注度的分析有一定的作用,但它们都缺乏与舆情监控实际需求相结合,无法用完整的指标集将舆情的演变规律完整而全面地呈现出来。另外,目前已经成熟应用的舆情分析系统主要针对离线数据和长文本,核心技术主要基于关键词进行数据挖掘,效率有待提高,且成熟的舆情分析系统大部分应用于商业企业领域,主要针对产品质量、商业领域、消费者态度之类的相关舆情进行采集分析,而在社会政治领域的应用也主要针对网络恐怖信息,具有一定的局限性。

2. 国内舆情分析技术研究进展

与传统媒体时代相比,网络舆情规模大、形成和变化速度快、互动性强、不确定性和不可控性也强,与传统舆情具有明显的区别,跟踪、统计、分析网络舆情对于掌控社会舆情具有举足轻重的作用。

网络舆情分析技术主要包括系统化分析技术以及相关的支撑技术。分析技术主要包括内容分析法和文本数据挖掘法,支撑技术主要包括网络舆情采集与提取技术、网络舆情话题发现与追踪技术、多文档自动文摘技术以及网络文本倾向性分析技术。目前,国内研究人员主要在以下几个方面的网络舆情分析技术研究取得了进展。

(1)内容分析法。内容分析法源于二战时期的传播学领域,主要奠基人为美国传播学家拉斯维尔,伯纳德·贝雷尔森对内容分析法作出被学界广泛认同的定义,是一种透过现象看本质的社会科学研究方法,具有客观、系统和定量的特点,是一种对具有明确特性的传播内容进行的客观、系统和定量的描述的研究技术。

当前,主要是应用内容分析法对网络内容、网络结构和网络使用记录进行挖掘。内容分析法应用于网络舆情分析中的以下三个方面。一是描述网络中传播的舆情信息;二是推论网络舆情信息传播主体的意图以及态度和情绪的倾向性;三是描述和推论网络舆情信息的产生和变化趋势。

(2)文本数据挖掘法。文本数据挖掘从大量文本集合中发现隐含的模式,或者从文本数据库中发现知识,其主要的技术包括特征提取、文本分类、文本聚类、关联分析、文本总结和趋势预测等。网络舆情分析中主要是在以下五个方面应用文本数据挖掘法。一是描述网络舆情;二是分析网络舆情的关联性;三是分析判断网络舆情信息的真实性,推论传播主体的意图及态度倾向性;四是分析网络舆情的产生原因;五是预测和推论网络舆情信息的产生和变化趋势。

(3)网络舆情采集与提取技术。网络舆情主要通过新闻、论坛、博客、微博等渠道形成和传播,这些通道的承载体主要为动态网页,网页的文本信息是在页面加载时从数据库中动态抽取的。另外,页面中的结构化信息比较松散,其中无用信息比较多,使得舆情信息的有效抽取很有难度。学者梅雪等人提出通过全自动生成网页信息抽取 Wrapper 的方法,在实现动态网页数据的抽取与集成的同时,也具有一定的处理准确率以及抽取效率。

(4)网络舆情话题发现与追踪技术。由于互联网上讨论的话题繁多,涵盖社会的各个方面,从海量信息中找到热点和敏感话题,作为网络舆情话题发现与追踪技术的主要研究任务来说具有相当的难度。传统文本聚类方法把文本的关键词作为文本的特征,通过特征词的匹配来完成文本的自动聚类,虽然能将一个大类话题下的文本进行聚合,但话题的可读性与准确性不高。国内学者改进传统文本聚类方法后,提出将文本聚类问题转换为话题特征聚类问题,并依据事件重新组织与利用语言文本信息流,实现了话题发现与追踪,且大大提高了处理结果的准确度和可读性。

(5)多文档自动文摘技术。网络爬虫自动采集的新闻、论坛发帖、博客文章等网页都包含着大量的无用信息,多文档自动文摘技术就是在过滤页面内容并提炼成概要信息的基础上,为查询和检索打下基础。传统的多文档文摘技术针对某个封闭的静态文档集生成摘要，不考虑文档集的对外联系。而动态文摘技术除了需要保证文摘信息的主题相关性和内容的低冗余性外，还需要针对内容的动态演化性分析已出现信息和新出现信息的关系，消除旧信息，摘要新信息，使文摘随话题的演化而动态更新。张瑾等人提出三种动态文摘模型，一是文档过滤模型（Document Filtering Model，DFM），从文档内容过滤的角度提取动态信息以生成文摘；二是文摘过滤模型（Summary Filtering Model，SFM），首先利用静态文摘方法对当前信息生成候选文摘，然后再从候选文摘中过滤掉与历史信息的重叠内容，从而得到所需的动态文摘；三是合并过滤模型（Union Filtering Model，UFM），对前两种模型作出了改进，强调了当前信息与历史信息二者之间的关联性，首先对历史信息和当前信息合并的全文档空间生成文摘，再从中进行历史信息的过滤，从而生成动态文摘。

（6）网络文本倾向性分析技术。网络舆情的倾向性分析是根据网络文本的内容提炼出作者的情感方向，是网络舆情分析中的一项非常重要的关键支撑技术。网络文本内容通常情况下真实地表达了民众的态度和情绪，通过网络文本倾向性分析可以明确网络传播者所蕴含的感情、态度、观点、立场、意图等主观反映。徐琳宏等人提出基于语义理解的文本倾向性识别机制，首先计算词汇与知库中已标注褒贬性的词汇间的相似度，获取词汇的倾向性，再选择倾向性明显的词汇作为特征值，用 SVM 分类器分析文本的褒贬性，最后采用否定规则匹配文本中的语义否定的策略提高分类效果，同时处理程度副词附近的褒义词和贬义词，以加强对文本褒贬义强度的识别。

从国内研究现状来看，国内舆情研究的起源较早，但取得的成果却集中在近几年。通过相关技术研究综述可以看出，从网络舆情信息的采集与提取，到话题的发现与追踪，再到多文档自动摘要的生成，最后到倾向性分析，为我国网络舆情的分析研究提供了有效的方法和手段，但应用于舆情挖掘的技术局限于基本统计方法、文本处理技术等，对于互联网舆情信息的深度挖掘技术还有待研究。

除了分析技术上的进展，近年来，国内专门的舆情研究机构相继成立，而且系统化的研究成果众多，市面上出现了不少成熟应用的网络舆情系统。目前，国内从事网络舆情分析的机构可以分为，以方正智思、拓尔思、谷尼国际、中科点击、邦富软件、厦门美亚等为代表的网络舆情系统软件开发与销售公司，其对舆情传播、网络舆论控制和引导的能力一般不够专业；以艾瑞咨询 iVoiceTracker、易观网络舆情监测、CIC 的 IWOM master 等为代表的传统的互联网数据调查与分析公司，主要研究企业的互联网口碑管理和社会化营销，但其在政府领域的舆情介入较少；以人民网、新华网、新华社智库、华声在线、环球舆情调查中心、中青舆情等为代表的主流媒体专业新闻机构，其不足是存在体制性思维惯性，先进技术应用有一定的差距；以中国传媒大学公关舆情研究所、中国传媒大学网络舆情研究所、中国人民大学舆论研究所、上海交通大学舆情实验室、华中科技大学舆情信息研究中心等为代表的新闻和舆论传播研究教学及其产业化机构，具有一定的权威性，但这些机构存在社会资源不足、针对性不强等问题。

纵观国内外舆情分析的研究现状，舆情分析的重要应用领域体现在网络舆情信息的获取与分析上。在通过工信部软件司认证的舆情分析软件中，系统在舆情监测分析水平上表现为参差不齐，技术侧重点也各有千秋，特点是产品传统优势得以继承。如 TRS 的全文检索系统可以用来针对不同的用户需求开发出相应的产品；中科天玑拥有国内最完善的汉语分词系统 ICTCLAS，在自然语言处理和文本分析能力上具有优势；北大方正的 WISE 知识处理系统，其文本处理功能很强。但存在的问题是，产品功能类似，语义分析能力精度不高，如网络舆情的观点倾向性及其观点细粒化等语义分析尚不成熟；系统多以文本分析为主，缺乏对图像、音视频等类型文件的关联分析；舆情分析中所涉及的舆情事件建模和分析、积累类似事件的处置经验、挖掘舆情事件的一般演化规律和舆情事件趋势预测分析等重要工作部分，却功能匮乏或缺失，从而大大地影响了整个系统的实用性和价值。

综上可以预期，舆情分析研究的发展趋势主要有两个方面。一是网络舆情监控的发展完善，如监测源的获取、高质量舆情自动监测等关键节点的研究，在需要充分利用已有的理论知识和先进的技术手段的同时，也需要创新性地提出更贴切网络舆情实际的解决方案；二是网络舆情的深度加工与利用，尤其是网络舆情分析过程中的智能信息处理技术的充分利用，特别是涉及语义层面的分析，需要充分融合文本挖掘、知识发现、机器学习、语义分析等相关方面的成果综合加以解决，以提高舆情研究的水平和实用性。

第五节　网络舆情信息的可视化技术

面对数量庞大、种类繁多的网络舆情数据和监测指标，快速高效地探索理解数据背后的意义成为一大挑战，而数据可视化技术恰恰可以让复杂的数据瞬间变得明了易懂，并呈现更多含义，便于网络舆情从业人员或工作者及时以可视化的方式从中获得有效信息。

广义上的数据可视化是数据可视化、信息可视化以及科学可视化等多个领域的统称，但在网络舆情分析领域，通常只包括数据可视化和信息可视化两部分。

一　数据可视化技术基本

数据可视化（Data Visualization）是计算机科学的分支之一，数据可视化起源于 20 世纪 50 年代初的计算机图形学，研究数据和信息视觉呈现。解决的问题一方面是将枯燥的数据和信息中所包含的属性和信息以直观的方式呈现；另一方面是利用视觉分析的方法，帮助人们理解大量的复杂的数据背后隐藏的信息。数据可视化是将计算机科学的理性逻辑思维与艺术设计的视觉传达思维相结合的一种方式，融合了跨计算机、统计和心理学等多个学科的综合学科，并随着数据挖掘和大数据的兴起而进一步繁荣。

图形是直观呈现数据的直接方法，常见的饼图、直方图、散点图、柱状图等就是最原始的统计图表，也是数据可视化的基础应用。然而，将大量数据在同一个图表中画出来并不容易。早期的测绘、天气数据都需要长时间的手工绘制。随着计算机绘图功能的进化，手工绘画已经完全被自动绘图程序取代，图形可视化的核心转移为采用合适的方式呈现数据，以便自然体现数据中的信息。数据可视化与交互技术的结合，可以更便利地表达和诠释数据，为更加直观理解数据内涵和分析数据提供了方便。在舆情研究中，可视化重要的用途就是针对社会大众以更直观、简洁的方式传播和解释数据中所蕴含的信息，以及了解事件事态的发展。

根据信息传递方式，传统的可视化方法可以分为探索性可视化和解释性可视化两大类。探索性可视化指在数据分析阶段，不清楚数据包含的信息，希望通过可视化快速地发现特征、趋势与异常，这是一个将数据中的信息传递给可视化设计与分析人员的过程。解释性可视化指在视觉呈现阶段依据已知的信息或知识，以可视化的方式将它们传递给公众。

二　数据可视化原理

数据可视化是将数据转化为可视化呈现方式的一系列流程的总称，这个自然以数据流向为主线，可以看成数据流经一系列功能模块处理转换呈现方式的过程。

作为从另外方面表现数据并尽力探索数据所蕴含信息的工具，数据以可视化形式表现后，用户通过可视化交互和其他模块互动，并通过反馈深化可视化的效果。可视化的对象或者说其研究的问题并非数据本身，而是数据背后所包含的现状或过程。目前，很多数据可视化和信息可视化工作者提出了各自的可视化流程模型。

（一）可视化流水线模型

1990 年，哈伯和麦克纳布（Haber & McNabb）提出了可视化流水线模型，包含串行数据处理所涉及的数据分析、数据过滤、数据映射和数据渲染等各个阶段，用于描述从数据空间到可视空间的映射，该模型通常用于科学可视化系统。

（二）信息可视化参考流程模型

卡德、麦金利和施奈德曼（Card，Mackinlay & Shneiderman）提出的信息可视化流程模型已经成为业界标准，目前所有的信息可视化系统和工具包均支持该模型。

三　常用数据可视化工具

随着人们对数据可视化的关注度越来越高，市面上涌现出一批优秀的可视化工具，这其中有成熟的商业软件，也有优秀的开源产品。

1. Tableau

Tableau 是一家提供商业智能的软件公司，总部位于美国华盛顿州西雅图市，致力于帮助人们看清并理解数据，帮助快速且简便地分析、可视化和分享信息。Tableau 软件产品主要为 Tableau Desktop、Tableau Server、Tableau Reader、Tableau Public 和 Tableau Digital 等，具有数据源丰富和输出方便，海量数据处理非常快，学习成本很低，可以快速上手的特点，未掌握统计原理的人，也能完成非常有价值的分析。

2. R语言

R语言用于数据处理、统计计算、绘制图表的扩展性很高的开源语言和环境，R语言的一个关键特性就是能够绘制出设计感的图表。从实践角度来看，R语言既可以提供便捷的默认绘图属性，又能提供丰富的可定制属性，其可视化方面的潜力也十分强大，且受到越来越多的重视。

3. Processing

Processing由本·弗莱和凯西·列阿斯（Ben Fry & Casey Reas）于2001年设计开发，作为可以创作图片、动画和交互的开源编程语言和环境，现在已是可视化领域最重要最常见的编程语言之一。在弗莱的著作《数据可视化》（*Visualizing Data*）中，生动地展示了Processing在数据可视化方面的潜力。

4. D3.js

D3（Data-Driven Documents，数据驱动文档）是迈克·保斯托（Mike Bostock）开发的可视化框架，其最大特性就是能结合数据和文档对象模型（DOM），从而对文档进行数据驱动的操作和交互。D3的轻量级特性使其能够更好地利用CSS、HTML和SVG等底层技术，性能出色，支持大数据集，可非常灵活地用于设计Web可视化应用。

第四章
网络舆情监测与预警

第一节 网络社会与网络舆情

一 网络社会的特征

(一) 网络社会的概念

网络社会一词,最早出现于荷兰作家狄杰克1991年出版的著作《网络社会》(Network Society)中,但狄杰克笔下的网络社会还处于构想中的社会状态之中,具有强烈的主观推断色彩。随后,在曼纽尔·卡斯特的著作《网络社会的崛起》(The Rise of the Network Society)中,大量使用网络社会这一概念描述了社会的转型。该书认为,网络在建构了新社会形态的同时,网络化逻辑的扩散也实质性地改变了生产、经验、权力与文化过程中的操作和结果。虽然社会组织的网络形式已经存在于其他时空中,新信息技术范式却为其渗透扩张遍及整个社会提供了物质基础。在网络中现身或缺席,以及每个网络相对于其他网络的动态关系,都是我们社会中支配与变迁的关键根源。因此,可以称具有上述特点的社会为网络社会 (The Network Society),其特征在于社会形态胜于社会行动的优越性。

21世纪初,曼纽尔·卡斯特在其著作《网络社会:跨文化的视角》(The Network: On the perspective of tranculture)中,探讨了网络社会在不同文化和制度中的模式与动态,分析了在文化和机构多样性环境下,技术变化过程与社会文化的交互作用,研究商业生产率、全球金融市场、网络文化与媒体、因特网在教育和医疗保健、反全球化运动、网络政治等多领域中的互联网应用,在研究涉及美国、英国、芬兰、俄罗斯、中国、印度、加拿大以及加泰罗尼亚等多个国家和地区的案例后认为,网络社会这一社会结构源于社会组织、社会变化以及由数字信息和通信技术所构成的一个技术模式之间的相互作用。起初,人们否认科技决定论,因为技术是不能独立于它的社会环境而单独存在的，但通过关注与这一新技术模式的出现相关的特殊社会进程，强调了作为物质文明而存在的技术的重要性。

在狄杰克和卡斯特之外，国内外也有众多研究者研究网络社会。但目前公开围绕网络社会研究的文献中，大多数研究者以一种不证自明的意味引用网络社会这一名词，并将其作为各自所关注问题的语境或社会背景。与此同时，尽管也有少数研究者尝试从概念上辨析和界定网络社会，但这些界定比较含混争议性很大，并没有最终定论。

综上所述，姑且认为网络社会是在以互联网为核心的信息技术的作用下，共同生活在一起的人们通过网络的连接而形成的各种社会关系的集合。首先，网络社会是现实的社会，具有世界普遍交往性的社会结构；其次，网络社会充分使用信息技术和互联网作为交往活动平台；最后，网络社会具有鲜明的互动性，以网络与信息技术为依托，构成了一种与传统意义上的社会关系截然不同的新型社会关系，人类的社会活动也因此进入了崭新的时代。

（二）网络社会的特点

自从互联网 1969 年发明以来的历史发展证明，互联网越来越深刻地改变着人们的学习、工作以及生活方式，甚至影响着整个社会的发展进程。网络社会和传统的现实社会之间存在着密不可分的联系。与现实社会相比，网络社会具有数字化、开放性和互动性等特点。

1. 数字化

随着计算机、通信和控制技术的飞速发展，社会正在悄悄地发生着变化，这三项技术也在不断地改变着人们的生活、工作、学习和娱乐方式。数字化主要表现在社会信息化、设备数字化、通信网络化等方面。

通信网络是信息化社会的基础设施。人们利用通信网络摆脱时间和空间的限制，把整个世界连在一起。互联网通过通信线路连接遍布全世界的网络和计算机，互联网的用户也是互联网不可或缺的组成部分，与其他要素共同构成了一个与物理空间相对应的信息空间。

2. 开放性

网络社会的开放性指互联网给每个人和每个组织以平等的发言机会，使信息的自由流动成为可能。开放的网络建立在无中心化的逻辑结构基础上，具备信息自由平等交流的交互方式和超越时空限制的信息传播优势。

在开放的网络社会里，网络参与的平等性赋予了每个网络参与者公开发布信息的话语权的同时，却给社会主流文化的舆论引导和监管提出了新问题。

信息网络的开放性质也有利于各种文化思潮的碰撞，增强社会的创新能力，增强人们的竞争意识、效率意识、民主法治意识和创新意识等，带来经济的快速发展和社会的进步，为社会主流文化的发扬光大创造出良好的物质基础和精神条件。

网络的去中心化和超越时空结构的特点，是造成网络社会开放性的根本原因。与传统媒体严格有效的管控相比，网络行为的虚拟性和匿名性，使网络信息的传播很难得到有效控制，而网络信息文化制度规范的缺失，又往往使实行文化调控处于无法可依的尴尬境地。因此，如何适应信息网络的开放性，探寻运用网络媒介对信息、流动进行合理、合适的调控的方法是一个新课题。

3. 互动性

网络社会的互动性是指基于共同兴趣、信仰或利益，以网络为媒介联系或者组织起来的，在网络虚拟空间中形成，能够延伸到现实生活的互相交流信息和意见的属性。

互联网与传统媒体之间的关键区别在于，互联网为公众提供了全新的互动交流平台，把人们的互动性交流提高到了全新的高度。美国学者泰自学（Tai Zixue）认为，从互联网产生之时起，作为一种去中心化的和交互性的人类交流平台，就被视为改变现存社会关系和培育全新社会关系的一种革命性动力，互联网的本质需要了解网络空间新功能的全新视角。董少鹏等认为，当前，互联网已经成为中国公众评论公共事务、评估政府服务的重要渠道，同时，政府领导人也把互联网作为掌握公共舆论和征询公众智慧的重要渠道。

当前，以微博、微信和各种移动即时通信设备为代表的网络社交媒体，已经成为网络舆论的策源地和集散地，是民意表达和公共舆论形成的非常重要的平台。网民对特定问题所形成的比较一致的看法和意见，对公共舆论的形成起到比较大的促进作用，甚至会影响到公共政策的走向，进而对政府职能部门的改造、政务公开、和谐社会建设等产生巨大的推动作用。

二 网络社会的兴起与治理

互联网作为公用信息的全球性网络载体，从产生、发展到兴盛，给人类的文明生活造成了巨大的冲击。移动互联网、云计算、物联网、智慧城市和下一代互联网等新兴技术的运用，让互联网再次迎来了百花齐放却又混乱复杂的转型期。人类由于互联网而加快了发展步伐的同时，互联网也由于人类的不断参与而不断变化着。互联网的虚拟化、自动化、大数据和多中心一体化等热点技术，使信息系统变得更加高效、敏捷和开放，也给人类带来了多姿多彩的生活，互联网已成为思想文化信息的集散地和社会舆论的放大器，社会影响力越来越强，也为社会的管理带来了许多前所未有的新挑战。

（一）中国互联网发展的历程和现状

1. 中国互联网发展的历程

中国互联网发展的历程经历了起步期（1987—1993年）、基础建设期（1994—1996年）、内容建设期（1997—1999年）、快速发展期（2000—2002年）和全面发展期（2003年至今）等五个阶段。

（1）起步期

1987年9月20日，北京大学的钱天白教授发出中国大陆地区第一封电子邮件，成为使用中国互联网产品的第一人；1989年11月，中关村地区教育与科研示范网络（简称NCFC）正式启动；1993年6月，NCFC专家们在CCIRN会议上利用各种机会重申了中国连入Internet的要求，这些都是中国互联网发展起步阶段的典型代表性事件。

（2）基础建设期

基础建设期阶段是以互联网基础设施建设为主，中国科技网（CSTNET）、中国公用计算机互联网（CHINANET）、中国教育与科研计算机网（CERNET）和中国金桥信息网（CHINAGBN）四大主干网的相继建成，奠定了中国信息高速公路的基础。这一时期，互联网进入Web 1.0时代，可以将图形、音频、视频信息集合于一体，网络信息拥有了链接和导航功能，信息放在不同的站点上而且可以动态更新，只要在浏览器中输入指向这个站点的网址就可以访问，从而避免了将大量的图形、音频和视频信息存放在本地计算机上占用存储空间的弊端。

（3）内容建设期

在内容建设期，中国互联网事业进入了空前活跃的时期，商业应用和政府管理齐头并进。1997年1月1日,《人民日报》主办的人民网接入互联网,成为中国开通的第一家中央重点新闻宣传网站,其他以内容生产为主的网站纷纷建立了起来。1997年4月18日至21日,在深圳市召开的全国信息化工作会议上,通过了《国家信息化九五规划和2000年远景目标》的纲领性文件,将中国互联网列入国家信息基础设施建设,并提出建立国家互联网信息中心和互联网交换中心。中国网民呈几何级数增长,上网从前卫行为变成了基本的生活需求,一场互联网革命在短时间里传遍了全国。

(4) 快速发展期

快速发展期与互联网从Web 1.0时代向Web 2.0时代过渡的时期相对应,在国家政策的鼓励和扶持之下,互联网行业抓住机遇,发展速度一日千里,信息化浪潮风起云涌,由之前的较低的互联网应用水平迅速发展成互联网应用大国。在这个时期,中国移动和中国电信开始着手打造互联网产业链,高等学校纷纷开办在线教育,网上银行、网络游戏和电子商务开始发轫,网络媒体成为第四媒体。人民网、新华网、中国网、央视网、光明网、中广网、中国日报网和中青网等获得国务院新闻办公室批准进行登载新闻业务,率先成为获得登载新闻许可的重点新闻网站。

(5) 全面发展期

互联网正式进入Web 2.0时代的标志是信息的即时互动。在这一时期,用户既是网络内容的使用者,也是网络内容的创造者,网络营销开始大行其道。Web 2.0技术主要包括博客(BLOG)、资源聚合(RSS)、百科全书(Wiki)、社会网络(SNS)、网摘、P2P和即时通信(IM)等。

随着应用多元化阶段的到来,互联网逐步走向繁荣。经国务院新闻办批准刊登新闻的网站达到150家左右,网络媒体正在变成主流媒体。另外,网络游戏、即时通信、短信业务、网上交易、网上银行、网上教育、网上招聘、企业信息化建设、网络广告、电子信箱、网络论坛、博客、微博、微信等缤纷繁杂的互联网应用,都有了不同程度的飞速发展。

2. 中国互联网发展的现状

Web 1.0时代,网民上网接受信息;Web 2.0时代,网民上网分享信息;而Web 3.0时代,人们把网上网下联系了起来,人类真正进入了网络社会时代。只要愿意,就可以把个人物品或思维用在任何一个利益的节点上之后往外拓展,形成一个链或一个圈。网络作为纽带将不同利益链的个人和组织联系在一起，改变了对世界的看法，也改变了对世界的描述，虚拟世界不再是虚拟的，而化身为现实世界的重要组成部分，互联网上的图景成为现实图景的真实映像，淋漓尽致地体现了 Web 3.0 时代的根本特征。作为世界上用户数量第一的网络大国，中国的互联网的发展进入了更加迅猛的时期。2017 年 1 月，中国互联网中心（CNNIC）发布的第 39 次《中国互联网络发展状况统计报告》显示，截至 2016 年 12 月，我国网民规模达 7.31 亿，互联网普及率为 53.2%。移动商务类应用发展迅速，互联网应用向提升体验、贴近经济方向靠拢，社会民生各方面深受网络影响。互联网对个人生活方式的影响进一步深化，从基于信息获取和沟通娱乐需求的个性化应用，发展到与医疗、教育、交通等公用服务深度融合的民生服务。

手机上网的普及是农村网民增长的主要原因，其可移动、便捷等特征，为受网络、终端等限制而无法接入互联网的人群和地区提供了使用互联网的可能性。手机端网民增速很高，目前，手机网民规模达 6.95 亿，网民中使用手机上网的人群占比由 2015 年的 90.1% 提升至 95.1%，随着手机终端的大屏化和手机应用体验的不断提升，手机作为网民主要上网终端的趋势进一步明显。数据显示，截至 2016 年 12 月，中国网民中农村网民占比 27.4%，规模达 2.01 亿，较 2015 年底增加 526 万人。整体情况是，网民互联网应用状况基本保持着多年以来的发展趋势，发展较为平稳；即时通信一跃成为第一大网络应用，网民规模继续上升；电子商务类应用继续保持快速发展；电子邮件、论坛/BBS 等传统互联网应用的使用率继续走低。互联网应用的创新激发了手机网民的快速增长，诸如微信、地图、购物、打车等基于真实生活的应用成了网民的新宠，提升了手机网民的使用私性，成为推动互联网发展的新动力。

经历了跨越式的全面发展时期，互联网已经成为中国重要的基础设施之一，在国民经济和社会各领域中的影响和地位的不断提高，则更加突出了互联网在政治生活和社会生活中成为广大民众表达诉求、参政议政、交流信息、讨论问题和调节情绪中重要载体的作用，具有成本低、速度快、便捷高效的特点。一些诸如民意直通车、直通中南海、我向总理报民生、对部委领导说、对书记省长说等网络问政平台不断涌现，一轮又一轮的参政议政热潮接连掀起，继而催生了民权理念和大众政治的兴起。互联网已成为汇聚民意、民声、民智，展现民生、民主、民权的重要平台，成为广大网民论时事、谈问题、提建议的大会堂。很多党政部门和领导干部在编制政治议程、决策行政事务时，都要到互联网上探听民意，听取网民关于诸如计划生育、征地拆迁、养老保险、房价调控、医疗改革、金融改革、延迟退休、反腐倡廉、教育改革、人力就业等涉及民生重大议题的声音，作为政策制定和实施的重要参考依据。

（二）互联网是当代先进生产力的主要标志

互联网的首要特性和功能并不是媒介，而是代表生产力发展水平的生产工具。生产工具是生产力发展水平的重要标志，当代社会最具标志性的生产工具就是互联网，以信息技术为核心的先进生产工具，正在使社会生产力发展到一个新的阶段，人类社会也由工业社会向信息社会转变。目前，中国已经建成全球最大规模的互联网基础设施，互联网成为推动经济社会发展的新引擎。

与传统媒体主要提供信息内容服务的功能不同，网络媒体主要体现提供信息传播平台的功能。由于网络媒体与传统媒体各自不同的特点，两者并不是简单的替代关系，而是随着新媒体的迅猛发展，与报纸、广播、电视、杂志传统媒体融合，相互交融，体现了媒体传播生态系统强大的兼容性。

互联网在中国经过近三十年的发展，已经成为传播力强大、影响十分广泛的大众传媒形态，报刊、电台、电视台和通信社等传统媒体采编的新闻信息悉数上网，文字、图片、音频、视频、动漫等传播内容和手段综合运用，基于网络和手机的各种媒介形态不断涌现，网民通过写博客、发微博、随手拍照片和视频等形式广泛参与，极大地满足了公众的信息发布和获取的需求。在北京奥运会、上海世博会、每年的人大和政协两会、中共历次全国代表大会召开等重大事件中，以互联网等为代表新媒体的报道发挥了不可替代的重要作用。互联网使得人们获取和发布信息的范围突破了地域界限，视野扩展到全球范围。当前，中国正处于经济转轨、社会转型期，利益格局深刻调整，社会结构深刻变化，互联网上民意表达非常活跃，大量通过互联网反映出来的社会问题、民生问题受到重视并获得解决，促进了政府工作的不断改进，也推动着社会的进步和历史的进程。

三　网络舆情与网络问政

（一）网络舆情是重要的执政资源

在网络社会，网络已经深入地渗透到学习、政治、经济、生活等各个领域，越来越多的人通过网络表达意见和诉求，网络成为了民意的集散地和风向标。在网络社会的大背景下，网络已经成为广大群众行使知情权、监督权和利益保障权的重要平台，以及推动政府部门作风转变、改进各项工作的重要手段。这就要求各级政府部门必须积极适应网络迅猛发展的新形势，进一步熟悉、运用和驾驭网络这个问政和执政工具，把网络作为了解社情民意的重要渠道，在分析研判网络舆情中把握群众所思所想，有利于广泛深入地宣传党委政府的决策部署，更好地统一认识、营造氛围、凝聚力量、促进发展；有利于问计于民、问政于民，充分吸纳群众的意见和智慧，更好地实现科学决策、民主决策；有利于体察民意、知晓民情，对照审视政府工作中存在的不足，着力解决群众普遍关心的利益问题，着力纠正群众反映强烈的不良风气，切实维护社会和谐稳定，有利于有针对性地主动改进工作，创建良好的政府形象和作风，更好地为人民群众服务。

网络舆情为政府和人民群众紧密相连、亲切对话提供了全新的形式。一方面，对于政府来说，网络是知民情、晓民意的重要端口，及时把握、引导和处置好舆情，反映广大人民群众对政府机关的态度和要求；另一方面，网络可以加强政府与人民群众的血肉联系，与群众达成沟通交流的桥梁，只有通过经常地、深入细致地调查研究网络舆情和网络问政的反馈，才能对群众思想动态了然于胸，才能把民情动态作为第一信号，把群众意愿作为第一准则，才能通过群众提供的各种线索，取得群众的有力支持，有效地履行行政职能。只有想群众之所想，急群众之所急，时时处处做到察民情、解民意、听民声、解民忧，才能得到最广大人民群众的支持和拥护，才能在执政过程中做到游刃有余、事半功倍，真正做到强化舆论监督，维护公平正义，加强和改进舆论监督关键是立足建设性，监督的选题是党和政府重视、人民群众关注、现阶段有条件解决的问题，监督的依据是党和政府的方针政策和法律法规，监督的态度是实事求是、与人为善、以理服人，监督的办法是深入调查研究、反复求证核实、理性探讨解决问题的办法，使舆论监督报道积极而又稳妥，有效促进社会的发展和进步。

(二) 网络舆情是网络问政的重要载体

网络问政就是政府在进行政策宣传、做决策或了解民情、汇聚民智等执政过程中，充分利用互联网平台与民众双向沟通，以达到取之于民、用之于民，从而实现科学决策、民主决策，真正做到全心全意为人民服务的目的。当前，无论是主流的媒体报道还是散布民间街谈巷议的茶前饭后，网络问政都已经成为热门话题。民主政治的发展，使得民众参政议政的愿望不断增强；网络已经成为普通民众最重要的公众参与形式的现实情况，也为运用网络问政提供了有效平台。推进民主政治的发展，需要提高驾驭互联网的能力，需要了解网络问政，熟悉网络问政，推进网络问政。

网络是反映民意的重要平台，要充分运用网络联系群众的优势，通过网络问政了解社情民意，汇聚民智民力，创造条件让群众为决策建言献策，实现科学决策，让网络成为人民群众当家作主的重要载体。网络为疏导社会情绪、释放社会压力提供了重要平台，要充分发挥网络沟通交流的优势，通过网络问政及时了解民众诉求，回应民众关切，创新社会管理，化解社会矛盾，维护社会和谐网络的公开性、透明性、即时性，以其强大的曝光和举报功能，发挥着前所未有的民主监督作用，要充分发挥网络即时、公开、透明的优势，通过网络问政实施民主监督，及时发现问题并采取有效措施解决问题，使党和政府始终置于人民群众的监督之下，始终保持健康的体魄和旺盛的生命力。

第二节　网络舆情搜集与监测

网络舆情是网民关于社会中各种现象、问题所表达的信念、态度、意见和情绪等表现及其交错的总和。网络舆情形成迅速，对社会影响巨大，互联网信息监管和网络信息汇集整理和分析并重，是及时应对网络突发的公共事件和全面掌握社情民意的前提。

网络行为和言论是对现实生活中某些热点、焦点问题所持的有较强影响力、倾向性的言论和观点，在相当程度上反映了某段时间社会的思潮，需要及时掌握。网络舆情监测是在运用各种方法监测、搜集、汇总和分析网络舆情信息的基础上，监视和预测互联网上公众的言论和观点，既是网络舆情工作的开端，又贯穿网络舆情工作的整个过程。要完成网络舆情监测体系的建设，需要人力、资金、物力、空间场地等物质方面以及计算机软件系统等技术方面的支持。

在当前社会转型时期，网络舆情热点主要围绕社会风险、贫富差距拉大、官民关系、腐败问题、经济问题、股市投资、劳资纠纷、教育问题、住房问题、医疗问题、社会保障、计划生育、流动人口问题、养老问题、网络安全问题、群体性事件、自然灾害以及突发性事件等问题。

一 网络舆情监测理论

网络舆情监测理论为网络舆情的监测的具体实施和系统构建提供了理论指导，是网络舆情分析的重要手段，其理论建设和研究具有非常重要的意义。

2007年，王娟从网络舆情监测系统各参与方的角色职责、系统业务流程、总体构架、网络结构、平台建设、数据库建设、应用系统建设和安全保密建设等方面，论述了网络舆情监控分析系统的构建。

2008年，斯进分析了当时互联网舆情发展的特点，从加强法规制度、技术、队伍建设、基础建设，引导与正面回应，加强网络阵地控制，与传统媒体加强配合，地面处理与网络策应相结合五个方面，阐述了建立立体化网络舆情监控的机制。

2010年，宋保江以高校论坛作为研究对象，对网络舆情监测与控制中涉及的信息采集、信息抽取以及舆情控管等三种关键技术展开详细的讨论，通过应用与改进当时的信息采集技术以及信息抽取技术，获取能够反映大学生最新思想动态的舆情信息；通过讨论舆情控管过程中遇到的相关问题，提出了一套完整的舆情干预控制解决方案。

2013年，兰月新分析了突发事件衍生舆情传播特性，以突发事件网络舆情传播规律模型为铺垫，研究网络衍生舆情特点，通过定义描述舆情衍生程度的衍生率建立衍生舆情监测预警模型，并通过实例验证理论研究的可行性，以期为政府实现网络舆情管理提供参考。

二 政府网络舆情监测的重点领域

随着社会转型的不断发展，政府网络舆情越来越引起重视。党的十八大报告提出，建设中国特色社会主义总布局体现在建设社会主义市场经济、社会主义民主政治、社会主义先进文化、社会主义和谐社会和社会主义生态文明等五个方面，所以反映各方面舆情在网络上的表现也需要从经济、政治、文化、社会和生态文明等这几个方面展开讨论。十九大报告进一步指出，中国特色社会主义进入了新时代，要以习近平新时代中国特色社会主义重要思想作为引领一切工作的根本性纲领，这一具有历史发展意义的新论断，为理解和推进各行各业高质量发展、为全面建设现代化强国提供了逻辑前提，也为网络舆情的分析和研究指明了方向。

（一）重大决策部署类舆情信息

在整个社会体系中，重大决策部署类舆情的产生是由上而下的，信息主要来自政府各个权威部门，主要包括重大问题决策、重要会议召开、重要讲话发表、重要干部任免、重大项目投资决策和大额资金使用等，这类舆情主要是媒体、公众对重大决策部署的意见和建议，具有时间相对集中的特点，其对应舆情的监测与搜集自然也相对集中。新闻类网站的新闻跟帖与时政论坛更倾向于选择国内政治大事作为讨论的议题，新闻类网站往往是重大决策部署类舆情的首发媒体，然后被意见领袖们转发到各大主流社区论坛、微博等媒介，吸引更多的网民积极参与重大决策部署类信息的讨论，新闻及其跟帖、论坛和微博等媒介共同构成了重大决策部署类舆情监测与搜集的重要舆论场。总体来说，对此类事件的讨论态度比较中立和理性，此类信息的关注和讨论是网络舆情监测搜集非常重要的组成部分。

（二）社会热点类舆情信息

社会热点指在一段时期内人们普遍关注的重点问题或事件。社会热点问题主要体现在官民关系、警民关系、城乡关系、劳资关系、贫富关系和医患关系等六种关系，具体体现在收入分配问题、房地产调控问题、食品药品安全问题、环境保护问题、中小企业发展问题、民间借贷问题、三农问题、国企改制问题、社会保障问题、征地拆迁问题、司法公正、城管执法、就业失业、弱势群体、教育文化、道德规范等方面。

由于热点信息普遍受到全社会关注的特点，要求在舆情监测与信息搜集过程中，同时关注静态指标与动态指标等两类指标。静态指标指在很长时期内民众都持续普遍关注的社会事项，如医疗卫生、公共安全、公共教育、社会就业、社会保障、权力腐败等事项，一旦有导火索，这些方面的问题就极容易在短时期内形成重大舆情。动态指标指在特定的一段时期内社会民众特别关注的社会事项，如气候急剧变化、食品安全问题、农产品价格上涨、通货膨胀以及其他突发事件等。除此之外，一些特定事项的发生也可以引发重大舆情事件。社会热点类事件的首发舆论场，主要集中在网络社区论坛以及微博场域当中。

（三）经济发展类舆情信息

经济发展类舆情主要包括与经济发展密切相关的重大决策或问题，如中央关于经济问题的重大决策、财政政策、税收改革、通货膨胀、国企改革、中小企业发展、创业创新、宏观经济环境、金融环境以及银行、股票市场等。

经济发展类舆情的搜集，要围绕中央关于推进经济发展的各项重大决策部署，关注社会各界对推进经济发展方式等宏观调控措施的评价和建议，尤其是国内研究机构、专家学者等对全球金融危机、美元贬值、国际市场石油、大额资本流动和粮食价格等国际因素对经济运行的影响，以及应采取的对策建议的分析评价。要密切关注经济运行中存在的阶段性矛盾和由此引发的舆论热点，及时反馈社会各阶层对于涉及宏观调控的政策的评价信息，规避经济风险的发生。经济发展类舆情往往跟政府的重大经济决策有关，所以首先要关注新闻类网站的跟帖及财经类网站的论坛。另外，一些意见领袖可能通过微博、微信公众号等自媒体发表的看法和评论，也是容易引发本类舆情的重要因素，需要引起相当程度的重视。

（四）重大突发事件类舆情信息

根据突发公共事件的发生过程、性质和机理等因素，主要分为自然灾害、事故灾难、公共卫生事件和社会安全事件等。重大突发事件往往对社会产生很大的冲击力和震撼力，甚至影响社会秩序与安定。重大突发事件根源于社会民生经济问题，现实中发生的事件如果没有得到妥善解决，就可能构成重大突发事件的导火索，一旦在互联网上进行传播，如果没有被及时监测到，呈现几何级数扩散开来的舆情极易造成难以挽回的影响。重大突发事件之所以社会影响巨大，是因为事件指向往往与人民群众的切身利益息息相关。重大突发事件通常与以下三个方面密切相关，一是指向事件本身，关注事件的起因、经过和发展；二是指向政府，政府部门对突发事件的处理态度和措施，直接影响公众的矛头指向甚至决定舆论走向；三是指向社会制度、体制等一时难以更改的更深层次上的原因。由于新媒体的发展，重大突发事件的传播路径呈现传统媒体与新媒体并驾齐驱的态势，而新媒体把关人角色的缺失以及双向性和互动性强的特点，更利于舆情的发酵和兴起，与传统媒体引起的舆情相比，更需要引起重视，采取切实可行的方法方式进行引导或处置。

（五）意识形态类舆情信息

意识形态类舆情信息，狭义上主要包括宣传思想文化工作、社会思潮和反动势力网上颠覆渗透活动等信息。从广义上，外交关系、民族宗教关系和恐怖活动等也属于意识形态类舆情。

就其各个方面来说，舆情信息的监测因为各自特点也有所区别。宣传思想文化工作领域信息的搜集范围是全方位、多层次的，涉及新闻出版、广播、电影、电视、文化艺术、精神文明创建、对外宣传、互联网建设与管理、文化体制改革及队伍建设等领域。社会思潮是一定时期人们深层次思想观念和心理状态的集中反映，是在一定范围内造成影响的思想潮流或趋势，应重点加强对高等院校、社科机构和社会上论坛、讲座等文化交流场合舆情的搜集，密切关注论坛、讲座领域所谈论的主要话题，分析研判倾向性、苗头性言论，及时反映各种社会思潮的新动向、新动态。跟踪调查分析社会各阶层思想动态选取某一阶层或特定社会群体开展研究，分析研判社会情绪和社会心理，集中反映其总体状况、新发展和新特点。

西方敌对势力利用其网络技术优势，加紧对我国实施意识形态渗透，网上争夺与反争夺、渗透与反渗透、演变与反演变的斗争将更加激烈，并且将长期存在。国内一些别有用心人士受境外势力的扶植和影响，利用网络鼓吹西方价值观，鼓吹政治变迁，歪曲国内历史和现状，错误解读国家政策，借国外文件影射国内政治，这些信息广泛以各种形式存在于遍布国内国外的网络媒体上，均需要及时全面监测，引起高度重视。

三　网络舆情监测对象和信息采集

（一）网络舆情监测对象

网络舆情虽然发生在互联网上，但终究与现实中的事件有关，其产生和发展更离不开网络上重要人物的参与甚至推动，所以网络舆情的监测要重点监测这些对网络舆情发展起重要作用人群的言论，主要包括网络水军、维权人士、媒体记者、娱乐圈名人、知名知识分子、政府官员等，由于这些人的言论在网络舆情中的重要作用，又被称为意见领袖。

1. 意见领袖

1948年，拉扎斯菲尔德于在《人民的选择》中，结合二级传播理论以及其中重点人物的作用，认为信息通常按照"媒介——意见领袖——受众"的方式进行传播，即观念总是先从广播和报刊传向某些重点意见领袖，然后再由这些人传达到更大范围的人群，并且在信息传播的过程中，可以增加除了信息本身以及主要包括自身在内对于信息的理解和评论等内容，从而起到舆论引导甚至干预舆论的作用，极容易决定最终的舆论导向，由于重点人群在传播中起到的其他人不可替代的特殊作用，将其称为意见领袖。意见领袖的作用，由于新媒体的信息双向性互动性和即时性等特点，与现实社会舆情相比，在当前的网络社会中的作用更加明显，由于其一呼百应的号召力，可以将原来存在于现实社会中的意见放大加以强化，也可以按其意愿进行更改甚至歪曲，并在短时间内散布于广泛的互联网，形成强大的舆情甚至舆论。

2. 网络水军

由于在线社交网络信息传播速度快和受众多等特点，大量有着商业目的的话题推广活动在社交网络中展开，在这些话题推广活动中，大量的水军用户被组织起来发表和传播特定的信息。网络水军是一群受雇于明确的组织或个人，在网络中针对特定内容发布特定信息的、被雇佣的网络写手，通常活跃在电子商务网站、论坛、微博等社交网络平台中，通过伪装成普通网民或消费者，通过发布、回复和传播博文等方式，利用网络进行炒作而对正常用户产生影响。

水军与传统的垃圾用户存在以下几点不同。第一，典型的水军具有很强的群体特征，而垃圾用户通常强调的是单个用户。第二，水军有可能对个人、公司或组织造成伤害，而垃圾用户通常只是增加垃圾信息。第三，水军既可以是被某些平台控制的程序机器人，也可以是公司的雇员或者临时招募的人员等真实的用户。第四，水军通常比垃圾用户更隐蔽。很多水军在通常情况下是正常用户，只有在特定任务到来时才表现出水军的特质，这增加了水军检测和鉴别的难度。

3. 维权人士

维权人士指在现行法律允许的范围内，要求法定权利得到保障或者反抗权利被侵犯的群体，维权诉求通常集中于法律、公益和商业三个方面，并无政治性要求，也与意识形态无关。维权人士的行为方式主要有集结、静坐、游行、示威、法律诉讼、媒体曝光和上访等。

除了上述几种主要的意见领袖，其他类型的意见领袖也活跃在互联网上的各个领域，尤其是当某些突发事件暴发时，会对其舆情产生重要的影响。

（二）监测与搜集指标

要进行有效的网络舆情监测，需要着重考虑三个因素。一是与社会现状相关的因素，因为所有网络舆情的产生源都起源于现实社会事件；二是事件本身的争议性因素，有争议性的事件更容易激发网民对于事件的讨论，并最终促成舆情的产生、发展甚至爆发；三是舆情信源本身因素，舆情本身因其自身的发展规律，能够引发舆情爆发的事件往往具有比较相同或相似的属性，有必要将其网络舆情的信源进行归类，一旦遇到类似的舆情事件时，在监测和信息搜集上有所参考和依据。

第三节　网络舆情的研判

网络舆情是在一定的社会空间内，网民就发生、发展和变化的舆情现象所呈现出的信念、态度、意见和情绪及其交错的总和。网络舆情研判是网络舆情起源、发展、现状和趋势的研究和判断，是了解网络舆情的必要手段和处置网络舆情的基础，在网络舆情信息工作中具有重要地位。网络舆情信息的分析和研判需要借助科学的理论和方法，在搜集整理大量的舆情信息基础之上，通过分析材料所呈现的现象，深入挖掘舆情信息背后网络舆情错综复杂的本质，进而掌握网络舆情的内在演化规律。

和任何其他事物一样，网络舆情的发展同样受到内因推动，在互联网中经历产生、传播和扩散等阶段后，达到高潮后消退并最终消亡。网络舆情研判主要针对网络上处于萌芽或成长阶段，并具有较明显倾向性的网络舆情，特别是即将或已经形成网络热点的舆情。

要达到上述目的，就需要在研判网络舆情时，针对网络舆情建立一系列的研判指标体系，用来描述网络舆情。在我国学者提出网络舆情指标系统和理论模型中，有6类研判指标体系较为著名。戴媛提出的以网络舆情综合指数为一级指标的网络舆情安全评估指标体系；金兼斌以时间、数量、显著、集中、意见为舆情监测指标的5维体系；兰月新根据网民反应、信息特性、事态扩散3个方面提出的突发事件网络舆情安全评估指标体系；王青等从舆情的热度、强度、倾度、生长度4个维度设计的网络舆情监测与预警指标体系；谈国新、方一利用I2space理论构建的网络舆情监测评价指标体系；吴绍忠等人将舆情、舆情传播和舆情受众相结合，提出了网络舆情预警等级指标体系。

一　网络舆情研判的基本原则

在当前新媒体越来越兴旺的情况下，面对互联网舆情信息呈几何级数增长的特点，需要采取科学的方法研判网络舆情，采取基本的网络舆情研判原则，才能把握网络舆情的本质和重点，为舆情工作打下坚实的基础。

（一）导向性

网络舆情的正确研判，必须以高度负责的态度为导向，在组织具体舆情判断时，保持高度的政治敏感性，排除干扰、消除杂念、去粗取精、去伪存真、体察民情、见微知著，审视掌握的信息和素材，采取多种方法综合认真甄别，形成科学的分析模式，作出科学的判断。

（二）全面性

网络舆情作为现实事件在互联网上的反映，其舆情信息往往呈现片面性和碎片化的特点，不易于把握舆情的趋势性和动向等，所以在网络舆情信息研判时，必须在坚持以人为本、执政为民的基本理念指导下，从大局着眼，多视角、多渠道、多方面地深入研究判断网络舆情，官方和广大人民群众密切配合，才能尽最大可能了解其所包含的真实具体情况，从而提出有针对性的、准确合理的对策建议。

（三）客观性

网络舆情的有效研判的基础是信息的真实性，要做到这一点，必须坚持辩证唯物主义和历史唯物主义原理，采取辩证客观的分析方法对网络舆情信息进行科学研判，透过舆情现象抓住本质，从而把握内在规律。网络舆情的研判，首先要研判信息的真实性和事件的真实性。信息的真实性指网络发布信息的真伪，事件的真实性指现实环境中是否有对应的事件发生，反映了网络社会的虚拟性和现实性的对立统一。研判时如果只重视信息的真实而忽视事件的真实，就会导致网络舆情研判的着眼点出现偏差；如果只关注事件的真实而无视信息的真实，就无法及时有效地回应社会的关切。只有秉持客观性的原则，才能保证舆情研判的科学性。

（四）时效性

由于互联网本身即时性和广泛性的特点，发源于互联网上的网络舆情的信息传播也天然地继承了相同的特点。在一定程度上，时效性是网络舆情信息的根本价值。所以，研判网络舆情信息时，应不断强化时效观念、不断提高快速反应能力，确保第一时间研判舆情，才能尽最大可能及时准确地研判舆情的发展趋势，有效地避免群体性突发事件的发生，做到防患于未然。对于处于成长期的网络舆情，要善于透过现象看本质，挖掘事件内在的关联，明确研判事件来由。对于后期持续演进过程中的舆情，要运用量化的方式进行判别，通过归纳和提炼来判断舆情态势的基本走向，及时准确地提出建设性意见。

二　网络舆情研判流程

在网络舆情研判的工作中，必须着眼大局，从甄别舆情真伪、判断舆情性质、把握传播规律、预测舆情态势、提出对策建议等流程入手，重点分析网络舆情的性质特点，摸清舆情传播的范围和影响程度，揭示现象背后的本质诉求，提出合理的对策与建议。

（一）甄别舆情真伪

对于搜集到的舆情信息，要对其信息的真实性和事件的真实性进行认真排查。

1. 核实信息发布者的身份。通过核实发布者的身份是否冒名发布，是否以虚拟身份发布，可以分辨出信息发布者是否无事生非或蓄意报复，辨析其发布信息的真伪。

2. 查证发布信息的途径。查证信息首发源头是网络舆情研判的重中之重，分析信息的发布平台及其性质，再依据受众的网络地址追踪舆情扩散程度，可以判断该阶段事态的扩散范围和传播动向。

3. 核实信息内容。核实是否真有此事发生，信息中提供的事件发生的时间、地点是否与真实情况吻合，可以帮助查证对应的相关职能部门和地理区域归属，并在查证后及时联系舆情所在地的相关部门。

（二）判断舆情性质

判断舆情性质即对具体的舆情信息进行性质认定和价值判断，着重分析其中包含的言论立场和民意诉求，从中发现关键性的问题。对舆情性质进行判断，可以从事件敏感程度、社会关注程度和事件危害程度等几个方面着手。

（三）把握传播规律

网络舆情的形成是一个阶段性的传播过程。每个时间段内，随着舆情事件本身的演变和多方面利益团体的加入，所呈现的舆论焦点和民众诉求都可能发生相应的变化。要把握舆情的发展，就需要对重要敏感舆情事件所处的周期阶段有所界定，从潜伏期、发生期、发展期、平息期和消亡期等角度展开具体的研判。

（四）预测舆情走势

只有从扩散程度、言论导向、表现形式3个维度研判网络舆情走势，才能真实地掌握舆情发展的现状。扩散程度指的是舆情传播的范围。言论导向指的是现阶段正面、负面评论所占比重。表现形式指的是舆情是否已从线上动员发展到线下群体性聚集。

（五）提出对策建议

网络舆情的研判环节最终要提出对策和建议，这是为领导进行科学决策提供参考依据的基础，也是舆情信息处理的重要环节和根本目的。能否有针对性地提出合理的对策，能否提供操作性、实用性强的处理意见，能否前瞻性地预判舆论的局势和走向，对舆情分析研判的准确性影响极大。

三　网络舆情研判的方式方法

（一）网络舆情研判的方式

当前，网络舆情的研判通常以集体形式进行，主要采用研判例会、联席会议和专家会商3种研判形式。

1. 研判例会

召开舆情研判例会是基层组织的常态性工作，必须在有关部门设立专人专职处理相关事务。依据搜集来的网络舆情建立信息库，开展定时定点针对网络舆情信息的日常性和持续性的研判工作。各单位要将网络舆情研判工作作为常态化的工作流程固定下来，定时针对网络舆情信息做汇总性的工作，并设立专职人员对汇总后的信息做归类分析。

2. 联席会议

联席会议指与舆情事件相关的若干职能部门定期参与和组织召开联席会议，集中组织舆情研判工作。在网络舆情事件发生之后或发展过程中某个阶段，相关部门组织人员召开联席会议，集中集体智慧，通过横向协调的方式，形成多部门联动，可以最大限度地整合各个相关部门的力量，确保舆情研判结果的科学性，弥补单一职能部门的不足，在保证对各类重要敏感舆情事件的稳妥处置和引导的同时，也能有效提升网络舆情队伍的整体素质。

3. 专家会商

采取专家会商的形式，是指在舆情事件发生的某个阶段，汇聚各方专家的力量，通过聘请各个领域的专家学者为高级舆情分析师，从不同角度、不同侧面、不同层次分析阐释舆情整体走势和舆情热点事件，提高舆情信息研判的真实性、可信度和客观性。网络舆情的分析研判涉及社会学、公共管理学、政治学、心理学和新闻传播学等多个学科和领域，涉及政府行政系统和现实社会的多个层级，触及新闻媒介的认知系统和民众行动力等多个方面，这就要求在重大突发事件发生后，借助多方平台整合资源，提高舆情研判结果的科学性和准确性。

(二) 网络舆情的研判方法

网络舆情研判是新媒体环境涉及社会各个领域的新兴领域，也是社会科学和自然科学交叉的研究领域，任何单一的研究方法都不可能尽其精义。因此，应采用多元化、多角度和全方位的研究方法研判网络舆情，以尽可能正确判断网络舆情，为政府部门提供信息以及采取进一步措施的依据。

1. 系统研究法

整体性原则是系统论方法的基本出发点，系统论认为，世界上没有孤立的事物，各种事物和现象之间都存在普遍的联系。网络舆情事件的产生，同样也一定依托于相应的现实环境，不可能凭空出现，这就对应了两个真实性相辅相成的原则。系统论将研究对象作为一个整体来考察，从整体与部分的相互关系中揭示系统的特征和规律，符合网络舆情作为社会构成因素起源于社会并受到社会其他因素影响的情况，所以可以用于指导网络舆情的研判。单一的舆情事件追根溯源，往往与其他事件之间存在着密切的联系，把握了网络舆情事件主体的意志诉求和深层次动机，才能真正避免网络舆情研判的片面性和主观性，真正做到对网络舆情发展走势的全局性和客观性的把握，进一步为正确的决策提供科学依据。

2. 比较分析法

比较分析法，是比较具有相近属性客观事物的具体指标，以认识事物的本质和规律，并作出正确评价的研究方法。在比较分析中，选择合适的对比标准是十分关键的步骤，选择合适的对比标准，才能作出客观的评价，选择不合适的对比标准，评价可能得出错误的结论。运用比较分析法对网络舆情事件进行分析，既可以对不同地区的同类网络舆情事件进行比较，又可以对同一地区的不同网络舆情事件进行比较。对不同地区的同类网络舆情事件进行比较，可以体现区域性的差异；对同一地区的不同网络舆情事件进行比较，可以很好地理解当地的社情民意。

3. 历史分析法

历史分析法是依据马克思主义关系发展的观点，分析事物历史和现状在一致方面，以及由于环境、社会条件的变化而造成的不一致方面的关系，目的是理清事物在发生和发展过程中的来龙去脉，从中发现问题启发思考，以便认识现状和推断未来。运用历史分析法研判网络舆情时，可以站在历史的高度，对整个舆情爆发的源头展开深度调研。对于同一地区持续发生的舆情，可以从当地的经济和传统文化格局入手，推断舆情频发的缘由，从而有效避免网络重大舆情事件的发生和发展。

4. 实证研究法

实证研究法是认识客观现象，向人们提供实在、有用、确定、精确的知识的研究方法，指从大量的经验事实中进行科学归纳，总结出具有普遍意义的结论或规律，然后通过科学的逻辑演绎方法推导出某些结论或规律，再将这些结论或规律拿回到现实中进行检验的方法。实证分析法的重点在于超越或排斥价值判断，只揭示客观现象的内在构成因素以及因素的普遍联系，归纳概括现象的本质及其运行规律。网络舆情信息作为民意民情在网络平台上的表现，往往在具有内隐特点的同时，也体现着民众的社会政治态度，及其产生根源、发展态势以及可能导致的后果，都需要进行深层次的挖掘，面对这些实际需求，实证研究法为深层次地挖掘网络舆情提供了有力的理论依据。

（三）网络舆情的综合研判

网络舆情信息数据的抓取和搜集，是进行网络舆情分析的必要条件，在对网络舆情的数据进行科学筛选、量化统计和分析研判的基础上，向有关方面提供咨询和建议才是网络舆情分析的根本目的和价值。

但遗憾的是，网络舆情研判能力的欠缺，却是当前网络舆情分析中普遍存在的问题。由于互联网上蕴含舆情的文字、图形、图像、音频和视频等内容都是非结构化数据，利用技术方法从中提取出有价值的信息，具有相当的技术难度，再加上舆情分析的技术工作与公共管理或商业声誉等领域分别属于不同的行业，两者之间需要密切的沟通才能保证网络舆情研判和分析的全面性和系统性，即有机融合内容分析和技术开发的机构，才有可能从完整意义上完成网络舆情分析的整个流程，进行有效的网络舆情分析。

网络舆情研判工作涉及新闻学、传播学、社会学、公共管理等在内的多个学科和行业，具有相当程度上的系统性，要进行有效的网络舆情研判工作，就需要综合考虑政府部门的工作体系、社会系统的认知体系、媒体的思维体系和行动体系等多方面的因素，将网络舆情研判对象作为一个整体来考察，针对具体的系统体系，作出有针对性的研判决策。在网络舆情研判的过程中，要善于在批量的舆论信息中抓取典型案例，进而加以科学合理的定性判定。要合理运用网络舆情承载媒介，充分认识到舆情的内隐特征，善于查看新闻评论、博客、微博等自媒体平台上的网络舆情信息，从其中所包含的信息中筛选彰显民众的社会政治态度、舆情产生根源、发展态势以及可能产生的后果的有用信息，进行追踪和深层挖掘，对正面舆情加以引导使其影响扩大，而对负面舆情则及时限制其发展和蔓延。

第四节　网络舆情预警

网络舆情来源于现实事件，却存在于互联网上，所以天然地继承了互联网传播范围广、速度快和影响力大的特点。一旦发生具有强影响力的公共事件，特别是涉及群体利益、官民矛盾等事件，媒体和网民就会通过各种渠道发表自己的意见和看法。此外，网络传播的虚拟性、匿名性和超越时空等特点，也容易让互联网成为情绪化、偏激言论，甚至是谣言肆意扩散的灰色地带。因此，网络舆情作为公共情绪，具有感情和思想，有很大的非稳定性和易变性，随时会左右网络事件的走向。

网络舆情预警是根据已经发生的网络舆情事件所表现出的特点，结合定性和定量的研判方法，研判舆情发展趋势和走向后，采取的必要手段和措施，是网络舆情分析的重要目的之一，与网络舆情处置紧密相关，处于承上启下的重要位置。构建科学合理的网络舆情预警体系，正确把握网络舆情预警工作的内涵原则，明晰网络舆情预警工作的地位，尽早建立起网络舆情预警体系，阻止网络舆情继续蔓延，把舆情应对工作由事后扑火向事前预警推移，利于防患于未然，将舆情隐患限制在较小的范围内。

一 网络舆情预警的内涵

（一）网络舆情预警的定义

1. 预警

预警这一行为方式，自从人类诞生以来就以各种形式存在并发挥着作用。一般地，预警是为根据以往总结的规律或观测得到的可能性前兆，在灾难或其他需要提防的危险发生之前报告危险情况并发出紧急信号，以避免危害在不知情或准备不足的情况下发生，从而尽可能地降低危害所造成的损失的行为。

2. 网络舆情预警

网络舆情预警，指在网络舆情出现征兆到网络舆情渐渐具有影响力的时间内，因感知到网络舆情将来有可能发展产生的危害，为应对和化解危机所采取的必要的、有效的行动。具体地讲，网络舆情预警就是根据网络舆情分级内容和预警指标体系，综合运用定性和定量的分析技术，对网络舆情潜伏、出现、发展和消亡具有重要影响的因素，对网络舆情的发展趋势作出预测，并及时作出等级预报的研究和工作。

（二）网络舆情预警理论研究进展

网络舆情预警作为网络舆情分析的重要应用目的之一，其有效进行需要有相关理论作为支撑和指导，在这方面国内专家学者已经作出了诸多研究和贡献。

2008年，吴绍忠、李淑华通过建立网络舆情预警等级，运用Delphi法确定指标体系权重设计了预警指标体系，认为遵循网络预警的工作流程，就可以发现网络舆情，掌控其发展变化过程，进行深入挖掘与分析从而准确预警，并及时采取预控措施进行引导，以保障社会的安全与稳定。

2009年，曾润喜、徐晓林指出，网络舆情突发事件预警机制是网络舆情危机管理的重要组成部分，该系统由监测子系统、汇集子系统、分析子系统、警报子系统、预控子系统等五个子系统构成；网络舆情突发事件的发生发展一般会通过变量特征体现，在建立网络舆情分级预警机制的基础上，可以构建警源、警兆、警情三类指标体系；为保障网络舆情突发事件预警机制的顺利运行，还需建立网络舆情突发事件预警机制的组织体系和制度体系。

2010 年，丁菊玲、勒中坚利用文献计量法进行概括和分析我国网络舆情预警研究现状，提出网络舆情危机预警工作流程和研究框架，探讨网络舆情危机预警相关技术手段，结合应用系统比较分析，从整体上把握我国网络舆情危机预警研究和实践，最后讨论网络舆情危机预警中存在的问题，给出网络舆情的发展趋势。同年，许鑫、张岚岚通过分析突发事件网络舆情监控预警方面的研究，提出基于信号分析的网络舆情预警机制，并把其分为信号纵向挖掘和信号横向防控两类模式，并详细描述分析步骤，总结了信号分析方法应用于突发事件网络舆情预警的优点。

2010 年，薛圈圈在其硕士论文中提出建立一个新的网络舆情危机预警指标体系，丰富了对网络舆情危机预警的指标的探索；对网络舆情危机预警指标在定性描述的基础上提出了切实可行的量化方法，使得本文提出的指标体系更具有科学性；建立了基于 BP 神经网络的网络舆情危机预警模型，并通过对具体实例的研究验证了此模型的可行性和有效性。

2010 年，李弼程、王瑾为解决网络舆情预警等级问题，提出了一种基于直觉模糊推理的网络舆情预警方法。借鉴战场态势分析思想，阐述了网络舆情态势的分析原理，选取了适合计算机实现的七个网络舆情态势分析模式对预警等级进行判断，并选择七个舆情话题进行实验。实验结果表明，该方法能够准确地估计威胁等级，符合专家经验判断，具有相当程度的可行性和实用意义。

2011 年，丁菊玲、勒中坚在建立网络舆情危机预警指标的基础上，将 BP 神经网络的数学模型运用到网络舆情危机预警中，通过建立基于 BP 神经网络的预警模型，实现网络舆情的安全态势的定量评判，并通过仿真实验结合具体实例对该模型进行验证和分析，实验结果显示，该预警模型可以较好地预测网络舆情的趋势，表现出较好的预警精度和效果。此外，同年，这两位学者采取对初始情感种子集预处理，增加网络情感词汇、过滤部分特征词等方法，采用改进逐点互信息—信息检索方法对特征词进行情感倾向性计算，实现对网络论坛网帖中网民观点极性和观点强度的挖掘，进一步实施网民观点属性挖掘，并构建了基于三粒度挖掘结果的观点树，建立基于观点树的网络舆情危机预警架构，通过实验验证表明，基于观点树的网络舆情预警危机方法能够对网络舆情危机作出预警判断。

2011年，林琛、李弼程和王瑾从网络舆情社会学研究成果出发，分析网络舆情对社会影响的主要因素，选取了5种网络舆情分析指标，进而对各分析指标及舆情预警等级进行模糊化，利用威胁估计方法研究网络舆情预警，建立模糊推理规则评估出预警等级。实验结果表明，该方法能够准确地估计出预警等级，符合专家经验判断。

2011年，李耘涛、刘妍指出，根据网络警兆指标进行网络舆情预警是预防现代社会由网络信息传播引起社会群体事件的关键，并在已经提出的网络警兆指标体系的基础上，从网络警兆指标体系的灰色特性出发，提出了网络舆情灰色预警评价的具体程序，并用相关评价计算实例进行了辅助说明。

2012年，潘崇霞在其硕士论文中，在将网络舆情的演化过程划分为初始传播阶段、迅速扩散阶段和消退阶段三个阶段并分析每个阶段的演化特点及其影响网络舆情演化的多种因素的基础上，利用灰色理论并针对影响这三个阶段的主导因素进行了建模分析，并结合具体案例对案例的各阶段采用了分析、建模计算、预测和预警。

2012年，刘毅为了有效地解决专家语义评价数量化不确定问题，提高评价的可靠性和精确性，在对网络舆情预警指标进行初选的基础上，利用基于三角模糊数的模糊德尔菲法和模糊层次分析法，分别对网络舆情指标进行了再次筛选和权重的确定，得到了面向于某一具体公共事务或热点话题的网络舆情预警指标体系。

2012年，王铁套、王国营和陈越在详细分析网络舆情影响因素和自身属性的基础上，依据模糊综合评价法构建了网络舆情预警模型，采用混合赋权法确定各指标的权重，选择合适的模糊算子确定指标体系中各舆情因素的数值化评价值，最终得到网络舆情的预警等级，建立了网络舆情指标体系，并通过实例表明了该模型的有效性和准确性。

2012年，石鲁生、陈林和李凯针对影响网络舆情预警等级各因素的特点以及目前各预警方法对预警等级动态变化性考虑不足的问题，引入动态模糊集，利用模糊综合评价法对网络舆情进行综合评判和动态预警，选取舆情和舆情受众2个方面共7个对网络舆情预警等级影响较大的因素构成预警指标体系，给出了3个舆情实例的预警计算过程及其最终预警等级和动态变化趋势，提出了一种网络舆情的动态预警方法。验证结果表明，动态预警方法可以准确计算出预警等级并对以后的动态变化趋势作出正确判断。

2012年，曾华艺以网络舆情危机事件中的重大公共安全事件类为主要的研究对象，在深入分析该类事件产生、发展和消退整个过程的基础上，结合系统动力学方法，从网络舆情热度的角度，对事件的影响因素及其相互作用做了探索性研究。并以"7.23温州动车组事件"对模型进行仿真，为寻找引发网络舆情危机事件的重要影响因素提供参考。

2012年，张一文、齐佳音针对网络舆情作用主体复杂多样、作用关系难以预知和作用程度难以计量等特点，基于贝叶斯网络复杂关联关系表示能力、概率不确定表示能力以及因果推理能力等三个重要特点，将贝叶斯网络方法与网络舆情态势评估相结合，提出基于贝叶斯网络建模的网络舆情态势评估方法。通过对关键指标数据进行仿真和学习，建立网络舆情态势评估模型，从而完成了对网络舆情态势进行有效评估和预测。

2013年，王瑶华在其硕士论文中，将网络舆情分产生阶段、发展和稳定阶段、消退阶段对其演化的影响因素进行了分析，在此基础上根据指标体系的设计原则，将网络舆情预警指标体系分为网络舆情敏感性、网络舆情强度、网络舆情信息活性、网络舆情情感倾向四个部分，并运用层次分析法对各指标进行权重计算；其次，根据层次分析法的打分结果，基于模糊聚类法对网络舆情相关数据进行属性离散化；进一步设计遗传算法进行属性约简，最后得到决策规则，并运用决策规则对测试样本进行判断，结果表明变精度粗糙集方法能正确识别网络舆情影响程度等级并具有一定的抗干扰性。

2013年，张奇在其硕士论文中，基于粒子群PSO（Particle Swarm Optimization）算法和KHM（K-Harmonic Means）聚类理论的优化方法，结合爬虫提取微博舆情信息，将非结构化的微博信息转换为结构化的文本，再使用PSO-KHM聚类算法进行热点话题和重要人物的聚类分析，最后用加权评价函数鉴别舆情信息并给出预警结果。

2014年，邱智伟在其硕士论文中，从传播学视角出发，结合混沌理论思想，研究微博舆情的传播规律，利用统计分析工具SPSS，对2013年热点舆情事件进行数据分析，探讨微博舆情影响因素与微博舆情态势的关系，划分了影响微博舆情发展与传播的系统模块，确定了微博舆情传播模型。根据传播模型的运行规律，以微博数、用户和外界信息三个维度构建确定微博舆情态势的立体坐标系,对各维度包含的指标与微博舆情进行相关性检验,经回归分析构建舆情微博数预测方程式,通过舆情微博数的增减确定微博舆情的涨落,从而构建微博舆情预警模型。实验结果显示,所建立的模型准确度达70%以上。

2014年,董坚峰将Web挖掘技术引入到突发事件网络舆情预警,构建了包括舆情采集层、舆情挖掘层、舆情分析层、预警研判层的基于Web挖掘的突发事件网络舆情预警系统模型,集成和整合了突发事件网络舆情预警全过程的重要功能,实现突发事件网络舆情采集、分析处理、危机预警的自动化、智能化和实时化。

2014年,周建华将Hadoop关键技术引入微博舆情分析研究领域,以探寻分布式环境下的高效率短文本数据查询与推理方法,以微博数据结构为基础,结合云计算Hadoop关键技术特性,提出了一种海量微博数据分析预警框架。结果表明,在映射一定的情况下,随微博数据集增大到2GB后,多任务数规约执行时间相比少任务数规约大大缩短,从而大大地提高了在较大数据量下的网络舆情预警效率。

2015年,谢听未在其硕士论文中,在对网络舆情数据进行研究的基础上,通过网络爬虫等方法,大量收集网络舆情的相关数据,对数据进行统计分析,计算网络舆情生命周期各阶段具体时间,建立舆情预测数学模型,研究舆情热度的影响因素等,并设计网络舆情预警系统,用信息化手段对网络舆情进行了有效的管理。

2016年,黄苗在其硕士论文中,针对由于互联网上评论者通常使用幽默、诙谐的话语的现象,使用传统基于评论话语表面含义的传统舆情分析方法降低了舆情分析的准确性的缺点,从计算机科学出发,用关联推理模式推理挖掘评论者话语的深层含义,构建了基于概念图的网络舆情预警系统,达到了准确分析舆情的目的。

2016年,毕殿杰、张子振等在深入分析影响网络舆情发展变化的各种因素的基础上,针对表征舆情事件样本数据的非线性动态变化等特点,提出一种改进的Elman神经网络模型,建立了三层网络舆情指标体系。该模型以量化的网络舆情指标为网络输入,以网络舆情预警等级为输出。实验结果表明,该模型在一定程度上降低了预测问题的复杂度,同时又在一定程度上提高了预警精度,为科学分析网络舆情预警机制提供一种解决问题的思路。

2016 年，牛兵、范君晖在梳理国内外网络舆情管理相关研究的基础上，通过典型案例剖析网络舆情传播特征和路径，结合舆论生成发酵机制，基于传播阈值构建了网络舆情的研判及预警机制体系，结合网络舆情的不同预警等级，给出了高校网络舆情的引导策略。

2017 年，李立煊以微博消息为研究对象，基于 K-means 算法完成发对微博消息的聚类定量分析，找到所要分析的某类微博内容，进而在这类微博中找出微博消息意见领袖，提出微博意见领袖影响力评估算法，完成了微博消息预警模块的实现，对微博舆情监测分析系统进行了研究，为微博舆情监测与预警提供了较好的思路和解决办法。

2017 年，窦慧莉、陈向坚等针对网络舆情预警问题中决策规则的挖掘仅仅停留在某一层次的指标体系这一不足之处，借助多粒度粗糙集能够实现多视角与多层次的目标逼近计算，提出舆情预警决策规则挖掘的多粒度方法，构建相应的系统实现手段，并在此基础上，利用聚类的采样技术，进一步降低舆情预警对象间的计算规模，为网络舆情预警的决策支持问题提供新的技术手段。

2017 年，储节旺、朱玲玲着眼于网络舆情预警的特点，将大数据分析技术和大数据分析能力两者融合，突破网络舆情预警的传统方式，构建了突发事件网络舆情预警分析体系，增强了突发事件网络舆情预警的有效性。

2017 年，王高飞、李明在详细分析移动社交网络舆情自身特点与影响因素的基础上，将层次分析法与模糊综合分析法相结合，构建基于 AHP - 模糊综合分析的移动社交网络舆情预警模型。并以"8.12 天津港爆炸事故"进行实证分析，最终得出该事件的预警等级与专家对该事件预警等级的定性相吻合，充分地说明了该模型的有效性和准确性。

上述是近些年来学界围绕网络舆情预警这个主题进行的学术研究，大多属于定性层面的研究，要取得良好的预警效果，需要定量与定性分析相结合的方式，并在一定的原则指导下进行预警工作。

（三）网络舆情预警原则

1. 分级明确、指标可测

网络舆情预警体系的有效运作，应当以网络舆情的定性判断和定量预警分级指标为前提。预警的分级应当坚持合理、明确和清晰的原则，以利于让舆情预警工作人员理解和遵循。但在实际的舆情预警工作中，因为网络舆情的多样性，往往会遇到很多变化的不确定因素，这些不确定因素难以使用已有方法测定和量化，所以网络舆情预警指标的设定，要尽可能考虑普遍适应性，才能最大程度地提高预警指标体系的实用性。

2. 灵敏高效、报送快捷

网络舆情预警的目的是及时识别与现实事件相关网络舆情信息中所蕴含的风险，并使用合理的舆情衡量指标体系将其量化，再以最快的速度保质保量地报送舆情信息至相关部门，这样才能尽最大可能在网络舆情应对中掌握主动权，否则就会错失良机，造成负面网络舆情不正常扩散的严重后果。要达到良好的网络舆情预警效果，就需要网络舆情的预警环节反应及时快速、可靠有力，辅以保持舆情信息的传递渠道的绝对畅通，确保第一时间报送信息的同时，防止重大舆情信息的迟报、漏报、误报、瞒报或不报等现象的发生，这些现象一旦发生，就可能造成舆情信息的严重扭曲，和舆情处理错误的严重后果。

3. 前瞻预测、保持常态

网络舆情预警作为舆情工作中的重要环节，其工作要求不仅要识别判断苗头性舆情，更要科学预测舆情可能的变化态势和发展路径，为网络舆情的处置环节提供可靠的参考。由于互联网信息具有全天候和即时性的技术特点，存在于互联网上的网络舆情预警工作自然也就需要保持常态化，哪里产生舆情，哪里就应该有预警，什么时候有舆情出现，什么时候就应该有舆情预警，不可有一丝一毫的马虎，更不能有一点的懈怠。在诸多网络舆情事件中，又以突发性事件最为特殊，因其往往在不经意的细节中萌芽，并与广大网民的切身利益或兴趣点密切相关，尤其是带有负面舆情色彩的突发性事件，更易以迅猛态势发展，如果不加以及时预警，相应的预警工作如不保持日常的警惕状态，就只能在事后补救中付出高昂的代价，甚至无论如何也不能补偿暴发后舆情所带来的对社会的冲击和伤害。

二　网络舆情预警分级标准及响应机制

网络舆情预警要考虑舆情事件的重要性和典型性、涉事人物的级别、涉事地点和涉事时间的敏感度等因素，并采用与该事件适合的预警指标体系，才能尽可能地准确判断预警前网络舆情的监测、收集、研判等环节的结果。一旦监测结果超出了预定的警戒指标，系统开始运作将监测结果反馈给舆情工作人员，再由工作人员结合监测数据，决定是否将预警信息报送其他相关部门。所以，进行有效的网络舆情预警，需要定量的技术和定性的人工密切的结合。网络舆情的定性分析，不但需要定量数据作为支持，更要考虑网络舆情事件所引起的社会反响，所以制定切实可行的预警标准和响应机制，才有可能从根本上解决预警的分类的应对问题。

（一）网络舆情预警的分级标准

目前，我国并没有成熟的网络舆情预警分级体系，但可以在综合考虑国际惯例、我国相关机构管理规定及网络舆情发展趋势的前提下，依据突发事件发生的紧急程度、发展态势、可能造成的危害程度等因素，网络舆情的预警等级从轻微到严重划分为轻警情（Ⅳ级，非常态）、中度警情（Ⅲ级，警示级）、重警情（Ⅱ级，危险级）和特重警情（Ⅰ级，极度危险级）四个等级，并依次采用蓝色、黄色、橙色和红色来加以表示。

蓝色级（Ⅳ级）：出现舆情。国内网民对该舆情关注度低，传播速度慢，舆情影响局限在较小范围内，没有转化为行为舆论的可能；

黄色级（Ⅲ级）：出现舆情。国内网民对该舆情关注度较高，传播速度中等，舆情影响局限在一定范围内，没有转化为行为舆论的可能；

橙色级（Ⅱ级）：出现舆情。国内网民对该舆情关注度高，境外媒体开始关注，传播速度快，影响扩散到了很大范围，舆情有转化为行为舆论的可能；

红色级（Ⅰ级）：出现舆情。国内网民对该舆情关注度极高，境内外媒体高度关注，传播速度非常快，影响扩大到了整个社会，舆情即将转化为行为舆论。

上述级别的划定，为在面对纷繁复杂的网络舆情事件确定舆情警报的分级提供了依据，再有机结合人工定性分析和指标定量分析，网络舆情科学分类才能继而施以不同的处置措施。

1. 网络舆情的定性分级

由于网络舆情的复杂性，特别是网络舆情初期极具隐匿性的特点，往往容易凸显网络舆情预警工作中定量分析的不足，即从定量的角度舆情表现并不明显，其舆情预警指标也没有明显的危害性，但已经具有潜在爆发的极大可能性，这就要施加人工的干预和分析，尤其是针对具有政治敏感性等事件和话题所引发的舆情，需要引起工作人员的高度重视，可以直接将其归为橙色或红色高级别警戒。要达到这个目的，就需要具有坚定政治觉悟和经验丰富的预警工作人员，在定性分级中，根据舆情事件本身性质、时间、地点、涉事人物、社会关注程度、事件敏感程度、事件危害程度等诸多因素综合考虑后，参考定量的舆情预警指标，科学地划定网络舆情的警报级别。

2. 网络舆情的定量分级

定性分析以人工为主，具有分析结果可靠的特点，但网络舆情体现在海量的互联网信息和数据中，定量分析才是预警分级的基础。所以，在网络舆情预警中，建立在其核心是依据可操作性、真实性、科学性、合理性原则基础上网络舆情事件的定量分级，是整个网络舆情预警分级体系的有益补充。但要构建完善的网络舆情预警指标体系，则离不开从多个维度分析主题舆情的传播范围及程度、主题舆情本身的内容强度、舆情受众意见分布、主题舆情的生长规律及状态等网络舆情监测预警要素，而这些要素均可以采用定量的方式，在计算机自动采集舆情事件信息的基础上进行。网络舆情监测系统得到的上述各项定量指标，依据预警系统的指标体系，可以对其进行量化打分，从技术上确定其预警级别，但不能作为舆情事件的最终预警级别结果，要科学地划定网络舆情的级别，还需要与定性分级方法有机结合，以增加网络舆情预警分级的合理性、准确性和科学性。

（二）不同级别网络舆情预警的响应机制

网络舆情预警作为一项系统性的工作，需要各个环节的有效配合和衔接，才能有效科学地运作。本着系统化功能分解的思想，可以将网络舆情预警分为以下三个环节。首先通过网络舆情监测系统的收集、监测和研判工作，根据网络舆情预警指标体系所设定的条件和参数，定量地预测舆情事件的发展趋势并发布警报到相关方面；其次根据动态监测到舆情事件不断变化的预警指标，由网络舆情分析系统分析舆情事件的发展趋势和影响分析，即时调整警报级别并及时更新发布的预警级别；最后对与舆情事件所引发的次生、衍生事件的舆情，也同样进行舆情的动态监测、定性和定量分析，根据预警指标体系划定级别，并及时发布更新警报级别等信息，必要时同样需要提交相关方面。

网络舆情的预警和网络舆情的环节和因素存在着非常复杂的关系，要正确地处理这些错综复杂的关系，就需要从系统论的角度和发展运动的观点看待网络舆情的预警工作，将舆情与监测、研判等环节紧密配合，将网络舆情的收集、监测与研判等工作，贯穿于网络舆情预警的整个周期，各个因素相互有机配合，形成一个动态舆情工作体系，才能尽最大可能全方位地做好网络舆情预警工作。

三 网络舆情预警的具体内容

（一）网络舆情预警法律法规的建立和完善

网络舆情预警法律法规是网络舆情预警开展具体工作的行动指南和依据，网络舆情事件爆发后，政府部门针对舆情事件的应对措施及其主动性和权威性，应当在相关法律法规授权的范围内展开，要做到这一点，就需要与之相关的一整套相对完善的法律法规作为支撑和前提。针对突发事件的发生，各国都已经开始立法，力图在处理类似事件时有法可依。

英国于1920年制定的《紧急状态权力法》和1964年的《国内防御法》等法律，都属于有关紧急状态的专门法律。

美国于1976年颁布《紧急状态法》，规定全国紧急状态的宣布程序、时间限制、政府财政支出及紧急状态下的权力等，紧急状态期间，总统可以颁布一些特殊法规，行使一些特别权力。

俄罗斯2002年制定了《紧急状态法》。在俄罗斯全境或个别地区实行紧急状态，必须由联邦总统发布命令，并立即将此情况向联邦委员会和国家杜马通报，并报送联邦委员会批准。如果总统令未得到联邦委员会的批准，则在其颁布72小时后自动失效。

印度、巴基斯坦、土耳其等国也在宪法中规定了紧急状态制度，主要针对战争威胁及民族和地区冲突、政治骚乱、罢工、游行示威、政变等，实行军事管制、戒严等手段，规范调整紧急状态。

日本虽然没有专门的紧急状态法，但却分别制定了应对各种紧急状态的法律，如《警察法》《自卫队法》《灾害对策基本法》，分别就国内骚乱、国外侵略以及重大自然灾害发生时，国家应采取的紧急处理措施做了具体而明确的规定。还有许多国家在《战争法》《国防法》《战争动员令》等战争或军事法规中规定了战时紧急状态制度。

我国也分别在2006年、2007年和2012年出台《国家突发公共事件总体应急预案》《中华人民共和国突发事件应对法》和《关于加强网络信息保护的决定》等法律法规。

上述法律法规的制定，部分处于互联网时代之前，造成这些法律法规中对网络舆情突发事件预警涉及较少或根本就没有提及，自然缺乏对预警工作的指导，给实际操作带来不便，但其中处理紧急事件的思想和方法，可以借鉴用于网络舆情的处理。因此，现阶段应结合当前的网络社会发展情况，构建科学、合理并高效的网络舆情突发事件预警与应急管理法制框架体系，做到有法可依、依法行政，使网络舆情预警走向规范化、制度化和法制化。

（二）建立涉及各个方面的联合行动机制

从中央到地方，各地各部门要在法律法规的框架下，完善联动机制，形成舆情预警的工作合力，发挥舆情预警的关联效应，实现一加一大于二的效果。

1. 上级下级联动

自上而下建立串接中央、省、市、县四级的，具有敏感、快速、有力特点的互联网信息管理处置渠道，建立起从中央到基层各级相关部门参与的纵向体系，充分调动相关部门的主动性，尤其是基层的积极性，发挥上下联动机制，扫除网络预警的死角，全方位协同有效工作，共同开展网络舆情预警工作。

2. 同级之间联动

由于互联网覆盖的广泛性和信息传播的即时性特点，要做到网络舆情的有效预警，也不是某个单个部门所能承担的重担和职责，为此，各相关部门都应该在思想上增强责任意识、主体意识。将网络舆情工作摆在重要的突出位置，由各级党委政府总负责和协调的同时，更要构建各相关职能部门参与的横向体系，形成同级联动的工作网点，不仅要将与网络舆情相关的宣传、公安、通信和管理等部门纳入到系统中，也要将属地所有的党委、政府机关部门，特别是舆情事件主要人员所在部门调动起来，实现信息互通共享，有效地促进网络舆情预警。

3. 传统媒体与新媒体联动

传统媒体和新媒体可以各自构建各自的舆论场，因为它们带来的舆论效益和舆论效果不一样。传统媒体构建的舆论场呈现主导性、权威性和专业性等特点，但是这个引导的数量和层面有限。新媒体构建的舆论场具有多样性、自发性和广泛性，非常重要的就是参与性和对话性带来的互动优势，这是传统媒体没有的。对网络舆情进行预警，须注意传统媒体和网络媒体绝非隔绝的两个舆论场。网络时代的重大舆情事件往往首先发端于网络，在新媒体上发酵，之后传统媒体介入，将新媒体上的舆情信息进行深度处理和放大处理。新媒体舆论也有其议程设置的能力，但在其草根表达上，在情绪疏导上可能要更进一步发挥作用，特别是在草根和情绪这两个方面，可能要发挥更重要的作用。传统媒体的舆论场仍然继承了其议程设置的功能，但是它的传统的专业媒体的优势，借助它的长期积累的品牌优势和权威优势，可能要在权威引导上和理性说明上发挥更大的作用。因此，网络舆情的预警只有分别针对传统媒体和新媒体在舆论场中不同作用和特点，才能分别发挥其各自的长处，规避不足，有效地做到网络预警工作。

4. 官方和民间联动

建立由政府、专业机构、社会中介组织、社会公众等共同构成，从政府到公众共同参与的官方与民间联动体系。在该体系中，政府是预警的主要主体，专业机构提供技术或理论支持，社会中介组织作为沟通和反映民意的重要渠道，社会公众是网络舆情最初感知的社会主体，各个部分在整个体系中发挥着相对独立与相互配合的作用，就建立起从线上到线下的完善体系。由于网络舆情起源都是现实事件，所以在网络舆情预警中，网络舆情信息的收集要同时兼顾网上和网下两个方面，才能全方位地提高预警能力和效率。

网络舆情系统监测到有价值的舆情信息后，需要将其加工成可阅读的文稿报送出去，才能为各相关部门的决策服务，作为各部门进行下一步工作的依据。网络舆情信息的撰写应当按照既定的结构要素来安排材料和组织语言，以文稿的方式呈现，一般包含标题、导语、主题、背景、结尾等要素。网络舆情信息的编写除需掌握结构要素外，还要注意把握选题、内容、数据、语言等方面的一些要求，即网络舆情报告的撰写要遵循一定的规范和时效性，才能最大程度上发挥舆情信息的价值。

5. 静态预警与动态预警相结合

舆情预警的分级方法，使用相对固定的指标体系进行舆情预警。静态预警的缺陷显而易见。首先，静态预警是一种被动预警，根据经验预设的敏感话题、传播渠道、传播态势三大方面内容和数据的预警指标适应性存在时效问题；其次，静态预警指标体系的调整依赖人工经验，缺乏来自数据和案例的科学支撑，指标体系对作为预警对象的舆情事件的反馈滞后乃至缺乏。因此，热点舆情事件多发单位的舆情预警，应考虑舆情系统通过大量案例积累进行自主学习，以以往的舆情事件为依据，又不拘泥于已经存在的舆情事件所形成的经验，根据舆情事件的反馈及时动态调整预警指标体系，将静态预警与动态预警相结合，形成流程优化的闭环，有效地促进网络舆情预警工作的开展。

（三）建立明确有力的责任机制

责任体系是网络舆情预警机制实现制度化的现实基础和有力保证。要建立集中统一的指挥机构，在确定某一个部门承担总协调工作的基础上，要明确舆情应急处置的责任主体、预警工作内容和主要制度，建立舆情预警排查、处置回告以及奖惩等工作制度，认真落实舆情通报和责任追究制度，表彰先进，同时对漏报、瞒报等消极行为进行相应的处理，建立网络舆情信息资源共享系统，建立预警与应急管理专家咨询队伍，落实领导责任制。

（四）建立具有针对性的预案体系

网络舆情预警体系的总体预案是总纲领，在网络舆情事件分级的基础上构建而成，是指导预防和报送各类网络舆情事件的规范性文件。专项应急预案主要是为应对某一类型或某几种类型的网络舆情事件而制定的应急预案，由主管部门牵头联合相关部门组织实施。地方应急预案指的是地方政府部门的应急预案，它明确各级政府在应对涉及当地网络舆情中的回应主体地位，落实属地管理责任。构建包括总体预案、专项预案和地方预案的网络舆情预警预案体系，切实提高网络舆情预警工作的应对能力，最大程度地预防和减少网络舆情事件可能或已经造成的损害，维护国家安全和社会稳定，促进经济社会全面、协调、可持续发展。

当前，在舆情管理机制上还存在较大的欠缺，广泛存在重危机处理、轻危机预警，重危机过程管理、轻危机信息分析的通病，从而导致在网络舆情的管理中常处于被动地位，更易被网络舆论牵着鼻子走，无从发挥引导舆论走向的作用。如果能及时预测网络舆情发展趋势，感知危机事件的征兆，则有利于发挥舆情处置的主动性，在网络舆论中力挽狂澜。对即将或已经形成网络热点的舆情有效预测，可以从舆情事件参与主体、涉及相关内容和定量分析等方面来预测和预警。

第五节　网络舆情处置

随着互联网普及程度的日渐提高，互联网已经取代传统媒体，成为传达信息、建构社会关系和维持社会秩序的最重要渠道和平台，已经成为当今最重要的传播媒介，影响了社会生活的各个方面。但作为一样事物，互联网所产生的影响同样具有明显的两面性，从进步的方面来说，由于互联网本身的数字化特征，天然具有速度快捷、受众广泛、互动性强、高度共享等特点，从而表现出传统媒体无法比拟的优势；但从互联网用户或受众门槛极低的特点出发，导致传统媒体中把关人角色的缺失，从而造成互联网上的信息内容复杂，来源分散，缺乏整合，充斥着大量低俗恶俗消息，甚至流言、谣言、虚假、恶意诽谤和人身攻击等信息。与此同时，互联网还变身为群体性事件和突发事件的信息发源地和社会舆论的集散地，以前所未有的速度使得事件再也没有局部、国内和国外在地理概念上的区别，再加之信息扩散者个人意愿的添加和传播过程中以讹传讹情况的广泛存在，极易造成普通事件升级为热点事件，简单事件的解决由于事件复杂化而难以解决，甚至引发社会动乱影响社会的稳定和平和，所以需要在网络舆情起源时就给予适当的关切，并给予适当的处置，以防不必要社会成本的支出，防患于未然。

一 网络舆情处置的内容

（一）网络舆情处置及其实体事件处置

要进行正确的网络舆情处置，首先要从概念上理清网络舆情处置与网络舆情实体事件处置的联系和区别。具体来说，两者的联系主要表现在以下两个方面。

第一，网络舆情实体事件是物质存在，网络舆情是意识反映。网络舆情实体事件是第一性的，网络舆情反映是第二性的。网络舆情实体事件是舆情的起源，网络舆情只是针对某个具体实体事件在意识中的反映，符合辩证唯物主义物质决定意识的基本观点。

第二，网络舆情处置与网络舆情实体事件处置需要密切配合。网络舆情随着网络舆情实体事件的处置而发展变化，没有网络舆情实体事件的妥善处置，网络舆情的妥善处置将会面临着许多无法应对的困难。网络舆情处置需要线上处置和线下处置两种方式的密切配合。从辩证唯物主义物质与意识之间的关系出发，意识虽然来源于物质，但意识作为对物质的在大脑中的反映，会指导人这个主体对物质施加影响甚至改造物质，即体现意识的对物质的反作用，表现在网络舆情处理中，即网络舆情的发展有时会影响其来源即实体事件本身的发展和变化，这更加凸显了两者处置时密切配合的重要性和根本原因。

网络舆情处置与网络舆情实体事件处置虽然相互联系，但两者之间的区别也明显地表现在以下两点。

第一，网络舆情处置对象与网络舆情实体事件处置对象不同。网络舆情实体事件处置对象是现实社会中存在的一系列突出问题、突发事件和矛盾冲突等物质层面的真实存在；而网络舆情处置对象是网络空间中存在的意识形态冲突、相关信息流动和利益表达问题等言论的意识表达。

第二，网络舆情处置方式与网络舆情实体事件处置方式存在差异。网络舆情实体事件处置，需要遵循《中华人民共和国突发事件应对法》《国家突发公共事件总体应急预案》等相关法律法规，合理有序地做好突发事件的预防、监测与预警、应急处置与救援、事后恢复与重建等工作。网络舆情处置，除需要遵循上述法律法规外，还需要遵循《中华人民共和国政府信息公开条例》等相关政策规定，认真负责地做好信息公开、新闻报道、舆论引导、网络管控等工作。

（二）网络舆情处置原则

1. 实体事件处置与网络舆情应对同步进行

实体事件和网络作为因果关系的两个要素，关系紧密又相互影响，所以处理也需要同步进行。这也是网络舆情处置最主要的原则，即网络舆情实体事件处置与网络舆情处置要同步开展、同步部署，网络舆情处置需要同步嵌入网络舆情实体事件处置的过程中，两个方面的工作要高度契合、紧密衔接。其中，事件处置是第一位的，除了少数造谣生事的情况外，多数舆情都是和事件本身联系在一起的，如果事件不能得到妥善处置，舆情很难最终平息；而且，只有事件的有效处置，没有舆情处置的跟进，就会形成信息不对称的局面，最后导致更加难以处理的负面影响，从而造成对公信力和执政基础的无形损害。因此，事件处置与舆情处置必须紧密协同衔接起来，同步部署、同步展开，处置完成之后还要全面总结，举一反三，形成完整的闭环工作反馈系统。在实际工作中，任何重视网络舆情实体事件处置而轻网络舆情处置、重网络舆情处置而轻网络舆情实体事件处置的做法都是错误的。网络舆情处置工作做得好，可以有力促进网络舆情实体事件处置；反之，会加剧事态向坏的方向发展，甚至酿成激烈的群体性事件。这就要求网络舆情管理部门与网络舆情实体事件管理部门建立有效沟通、高效协调的机制，保证网络舆情预警发出后，得到相关部门的积极回应与有效应对，做到事件处置与舆情处置同步启动，确保以最短的时间、最快的速度，发布最新消息，正确引导舆论，从根本上化解网络舆情问题，进而促进现实问题的最终解决。

2. 及时准确、公开透明、有序开放、有效管理、正确引导

面对突发事件，政府要把握第一时间，用权威信息予以回应，抢占舆论阵地，确立先发优势，掌握话语权，最大限度地消除谣言产生的根源，控制流言传播的空间。在回复言论的处理上，要注意信息真实准确，公开透明；要注意核心事件信息一致，各级部门口径一致；要注意回答公众关心的实际问题，杜绝空泛的言论；还要注意言论推进的有节、有序，依据事件进展，查清一点说一点，发言循序渐进，不可失语，也不可妄语。政府要将正确舆论导向放在首位，坚持正面宣传为主的方针，凝聚集体意见，疏导公众情绪，引导热点问题，开展舆论监督，把坚持正确导向与通达社情民意统一起来。同时要进一步完善法律，加强对互联网的管理，保证虚拟世界的和谐稳定，有序发展。

3. 低开低走、网来网去、就事论事不论战

低开低走，就是不能把舆情处置、新闻发布的级别很快就提到很高的程度，尽量将事件处置和舆情处置限定在事件发生地所处的级别。在研究网络舆情处置措施时，可以省、市、县几级联动，起草新闻发布稿也可以请上级帮忙琢磨把关，但出面处置的层级最好限定在事件发生地所处的级别，特别注意不能越级处理而造成更大范围内的影响甚至混乱。

网来网去，就是网络关注的热点，一般不要用平面媒体回应，否则有可能使事态扩大、升级，导致后续处置工作没有回旋余地。但是，如果遇到重大舆情需要权威声音以正视听或涉及广大人民群众生命财产安全时，要借助新华社、《人民日报》、中央电视台等中央媒体以及地方党报党台发出权威声音。

就事论事不论战，是指要有针对性地回应社会关切，而又不针锋相对地论战，在与网民的信息沟通中处于主动位置，从而当舆情事件或网络舆情发生不利变化时，处置舆情时有回旋余地，有利于网民从心底接受，有利于热点事件关注程度的降温，有利于发挥理性平和的示范引领作用，为后续类似舆情事件的处置提供参考和榜样。

二 网络信息公开的原则和策略

（一）网络信息公开的原则

在网络舆情处置中，信息公开是首要环节和前提条件。在网络信息高速发达的今天，信息的绝对封锁已经完全做不到，一旦有信息出现在互联网上，哪怕只是被海量的个别网民捕获，就再也难以清除信息已经在互联网上存在过的痕迹，封锁信息的做法只能取得适得其反的负面效果，反而会被网民从心理上产生怀疑，并严重不信任网络舆情处置人员的态度和水平，并极易引起次生事件以及舆情，造成事件不必要扩大，为控制处理舆情添加了更大的难度。综上，在网络舆情处置中，舆情事件的公开首先是舆情处置部门的态度问题，但公开舆情事件的具体方法和手段也值得仔细探讨和谨慎选择，在很大程度上决定着整个舆情事件的处置成效。在信息高度发达的网络社会，为了更好地处置网络舆情，网络信息公开工作和舆论引导工作应遵循快报事实、慎报原因、重报态度和准报结果等原则。

1. 快报事实

在网络舆情处置中，快报事实就是及时公布信息，公布事件事态。谣言止于真相，要在确定信息准确性的第一时间发布权威信息，及时、客观、透明地公布事实真相，从而提高舆情处置的透明度，先入为主地赢得话语权和主导权，才能在最大程度上消除舆情事件带来的社会负面影响，为促进事态向良性方面发展提供便利条件。还需要引起注意的是，事件事态的发展往往是动态的，不仅要在第一时间快报事件的动态和进展，而且要根据广大民众对事件的关切程度不断报道动态及其侧重需要民众了解的方面。

2. 慎报原因

慎报原因就是在未准确查明事件原因之前，发言要慎重，更不要擅自对事件及其事态下结论。引起舆情的事件往往比较复杂，原因和变化更加错综复杂，所以事件本身产生的原因和性质往往难以在短时间查明，也就更不能断然下结论，在这种情况下事件的处置方式也不能确定，只有事件的起因、性质等都明确以后，才能考虑事件的处置方式，不然就会造成激化矛盾的严重后果，甚至造成事件激化和扩大。

3. 重报态度

重报态度就是要表明积极回应广大民众关切的态度，诚恳回应与事件相关的提问甚至质疑，以谦卑的态度面对媒体和公众，宣示主管部门在突发事件处置过程中应该切实承担的责任和义务，并诚邀公众代表监督事件处置过程，鼓励公众举报实体事件处置过程中存在的问题，吸纳公众关于事件处置所提供的意见和建议，舒缓公众的敌对情绪。对于一些涉及国家机密等不宜公开的事件，可以在向公众申明的情况下暂且不公布事件本身，但对相关部门处置事件的态度要及时公布。

4. 准报结果

准报结果本质上是舆情事件处置过程的透明化，向公众表明处置过程良好态度的重要表现，具体做法是仔细核实实体事件处置的各个环节和细节，确保准确把握相关事件的处置工作，准确发布事件处置相关措施的情况，紧密跟踪、及时发布事件处置的进展，最大程度上保证处置结果发布过程中不引发误解、误读和误传。

（二）网络信息公开的策略

与传统实体事件的处置方式一样，网络舆情事件也要在第一时间发布权威信息，以掌握话语权。在当前的网络社会大背景下，每逢重大突发事件发生，受众更大程度上会习惯于相信第一时间和第一现场的消息，这是由传播心理学的第一印象效应决定的。作为网络舆情处置的重要环节，信息公开一旦错过最佳发言时机，虚假、不良信息就会通过各种新媒体渠道快速复制传播，在极短时间内造成流言肆虐和事态恶化的严重后果，再反过来影响事件的进展和动态，客观上造成事件的迅速升级甚至恶化。

从舆情事件的传播规律和受众的接受心理来看，受众在毫无心理准备的情况下最初获取的信息，对于受众形成态度具有关键作用。在网络舆情处置中，相关单位和部门必须坚持快速介入先声夺人的原则，在第一时间发布权威信息、掌握话语权，及时公布事实、揭露真相、回应社会关切，及时填补舆论真空，才有可能抢占舆论先机，最大限度地挤压各种谣言和负面信息的传播空间，掌握网络舆论的主动权，为后续网络舆情的处置提供良好的条件。

重大突发公共事件的产生原因，在短时间内往往难以给出定论，因而舆情处置部门应当坚持谨慎的态度，及时向公众声明，要求待原因查明后再由新闻媒体报道，这从情理上说是有道理的，却忽视了信息传播的基本规律，错过了舆论引导的最佳时机。在信息社会，先发的舆论会起到先入为主的效果。主动发布所掌握事件的确切消息，会在公众面前树立坦荡和负责的形象，拉近与公众的心理距离，所说的内容才有机会让公众有心思去倾听；反之，如果与事件相关的信息发布滞后，那么事件的描述权、解释权、评论权就会被其他舆情处置部门所不掌握的其他方面把持，一旦别有用心的假消息或谣言兴起，再发布声明澄清事实，要想得到广大公众的认同，就具有非常大的难度了，要扭转这样的不利局面，需要花更大的力气来完成，而更多时候，几乎就成了不可能完成的任务，只能听之任之，最后等待失控的事件自行消亡，再收拾引发的惨淡局面了。

三　网络舆情引导的策略

舆论是社会或社会群体对于某一事物的共同认识和集体意见，具有多向和互动的特点。舆论引导就是按照预期方向，通过大众媒介传播一定的观点或信息，整合公众观念，引导言论方向，平衡舆论发展，让舆论的产生和发展处于掌握之中。在建设具有中国特色社会主义的新时代，党管理一切媒体的指导思想下，唱响网上主旋律，主动设置议题，加大正面宣传力度，大力弘扬正能量，引导传统媒体和新媒体的舆论往符合社会主义核心价值观的方向靠拢，具有极大的研究价值和现实意义。

要做到这一点，就要围绕关系群众切身利益的社会问题设置议题，聚焦广大社会成员普遍关切的热点话题，围绕群众关心和反映群众呼声的热点问题设置议题，围绕新时代的中心工作精心设置专题，开展正面宣传。在网络媒体方面，要积极努力去占领微博、微信、新闻客户端和社交媒体等新型舆论场，努力更好地与这些新媒体形态上的用户进行积极有效的对话，熟练使用网民所熟悉的语言，密切关注新型舆论场的发展态势，掌握这些形态新媒体的特点和动向，主动设置具有新型网民群体接近性的议题，达到有效引导网络舆情甚至网络舆论的目的。具体来说，网络舆情的引导，需要从以下几个方面做起。

（一）主动调控互联网热点敏感舆情

紧密跟踪重大突发舆情，增强舆情引导的针对性和主动性，紧密跟踪网络舆情生成、演化的生命周期，并配合网络舆情的发展过程做好应对工作，抢抓时效，尽早处理，争取事态由大化小、由热变冷、由强变弱，才能尽最大可能地迅速控制事态，防止其蔓延扩大，往不利于控制的方向发展。坚持灵活的动态反应，利用主流网络媒体做好正面宣传报道，灵活熟练地运用网络评论、新闻跟帖等各种网络方式，争取直接与网民沟通对话，减少和消除不实谣言和传闻的负面影响。把握网络舆情在不同发展阶段的不同特点，分别给予有针对性的处置措施和手段，以期得到更好的网络舆情引导效果。在网络舆情的潜伏期，要注重舆情预警，做好提前预案；在网络舆情的发生期，要注重有效发布，做好阐疑释惑；在网络舆情的发展期，要注重设置议题，做到主动出击；在网络舆情的平息期，要注重持续跟踪，做到严防复燃和反复。

（二）团结和培养意见领袖

根据拉扎斯菲尔德提出两级传播理论，信息从大众媒介到受众，经过了首先从大众传播到舆论领袖，然后从舆论领袖传到社会公众这两个阶段，并认为人际传播比大众传播在态度改变上更有效。意见领袖是指在互联网上极其活跃，通过人际交往网络向他人提供信息，以不断扩大影响的人物。在传统媒体兴盛的时代和新媒体当主导地位的网络社会时代，意见领袖在信息从大众媒体到受众的传播过程中，都具有引导言论的重要意义，具有掌控话语权上的积极作用。这样的作用和意义，由于互联网用户群体的扩大和媒体参与门槛的降低得到了空前的放大和强化，大量在互联网上活跃着的专家学者、媒体人和各界精英，引导着亿万网民的言论方向，几乎各个利益群体和社会阶层都能在互联网中找到对应的领袖人物，相当比例互联网用户信息的获取不是直接来自于信息发布的第一媒体，而是来自于其所关注的各种意见领袖，而且在获取信息的同时，还不自觉地接受了意见领袖对于事件的态度、意见和看法，又由于意见领袖的庞大拥趸，从而在极短时间内形成具有相当影响力的网络意见，甚至形成网络舆情或舆论。因此，要善于发现和寻找意见领袖，发挥其在信息传播和意见表达方面的重要作用，善于与其沟通、交流，紧密跟踪社情民意，通过意见领袖来间接阐释官方观点，论证官方做法的合理性，对言论不当的情况给予反驳和批评，从而达到引导网络舆论的目的。

四　网络舆情管控的策略

互联网由于天生的强技术特征，其发展自然大大领先于法律和社会的变化，互联网被社会各方面所承认和重视，正是由于其所标榜的自由和共享精神，所以在其发展的初期和早期，曾被称为无国界、无法律、无管治的三无地带，由此产生了大量问题。当互联网开始在各个方面深入影响社会生活、生产、意识形态甚至国家安全时，如何让网络舆论在法律的约束下有序传播，如何保障公众的知情权、参与权、表达权和监督权，网络舆论对现实社会的影响甚至冲击等一系列与网络舆情相关的问题，都需要进行深入探讨和研究。总体来说，坚持依法管理、科学管理、有效管理的立法理念，加快推进针对网络舆情的相关立法工作，加大对互联网舆情信息的管控力度，才能有效地发挥互联网在社会生活中的正面作用，尽量预防互联网所带来的负面影响。

（一）以法律为依据约束控制网络舆情

互联网信息管理的法制化，是维护基本的社会秩序、维护人民群众根本利益的根本前提，与传统现实社会中的舆情舆论的治理不同，与治理网络舆情舆论相关的法律法规，目前在各国都处于探索的阶段，只能借用以前的法律法规进行管理，从而往往存在着当前法律法规不适用于网络信息传播的情况，难以取得良好的网络舆情管控效果，所以在各国都存在着亟须制定互联网专用信息传播法律法规的问题。

对谣言的传播，在中国现存法规条例中也有适用的法律法规如《中华人民共和国治安管理处罚法》规定：有下列行为之一的，处五日以上十日以下拘留，可以并处五百元以下罚款；情节较轻的，处五日以下拘留或者五百元以下罚款。

针对散布谣言等行为，在2006年3月起实施的《中华人民共和国治安管理处罚法》第二十五条第一项中明确规定：散布谣言，谎报险情、疫情、警情或者以其他方法故意扰乱公共秩序的，处五日以上十日以下拘留，可以并处五百元以下罚款。2013年9月，两高公布司法解释规定：利用信息网络诽谤他人，同一诽谤信息实际被点击、浏览次数达到5000次以上，或者被转发次数达到500次以上的，应当被认定为《刑法》第二百四十六条第一款规定的"情节严重"，可构成诽谤罪。2015年8月29日，历经三次审议和多次修改后，《刑法修正案（九）》获全国人大常委会表决通过，将四种情形的网络谣言入刑，在依法治理网络谣言方面又有更严厉的举措。从2015年11月1日起，随着《中华人民共和国刑法修正案（九）》正式实施，在微信、微博等社交平台传播虚假消息，造成严重后果的，最高将被处以七年有期徒刑。《刑法修正案（九）》在《刑法》第二百九十一条中增加规定：编造虚假险情、疫情、灾情、警情，在信息网络或其他媒体上传播，或明知是上述虚假信息，故意在信息网络或其他媒体上传播，严重扰乱社会秩序的，处三年以下有期徒刑、拘役或者管制；造成严重后果的，处三年以上七年以下有期徒刑。

尽管和互联网信息传播的相关法律法规在不断的制定和完善中，但我国之前制定的《中华人民共和国突发事件应对法》《国家突发公共事件总体应急预案》《中华人民共和国治安管理处罚法》《公安机关处置群体性治安事件规定》等政策法规，仍然是处置网络舆情的重要参考。在对网络舆情进行处置时，应遵守相关法律规定，在客观全面还原事实的基础上，用证据和法律得出令人信服的公正结论，依法科学处置是不受媒体和舆论裹挟的根本依凭，彰显法制和公平公正是不被少数人制造的网络舆论假象所迷惑，避免为网络暴力所影响的正确方法。

（二）以自律为需求从内心增强责任感

互联网行业从业者，作为当前网络社会中信息传播最主要的执行人，所传播的信息在社会生态构建中具有相当重要的作用，在承担这份责任和荣誉并做好本职工作的同时，更应当自觉遵守国家有关互联网发展和管理的法律、法规和政策，大力弘扬中华民族优秀文化传统和社会主义精神文明的道德准则，积极推动互联网行业的职业道德建设；自觉遵守国家有关互联网信息服务管理的规定，自觉履行互联网信息服务的自律义务，正确对待网络信息，理性把握网络舆论；与此同时，广大公众都应保持健康、理性的心态，不听信谣言，更不传播谣言，坚决反对和自觉抵制谣言，从正确的途径获取信息，提升鉴别媒体品质的能力，掌握科学的思维方法，充分提高个人的媒介素养，才不会被谣言所伤害，更不能盲目转发未经证实的消息。

（三）落实网络媒体属地化管理及其体制的理顺

尽管互联网具有覆盖无区域性甚至跨越国界的特点，但具体的网络媒体及其所引发关注的网络舆情事件、问题与具体的地理位置密切相关，而且往往是对事件的关切程度与媒体所在地的关系高度相关。据此，中央明确提出对网络媒体的管理要实行属地化原则，要求实施有效管理，并对形成中央和省（直辖市、自治区）两级管理格局作出了具体规定，为规范互联网管理尤其是网上内容的管理指明了方向。要做好网络媒体的属地化管理工作，需要充分认识加强互联网属地化管理工作的重要性和紧迫性，建立互联网管理长效机制，建立专门部门，充实管理队伍。在网络媒体属地化管理的技术层面上，要加强对域名和IP地址的基础管理，参与全国网站信息数据库建设工作将管理的权责落实到地方；要加强网络与信息安全技术平台建设，提高网络与信息安全的管理能力，管控和引导网络舆情，提高地方管理互联网的能力。在日常工作中吸取经验，继续完善、优化管理机制同时加大对信息网络传播视听节目的监管力度，重视网络文化建设。总之，要大力推进互联网属地化管理的规范化、制度化，才能做到网络舆情的及时和针对性地处置，引导和促进互联网健康有序地发展。

（四）以法律法规为依据规范打击网络不良信息

为了规范互联网信息服务活动，促进互联网信息服务健康有序发展，国务院2000年9月25日公布施行的《互联网信息服务管理办法》中规定，互联网信息服务提供者不得制作、复制、发布、传播含有下列内容的信息：

（一）反对宪法所确定的基本原则的；

（二）危害国家安全，泄露国家秘密，颠覆国家政权，破坏国家统一的；

（三）损害国家荣誉和利益的；

（四）煽动民族仇恨、民族歧视，破坏民族团结的；

（五）破坏国家宗教政策，宣扬邪教和封建迷信的；

（六）散布谣言，扰乱社会秩序，破坏社会稳定的；

（七）散布淫秽、色情、赌博、暴力、凶杀、恐怖或者教唆犯罪的；

（八）侮辱或者诽谤他人，侵害他人合法权益的；

（九）含有法律、行政法规禁止的其他内容的。

为了规范互联网新闻信息服务，满足公众对互联网新闻信息的需求，维护国家安全和公共利益，保护互联网新闻信息服务单位的合法权益，促进互联网新闻信息服务健康、有序发展，我国制定了《互联网新闻信息服务管理规定》，并于2005年9月25日起施行。根据该规定，以下11类信息一经发现必须及时予以删除，从而从根源上杜绝该不良信息的传播源头：违反宪法确定的基本原则的；危害国家安全，泄露国家秘密，颠覆国家政权，破坏国家统一的；损害国家荣誉和利益的；煽动民族仇恨、民族歧视，破坏民族团结的；破坏国家宗教政策，宣扬邪教和封建迷信的；散布谣言，扰乱社会秩序，破坏社会稳定的；散布淫秽、色情、赌博、暴力、恐怖或者教唆犯罪的；侮辱或者诽谤他人，侵害他人合法权益的；煽动非法集会、结社、游行、示威、聚众扰乱社会秩序的；以非法民间组织名义活动的；含有法律、行政法规禁止的其他内容的。

随着互联网产业的发展，个别组织和个人在通过新媒体方式提供新闻信息服务时，存在肆意篡改、嫁接、虚构新闻信息等情况。针对这些新问题，2017年5月2日，国家互联网信息办公室发布新的《互联网新闻信息服务管理规定》，并于2017年6月1日开始施行。该规定从总则、许可、运行、监督检查、法律责任和附则等六个方面，对之前的管理规定进行了进一步完善和修订，使之更符合当前互联网的发展情况。

2017年5月2日，国家互联网信息办公室公布《互联网信息内容管理行政执法程序规定》，自2017年6月1日起施行，旨在规范和保障互联网信息内容管理部门依法履行行政执法职责，正确实施行政处罚，保护公民、法人和其他组织的合法权益，促进互联网信息服务健康有序发展。该规定明确，行政处罚由违法行为发生地的互联网信息内容管理部门管辖。国家互联网信息内容管理部门依职权管辖应当由自己实施行政处罚的案件及全国范围内发生的重大、复杂的互联网信息内容行政处罚案件，省、自治区、直辖市互联网信息内容管理部门依职权管辖本行政区域内重大、复杂的互联网信息内容行政处罚案件，市（地、州）级以下互联网信息内容管理部门依职权管辖本行政区域内的互联网信息内容行政处罚案件。

2017年6月25日，国家互联网信息办公室发布《互联网信息搜索服务管理规定》，旨在规范互联网信息搜索服务，促进互联网信息搜索行业健康有序发展，保护公民、法人和其他组织的合法权益，维护国家安全和公共利益。该规定明确，国家互联网信息办公室负责全国互联网信息搜索服务的监督管理执法工作，地方互联网信息办公室依据职责负责本行政区域内互联网信息搜索服务的监督管理执法工作。该规定要求，互联网信息搜索服务提供者应当落实主体责任，建立健全信息审核、公共信息实时巡查等信息安全管理制度，不得以链接、摘要、联想词等形式提供含有法律法规禁止的信息内容；提供付费搜索信息服务应当依法查验客户有关资质，明确付费搜索信息页面比例上限，醒目区分自然搜索结果与付费搜索信息，对付费搜索信息逐条加注显著标识；不得通过断开相关链接等手段，牟取不正当利益。

2017年8月25日，国家互联网信息办公室公布《互联网论坛社区服务管理规定》，自 2017 年 10 月 1 日起施行，旨在规范互联网论坛社区服务，促进互联网论坛社区行业健康有序发展，保护公民、法人和其他组织的合法权益，维护国家安全和公共利益。该规定明确，国家互联网信息办公室负责全国互联网论坛社区服务的监督管理执法工作；地方互联网信息办公室依据职责负责本行政区域内互联网论坛社区服务的监督管理执法工作。该《规定》要求，互联网论坛社区服务提供者应当落实主体责任，建立健全信息审核、公共信息实时巡查、应急处置及个人信息保护等信息安全管理制度，不得利用互联网论坛社区服务发布、传播法律法规禁止的信息；互联网论坛社区服务提供者应当按照"后台实名、前台自愿"的原则，要求用户通过真实身份信息认证后注册账号，并对版块发起者和管理者严格实施真实身份信息备案、定期核验等；互联网论坛社区服务提供者及其从业人员，不得通过发布、转载、删除信息或者干预呈现结果等手段，谋取不正当利益。

2017 年 9 月，为规范互联网用户公众账号信息服务，维护国家安全和公共利益，保护公民、法人和其他组织的合法权益，根据《中华人民共和国网络安全法》《国务院关于授权国家互联网信息办公室负责互联网信息内容管理工作的通知》，国家互联网信息办公室还制定了《互联网群组信息服务管理规定》和《互联网用户公众账号信息服务管理规定》，明确互联网群组建立者、管理者应履行管理责任，要求互联网用户公众账号发布新闻须取得资质。《互联网群组信息服务管理规定》要求，互联网群组信息服务提供者应制定并公开管理规则和平台公约，同时对使用者进行实名认证。《互联网用户公众账号信息服务管理规定》则针对腾讯微信公众号等用户公众账号作出了规定，明确只有依法取得互联网新闻信息采编发布资质的互联网新闻信息服务提供者，才可以通过用户公众账号采编发布新闻信息。

2018 年 2 月 2 日，国家互联网信息办公室公布《微博客信息服务管理规定》，自 3 月 20 日起施行。该规定共十八条，包括微博客服务提供者主体责任、真实身份信息认证、分级分类管理、辟谣机制、行业自律、社会监督及行政管理等条款，出台该规定旨在促进微博客信息服务健康有序发展，保护公民、法人和其他组织的合法权益，维护国家安全和公共利益。

（五）职责明确，各司其职，相互配合，有序联动

随着互联网的迅猛发展，多数网络舆情事件的有效和正确应对与处置，都远远超出某个单一个部门的能力。尤其在突发网络舆情事件和重大网络舆情保障任务中，更需要多个部门协调配合，建立包括监测发现、研判分析、技术管控、舆论引导在内的完善的应急处置机制，才能尽最大可能地妥善应对各类网络舆情事件。

针对网上突发事件，各部门加强日常网络舆情监测。将监测到的有害信息汇总，由相关部门进行研判分析。根据研判结果，对于网上有害信息，采取管理措施；对于屡屡大量传播有害信息的网站，有关部门依法予以关闭。网信部门负责网上舆论的引导。上述协调处置机制已日趋常态化，成为处理日常网络信息安全事件的有效手段。

网络舆情事件的处置不但要快速，更要统一，以免造成民众不必要的误解。因此在进行舆情处置时，要明确各部门的职责权限、领导关系和责任，保证各部门之间的协调统一。对于不同类型的网络舆情，可能需要由不同层级、类型的指挥机构来统一指挥。因此应明确界定，根据网络舆情事件的类型、影响范围、危害程度、表现形式等因素，确定指挥部门的级别层次和专业性能，规定需要动员的人员范围，制定处理原则和职责，在统一指挥下反应灵敏、协调有序、机动高效地开展处置工作。

在重大突发网络舆情事件中，由于涉及部门多，影响范围广，时效性强，日常协调处置机制难以应对，则需要建立由更多部门参与、时效性更强的应急处置工作机制。如在发生一些特大公共安全事件后，公安、消防、交通、安全、宣传、卫生等多个部门往往会迅速成立联合工作小组，建立信息共享、联合研判、及时处置的工作机制。第一时间将各部门掌握的信息汇总，集中研判后作出处置措施。通过上述工作，分析事件对网络舆情的影响，针对不同情况制定应急处置预案，妥善应对网络舆情变化。

（六）对重大突发舆情采取必要的舆情管控措施

针对重大突发舆情事件，由于这类事件的重大社会影响，更容易引起广大网民的关注，具有更大的传播速度和传播范围，对其处置要借鉴美国等西方发达国家的分级分类管控方法和特殊时期封网等管控经验做法，全方位开展互联网舆情事前、事中和事后的管控工作。网络重大突发舆情事前管控方法包括由各论坛服务商和人工审核舆情，对论坛发帖进行合法性审查及延时发布，对搜索引擎关键字进行过滤或暂时性屏蔽，运用智能型

软件自动过滤敏感词语，对微博发帖实行实名制等等方法和手段。网络重大突发舆情事中管控方法包括对负面敏感舆情进行实时跟踪与引导，必要时进行封堵删除等等。网络重大突发舆情事后管控方法包括通过公安部门协调网络管理单位，采用技术手段对 IP 地址进行监测查证，对违反法律规定的信息发布者、信息传播者进行法律制裁，等等。

第五章
网络舆情分析报告

网络舆情分析和研判通常由专业舆情工作人员完成，往往涉及大量枯燥抽象的数据，所得到的结论也往往容易以晦涩的形式表现，不利于政策采纳或执行部门阅读和理解，所以应该形成具有一定格式，易于阅读和理解的书面形式的分析报告，即网络舆情分析报告。相对统一稳定的格式可以方便网络舆情报告的撰写，也方便报告使用人员和部门的阅读，由于网络舆情变化的瞬时性，需要报告部门在尽可能短的时间内获取关键信息，所以网络舆情分析报告通常以简洁明晰的形式呈现纷繁复杂的舆情，以利于相关部门认识舆情，并在必要时为确定着手实施舆论引导的策略奠定基础，网络舆情分析报告在整个网络舆情分析体系中起到了承前启后的重要作用。

第一节　网络舆情分析报告概述

网络舆情分析，通常限定在特定时间或地域范围之内，或是针对某个特定的事件，在整合特定范围内的网络舆情的同时，再辅以相关的研判和分析，并以报告的形式总结呈现和发布，其表现形式就是网络舆情分析报告。

从体裁上讲，网络舆情分析报告属于应用文，但与其他应用文形式相比，由于所关注描述的网络舆情事件的多样性，所以网络舆情分析报告具有更加灵活的特点，表现在服务对象、针对范围、时效性等方面较大的灵活性，既可以针对某一个主题、某一次事件或是一段时间、地域或领域范围内的某类、某几类事件，也可以针对一定时间范围、地域范围内的所有事件。由于网络舆情分析报告为相关部门的舆情处置提供重要依据，所以时效性是网络舆情分析报告的重要特征，但由于网络舆情分析报告是在针对某个舆情事件产生之后一段时间内的舆情的分析，其时效性往往不如以陈述事实为主要任务的新闻报道的时效性强。作为应用文的一种类型，网络舆情分析报告的服务用户遍及社会上的各个领域，可以服务政府机构，也可以服务企业、商业组织等社会机构，还可以服务非政府以及非营利机构，网络舆情分析报告的撰写也要根据服务对象对舆情的关注点，提供差异化的个性服务内容。

一　网络舆情分析报告的作用

以网络新闻及跟帖、网络论坛、博客等形态为代表的传统平台互联网的发展和普及将世界推进到了网络社会时代，与传统媒体相比，极大地促进了信息的交流和沟通，而随着移动互联网的发展和手机、平板电脑等便携智能终端的普及，手机QQ、微博、微信和客户端软件等倚重分享与社交功能的网络平台的兴起，则进一步增强了网络的交互性，降低用户采集、发送、获取和反馈信息难度的同时，为参与信息传播和表达意见创造了更加开阔的空间和更加便捷的条件，整个社会已经进入了人人都是受众、人人都是记者和人人都是编辑的新阶段。

尽管看似互联网已经进入了人人都可以参与并发表声音和看法的阶段，但互联网仍然具有大众传播媒体的根本特征，所以个人的声音在网络上被忽略、生命周期短暂以及缺乏关注等现象非常普遍，而信息的有效传播尤其是热点事件的传播仍然遵循着大众传播两级理论的支配，即意见领袖的作用依然不可忽视。虽然互联网上意见领袖及其作用仍然存在，信息传播的权威渠道在一定程度上仍然不可替代，但是传统的传者和受者的关系已经不复往日，报纸、电视、广播等传统媒体的单线两级传播模式已经改变了模样。互联网不但便利了传者与受众之间的交互性，交互方式也发生了根本性的变化。在新闻评论、网络跟帖或者微博转发中添加表情符号，甚至单纯的点击、阅读、分享、转发和点赞等行为本身，都是态度、意见或情绪的表达，都是舆情的重要组成部分。各种各样的搜索指数则以或高或低的数字来表现网民对于某个事件的关注程度，而这些关注的存在基础就是看似最简单的关于某个关键字的搜索行为。在互联网上，由于传统媒体中把关人角色的缺位，在一定程度上，网络的信息传播具有更大程度的自由，整个互联网由于地理上的无界性，内容缤纷复杂，平台丰富广阔。在具有这样特点的互联网上提取针对某个事件的网络舆情，需要直面纷繁复杂的网络信息和四面八方喧嚣的噪声，专业舆情监测机构通过技术手段监测和分析与客户有关的网络舆情，为客户提供网络舆情分析报告，以相对简便、快捷又比较科学的方式，将其中用户所关注的内容按照一定格式撰写下来，化繁为简地提供给用户，客户不仅可以节省在海量网络信息中监测舆情需要消耗的大量时间和人力成本，还可以获得更加专业的分析结果与行动建议，实现网络舆情报告的价值。

按照上述目的，对网络舆论信息进行有效的汇集、整理和分析，总结和归纳后以简洁明晰的形式呈现网络舆情的重点，充分体现网络舆情监测的结果，帮助用户认知和把握舆情，才是网络舆情分析报告的根本目的和作用。此外，在认知和把握舆情的基础上，网络舆情分析报告还可以帮助用户预测舆情，一定程度上指导用户根据需要，厘清相关诉求、意见、质疑等，通过信息发布、舆论引导等手段加以回应，决定进一步的应对策略，为舆情处理争取时间和主动，有效应对、引导和化解危机，才能避免次生灾害的发生，或减小次生灾害带来的损失，这对于及时应对网络突发公共事件和处置负面商业舆情事件具有非常重要的作用。

二　网络舆情分析报告的类型

根据网络舆情事件的不同类型，常见的舆情分析报告可以分为社会热点事件、社会热点话题、中央部委形象、地方政府形象、企业形象及公众人物形象舆情分析报告等。按照网络舆情分析报告呈现形式是否单一，网络舆情分析报告可分为单篇报告和综合报告。按照网络舆情报告的撰写和发布周期，可分为日报、周报、月报、年报以及综合专报等，由于更新时间长短不一，哪怕关注同一领域，不同周期报告各自的侧重点也有所区别，日报侧重快捷全面，月报侧重案例研析，年报侧重趋势、特征的分析，综合专报则力求详细和清晰。

在常规网络舆情分析报告撰写时，可以根据不同的监测对象和舆情特点等，选择相应的文案结构和项目，并根据时间跨度、地域范围、客户属性、内容偏重等方面的区别，对其内容区别对待和处理，从而将网络舆情报告可以分为相对不同又允许重合和交叉的诸多类型。在网络舆情分析报告的诸多项目中，需要强调的项目包括舆情热点关注度排行榜、网络舆情综述、舆情走势图、舆情特征分析与研判、媒体报道倾向性分析、网络言论倾向性分析、舆情应对效果评估、舆情应对经验分析、舆情应对教训总结、舆情应对点评等。

（一）社会网络舆情分析报告

社会网络舆情分析报告关注的领域较为广泛，以关注度或热度为标准，选取一段时间、一定区域内人们普遍关心的事件作为考察对象，梳理并分析相关信息，有时还会作出一定的预测分析，给出一定的应对建议。社会网络舆情分析报告是天气预报式的全景式分析报告，涵盖范围较广泛，针对性相对较弱。

（二）客户网络舆情分析报告

相对于关注范围广泛的社会网络舆情分析报告，客户网络舆情分析报告显得更有针对性，一般由专业舆情机构根据特定客户的需求量身定制。客户的类型包括政府机关、企事业单位、社会组织、商业机构和公众人物等。服务于政府机关的分析报告称为政务分析报告，针对企业的分析报告则称为企业分析报告，服务于商业机构的分析报告称为商业分析报告。

政务分析报告主要服务于中央部委和地方政府。中央部委往往需要对一段时间内本领域的舆情有宏观的了解，掌握所辖范围内发生的重大或热点事件以及媒体、网民的评价、看法，比如政法、民生、环保、经济、金融、医疗、教育、文化、农业和食品安全领域等。地方政府则需要对本地在一段时期以内发生的各个领域的热点事件及相关舆情都有所掌握。

企业分析报告和商业分析报告都服务于以产出为目的的机构，如生产企业和商业企业等，由于其经营和运行问题在一定的社会环境下进行，其产出的产品或服务问题面向广大社会公众，并没有特定的针对性，所以与潜在的客户之间存在着的弱连接关系，极易受到社会舆论以及网络舆情对其产品或服务评价的影响，如近些年来不断谣传的食品安全问题，就影响了这么多食品生活企业的正常运转，甚至造成个别生产企业的倒闭，其中非常重要的原因就是在舆情产生之初没有进行有效的控制和引导，放之任之最后酿成大祸。为了避免或减少因为负面网络舆情所带来的不利影响，就需要及时关注网络舆情的发展，将不利的网络舆情控制在萌芽期，这就需要网络舆情分析报告的及时准确撰写和呈送到相关的生产企业或商业企业，并根据网络舆情分析报告所描述的舆情情况采取切实可靠的措施，力图减少社会影响以压缩经济损失。

需要注意的是，社会网络舆情分析报告和客户网络舆情分析报告并非截然分开的，对政府部门来说，社会网络舆情分析报告也是非常重要的工作参考和依据。

(三) 网络舆情简报、网络舆情专报和网络舆情快报

根据舆情监测工作以及服务客户的不同需求，网络舆情分析报告可以分为网络舆情简报、网络舆情专报和网络舆情快报。

网络舆情简报是根据网络舆情监控系统采集的舆情信息，由计算机系统自动分类分析生成，或是人工整理相关信息生成的比较初级的舆情分析报告，只能呈现关于某舆情事件的最基本情况，粗浅了解网络舆情的概貌。尽管对舆情描述并不深入也不仔细，但由于其时效性和抓住了网络舆情最基本的主要方面，所以仍然有重要的参考价值。从所描述内容的角度，网络舆情简报既可以是相对宽泛的社会舆情分析报告，也可以是服务特定客户的客户分析报告。

网络舆情专报通常以某一事件或观点为中心，根据搜集的与之相关的舆情信息对事件进行全面、深入的分析，内容包括事件发生或观点产生、背景、原因和过程，媒体关注情况、网民关注情况以及引发的社会影响等。除了以上内容，网络舆情专报通常还会就包括事件未来走向，对各利益相关方的短期和长期影响，观点的传播与演变情况以及对社会观念造成的影响等方面进行相关分析和论述。

根据服务客户类型的差异，网络舆情专报还要根据客户的需求，给出关于某事件针对性的应对策略的建议。如社会各界对政府部门某项举措的评价和反应如何，政府部门是否需要作出更详细的政策解读与说明工作，是否需要对有关举措进行一定的调整等；针对企业某类产品或服务上近期出现的问题，危机管理的效果如何，对其产品或服务的社会反响，是否避免了对品牌或企业的形象带来较大损害，公众对品牌或企业的评价有无回升等，都应当进行深入细致的探讨，这也是企业客户关注网络舆情分析报告的核心部分。

相对舆情简报和舆情专报而言，舆情快报更像一篇急就章，对时效性的要求极高，往往在事件发生初期或者爆发期之前就需要生成。在事件发生初期，舆情快报往往带有预警功能，提醒政府机关或企业注意问题的苗头，做好应对的准备。在针对性上，舆情快报和舆情专报一样，往往是以某一特定事件为核心；在时效性上，对舆情快报的要求不亚于新闻报道。敏锐地发现才能为事件处置和舆论引导争取时间，以积极有效地应对避免陷入被动和蒙受损失。

（四）思想反应类、对策建议类和专题分析类网络舆情分析报告

根据网络舆情分析报告对于同一事件或同一话题上的不同侧重和关注点，网络舆情分析报告又可以分为思想反应类、对策建议类和专题分析类三种类型。

思想反应类网络舆情分析报告着眼于网民对热点问题的观点，并搜集和梳理与此相关的舆情信息。这些观点既包括某一事件发生或话题发表后网友表达的看法，也包括网民在长期关注的问题上，在一定范围内形成的一种或几种比较具有影响力的观点和主张。

对策建议类网络舆情分析报告主要针对某一热点问题提出解决问题的对策建议。这类分析报告一般会综合媒体、网民、意见领袖和有关专家学者的具体意见和建议，作出归纳总结，侧重于为促进问题的解决提出可供采纳的办法，具有目标明确和思路清晰的特点。

专题分析类网络舆情分析报告是对某个专题性或综合性的舆情进行较深入的分析，综合分析某一类事件，剖析这类事件及其相关舆情的共性，为政府部门或企事业单位以后应对类似情况提供可资借鉴的意见。这类网络舆情分析报告由于需要大量材料作为基础和支撑，对其分析和研究后才能谨慎得到结论，综合分析类似事件中的舆情，归纳出一定的规律，总结应对的经验和教训，为以后出现类似情况提出可资借鉴的意见或建议，工作量较大周期较长，所以时效性相对较差，但具有非常高的重要性。

（五）网络舆情日报、网络舆情周报、网络舆情月报和网络舆情年报

根据网络舆情分析报告覆盖的时间周期，网络舆情分析报告可分为网络舆情日报、网络舆情周报、网络舆情旬报、网络舆情月报以及网络舆情年报等。

网络舆情分析报告可以根据覆盖时间和内容交叉分类，比如关于某一事件的网络舆情日报、关于某一领域的网络舆情周报、关于某一地区的网络舆情月报等。很自然，网络舆情分析报告所覆盖的时间越短，时效性和针对性也越强。在一些矛盾爆发较为集中、烈度较大的热点事件发生时，用网络舆情日报追踪每日舆情变化，为解决问题、应对舆情提供最直接和及时的依据，是非常必要的。覆盖时间较长的网络舆情分析报告则往往带有专题分析和总结的性质，用于综合分析某类事件、总结应对经验和教训等。

第二节 网络舆情分析报告的撰写

一 网络舆情分析报告的撰写原则

（一）如实反映客观事实

网络舆情分析报告是对网络舆情监控结果的格式化表现，其价值在于舆论引导、企事业单位的公众形象维护等，是制订下一步工作计划、采取下一步行动的重要参考，为较好地达到上述目的，就需要将如实反映客观事实作为撰写网络舆情分析报告的最基本要求。

网络舆情分析报告问题围绕某件事件为中心展开，所以关于该事件从性质上讲，必须真实存在，证据确凿，不得有半点捏造，求证过程不得有一点马虎，一定要做到板上钉钉，确有其事，严格尊重客观事实。在确定事件真实性的基础上，对事件的描述也要尊重客观的原则，如实反映事件的重要程度和严重程度，坚持以辩证唯物主义的观点来描述事件，对其中的正面因素不贬低、不吹嘘，对其中的负面因素不隐瞒、不缩小，做到公正客观地描述事件本身的各个方面因素。除了事件本身之外，还需要全面客观地描述与该事件相关的各方面的意见、看法、态度和情绪等，不能因个人好恶忽略或偏袒其中任何一方的声音，保持客观中立的态度，完成网络舆情分析报告的撰写。

除了普通的以描述客观事实为主的网络舆情分析报告，对于带有分析结论的网络舆情分析报告而言，结论分析的准确性则是决定整个分析报告是否成立的最关键所在。要树立坚实可信的结论，就要以真实客观的信息和数据作为分析准确的前提，在此基础上，以事实为导向，根据搜集到的信息和数据如实进行分析，而不能想当然、任由主观意愿和凭空想象为引导，根据需要的观点、方向再去寻找和搜集辅佐先验观点的信息与数据，是撰写有效网络舆情分析报告万万不能采用的方法。

（二）信息采集和报告撰写的时效性

由于互联网天然的即时性以及影响和普遍性，自然导致网络舆情发展迅速而多变的特点，要求网络舆情报告的信息采集要具有实时性的特点，要求舆情报告信息采集系统连续不断工作，并及时处理舆情信息。尤其是面对负面舆情以及国内国际的重大事件或是某一类客户非常关注的领域的重要事件时，如果不能在第一时间内掌握真实情况并作出正确的举措，就极易导致舆情升级甚至恶化，从而陷入难以收拾和控制的地步，后期要想再介入舆情事件，就会付出更大的代价，这就要求网络舆情分析报告具有相当的时效性。

（三）语言简明扼要通俗易懂

网络舆情报告的受众和用户非常广泛，阅读人群的文化水平参差不一，但都对舆情报告所描述的内容非常关注，这就要求舆情报告不能像针对专业人群的市场分析报告那样具有很强的专业性，而是要在表达方式上走大众路线。同时为了突出其时效性，从传播效率和传播效果的角度考虑，在语言表达上还要在将舆情描述清晰的同时，尽量做到简明扼要，它的语言必须要简明、准确、易懂，尽量避免或减少专业术语的使用，迫不得已使用专业术语，也要做好解释工作，从而让读者在第一时间就能明白相关舆情的要点，让用户在最短的时间内较好地领会舆情报告的内容，为用户对舆情的理解和把握，以及后续的舆情处理奠定良好的前提，更好地服务于舆论引导、品牌建设、维护社会稳定等现实工作。

（四）资料和观点相统一

网络舆情分析报告是现代社会生活生产中有关网络舆情重要的应用文体，其所反映的内容以及呈现的观点，在很大程度上影响着政策的制定、措施的执行甚至社会的稳定，所以网络舆情分析报告的撰写一定要以舆情事件的客观情况，及其所引发的看法、意见和情绪等事实为依据，在这个前提下提炼总结网络舆情所包含的主要观点，即报告中所有的事实、观点和结论都应当以大量的真实确凿的资料作为根据。在舆情撰写的表达形式上，要善于以客观资料为依据来论述说明观点，再以观点概括和串接资料，达到论点与论据二者之间相互统一的效果，而要坚决避免资料与观点自说自话两张皮的严重分离现象。

（五）观点提炼击中要害

与现实舆情一样，越是题材重大的事件，所引发的舆情也就越强烈，以这种事件为核心撰写的网络舆情分析报告，往往针对同样一起事件由于其本身的重要性，需要在事件的不同发展阶段需要多份舆情报告分别给予关注，这就要在其第一份舆情分析报告报送之后，为了更好地让更多的相关部门了解该事件的舆情，还要辅之以网络舆情专题、日报、周报等简洁明了的形式，根据事态的发展，围绕舆情产生的背景、发展的形势、未来的趋向、应对的建议等方面，采取适当的网络舆情分析报告生成和报送的频率，连续滚动跟踪事件的发展和相关舆情的变化，即时总结事件进展以及舆情的动态变化，源于又要高于资料本身，洞悉事件本质，提取反映舆情事件核心本质的内容击中其要害，以方便有关部门、客户等随时掌握最新情况，采取有效的应对和处置措施，利于网络舆情事件的解决。

二　网络舆情分析报告的要素

作为一种新近出现并发挥重要作用的应用文体，网络舆情分析报告由于关系方面众多，撰写的机构也五花八门，用户类型更是涉及各个行业，需求也是因行业而异，导致网络舆情分析报告在格式上也不尽一致，但都要满足便于阅读和对舆情处置有实际指导和参考价值的基本要求。

尽管在格式上各个不同行业或领域的舆情报告不尽一致，但在内容组织和外在形式上，还是有其共同点。从内容组织上，根据各个行业或领域各种客户不同的需要，以及各种网络舆情分析报告不同的作用，网络舆情分析报告的内容和组织形式灵活多样，其要素因行业或领域有所区别。从外在形式上，网络舆情分析报告必不可少的要素有标题、导语、正文、结尾。标题概括全篇的大致内容或作者的主要观点；导语介绍事件的核心内容，表明写作原因与必要性；正文分析内容，论述网民和媒体等各方对事件或话题的关注情况和观点等；结尾作出结论，作出趋势预警，给出应对建议，或者总结经验教训。

（一）网络舆情专报

网络舆情专报通常针对特定的热点事件或话题，分析其受关注的情况、发生以及成为热点的原因、各方的观点等，除此之外，根据需要还会包括舆情发展的形势预测、应对策略建议等。网络舆情专报应具备的要素有：

（1）事件或话题概述。相当于导语，用于概述事件或话题，以及围绕该事件或话题的舆情现状。概述中应出现事件发生的时间、地点、情节、发展过程、结果等基本情况。如果撰写网络舆情分析报告时事件尚未完结，则应交代事件的最新进展或阶段性结果，指明话题产生的原因、契机等，以及话题涉及的主要人物、事件等。

（2）背景信息。阐明事件发生或话题产生的背景。背景是指事实发生发展的历史条件和环境条件。历史条件指事实自身的历史状况，环境条件指事实与周围事物的联系。介绍背景，能对事实起到说明、补充、衬托作用，利于了解事实发生发展的来龙去脉，加深对事实的认识和理解，深化舆情事件的主题。需要注意的是，背景信息既可以单独成为一个部分，也可以根据情况与事件或话题概述合并一起叙述。

（3）舆情概况。用于呈现与该事件或话题相关的如媒体报道、网民关注及其他方面的相关观点等舆情的情况。这些情况的表达，可以采取定性和定量两种方式来阐述。对于事件或话题的新增网络信息数量、这些信息的属性和分布情况等，属于定量方式阐述的方面。而信息的属性，如信息的来源或体裁，比如是媒体的报道还是网络新闻后的跟帖、留言或评论，是网友发帖还是意见领袖或专家的微博内容，是新闻报道还是新闻评论等，则属于定性的阐述内容。对于以定量阐述的内容，如各类信息的数量除了可以用数字表达以外，还可以用百分比、比例等二次加工过的数据，以更加明确地展示信息的分布情况。如果技术条件允许，还可以采用数据挖掘以及数据可视化的方法，将枯燥的数据以图形化的方式展现，让用户更加清晰明了地在短时间内理解舆情所蕴含的内容。相关观点是舆情概况中一个非常重要的部分。

（4）网络舆情形势预测。根据网络舆情现状，预测未来一段时间内舆情的发展形势。网络舆情预测就是采用各种信息分析手段，预判网络舆情所处阶段，民众关注焦点和趋势的过程。舆情预测有助于发现舆情变化中的潜在危机，辅助相关部门作出相应决策。在舆情报告撰写中，要采用各种信息分析手段，预判网络舆情所处阶段，民众关注焦点和趋势的过程。舆情预测有助于发现舆情变化中的潜在危机，辅助相关部门作出相应决策。

（5）网络舆情应对建议。根据上述几个方面阐述的情况，提出针对该舆情事件相应的应对策略，促进事件的解决和舆情向好的方向发展。有关网络舆情的具体应对建议，请见后续相关章节。

（二）网络舆情日报/周报

与网络舆情专报相比，网络舆情日报/周报一般并非针对某个特定的事件，而是需要涵盖一天或者一周之内某个地区或领域内的热点事件，注重所关注舆情事件的广泛性，但由于关注面较为宽广，也导致所关注各个事件舆情阐述深度的不足，但仍然能发挥其让政府或企业客户能够比较方便地监测本地区或本领域的舆情概况的作用。基于这样的作用和目的，网络舆情日报/周报包含以下基本要素。

（1）网络舆情事件概述。阐述本日/本周之内，本地区或本领域内所关心的若干项热点事件或话题的基本情况。其中，事件或话题的信息来源一定要注明，即事件最初被报道或曝光的地方，比如网站、论坛、媒体、微博、微信朋友圈或 QQ 空间等，还可以根据事件的重要性或影响大小，简述事件的背景信息、前因后果、发展经过或最新进展等。

（2）网络舆情传播情况。舆情传播情况主要指在关注周期内，关于某一事件或话题在传统媒体、新闻网站、网络论坛和贴吧、微博、博客、新闻客户端等媒体的新增网络信息数量、点击量、转载和评论增加数量等情况，都属于定量化的描述，以数据的形式呈现，所以便于采用可视化的方法进行表现，如用折线图体现相关信息不同时间在同一平台上的分布状况，用柱状图呈现几家同类平台对某一事件的关注情况，用饼状图体现相关信息在新闻网站、论坛和贴吧、微博等不同平台的分布情况等，如果技术条件允许，还可以使用动态的可视化工具，将舆情传播情况按时间顺序进行动态表现，更直观地表现舆情传播的发展过程。

（3）总结网络舆情。在叙述事件和话题背景的基础上，准确简洁地归纳和列举媒体、网民、意见领袖和专家等各个方面关于某一事件或话题的主要观点，特别要注意观点的系统性以及与实事之间的逻辑性。如有必要，可以将每一类群体的主要观点分门别类列出，并引用一至三条附在该类之后，以增强所归纳观点的说服力。

（4）网络舆情评价。首先判定网络舆情的正面或负面特点，再评价网络舆情事件的爆发力、持续时间、影响力和影响范围等方面，初步总结会对该事件或话题在发展中处理的经验与教训，为后续处置舆情奠定一定基础。

（5）网络舆情预警。在未来的一段时间内，本领域或地区有哪些事件或话题有可能成为舆情热点，或者因为已经产生的舆情事件或话题能否引发次生舆情，特别要关注的是已经产生的负面舆情事件或话题，很可能由于某些媒体特别是具有影响力的媒体或意见领袖的介入，引发更大的负面影响，为这种可能的情况进行及时预警，并提供必要的建议。

除了以上必要的因素之外，在网络舆情日报/周报中，还有两个要素可以根据实际需要决定是否添加。

（1）热点舆情事件关注度排行。在介绍一段时间之内的舆情热点时，尤其是一段时间之内的舆情热点较多时，单纯概括和列举热点事件可能不够直观,为了更清晰地呈现所有事件的热度,以及互相之间比较的关系,可以采用条状图或折线图的形式绘制若干相关热点舆情事件关注度排行,用递增或者递减的顺序直观表现事件的相关信息或者转载情况。

(2)综合分析网络舆情。可以根据某一事件或话题的舆情传播情况、关注度、各方观点等内容对舆情进行综合分析和点评,也可以就所关注的某行业或领域内的若干个事件或话题的舆情进行综合性的比较和分析,以比较全面地把握网络舆情,为下一步的舆情发展和变化做好准备。

(三)网络舆情预警专报

网络舆情分析系统的重要作用就是舆情的预警和监测,为舆情处置提供依据和参考,而往往需要在第一时间处置的舆情都是负面舆情,这就要求有专门用来负责网络舆情预警的舆情分析报告,让使用者在短时间内就掌握舆情的基本情况,便于舆情事件的正确处理,根据这样的需求,网络舆情预警专报应运而生,包括以下要素。

(1)舆情信息初次时间。即与该网络舆情事件相关的网络信息第一次出现在网络上的时间。如果是新闻网站转载或原创的新闻,则指信息初次网络发布时间;如果是网民在论坛、博客、微博、贴吧或微信朋友圈等平台发布,则指初次发布时间,从发布时间的具体形式上,精确到时、分、秒。

(2)舆情信息初次地址。如果是在传统互联网网站、论坛、博客或微博上发布的新闻或帖子,或转发的新闻或帖子,则地址对应其发布者的用户名和网络地址等信息,并附上媒体具体名称、网址等相关内容;如果是在移动终端,如微信朋友圈等平台上发布的信息,则可以是网帖或者网络新闻地址,应当确定其注册的用户真实信息,如所在地理位置、身份信息、手机号码等联系方式。

(3)舆情信息主题。舆情预警专报中所关注新闻或者话题的主题,由于有其他内容的辅佐,并不需要进一步展开叙述,最多用简短的一段话就可以,简单明了起见,用一句话能概括清楚的话,能少则少,越短越好。

(4)舆情信息概要。这部分服务于舆情信息主题,介于主题和其他更详细内容之间,起到承前启后的作用,但也不宜过长,一般用一到两段话简明扼要地概括信息的主要内容,以及事件中有可能引发矛盾的关键内容,与学术论文中的摘要作用相似。

(5)舆情处置方面的回应情况。网络舆情预警专报最主要的目的就是预警功能,所以撰写网络舆情分析报告时,新闻或帖子中反映的情况是否及时得到有关部门或者单位的回应,什么时候回应的,回应的内容是什么样的,事件当事人、利益相关方、媒体和广大网民关于舆情部门的回应又是什么意见和看法、是否满意,各方意见和看法与之前相比是否发生了变化,无论是否发生了变化,都要试图阐述原因,以供舆情处理部门参考。

(6)舆情信息的影响。网络舆情分析的目的是以监测和分析舆情信息为手段,以预警和处置为最终应用,与舆情事件或话题本身相比,各方针对事件或话题的看法、意见、态度和情绪更为重要,这些信息则分散在互联网上,表现为关注人群特点、关注人群数量、意见领袖的反应、点击量、点赞量、跟帖、评论和转发等内容,综合地表现出舆情信息影响,从该信息发布到撰写网络舆情分析报告时,都要作为舆情信息的影响清晰详实地写下来。

(7)舆情应对建议与对策。舆情事件的处理应当从解决问题和应对舆论两方面提出。首先,要确认舆情信息中反映的问题是否真实存在,如果真实存在,则要核实事件是否合乎规定,如果违规,则应当确定其违反了具体哪个规章制度,以及根据法律的整改措施,什么部门的什么人员应该对此事负责,对事件当事人是否应该有赔偿或道歉,赔偿数额或道歉方式如何确定;如果没违规,应该怎样向当事人、媒体和网民说明情况,如果舆情信息中反映的问题并不存在或者部分失实,应迅速采取合适措施与当事人、网民和媒体澄清。在上述各个环节的处置中,无论面对什么样的群体,也无论群体的人数多少,都需要保持谦虚谨慎的态度,以利于舆情事件的处置,以防次生舆情事件的产生甚至舆情的恶化。

(四)行业网络舆情分析报告

对生产或商业经营企业来说,由于当今社会企业生产和经营的社会化,任何一个单位都处于复杂交错的关系之中,所以除了了解与企业自身密切相关的舆情、同类企业尤其是业内龙头和竞争对手的相关舆情以外,还需要关注本行业内甚至其他行业的重大事件,比如政策的变化、市场形势的变化甚至气候变化和政治形势的变化,都有可能会影响到企业的运行和经营。所以,与上述网络舆情分析报告相比,在其基础上,用户为企业的行业网络舆情分析报告可以视需要增加以下几个要素。

（1）行业内的现状和趋势。简要说明本行业内近期的重大政策变化、市场形势变化等，或者对未来变化的预期，以及这些变化已经带来或者有可能带来的舆情变化。

（2）同类企业近期的舆情。交代近期发生了哪些关于同类企业的热点事件，形成了怎样的舆情，这些企业的应对措施等，可以为本企业的决策提供参考和借鉴。

（3）其他相关舆情。如气候或地质变化，和地区政治局势变化等，都会在极大程度上影响企业投资或经营行为，作为企业生存的大环境，也需要在必要时予以阐述。

三 网络舆情分析报告撰写的基本要求

无论是上述哪种类型的网络舆情分析报告，都有作为中心的新闻事件、公众话题或热点社会现象，但其能否成为网络舆情分析报告选题的关键，在于事件本身是否具有足以作为舆情分析报告选题的要求，其代表和体现的网络舆情是否具有舆情价值，是否符合舆情分析报告的选题标准，只有在符合这几个条件的基础上，才会花费时间和精力去监测搜集事件或话题本身的信息以及与之相关的舆情信息，作为舆情分析报告的基本素材，所以舆情分析报告的撰写从事件选题和事件内容两个方面着手进行。

（一）事件或话题的选题要求

事件或话题作为网络舆情的缘由，对其选择一般要符合以下几个基本特点。

1. 重要性和关注程度

网络舆情分析报告的选题基本要求是应选择广大网民所关注的重点或热点问题。一般地，重点和热点问题通常包括社会各个领域有重大影响的事件、国家出台的重要政策或法规、重大突发事件、政府长期关注、推进或禁止、打击的重要问题以及与群众生产生活切身利益息息相关的事件等。事件或话题的重要性和关注程度是否属于网络舆情分析报告的选题范围，可以从涉事时间、地点、主体等的敏感性和影响力，事件的规模与范围以及事件的影响与程度等方面综合考虑，但要形成舆情除了事件或话题本身之外，还与广大网民对事件或话题的关注程度密切相关，如果舆情报告的服务对象是行业用户，还需要从行业用户的角度出发，考虑其所关心的舆情内容及其涉及的更多相关事件，从而比较全面地考虑事件的重要性和关注程度。

2. 准确性与敏感性

准确性是舆情分析报告选题应坚持的基本标准。由于互联网上信息把关人角色的缺失，互联网上涵盖政治、经济、社会、文化等各个方面的海量信息，既有来自专业媒体机构审核过的可靠信息，也有来自自媒体用户以及网民个人的信息，甚至还有目的不纯以造谣为目的的虚假信息，还有恐怖、色情、暴力等不良信息。由于大多数网民媒体素养水平并不高，很难对这些林林总总的信息真实性进行辨别，导致许多虚假信息引起的网络舆情，从而使舆情本身成为了舆情的事件，在这样的情况下，一定要对舆情的本源以及引发的舆情都加以准确描述。这就要求在舆情分析报告选题中，在收集、判断信息的基础上确定选题时，要注意和加强对问题和事件信息准确度的判断，务必保证作为舆情分析报告选题的事实具有真实性。要做到这一点，就需要舆情工作人员不断提高自身的媒体素养，加强相关理论知识的学习，扩展知识面，增加判断准确性的能力。

建立在事件或话题的准确性基础上，其敏感性也是选题时的重要参考依据，敏感性指依赖效应的大小与快慢，用来描述体系中某个部分的变化会在多短的时间内导致其他部分也发生变化。网络舆情敏感性是指舆情事件影响公众利益、政府、单位或企业公众形象、社会稳定和国家安全的程度，以及引发相关问题，造成巨大后果的可能性。敏感性也是衡量舆情价值大小的重要标准，敏感性较大，舆情价值就高，反之亦然。舆情分析报告的选题往往根据新闻事件、话题或现象的敏感性而确定。

3. 新闻性及矛盾性

新闻性是舆情分析报告选题最重要的标准和属性。一般情况下，作为舆情分析报告选题的事件或话题，本身应该具备新闻性，这是因为新闻的范围要大于舆情，舆情关注的是那些重大和紧急的新闻事态，属于新闻所关注范围的一部分。既然作为新闻所关注范围的一部分，舆情自然也会表现出新闻所具有以事实为基础、事实具有客观性、具体性和全面性等基本属性。判断舆情价值时虽然可以参考新闻价值，但是要比新闻价值更为严格，偏重正反两方面的倾向性，并关注受众和网民针对舆情的态度、观点与行动。一般情况下，只有关系国计民生、公众安全、政府形象和社会稳定的新闻事件才能作为舆情分析报告的选题。

在坚持舆情分析报告选题新闻性的同时，需要特别关注其中特别容易引起网民广泛关注并具有极大传播范围和影响力的矛盾性事件的选题。因为矛盾的产生往往涉及不同群体甚至于行业或地区之间利益的冲突，涉及人群通常数以百万甚至千万计，极易引起非常广大地区范围内人们的关注，一旦在准确性的基础上得以确定，其新闻性、重要性以及敏感性都是非常重要的。所以，矛盾性是舆情分析报告选题中的重要参考依据。

4. 网络传播性

网络舆情，自然是借助互联网形成和传播的舆情，网络传播性是其天然的属性，自然要进行关注。无论是国内还是国外，互联网都已经逐渐成为大众舆论传播的平台，得到从民间到官方，从政府到民众各个方面的重视。网络媒体依仗与传统媒体所迥然不同的传播特点，降低了普通民众参与讨论和发表声音的难度，正在成为越来越重要的舆情场。互联网作为网络社会重要的信息传播平台，互联网上言论信息的传播，有其自身的规律，值得深入观察与分析。舆情分析报告选题的确定，也在把握互联网信息传播规律的基础上，特别关注一些容易引起并且适合在互联网上传播的事件的选题，做到提前准备，一旦舆情产生就及时开始着手舆情报告的撰写，保证舆情报告的时效性、价值、深度和应用性。

（二）舆情分析报告的内容要求

1. 主题明确，层次清晰

网络信息的传播以互联网为平台展开，参与网民众多，水平参差不齐，目的各式各样，造成网络舆情复杂多变和网络舆情信息繁杂无序，网络舆情分析报告作为典型的应用文类型，撰写时首先要明确主题，即明确选定确定的事件或话题作为主题。选定主题之后，根据面向的不同客户类型及其需求，确定网络舆情分析报告的要素、结构等，并根据时间、地域、事件或话题的类型等因素合理划分层次。在撰写网络舆情分析报告时，可以根据舆情的发展归纳不同时期的主题，划分不同时期的层次，归纳报告内容。

2. 真实客观，理性判断

网络舆情分析报告要如实地反映舆情，这是舆情分析报告最基本的要求，在这个基础上，为了更加直观地描述舆情信息，便于用户和读者理解信息，提高传播准确度和效率，非常有必要在撰写网络舆情分析报告时，将舆情工作人员的判断融入报告。但对舆情的判断在表达形式上需要做适当处理，观点与判断需要务必建立在客观实际舆情信息的基础上，以正式客观严肃的语气加以表达，还要避免个人主观观点的带入，而影响了舆情信息在客户面前的真实客观，即根绝因为舆情工作人员主观判断影响舆情事件本身客观情况而导致影响客户对于舆情的理解和认识。

3. 内容全面，角度多样

舆情分析报告所分析的舆情事件或话题往往具有较高的关注度，围绕其所产生的舆情也来自各种各样的网民群体，导致其舆情的复杂化和碎片化，要客观而全面地描述分析舆情，就要在提供全方位、多角度的信息服务的基础上，在选题上要做到全面性，善于发现不同的声音，兼听则明，充分了解各方面的意见，如实反映网络舆情的客观情况，多方面搜集评论内容和看法。

4. 可行性强，材料科学

舆情分析报告的可行性是指，舆情监测和分析的搜索、抽样、设计、流程或计划等环节能否在所要求的技术条件、人员素质和时空范围内成功完成的确定。网络舆情监测与分析具有很强的实践性，建立在确凿准确的网络言论采样统计分析的基础上。所采集网络舆情信息的有效性决定了舆情分析报告的价值和实用性，但由于网络舆情信息广泛分布于论坛、新闻网站、网页、博客、微博、个人空间、跟帖、网络调查等多种不同网络媒体形态中，而且存在的数据形式涉及文字、图像、音频和视频等，要有效及时准确地从中获取客观全面的网络舆情信息，就需要采用科学系统的数据采集方法和先进的监测、处理和分析技术，并结合合适的采样策略，提高采集舆情数据的科学性，为撰写舆情报告打下坚实的基础。

5. 语言流畅，通俗易懂

网络舆情分析报告作为典型的应用文，其基本要求和目的是服务于实际工作，追求内容的真实与应用的效率，所以在表达形式上要求语言简明流畅，通俗易懂，行文中要避免掉书袋或拽文现象的发生，避免出现过多、过深的专业术语，如果必须使用专业术语，则要加以注释，以方便舆情工作人员的阅读和信息的直接有效获取，为舆情的处置和应对提供便利，最大程度地发挥其应用价值。

（三）网络舆情分析报告的材料要求

在阐述关于某个事件或话题的舆情时，往往需要材料的烘托，通常使用的材料有事件背景、对某一专业术语的解释以及舆情信息传播的数据等，要对舆情报告的分析起到良好支撑作用，所采用的资料和数据等材料要满足以下的要求。

1. 背景资料可靠，表达符合习惯

背景原意指衬托主体事物的景物，后引申为对事态的发生、发展、变化起重要作用的客观情况，如时代背景和政治背景等，在叙述舆情事件或主题时，关于其背景的阐述也非常重要，尤其是对于广大网民比较陌生的主题的叙述，需要背景材料的鼎力支撑，才有助于客户对于舆情报告的阅读和理解，增强舆情报告的指导作用。要达到这个目的，要求背景资料必须来源可靠，来自权威出版物或信息发布渠道等。

按照上述原则和方法叙述的背景资料确实可以增强舆情分析报告可信性的作用，但其语气表达却与当前的网络语言体系和习惯不太合拍，随着网络的普及，网络语言和网络符号一直在变化发展，而且，很多词语和用法开始被越来越多的人接受，所以舆情报告的语言也应该接受互联网上这种语言习惯的转变，将舆情报告的表达以更接地气的形式体现。不仅是年轻人和网络空间，现在，中老年人、传统媒体也开始越来越多地接触并谨慎地使用一些网络语言和符号，比如重要的事情说三遍、世界那么大我想去看看、你们城里人真会玩、我想静静、吓死宝宝了、内心几乎是崩溃的、主要看气质、喜大普奔、细思恐极、十动然拒、人艰不拆、不明觉厉、累觉不爱、洪荒之力、友谊的小船、定个小目标、吃瓜群众、葛优躺、辣眼睛、全是套路、蓝瘦香菇、老司机、厉害了我的哥等。此外，每个时期都有一些流行语，其中一些有特定的语境，比如且行且珍惜、你懂的、周一见，以及累成狗、给跪了、黑出翔、给力、酷、新技能get、脑洞大开等。微博和微信上出现的点赞功能，让点赞成了近年来的流行语，点赞有时候意味着夸奖、称许等正面的情绪，但是在负面消息，比如关于人身伤害等负面报道下点赞代表幸灾乐祸，还是代表鼓励、安慰等，均需要根据具体的情况加以辨别，不然就会形成完全相反的理解。因此，在撰写网络舆情分析报告时，遇到类似的词语和表达应根据语境准确理解并加以解释，在不脱离网络语言现状的同时，符合用户和广大网民的表达习惯，达到帮助阅读者更好地理解分析报告的最终目的。

2. 数据来源可查，客观准确确凿

在撰写网络舆情分析报告时，往往要涉及数据的引用，数据的来源多种多样，为了增强舆情分析报告的价值和实用性，引用的数据最好是主流媒体、专业机构、官方途径或权威人士公布的数据，如果迫不得已要引用网络新闻报道或帖子的阅读量、回复量和转发量等动态数据，一定要说明引用的网址、来源以及精确的时间点等信息。类似地，引用一些网站发起的网上调查，也需要注明数据引用的来源和时间点。尤其需要注意的是，在概括此类调查的结果时要非常小心，应强调说明参加调查者的范围或数量，并请注意采用合适的表达方式，以免引起不必要的误会，影响舆情分析报告的价值。

（四）网络舆情分析报告的格式要求

由于市场上提供网络舆情分析的机构众多，来源不一，服务对象更是涉及各个行业，各个行业因为专业领域需求不同，造成网络舆情分析报告并没有严格的统一格式要求，但作为一种应用性很强的应用文体，在外在格式上，还是有基本要遵循的基本规范。在章节结构安排上，通常采用文科学术论文的方式进行安排，分为序言、开头、背景分析、舆情事件或主题介绍、舆情演变情况、舆情判断和处置建议等内容，而图表和说明性文字上，则分别采用各自的统一体例，在网络舆情分析报告撰写中采用的来自于其他方面的资料、文献和材料等，都需要在报告末尾，以参考文献的形式标明来源，以突出撰写者的专业水平。

第三节　网络舆情分析报告的撰写方法

一　网络舆情分析报告的组织结构

根据网络舆情分析报告所涉及的事件或话题，服务面向的行业和领域，以及客户的需求，组织结构也往往不同，最常用的组织结构有并列式结构和倒金字塔形结构两种。

（一）并列式结构

网络舆情分析报告采用并列式结构组织内容的前提是，报告所涉及的几个事件之间，或者某一事件的几个方面之间重要性差别不大，相对一致，如果不符合这个条件则需要采取其他的组织结构，切不可生硬套用。

并列式结构常用于网络舆情周报、月报等常规监测性报告，由于此类报告往往涵盖一条以上舆情热点内容，这些舆情信息从逻辑上处于并列关系，所以通常采用并列式的结构进行处理，以达到条理清晰，便于舆情工作人员撰写以及用户信息获取的目的。

除此之外，并列式结构也可用于网络舆情专报等针对性较强的网络舆情报告，以某一事件或话题为中心，将与之有关的若干个方面的舆情信息以并列结构的方式分别进行阐述，在舆情报告撰写人员理清思路的同时，也方便用户的阅读。

（二）倒金字塔式结构

倒金字塔形结构也是网络舆情报告写作常用的结构，与并列式结构的舆情报告组织方式不同，由于报告中所包含不同舆情事件的重要性、敏感性等特点的不同，同一舆情事件或话题的各个方面的重要性不同，以及不同影响力的媒体关于某一事件或话题反映信息观点等，不能采用并列式的方式进行内容组织，而是要根据其重要性的区别，按重要性递减的顺序排列舆情信息的内容，让用户和读者第一时间获取最重要的信息，便于舆情事件的处置。

无论采用并列式结构还是倒金字塔式结构，从舆情报告撰写的角度，都需要舆情工作人员首先理清思路，在报告撰写之前，按思路整理好报告中要包括的内容，从用户或读者的角度，便于第一时间全面掌握舆情信息，抓住舆情的重要内容，为处置舆情提供良好基础。

二 网络舆情分析报告标题

标题，是标明文章或作品的简短语句，一般分为总标题、副标题和分标题，标题可以使读者快速全面了解到文章或作品及其某部分的主要内容和主旨。网络舆情分析报告作为一种典型的应用文体，通常围绕某件或者几件舆情事件展开，所以也需要不同级别的标题穿插其中，作为整个文章的逻辑线索，起到引领和串接整个文章不同部分的作用，鉴于这个目的，网络舆情分析报告的标题要求如下。

（一）网络舆情分析报告标题的要求

1. 逻辑清晰层次分明

如前文所述，网络舆情分析报告根据行业或领域特点、舆情事件或话题性质、更新周期以及服务对象需求等因素的差异，在内容上以及内容组织上会有所区别。如网络舆情专报或网络舆情预警专报，则要有突出事件本质的主标题作为全文的总标题，再在报告中的不同部分依据舆情事件及其舆情的各个方面的内容进行组织。如果是网络舆情日报或周报，则其总标题应该是以时间段为主，如果其中有比较重要的舆情信息，可以在副标题中加以强调，再在正文的各部分，以各个舆情事件作为分标题展开叙述，从而让用户或读者在舆情报告阅读获取信息时，达到逻辑清晰，短时间内能够领会舆情报告重要内容的目的。

2. 准确全面朴实客观

网络舆情分析报告的标题应在总结和判断扎实材料的基础上，准确、明确和简短地概括或引用舆情要点，而绝不能为了吸引注意力采用主观、武断、夸张甚至片面、断章取义以及带有误导嫌疑的标题。比如，有些事件在报道涉及财产或金钱的舆情内容时，为了突出其爆炸性效果，往往把以美元和欧元为单位的货币，采用人民币甚至于日元的形式换算后，用于标题中，这种浮夸的做法并不符合舆情分析报告标题的要求，而应该根据涉事人员或单位所在国家或地区的货币为单位进行标题的拟定，并在标题中准确标明货币单位，以第一时间阐释所涉及的金额。此外，标题的用词应该较为考究，充分考虑所涉及人员的心理感受，有时用词不当甚至会造成涉事人员名誉上的侵害，一定要慎用难民、罪犯、网民、灾民等词语，而以犯罪嫌疑人、网友、受灾群众等中性或精确词眼替代，否则容易造成舆情报告传播过程中，对涉事人员或群体造成的二次伤害。

3. 以信息量为导向

网络舆情分析报告的标题既不能含糊其辞，还要在准确的和语言简练的前提下，尽可能多地包含反映舆情事件或话题及其信息的信息量。尽管标题兼有部分导读和摘要的作用，但一些重大舆情事件的分析报告仅有标题仍略显不足，在前述要求的前提下，标题又不宜过长，从而难以突出标题对全文的统领作用，也不易让用户或读者很快领会报告的精要内容，从而引起重视。针对这个问题，可以采用标题配副标题或简短摘要的方式，增强对用户或读者的导引功能，在很大程度上弥补网络新闻简短的不足。

（二）网络舆情报告常用标题的类型

1. 动态类标题

动态类标题一般用于针对网络舆情热点的网络舆情专报，跟踪事件的动态或是舆情动态。比如，人民网舆情频道关于2017年1月的旅游舆情专报，即以《景区管理热点多发　安保机制遭受质疑》为标题，内容则集中于丽江旅游被多名男子暴打毁容、宁波雅戈尔动物园老虎咬人致死、游客抓海鸥拍照被制止后摔断海鸥翅膀、上海迪士尼唐老鸭雕塑手上糖果被游客抠光、泰国机场就中国游客遭工作人员辱骂等多个旅游领域的热点事件。

2. 观点类标题

引用网友、意见领袖或媒体有代表性或影响力的观点作为网络舆情报告的标题。比如，在新华网舆情频道2018年4月13日上线关于国家工信部"携号转网"业务实施情况的舆情报告中指出，据媒体报道，为防止用户流失，部分电信运营商采取捆绑业务套餐、延长排队时间等做法变相设置障碍，还有一些满足转网条件的用户，被运营商告知存在诸多风险后无奈放弃转网。针对运营商给"携号转网"设置障碍侵害消费者合法权益的违规行为，舆情报告给出了《网民："携号转网"落地还需监管部门积极作为》的标题，并援引网民"江德斌"、网民"谢鸿瑞"、网民"真的有点邪"、网民"张瑜"、工信部、法制晚报评论、长城网评论、网民"徐建辉"、光明时评马涤明、华声在线评论、网民"高扬"、湖北大学经济法学者邹爱华等各方观点、意见和建议，对运营商在"携号转网"业务设置障碍一事的解决给出了综合性的建议。

3. 对策建议类标题

将网络舆情报告中的对策建议提炼成网络舆情报告的标题。比如，人民网舆情监测室2017年6月23日上线发布的关于十八大以来金融领域反腐的舆情报告，即以《百名高管落马！金融反腐大势怎么走？》为题，在梳理金融领域腐败频发原因的同时，也给出了来自于各界治理和解决金融领域腐败的若干条建议。

三 网络舆情分析报告摘要

为了让用户或读者在短时间内纵览舆情分析报告的主旨，对于篇幅较长或内容较多的网络舆情报告，往往可以采用在正文前添加摘要的方法。摘要通常介于标题和正文之间，形式上一般为一个一百字左右的段落，用以概述舆情中的核心事件或观点，对信息源、背景等内容可以采取简略描述或者省略的方式进行处理。由此，根据摘要需要着力包括的内容，摘要可以分为两类。

1. 动态类摘要。动态类摘要主要着力于舆情热点本身，关注事件的发展情况、发展阶段等。比如，人民网舆情频道2016年11月4日上线发布的网络舆情报告《移动短视频边缘现象研究》，即采用了以下内容作为摘要："4G网络的发展以及快手、秒拍等移动短视频APP的出现，使广大网民拍摄与分享视频内容的门槛大大降低。在移动短视频平台上的诸多内容中，生吃活物（异物）、暴饮暴食、未成年孕妇秀日常等内容作为一类边缘现象引人关注。"

2. 观点类摘要。观点类摘要主要着眼于媒体和网友关于热点事件的评论等，列举其中具有代表性的主要内容。比如，2018年4月18日，湖南蚁坊软件股份有限公司在其网站发布的标题为《热点："近年高校师生问题"舆情事件》的网络舆情分析报告中，采用了如下的摘要：随着社会快速发展，高校老师与学生之间关系的复杂性也日渐凸显。从2018年1月1日起，网络平台接二连三曝出学生与老师之间极端事件，如："北航教授陈小武性骚扰事件""西安交通大学杨宝德溺亡事件""武汉理工研究生坠亡事件""前北大教授沈阳性侵女学生事件"，持续引发网民对于扭曲的高校师生关系的不满与愤怒。

四 网络舆情分析报告中的图表

尽管数字表现信息具有精确的特点，但表现形式过于单调和抽象，而基于数字生产的图表，则可以将数字所蕴含的信息以直观的形式表现，所以网络舆情分析报告中图表的应用非常普遍，用于说明舆情的分布状况、传播情况等。

但将数字转换为图表的形式时，要根据数字所描述对象的特点以及数字本身的特征，采合适的图表形式，为相关数据选择适用的图表类型。通常，用饼状图说明相关信息在新闻网站、论坛和贴吧、微博等不同平台的分布情况，表现持相同观点的人群中不同身份者的比例，或相同身份的人群中持不同观点者所占比例等；用折线图体现相关信息在同一平台上不同时间点的情况；用柱状图呈现几个事件同一时期内的关注状况等。

图表以数据为基础进行绘制，必要时，图表中还可以适当标识重要数据，以重点突出数字中的重要内容，但要务必注意清楚、清晰、清新的原则。一旦用图表可以表达清晰完整的内容，文字中就可以不再叙述同样的内容，以起到简化正文的作用，为简化阅读、提高网络舆情分析报告的传播效率提供帮助。

适当使用图表可以提高用户或读者的阅读效率，但图表的运用要恰当，应该根据分析报告的需求决定是否使用，而千万不能为了表现形式丰富而过度采用图表，数量庞杂地滥用图表只会频繁打断正文，妨碍用户或读者阅读的思路，起到适得其反的作用。

总之，网络舆情分析报告是在网络舆情监测和分析基础之上生产的一种信息产品。在实际应用中，网络舆情分析报告是一种服务于实践的文体，非常灵活，各种要素可以根据需要组合与调整，一切以真实准确和客户需要为最根本的原则。

第六章
网络舆情与社会

与以往的多种传统媒体相比，互联网的普及和发展，对人类的信息传播活动起到了前所未有的作用。属于个体的信息公共传播平台开始普及，任何一个网民都可以开办自媒体，信息的传播也不再仅仅是媒体机构的专属行为，而正在演变为全民参与的社会活动。信息网状非线性传播结构的形成，以几何级数放大了互联网上个体的信息传播能量，人类也因此进入了网络社会。

在网络社会中，网民实现了更高层面的用户分享、信息聚合和虚拟空间内的自组织，实现了意见生产与传播的多元交互，新闻生产实现了生活化。特别是式样繁多的自媒体大大提高了使用者的自由度，逐步形成了快捷、多维、交互的舆论生产与交流系统。网络空间里民间舆论场被激活，不仅产生了大量舆论热点，而且出现了舆论意见领袖，思想和意见以亘古未见的方式呈现在公众面前。

第一节 网络舆情与网络行为

探究以往已发生的多起网络舆情热点事件的源起、兴盛、衰落和消亡的发展过程，可以发现一个普遍的规律，即网民在其中的行为及行为的方式对网络舆情的发展起到了根本性的作用，而且在网民的互动过程中，其行为也呈现与以往不同的外在特征。根据网民的情绪和行动倾向等因素，可以将其行为方式分为理性温和型、情绪波动型和极端过激型等三类。

一 理性温和型

持有理性温和型行为方式的网民，能够根据真实可靠的互联网信息，冷静辩证地识别、评价、推理和判断事件，从而表现出情绪稳定、态度平和的行为方式。典型的理性温和型行为方式有潜水、转载和理性发言等。

（一）潜水

潜水全称网络潜水，指网民采取只浏览、获取互联网上的信息，而不对所获取的信息进行言论评价，对网络讨论也不参与的行为。在网络舆情热点事件中，网络潜水具体表现为网民对事件的网络报道、论坛帖子、博客文章、微博等只阅读并不回复，或在网络论坛中只看别人的讨论内容而不跟帖；对于网络争吵、网络冲突等现象采取隔岸观火、静观其变的围观态度。该类网民可看作网络看客，仅关注网络事件的发展变化，拒绝就事件进行网络交流和讨论，不参与网络纷争等活动。从传播心理学的角度分析，潜水类似于现实生活中的围观现象，即只对某事件很关心，只是采取观看的行为方式给予表达，但并不参与其中。

（二）转载

转载全称网络转载，指网民将与某事件有关的新闻报道、论坛热帖、微博文章或微信推送或微信朋友圈动态等信息进行转发，用以间接地表达个人对该事件的关注和关心，转发行为则从侧面体现出对该事件的态度、观点和情感。网络转载通常包括以下几种情况：原作品的某些表达手法或观点意见引起了转载者的兴趣或共鸣；原作品的观点阐述和逻辑思维令转载者认为足以替代自身表达；原作品提供的信息契合了转载者的即时需求；原作品的内容、目的等令转载者认为有向更多人或特定群体转载分享的价值。转载行为本身就是对于该事件关切的有力脚注，大规模的网络转载会极大地提高事件的热度，并扩大事件的影响范围和后果，在相当程度上影响网络舆情的发展。

（三）理性发言

理性发言指网民通过对事实的逻辑思考，运用文字、表情、符号等一系列网络语言进行说理性质的意见表达行为。温和型发言指网民在意见表达时带有轻微的情绪化和个人情感偏向。由于网民情绪的复杂性，加之网络空间的隔离特性，网民很难做到理性发言。总体而言，理性温和型发言的情绪表现较平和，用词较文明、不带脏话，不带煽动性、攻击性语言。网民的理性温和型发言，主要表现为理性温和型发帖、回帖，以及与他人进行理性温和交流。后者属于圈群内较封闭的行为，难以观察和取材，因而研究主要关注网民在公共空间的理性温和型发帖和回帖行为。

二 情绪波动型

由于网络舆情热点事件对网民切身利益的影响或感情的冲击，网民固有的情感偏向、第一感觉、经验积累以及网络中他人立场和情绪等因素的影响，在没有他人在场约束的情况下，容易受到情绪的支配，而在互联网上表现出强烈的情绪化行为，称为情绪波动型行为。具体往往表现为情绪波动型发帖、回帖、网络签名以及网络创作等，并没有转化为现实行为的可能性。

（一）情绪波动型发帖

情绪波动型发帖指网民发表含有强烈情绪的帖子或文章，并期望受到他人关注和回帖的意见表达行为。根据网民情绪的波动情况，可以将其分为煽动性发帖和攻击性发帖两类。煽动性发帖即网民作为网络信息传播源，通常体现为对事实的情绪渲染性描述和对事实的歪曲乃至无中生有的捏造，通过表达带强烈情绪化词语的意见或发布具有恐慌性的信息，有意激起信息受众的情绪感染和波动。攻击性发帖指网民由于主观情绪化或客观刺激，发表大量针对某一对象的侮辱性、歧视性等暴力语言，具有强烈攻击性质。

（二）情绪波动型回帖或评论

情绪波动型回帖，即网民在浏览新闻或帖文后进行的带有强烈的情绪煽动或攻击性的回复或评论行为，易在具有类似特征的网民中产生内部感染，并引起相关群体成员的非理性心理活动甚至行为，从而推动网络舆情甚至事件的扩大和升级。在非实名制仍然广泛存在于各种网络空间的当前情况下，更容易为情绪波动型回帖提供身份上的庇护，从而导致了大量言语上的攻击现象，实名制的出现和实施，在提升回帖门槛的同时，也在相当程度上限制了网民回帖或评论的频率和内容。

（三）网络签名

网络签名指在互联网论坛或其他网页里，为响应某一号召或对某一事件意见表示支持的举动，通常以回复、评论或点击功能按钮的形式表现，是一种典型化的情绪表达方式。与之名称类似，网民在论坛或即时聊天工具上为展示个人爱好倾向的个性签名，并没有影响网络舆情的作用，所以不在讨论之列。在网络舆情热点事件中，由于签名发起者的情绪和观点契合了其他网民对于网络事件的看法和态度倾向，网民在发起人的引导下以签名方式寻求观点的认同和情感的归属，从而表现出对网络舆情的影响。

（四）情绪型网络创作

情绪型网络创作指网民受到网络事件的刺激和启发，围绕网络舆情事件，通过在网络空间进行文字、绘画、图片、音乐、视频等创作来体现主体对事件的观点立场或情感态度的行为。情绪型网络创作对于网民的智慧和表现能力要求较高，普通网民并不一定具有这样的能力，又由于其多元化的表现形式和手段，往往对网络事件的观点、态度、意见和情绪的表达容易引起广大网民的共鸣。

三 极端过激型

由于网民在互联网上参与讨论或发表意见时，相互之间往往处于物理的隔绝状态，尤其是针对网络舆情热点事件的讨论，其行为容易表现出极端的情绪化和过激特征，甚至难以控制情绪的情况下，出现可能发展演化为现实行动的行为趋势，一旦转化为现实行为则会对现实社会造成直接影响，这类网民行为称为极端过激型行为。这种网络行为方式，可以分为以下几类。

（一）极端过激型言论

网民的极端过激型言论主要表现在新闻的回复评论或网络论坛的发帖和回帖中。根据多数网络论坛的网民发帖和回帖情绪状况，网民极端过激型发言相对较少，然而一旦出现则会备受关注，将起到引起或推动网络事件发展演变的作用。

（二）网络动员

网络动员是网民为了达到一定目的，以互联网作为媒介，在缺乏专业领导者的弱组织化状态下，所进行的鼓动广大网民共同参与某项网络或现实活动的一种社会运动。行为人在动员中一般需要有金钱或者行为主体的物理集结与在场等形式的付出，往往具有煽动网民情绪、鼓动网民行动的特征。网络动员的渠道非常广泛，在网络已有的各种渠道基础上，随着网络新技术的推广和使用，网络动员的力量和影响将越来越大。大部分动员活动以网下规模不等的群众活动为终点，实现网络动员与现实动员的对接，其效果和影响既有正面的，也有负面的。频频发生的网络动员活动，正在对中国社会和媒介生态格局产生越来越大的影响，成为近年来的网络热点和管理难点。

(三) 网络示威

示威指一群人共同意见的展现,通常采取一干人集结在同一地方的形式,通过抗议或要求的形式而进行的显示自身力量和意志的集体行动,是激进主义的一种类型。一群人为了同一意见而集结,他们所主张的意见也因此显得有重要性。网络示威则是指网民在网络空间进行的网络虚拟式静坐、游行、集会、散步、自杀等方式的群体性行为,向某些对象表示抗议、发泄不满和施加压力,从而达到其目的。尽管网络示威并没有发生在现实生活空间中,而是发生在虚拟的互联网空间,但由于其采取的形式与现实中的形式非常相似,同样可以对参与者和利益相关者的心理、情绪、感情甚至政策走向都产生重要影响,从而引起或推动网络舆情的发展,所以万万不可以轻视网络示威所产生的直接或间接的社会效应。

(四) 网络暴力

网络暴力是指网民在网络上的暴力行为,是社会暴力在网络上的延伸,是在互联网上发表具有伤害性、侮辱性和煽动性的言论、图片、视频的行为现象。网络暴力能对当事人造成名誉损害,而且它已经打破了道德底线,往往也伴随着侵权行为和违法犯罪行为,亟待运用教育、道德约束、法律等手段进行规范。

网络暴力不同于现实生活中拳脚相加血肉相搏的暴力行为,而是借助网络的虚拟空间用语言文字对人进行伤害与诋毁,这些恶语相向的言论、图片、视频的发表者,往往是一定规模数量的网民,因网络上发布的一些违背人类公共道德和传统价值观念以及触及人类道德底线的事件所发的言论。这些语言、文字、图片、视频都具有恶毒、尖酸刻薄、残忍凶暴等基本特点,已经超出了对于这些事件正常的评论范围,不但对事件当事人进行人身攻击,恶意诋毁,更将这种伤害行为从虚拟网络转移到现实社会中,对事件当事人进行"人肉搜索",将其真实身份、姓名、照片、生活细节等个人隐私公布于众。这些评论与做法,不但严重地影响了事件当事人的精神状态,更破坏了当事人的工作、学习和生活秩序,甚至造成严重的后果。

第二节　网络舆情与突发事件

一　网络群体性事件的舆情

（一）网络群体性事件

群体性事件是指由某些社会矛盾引发，特定群体或不特定多数人聚合临时形成的群体，通过没有合法依据的规模性聚集、对社会造成负面影响的群体活动，以发生多数人语言行为或肢体行为上的冲突等群体行为的方式，或表达诉求和主张，或直接争取和维护自身利益，或发泄不满、制造影响，而可能引发对社会秩序和社会稳定造成重大负面影响的非法集体活动。群体性事件不仅发生在现实中，在互联网上同样会发生。网络群体性事件指在一定社会背景下形成的，网民群体为了共同的利益或其他相关目的，利用网络进行串联、组织、呼应，乃至可能或已经影响社会政治稳定的群体性非正常事件。关于网络群体性事件，国内外学术界的诸多学者从不同的角度对网络群体性事件进行了研究。杜骏飞指出，网络群体性事件的本质是网民群体围绕某一主题、基于不同目的，以网络聚集的方式制造社会舆论、促发社会行动的传播过程。从网络群体性事件现实影响的角度，有学者认为网络群体性事件是在互联网上对事关公共利益或较有争议事件的群体性讨论，并存在将其影响从互联网推向现实的可能性。从突出互联网工具性特点的角度，有学者认为网络群体性事件是网民利用网络进行串联和组织，公开干扰互联网以及现实世界的秩序，造成不良的社会影响，乃至可能危及社会稳定的集群事件。在当前已经进入网络社会的情况下，伴随着网民权利意识的唤醒，网络群体性事件呈现增多趋势，对网络世界和现实世界造成巨大影响，需要引起学界和社会的广泛重视，就其演化机理进行深入探究，寻找其发展规律，为更好的处置网络群体性事件提供理论指导与实践支持。

（二）网络群体性事件演化要素

1. 刺激性公共事件

互联网在改变信息生产方式和传播方式的同时，也使得传统意义上的受众也成为信息或新闻的生产者和传播者，人们可以随时随地在互联网上表达意见和看法，并经过讨论、分化和聚合后形成自由意见市场，凸显了互联网聚合同步、异步传播以及跨地域性传播结构的特征。针对这一现象，美国麻省理工学院教授尼葛洛庞蒂将网民称为没有执照的电视台，人人都成为信息的发布者，网络海量信息的聚集更凸显网民注意力资源的稀缺。刺激性公共事件因其具有的对网民情绪的明显刺激性作用，更易激发广大网民自发参与网络讨论和信息传播的主动性，而导致信息在更广范围内的传播，信息在互联网上传播速度快和成本低的特点则在更深的程度上促进了这一传播过程的发生，再加之与信息传播相关的评论回复等网络行为，更易于造成意见的形成和壮大，从而推动网络群体性事件的产生。

2. 网民的共同经验

共同经验是指传播者和传播对象之间所具有的共同语言，共同经历和共同感兴趣的问题，即双方对传播所应用的各种符号应有大致相同的理解，这是有效传播的最基本要求，也是网民产生共鸣的前提条件和网络群体性事件生成和演化的基本要素。同电话机产生之初，第二部电话机的产生才赋予第一部电话机以价值一样，互联网作为信息的传播平台，其价值同样随着消费人数的增多而增加。通过互联网平台，网民能够超越时空的限制以较低的成本即时广泛地表达观点。而互联网沟通工具的多样化，则使得网民可以根据偏好选择合适的工具，基于各自的共同经验，吸收和分享与自己内在价值体系相符合的信息，参与那些感兴趣的话题，消费者主权发挥到极致。这样的网络解析结构，将网民内部分离为大量的小集团，网民作为个体沉浸在自我营造的信息之中，而刺激性公共事件作为话题的采纳，加之以网民共有经验中固有成见因素的作用，则将这样的特征在传播过程的作用发挥到了极致，在具有共同经验的网民群体中，信息的传播促进了互动和注意力的集中和膨胀，也侧重了群体性事件网络舆情的迅速生成。

3. 关键人物的作用

如果把信息在互联网上的传播结构与城市的交通路网相类比，关键人物就相当于交通路网中的交叉路口，数量尽管少，但作为关键点连接了普通的道路，对交通运行起到的作用要远远大于普通的路线。类似地，在互联网信息传播中，关键人物是网络群体性事件的扩散器，在网络群体性事件的发生和演化过程中发挥着关键作用，而其他人则在其中充当发起人、参与者、围观者以及知情者等角色。目前，学界对此的研究主要集中于舆论领袖以及网络把关人等方面。可以引用马尔科姆·格拉德威尔的流行理论，解释网络群体性事件演化过程中的关键人物及其作用。流行理论主要包括个别人物法则、附着力因素法则和环境威力法则，马尔科姆·格拉德威尔认为，在三种法则相互作用下，流行潮能够被瞬间引爆，所以又称为引爆点理论，网络群体性事件在短时间内受到大量网民的关注，成为网民和媒体讨论的热点话题，在其本质上也可以解读为一种流行。在网络群体性事件发生和演化过程中，内行人士通过各种渠道搜集信息，深入挖掘事件背后的各种细节，并提供给感兴趣的网民，最为重要的是为联系员和推销员顺利开展工作提供条件。网络群体性事件中充当推销员的网民积极采用各种手段说服已经接触到信息的网民加入到发动网络群体性事件的阵营中来，将其从游离的边缘人群迅速转变为事件的核心成员，从而为网络群体性事件的发展注入新生力量，推动网络群体性事件的持续高涨以及网络舆情的形成。

4. 大众传播媒介

大众传播媒介是在信息传播过程中处于职业传播者和大众之间的媒介体，具体表现为复制、传递信息的机构和传播组织、团体及其出版物和影视、广播节目等，是网络群体性事件的催化剂。传统媒体占据主导地位的时代，在大众传播媒介垄断信息传播的过程中，新闻从业者和政府是影响新闻真实性和客观性的主要因素，公众仅仅作为信息的接收者接收信息，无法对信息的生产制造发生作用，由于信息单向传播占据垄断地位，公众的信息偏好没有也无法受到足够重视。与传统的大众媒介不同，互联网媒介则赋予了公众在信息发布中随时随地表达自己的观点和见解的话语权，从根本上颠覆了传统媒体时代大众媒介对信息传播的垄断，在自身生产信息的同时，也有效地交换分享着各自的观点和看法，这对于刺激性群体事件舆情的发展和演化，具有重要的推动作用，这是大众传播媒介所不具备的功能。

但与此同时，并不能忽略大众媒介在群体性事件中的重要作用，大众传播媒介在网络群体性事件扩散中的作用主要体现在以下两个方面。首先，扩大网络群体性事件信息的受众范围，以不同方式向各个方向扩散；其次，通过各种途径获取信息，并与网络群体性事件演化过程中起关键作用的联系员、内行和推销员所持有的信息相互补充，甚至有时候扮演提高信息可信度的角色，从而使网络群体性事件在形成和演化过程中获得更多的支持者和行动者，促进了群体性事件的发展和演化。

5. 相对隔离的网络空间

从信息传播的角度，相对隔离的特点是不利于网络群体性事件的发展因素。然而，由马尔科姆·格拉德威尔的流行理论，相对隔离的网络空间又是网络群体性事件的孵化器。这是由于，在网络群体性事件形成初期，需要一个相对隔离的网络平台作为事件当中的联系员、内行和推销员的基地，同时为新吸收的成员提供活动的场所，增强集体的认同感和使命感。网络社会的发达为网民们提供各种场所，不同的网络空间可以构成不同形态的虚拟社区，异步互动的电子信件、电子布告栏、新闻讨论群组、网络电子布告栏以及同步互动的网络实时交流系统等，都可以聚集兴趣或志向类似或相同的人，彼此交换意见及想法。正是由于网络平台相对隔离的特性，导致这些持相同见解的网民更倾向于围绕网络群体性事件专门设立的网站或论坛，不断挖掘、分享和讨论与事件立场相同的信息，既有的观点得到来自各方信息的证实，这些信息经过成员的集体过滤，与观点相反的信息均被过滤，朝着原有的偏向继续移动，形成极端的观点，继而采取相关行动。群体成员身处这样的舆论场中，其原有观点得到加强，信念更加坚定，逐步成为推动网络群体性事件的核心力量。在相对隔离的网络平台，一旦出现相异的观点，群体成员便会对其进行反击，使持相异观点的人在立场上成为少数，继而保持沉默或者选择退出，进一步促进了群体性事件朝着具有共同经验网民的方向发展，从而体现出群体性事件一旦爆发，就难以控制的特点。

（三）网络群体性事件演化作用机制

深入剖析网络群体性事件的演化要素构成，有利于研究这些要素在网络群体性事件演化中扮演的角色以及发生作用的时序等，从而指导从全局出发，把握好网络群体性事件。作为导火索的刺激性公共事件发生后，或者昙花一现，迅速淡出网民的视线，或者引起网民共同经验的共鸣，获得持续热烈的关注与讨论。因此，网民共同经验在网络群体性事件的发生和演化过程中扮演重要的角色。

刺激性的公共事件在共同经验的作用下引起网民的共鸣，并不意味着网民都成为网络群体性事件发动和演化的核心成员，尤其在网络群体性事件酝酿初期，少数活跃的关键人物往往成为事件发展的扩散器。正如马尔科姆·格拉德威尔所言，最开始使用新技术的是那些敢闯敢干的革新者，受到他们影响的后来稍多一点的那些人叫作先期采纳者，随后跟进的大批人群称为早期大多数和晚期大多数，最后受到影响的是那些落后者。这些少数活跃的关键人物也即那些革新者，他们当中有内行收集信息，有联系员扩散信息，也有推销员说服更多的人接受信息并参与到行动中来。他们通过各种方式不断吸纳新的成员加入进来，并采取各种手段将其发展为核心成员，大众传播媒介便是他们常用的工具。当然大众传播媒介本身也在网络群体性事件的发展过程中扮演着催化剂的角色。为争夺稀缺的注意力资源，他们争相报道意料之外的信息，不断扩大着信息的受众范围，在此过程中也有可能成为信息的佐证，提高信息的可信度和真实性。当然，要强调的是这些要素均在相对隔离的网络空间这一孵化器里相互作用，才能有效地促成群体性事件的不断发酵和兴起。

二　社会热点事件网络舆情的演变

（一）社会热点事件网络舆情演变的要素

随着改革开放的深入，社会各阶层利益的不断调整，我国社会也整体上进入了转型阶段，社会结构的转型和阶层的分化使日益累积的社会矛盾和问题日益凸显。与此同时，网络社会时代的到来，极大地促进了信息的传播，面对频发的突发性公共事件，网民的意见、看法得到了充分的释放和发表，在互联网上理性或非理性的宣泄情绪变成了现实，可以以直接的方式与管理部门进行互动交流，这迫使管理部门不得不改变以往与民众的关系。按照社会热点事件发生演化的诱发因素，网络舆情大致有以下三种演变方式，由社会现实空间突发的公共热点事件扩散到网络空间形成的网络舆情；由网络原创、论坛转帖等引起网民广泛参与和关注，并将热点话题放大而形成网络舆论的网络舆情；由社会现实热点和网络热点交叉汇集、相互作用引发的网络舆情。

1. 社会突发公共事件引发的网络舆情

社会突发性公共事件因其突发性、涉及公共直接利益和影响范围大的特点，加上互联网信息传播不受到时间空间因素限制的特点，如果被网民放到网上进行传播或讨论，就极易转化为社会热点问题而被广泛关注和讨论，除了对事件本身进行继续深度挖掘，并发表主观意见并加以渲染外，还有可能产生次生舆情事件，从而完成社会现实空间突发的公共事件扩散到互联网空间的网络舆情过程。要有效地应对这类网络舆情，往往需要具有权威性的以广播电视为代表的传统媒体深入报道解析，以及政府官方的适时介入。

2. 网络突发事件放大的网络舆情

现实生活中，媒介的话语权不在大众而是集中在领袖身上，普通民众的个人声音往往处于服从地位，而且由于个人意见分散，很难产生广泛的影响，因此只能保留在个人自我意识层次而不得不认同弱势的现实。但是借助于网络的平台，每个弱势的个体意志不仅可以更大程度地自由表达，而且几乎瞬间就可以集合起来，形成蝴蝶效应，使得现实的软弱转变为完全相反的面孔，成为一个真正不可忽视的社会推动力量，让一切现实权威不得不重视这个沉默的群体。但网络的信息放大作用也与事件的性质密切相关，比如与广大人民群众切身利益息息相关、兴趣所在或所痛恨主题的事件，如腐败、贪污或特别明星的私生活等事件，均易引起网民的注意，在互联网上产生转发评论等助推舆情生成的行为，意见、看法、情绪和观点聚焦之后，就会生成舆情甚至舆论。

3. 社会和网络相互作用的网络舆情

由于互联网的虚拟性、即时性以及相对隔离性等因素，网民在互联网上的言论和行为均呈现出与现实生活中的不同特征，又因网民同时处于现实生活和互联网交叉点位置的原因，会将在现实生活中的信息、经验、意见、态度、情绪甚至于成见，不自主地带入到互联网上，这个过程相反也会成立，而且这两个互为反射的过程，对于网络舆情的生成都具有非常重要的作用。出于切身利益的考虑，现实社会中的利益冲突往往使弱势群体担心或害怕利益受损而始终处于沉默状态，但当网络上出现相同境遇和状况时，网络空间变身为自由畅通的民意表达渠道和平台，使网民敢于表达其内心的想法，网民在现实空间中的沉默态度被共鸣情绪激发为强烈的网络舆论，并形成同质网民意见的强大聚焦效应。如果不加以有效引导和控制，任由其情绪发展和蔓延，就容易造成影响社会稳定的负面因素，反过来影响现实社会的稳定，所以应当引起相关部门的高度重视，并谨慎处置。

(二) 社会热点事件网络舆情演变的网民要素

根据中国互联网络信息中心（CNNIC）公布的《第39次中国互联网络发展状况统计报告》显示，截至2016年12月底，我国网民规模达7.31亿人，网民总数稳居世界第一。广大的网民群体在互联网中具有重要的推动作用，同时作为网络舆情的主体，也是网络舆情的主要生成力量和影响对象。根据网民在网络舆情形成中的作用，可以将网民分为草根阶层、网络搬运工、网络意见领袖和网络推手等四类具有代表性的群体。

1. 草根阶层：参与式讨论

由于互联网信息获取和使用的成本不断走低，互联网已经实现了从精英化到平民化的跨越，占据网民最大比重的草根阶层已经成为网民群体中绝对的主体力量。但与其名称有关，之所以称为草根，原因在于其利益在现实社会中往往难以得到公平的照顾，就算其利益受到了不公平的侵害，因其社会地位的低下，也没有有效的路径和方法去争取，造成草根阶层强烈的利益诉求和参与表达的愿望在现实生活中无法得到满足，进而转向了几近零门槛的互联网平台，进行情绪宣泄、表达、甚至爆发等活动。但草根由于某种共同的、能引起共鸣或情绪波动的话题和事件聚集的行为，在具有自发性的同时，往往也具有盲目性，难以形成合力，以统一的声音呈现出来，个人的有意识状态容易流为群体的无意识状态，甚至其思想、情感还会受到群体领袖的支配，群体领袖通过不断地断言、重复和传染，以暗示和相互传染的方式作用于群体中的个体时，群体会同时转向一个共同的方向，并会立刻把这种观念或信仰转化为行动的倾向，使情感得到极大的宣泄，也同时被别有用心的人支配，而无意识地放弃个人主张，还可能导致舆情朝向与其最初愿望相左的方向发展。

2. 网络搬运工：转移式放大

随着互联网的高度发达，几乎已经渗透到社会生活的各个领域，正在成为越来越重要的信息流通渠道，影响了几乎每个社会成员的信息获取方式。尽管互联网的低门槛和自由特征，允许网民既可以进行信息的发布，也可以获取信息，但大多数网民并没有有效的信息获取和加工处理的途径和方式，所以面对拥有海量信息的互联网，大多数情况下多数网民都无法直接从信息的首发媒体上看到某则新闻、资料或评论，而是通过其他网民的转帖和推荐获得信息，大多数网民还是继续承担了作为信息接收端的角色，从而以间接的方式从互联网上获取到信息，而一旦对所接触的信息产生兴趣，就会自发地将信息分享给他人，即通过信息转发或复制的方式，将接触到的信息二次传播扩散出去，从而在不自觉中放大了原始的信息能量，也充当了信息搬运工的作用。在信息不断接力转发复制的过程中，往往只有敏感性、带着广大网民切身利益或兴趣所在的信息，被转发复制的可能性会比其他类型的信息更大，从而形成自组织的信息过滤作用，但根据心理学因素，往往负面信息被转发或复制的可能性更大，所以也更容易形成热点事件，需要引起特别注意。

3. 意见领袖：掌控式主导

根据拉扎斯菲尔德提出的两级传播理论，信息从大众媒介到受众，经过了从大众传播到舆论领袖，然后从舆论领袖传到社会公众两个阶段，并认为人际传播比大众传播在态度改变上更有效。舆论领袖即互联网上的意见领袖，活跃在互联网上，经常为他人提供信息、观点或建议并对他人施加个人影响。而充斥大量信息的互联网上，网民自身掌握的信息有限但具有强烈的信息渴求愿望的特点，契合了网络意见领袖享有的优势信息资源、专业知识、权威和名望并有意传播意见观点的需求，于是在广大网民和意见领袖之间就形成了意见的集体互动和相互感染现象，意见在这个互动过程中被强化甚至形成主导的舆论，而容易造成意见一边倒的极化效果。如果舆情由负面舆情事件引发，就极易激发网民内心的暴力倾向，而形成影响广泛的网络舆情事件，再传导到现实社会中，还有可能影响社会的稳定和正常运行。在这个过程中，意见领袖起到的作用非常关键，需要清醒地认识自身所处的位置，充分理智地发挥在网络舆情生成中的作用，对于正面舆情事件要积极引导，而对于负面舆情事件，需要作出合理理智的分析，而不应该为了一己私利，颠倒是非，尤其是带着国家和民族命运的大命题或有时代代表性和争议性的大是大非问题，要坚决地与党中央在思想上保持高度一致，为社会稳定和团结发挥积极作用。

4. 网络推手：加工式引导

网络推手指借助网络媒介进行策划、实施并推动特定对象如企业、品牌、事件以及个人等，使之产生或扩大影响力和知名度的人。随着互联网的普及，网络推手的影响力和业务范围也越来越大，远远超出了企业营销的商业领域。由于互联网上各种信息源的权威性和可辨性极其复杂，网民的媒介素养普遍不高造成信息甄别和辨识的难度的不断加大，而这种不明朗的局面，正是网络推手借以存在和发挥作用的良好契机，对夹杂真伪不一的信息加以利用，进行恶意炒作，引起广大网民甚至于传统大众媒体的普遍关注，只为了扩大影响力和知名度，而置社会道德甚至法规法律于不顾，极易造成非常恶劣的社会影响，污染了社会风气，甚至冲击了人们的价值观，需要引起相关部门的高度重视。面对目的不纯的网络推手，普通网民需要亟须提高自身的媒体素养，以辨明信息的真假，避免被卷入其中而左右情绪甚至被人利用。同时，正面信息的广泛传播，同样也可以借助网络推手，比如重大政策的发布或重大事件的解读，都可以充分利用相关专家的解释，让普通网民及时了解到政府部门的政策，为社会进步作出贡献。

草根阶层、网络搬运工、意见领袖和网络推手作为感性与理性交织的矛盾综合体，共同构成网络舆情的主体，利用互联网平台，各种信息经过他们的整合和分化、筛选和淘汰之后成为热点，从而更加广泛和深入的传播到互联网的各个角落，推动了网络舆情的生成发展和深化，尽管各自的力量和声音非常微小，但聚沙成塔，由于人数众多，在意见一致时，就会体现出巨大的力量，是网络舆情研究中断然不可忽视的力量主体。

（三）社会热点事件网络舆情演变的媒介要素

由传播学中香农—韦弗传播模式，承载信息的物理信号从信源到信宿的传播过程中，必须经由信道这一物理媒介作为渠道。在当前的网络社会，信道由传统媒体和互联网共同承担，与传统媒体相比，互联网信道在信息的传播过程中具有涉及面更广泛和信息传输不可控性更强的特点，为网络舆情的产生和深化，增加了更多的变量和因素。与传统媒体共同构建了当前信息化社会的信息传播渠道，在社会热点事件网络舆情的产生和演变中起到更为重要的作用。

1. 角色不断弱化的传统媒体

经过几百年的发展和演化，包括报纸、广播、电视等形式在内的传统媒体，逐渐形成了定期面向大众的信息传播方式，以其丰富的资源、原创的内容和强大的内容制作能力，发展并拥有了不可忽视的受众群体。但是由于传统媒体信息传播的单向性，受众只能被动地接受传媒媒体传播的信息，即使受众个体有看法、意见和观点，也没有有效的表达场所和途径，所以传统媒体在互联网兴起之前自然地承担了议程设置的主体角色。网络媒体的出现对传统媒体的议程设置主体地位发起了挑战，借助互联网，公众不但可以及时获取最新最快的新闻和热点信息，并能够在网络交互式平台上自主地参与评论，还能将自身的所见所闻在互联网上公之于众，在整个社会和信息传播体系中，打破了传媒大众媒体一家独大的传播结构，公众在议题选择和议程设置中一定程度上掌握了主动权,从而弱化了传统媒体在议程设置和社会生活中原有的地位。由于互联网用户的广泛性,几乎可以即时地发布社会上所发生的一切信息,这是传统媒体数量有限的记者编辑队伍所不可比拟的优势,而且往往发布的都是基于民众自身的考虑和兴趣所在的信息,所以天然地契合了受众的口味和偏好,不自觉地置传统媒体于跟风式报道的地位,再加之受制于各种规范和管理的樊篱,信息报道不到位,时效性差等缺点暴露无遗,则进一步弱化了传统媒体的地位。

2. 以网络媒体为代表新媒体的兴起

由传播历史可以看到,每一次新形式媒体的出现,总是有新的技术作为支撑,正如造纸技术和印刷技术的改进推动了报纸的产生,无线电技术催生了广播,模拟电子技术促成了电视的出现,以数字技术和网络信息技术为基础的网络媒体,则是当前最主要的新媒体形式。基于数字化网络技术,天然地赋予了互联网在信息传播中超越时间和空间限制的特点,而提供丰富多样的互动传播和个性化服务,表现为手机短信、电子邮件、即时通信、博客、维客和播客等多种媒体形态,关于上述几种新媒体形态,请参见第一章相关部分,这里不再赘述。尽管上述各种新媒体形态出现时间不一,影响人群各异,特点也各不相同,但都属于新媒体的范畴,所以在社会生活中起到非常相似的作用。与传统媒体相比,新媒体的最大特点是其消解力量,消解电视、广播、报纸等传统媒体之间的边界,消解国家与国家之间、社群之间、产业之间的边界,消解信息发送者与接收者之间的边界等等。与此同时,新媒体成为民众反映利益诉求、参政议政的重要平台,新媒体成为社会信息传播、危险预警的主要阵地,新媒体成为加强舆论监督、推进行政体制改革的生力军,新媒体成为促进社会管理民主化的重要媒介,新媒体成为反腐倡廉重要的渠道。要充分发挥新媒体的正面作用,需要与传统媒体共同配合,取长补短,相互照应,为共同促进社会进步而努力。

3. 传统媒体与新媒体的互动与融合

近些年来,信息技术迅猛发展,信息的提供和获取途径也越来越多,新媒体顺势而生。同时,也因为获取信息快,不受时间、空间等方面的束缚进行浏览,还为人们互相交流互动提供了一个平台,受到人们的喜爱和使用,所以在一定程度上对传统媒体,如报纸、期刊、广播电视等具有一定发展历史的获取信息的媒体，产生了消极的作用，严重制约了传统媒体的稳定发展。传统媒体与新媒体在人才队伍、及时性、渠道多样性、交互性方面各有长短，因此如何扬长避短，将传统媒体与新媒体实现互动融合就成为当前媒体发展的一个重要方向，利用新媒体和传统媒体二者优势互补，扬长避短，推动媒体行业大力地发展，提升国家综合实力。从两者影响网络舆情的角度来看，热点事件网络舆情的形成不仅是在网络空间发生作用引起关注和讨论，更多情况下传统媒体二次传播的作用也不可忽视，网络舆情的研究和分析同样需要从传统媒体和新媒体两个方面着手，才有可能尽量把握网络舆情自身的规律，为正确认识网络舆情的演化，采取合适的措施应对处置网络舆情打下良好基础。

（四）社会热点事件网络舆情演变的内容要素

1. 标榜个性的网络流行语

网络语言指20世纪90年代诞生初产生并运用于网络交流的一种语言，包括中英文字母、标点、符号、拼音、图标、图片和文字等多种组合，往往在特定的网络媒介传播中表达特殊的意义。网络语言的最早出现，是为了提高网上聊天的效率或诙谐、逗乐等特定需要而采取的方式，久而久之就形成特定语言了。进入21世纪的十多年来，随着互联网技术的革新，这种语言形式在互联网媒介的传播中有了极快的发展。目前，网络语言越来越成为人们网络生活中必不可少的一部分。尽管网络语言在表达上不同于传统的语言，但仍然脱胎于传统的语言，与特殊的事件背景相结合，往往可以运用非常简洁生动的语言，表达正式语言难以表达的含义，在传播中起到了非常重要的标签化作用，往往几个字或一个词，就可以涵盖整个社会热点事件的核心或精髓，具有非常高度概括化的特征，由于来源于广大人民群众，网络语言是网民社会心态的折射，网络空间的自由话语权赋予网民的言论和情绪最大程度的释放，充分激发了广大人民群体的创造力和想象力，所以能在网络上可以以极快的速度传播开来，短时间内形成流行，对于网络舆情的形成和发展具有重要推动作用。

2. 承载英雄主义的代表人物

由于互联网信息发布的低门槛、便捷性和即时性，满足了广大网民对现实社会中各种事件看法发表和情绪宣泄的需求，这同样符合美国传播学家李普曼在其所著的《公众舆论》一书中提出的拟态环境的理论。拟态环境指大众传播活动形成的信息环境,并不是客观环境的镜子式的再现,而是大众传播媒介通过对新闻和信息的选择、加工和报道,重新加以结构化以后向人们所展示的环境。由于互联网传播的广泛性,同样具有大众传播的特征,所以拟态环境的理论同样适用于当前以互联网为代表的新媒体时代传播现状的描述。作为普通民众为主体的广大网民,往往将无法实现的美好理想或愿望在互联网上以直观的方式表达出来,通过社会热点事件中的代表性人物为载体,在互联网空间中以网络行为的方式将其影射或塑造成心目中的伟大光辉形象,来满足心理需求,排遣和疏导心中的不满情绪。尤其是出身贫寒或卑贱的代表性人物,在挑战现实生活中不可撼动的利益主体、争取自身权益的社会热点事件中,这种情绪和人物形象的塑造会更加深入人心,充分反映了底层民众要求改变现状、平衡利益的强烈诉求。

3. 公共话语的争夺与游移

公共话语即面向社会公众的文字或言语表达。长期以来,公共话语权一般都掌握在国家机关和新闻媒体手中。随着互联网、移动通信等新技术突飞猛进的发展和新媒体的崛起,特别是网络论坛、博客、微博、微信、贴吧、QQ群和微信朋友圈等社交信息平台的出现,使得当今社会公共话语形态出现了明显变化。总体上看,新媒体时代的公共话语权在开放性方面有了根本性的改变,它不再是国家机关或权威机构向受众的单向传播,而是呈现社会公众共同参与的多向性互动。一方面,国家机关、社会团体、新闻媒体等有了更多公共话语平台和传播渠道;另一方面,社会公众也获得相对便捷的公共话语机会。应该说,这是新技术条件下,社会更加民主、更加开放的体现。但是,公共话语形态的变化也给我们带来了许多信息传播和舆论管理方面的新课题。如公共话语如何界定,谁是公共话语传播的责任主体,滥用公共话语权如何监管等,都是当今社会普遍关注的热点,也是社会舆论管理必须面对的现实问题。坚持平台开放,明确责任主体,规范传播监督,促进网络自主监督机制建设,推动以过失责任可追求溯为前提的自愿实名等,是当前规范新媒体公共话语权应该坚持的重要原则和基本路径。在新媒体时代,这些问题都应该重新思考、认真研究。

三　社会热点事件网络舆情的演变规律

（一）社会热点事件网络舆情的演化模型

网络舆情作为一种事物，和其他事物一样具有多方面的特征，这些特征可以作为分类的依据。从发展路径上，网络舆情通常遵循着事件发生，网民第一时间公布于互联网上，传统媒体跟进深入报道，网络舆情生成发酵兴起形成舆论压力，政府部门强力介入采取措施处置，网络舆情渐渐衰落最后消亡的路径进行演化；从形成模式上，网络舆情遵循着网络媒体的新闻报道或网民针对某事件发帖，网民跟帖、论坛讨论、发表博客、发送电子邮件或通过一些即时通信工具交流意见，在反复互动过程中形成带有某种利益诉求和价值观念的舆论流的路径；从议题或事件的传播和影响程度上，网络舆情遵循着形成期、爆发期、高峰期和消散期的过程。议题或事件出现新的进展时，议题可能再度扩散形成二次焦点，网络舆情也可能出现循环反复的摆动特征，遵循着形成期、爆发期、高峰期、反复期、消散期的过程进行演化。根据网络舆情在议题或事件的传播特点上具有的不同发展路径，可以将其主要划分为消解型演变和螺旋型演变两个具有代表性的网络舆情演化模型。

1. 消解型网络舆情演化模型

从网络舆情的热度变化规律上，消解型网络舆情呈现出单峰形态，遵循着形成期、爆发期、高峰期、减弱期、消散期的过程进行演变的规律。当少数话题进入社会现实空间或网络空间形成一定影响时，作为内容要素的热点议题就逐渐形成。社会中的部分公众作为网民开始广泛关注和讨论，一旦触发潜在矛盾造成利益失衡，这些热点议题将会被代表化和标签化进而转变为社会热点事件，各种态度、意见和情绪聚集和分化，网络舆情从而爆发。互联网作为新媒体的主要力量开始通过建立讨论组、转帖、置顶等方式为网民提供参与讨论的平台，传统媒体则通过追踪报道对事件进行深入了解和探访。网民、互联网、传统媒体三者的循环互动将网络舆情推向高潮。政府、有关部门介入调查，随着事实真相的公布、相关公权人员的查处，矛盾和冲突逐渐化解，事件慢慢平息。事件矛盾主体短时间内积极响应、果断回应并采取有力措施，是事态得到弱化的关键因素。

2. 螺旋型网络舆情演进模型

从网络舆情的热度变化角度，螺旋型网络舆情呈现出双峰形态，遵循着形成期、爆发期、高峰期、反复期、消散期的过程进行演变的规律。从形成期、爆发期、高峰期，螺旋型网络舆情的演进过程与消解型网络舆情大致相同。而当网民、传播媒介已经将事件推向高潮后，政府、有关部门却失声缺位甚至对事件事实进行否认的态度，使原本可以控制的事态愈演愈烈。随着事件出现的新进展、不断加入的新信息变量，使事件本身出现了循环反复特征甚至是议题的转化，演变成新的舆情热点。如果事件的进展和网民的预期基本一致，缺乏指向的信息将使网民的关注度和兴奋点降低，逐渐转向新的热点议题；如果新加入的信息变量与前述事实有所出入甚至相悖时，将会带来轰动性效应，形成的新一轮网络舆情将更为强烈。只有事件主体部门掌握主动权，采取正面回应、澄清事实、公开信息和惩处问责等相关措施才能使事件渐渐恢复常态，网络舆情得到消散。在循环反复期，网络舆情具有明显的摆动特征，公权力部门的处事态度和行为做法将直接影响网络舆情的后期进展和变化。

大多数社会热点事件的网络舆情，都遵循着上述两种网络舆情演化模型，具有极强的代表性和实践性。由于螺旋型网络舆情演进过程较消解型网络舆情演进过程更为复杂，具有更为普遍的适应性，所以通常运用螺旋型网络舆情演化模型描述社会热点事件网络舆情的演化。

（二）螺旋型网络舆情的演化过程

根据螺旋型网络舆情演进模型理论，社会热点事件网络舆情的演变过程，可以分为形成期、爆发期、高峰期、反复期和消散期五个阶段。社会热点事件网络舆情的形成期是整个演变过程的开始，网络舆情遵循着内在的规律和路径依次经历爆发期、高峰期和反复期，最终随着热点事件的终结而逐渐弱化消散，始终处于动态变化中。对于社会热点事件的网络舆情而言，分析其内在的演变过程，发现网络舆情的形成规律和发展动力，才能探寻网络舆情演化的深层根源。

1. 形成期

形成期是少数话题形成焦点事件并在网络上逐步扩散的开始，是网络舆情的形成阶段。

（1）形成路径

在信息爆炸的时代，社会现实空间和网络空间充斥了数以万计的新鲜话题和敏感事物，但并不是所有的话题都能在短时间内聚焦公众视野形成网络舆情，只有少数话题能作为具体对象被抽象化，激发潜在的矛盾而形成焦点事件引发大规模的网络舆情。在少数话题舆情热点焦点事件网络舆情的刺激—反应过程中，敏感性信息的扩散和传播速度远远快于普通信息，并在网络空间发挥作用，带来点击率骤升、网民的积极参与和信息广为传播等几个方面的影响。面对大量的事件信息，网民在形成和发布个人态度意见的同时也会关注异化甚至对立的情绪，促使其进一步探寻事件真相和寻求意见支持，在小范围内形成不同的意见群体。群体内的态度、意见和情绪经过相互的碰撞和交流，在群体规范和压力的作用下往往趋于一致，各种群体力量的汇集最终形成网络舆情的广泛传播。

（2）形成条件

通常情况下，能够引起网民关注的热点正是社会矛盾的焦点，其形成具有深刻的社会发展逻辑和价值诉求。一些社会阶层和利益团体重构时遗留和集聚的社会问题，较易形成舆情热点事件中主要集中的议题，激起公众和网民心中的非理性情绪。北京师范大学喻国明教授总结归纳了政府官员的违法乱纪行为、涉及代表强制国家机器的司法系统和城管队伍、涉及代表特权和垄断的政府部门和央企、衣食住行等全国性的民生问题、社会分配不合理贫富分化严重、涉及国家利益和民族自豪感、重要或敏感国家地区的突发性事件，以及影响力较大的热点明星和公众人物的火爆事件等九类热点议题。

除了话题本身所关涉的内容之外，网络舆情热点的形成和扩散还有一些必要条件：首先，在焦点事件发生后网民要对此事件及时参与并发表评论，而且评论的数量要在较短时间内达到一个阈值；其次，网络舆情在形成初期网民关注的议题和观点呈现单一化和简单化，多元化的议题和观点容易分散网民的注意力和分流网民的集聚度；再次，网民单一的不满情绪倾向容易产生情感上的共鸣和感染效应，在较短时间内能得到广泛的回应；最后，新媒体力量的崛起、播客和博客的实时传递也为网络舆情热点的急速扩散创造了有利的条件，网络媒体成为网络舆情形成的物质基础。

2. 爆发期

（1）发展路径

顾名思义，爆发期阶段信息高度膨胀、网民情绪迅速集结，事件在互联网上的传播和扩散速度将呈现爆炸式增长，形成网络舆情的爆发期。焦点事件的影响力开始膨胀，网络舆情开始出现聚合和分化。网民作为网络舆情的主体力量，推动着事件的进程和发展：草根阶层进行参与式讨论，并接受着网络谣言的刺激，群体极化和无意识状态使他们的情绪结合变得无理性甚至是偏激；网络搬运工进行转移式放大，在信息进行差序流动的主流化过程中不断加入具有冲击性的因素，使事件本身放大而变得更具可观赏性；网络意见领袖进行掌控式主导，通过不断地重复和传染作用聚合草根阶层的力量，使网民的态度、意见和观点出现分化，陷入激烈的讨论和争辩之中；网络推手则进行加工式引导，在事件高速扩散的过程中加入商业化元素、炒作、恶意煽动等手段使事件变得更为复杂，同时催生了网络暴力。这四种具有代表性的网民群体力量共同作用，在形成网民情绪喷涌效应的同时，也使网络舆情发生剧烈反应，在短时间内聚集膨胀、迅速爆发。

（2）行为特征

草根阶层、网络搬运工、网络意见领袖和网络推手共同形成的网民群体，在偶然的事实、创造性的想象、情不自禁的信以为真这三种因素共同作用、产生的一种虚假现实里，会作出激烈的本能反应，这种主观性反应使网络舆情呈现出极大的片面性特征，网民可能无意识地将主观意愿和客观现实融合而发布片面、虚假的误导性陈述或评论。在网络环境下，网民可以摆脱对传统媒体的依赖作用而主动自由地从新媒体中获得信息，实现从信息接收者到信息传播者的身份转换。因而在焦点事件发生后，网民可能通过信息获取优势或为了博取关注，积极主动发布自我获取的片面性信息。这种获取通常带有网民个人主观的认知判断，其发布的信息也缺乏公正性和完整性。从另一方面来说，网民群体具有强烈的社会人文关怀精神和英雄情结，通常对于弱势群体给予更多的关注和同情。当与自身相关的经历或事件虚拟地呈现在网络上，无法置身于现实事件的网民处于信息不对称的地位却表达着主观臆断的情绪性评论，缺乏严密的逻辑推理性。网民选择性发布的这些片面性信息，容易造成网络谣言的泛滥。网络谣言具有以几何级数传播的放大效应，并在传播和扩散的过程中不断变异，将网民个体的夸大意识扩大为网民群体的非理性情绪共鸣，形成情绪扭曲化的网络舆情。

在网络舆情的爆发期，除了网民群体非理性、无意识的情绪喷发之外，传播媒介的介入也加速了事件的扩散范围和影响程度。传统媒体的强势跟踪、互联网等新媒体的转载评论，逐渐将网络舆情引入到新的高潮。

3. 高峰期

（1）作用路径

在高峰期，网络舆情出现前所未有的高潮，传播媒介的报道程度和网民的参与程度都呈现出几何数量的增长态势，网络空间形成了巨大的舆论风暴。传统媒体、网络等新媒体、各种社会力量的结合互动，现实社会和网络对整个事件的关注达到了一个空前的高度。网络媒体以门户网站的新闻评论、网络论坛的热帖置顶、博客的转载评论、QQ群的讨论转发等多种形式汇聚网民的态度、意见和情绪；传统媒体则通过对事件的二次报道进行深入挖掘，以电视访谈和专题节目、纸质媒体的头版头条等持续报道的形式体现事件的轰动效应。尽管传统媒体作为议题设置的主体角色减弱，但其异地监督和报道仍是网络舆情演化的重要推动因素。传统媒体由于具有独特的信息优势地位和特有的采访权，在很大程度上对议题或事件的演化和分化起着较大的作用和影响。网民的持续关注促使传统媒体对事件的再度深入报道，传统媒体的不断采访又给网民提供了新的信息和评论依据，网民和传统媒体的互动形成了螺旋式上升类型的网络舆情。传统媒体的深入性报道和网络媒体的无边界传播有效地结合，各种渠道获得的信息在现实社会空间和网络空间迅速地聚合，使网民对事件的关注也达到了顶点。网民群体、传统媒体、网络媒体，各种社会公众力量等多方参与，使事件信息达到了相当程度的完整与严密，网络舆情呈现出稳定的均衡形态。

（2）作用表现

传统媒体与网络媒体的互动和结合，全方位、多角度地呈现出焦点事件的真实环境，使网民接收的与事件相关的信息较为完整和严密。传统媒体在长期的发展历程中形成的丰厚无形资产具有不可替代性，固有的受众群体、原创的专业评论、深入的理论剖析，加强了传统媒体传播信息的可信度和权威性；网络媒体在爆炸式的信息时代占据主导地位，新闻时效性强、传播时间周期短、网民参与度高，并以文字、图片、声音、视频等多种形式加强了网络等新媒体传播信息的实践性和新颖性。当焦点事件发生时，纸质媒体以头版标题、醒目图片进行报道，电视新闻邀请权威部门负责人或理论专家进行访谈，传统强势媒体的参与聚集了社会空间的公众民意，引起了网民关注；网络新闻门户网站建立讨论组，各大论坛转帖置顶加入精华区、个人博客转载进行评论，网民不仅通过传统媒体的专题报道获取更多权威信息，同时在网络空间跟帖参与评论；传统媒体再根据网络中出现的矛盾聚集点进行二次报道和深入调查，以探寻事件的矛盾根源和解决方式。在此过程中，传统媒体和网络媒体之间的复制扩散效应和多方力量的融合联动作用，在形成更大的舆论风暴迅速将网络舆情推向高峰的同时，也使网络舆情呈现出了多元化特征。

4. 反复期

（1）变异路径

这个阶段网络舆情出现了循环反复的变化，新变量的不断加入使原本处于均衡弱化状态的网络舆情偏离平衡、恢复波动形态，呈现出波峰与波谷交替的摆动特征。对于同一焦点事件，不同网民可能持有不同的态度、意见和情绪，同一网民个体在焦点事件的不同发展阶段也可能持有不同甚至相悖的态度、意见和情绪。新的刺激性信息或事件的重新输入，会导致网民的行为和情绪发生变化，事件相关信息的刺激程度越强，网民的这种变化越显著，网络舆情的波动程度也会相应地受到影响。如果事件的相关信息或进展和网民的预期基本一致，网民将会重点关注引起事件矛盾的双方主体之间的利益权衡、关键人物的问责和查处等结果性信息。焦点事件的完结使不同网民的态度、意见和情绪得到中和，缺乏舆情指向的信息将使网民的关注度和兴奋点降低，逐渐转向新的热点议题或事件，原有事件的网络舆情在刺激变量的加入下波动不明显，逐渐弱化消散；如果新加入的刺激性信息或事件与前述事实产生较大出入甚至完全不同时，将会带来轰动性效应，网民可能推翻之前因接收到的事件信息而形成的态度和意见，并在短时间内盲目接受相信新的刺激性变量而形成新的态度和意见。此时，甄别和辨识能力下降的网民主要受情绪主导，形成新一轮更为激烈和凶猛的网络舆情，呈现出剧烈波动的形态。

（2）变异动因

网络舆情转向和波动的异常反复状态通常是由多方因素共同作用的结果。首先，现实社会中的焦点事件汇集了网民群体的各种态度、意见和情绪，形成了网络舆情，事件相关信息的刺激性越强，网络舆情越容易受到情绪喷涌效应的作用而不断高涨。其次，事件矛盾主体的危机管理意识和行为也对网络舆情的波动起着重要作用。一旦相关部门对焦点事件的发生和发展不作任何回应、集体缺位失声或被动压制逃避，网络上的不满、批评和抨击的言论和情绪会不断高涨，呈现出网民观点和情绪一边倒的局面；如果相关部门在事件发生的第一时间积极响应，果断采取措施权衡利益矛盾化解危机，则会获得公众的理解使舆情弱化，掌握事件发展进程的主动权和设置权。再次，传播媒介对焦点事件的信息传播和扩散作用则具有两面性。网络舆情与焦点事件的信息传播和扩散程度紧密相关，堵塞的传播渠道会造成网络谣言的兴起而使网络舆情急速膨胀高涨，畅通的传播渠道和适度的信息公开将起到正面的引导作用使网络舆情逐渐弱化。最后，刺激信息的获得渠道也对网络舆情的波动具有关键性的作用。关注度更高，更容易激起网络舆情冲向另一个高峰。而通过政府官方、强势媒体发布的最新事件进展具有较高的可信度和权威性，使网络舆情得到化解。上述四种主要因素的综合影响，使网络舆情出现上涨或下落的波动趋势和形态。特别值得注意的是，有一些社会焦点事件的网络舆情虽然已逐渐得到弱化，但实质上转化成了潜在的舆情因子，一旦新的舆情热点或事件与其相关，就会使已经弱化的原有事件的网络舆情迅速爆发，再度成为广泛关注的社会焦点。

5. 消散期

（1）消散路径

这个阶段网络舆情的作用开始出现弱化，逐渐进入慢慢平息的消散期。当焦点事件的发生所能带动的社会资源全部耗尽时，网民对事件的关注度下降呈现出疲态、传统媒体和网络媒体对事件的报道减少、社会影响和网络影响逐渐减弱，与事件相关的信息不再能引起广泛关注呈现出递减的态势，事件逐步淡出公众的视野。焦点事件在不断发展的进程中，也在不断推进网络舆情的演变。当焦点事件在相关部门的积极作为下得到妥善处置和解决后，网民探寻事实真相的诉求欲望得到了一定的满足。网络舆情缺乏新的刺激动力，其范围和强度也逐渐减弱，最终随着焦点事件的完结，也在经历形成、爆发、高峰、反复之后逐渐减弱消散。在此过程中，网络舆情的持续过程与网民的参与度、关注度密切相关，网民关注度的下降速度比网络舆情的消散速度更快。新的舆情热点的产生将会加速这个转化的过程，焦点事件网络舆情之间呈现出替代性的特征。

(2) 弱化机制

政府和官方相关部门的积极介入和回应，是网络舆情出现弱化的重要因素之一。网民的确有着探寻事实真相的信息渴求愿望，对于事实不清、真相不明的事件表现出极大的关注度和兴奋度。利益主体部门的积极响应，表明一种正面回应和处理的决心和态度，从一定程度上降低了事件矛盾双方的对立程度，使网民更加客观地看待事件；树立一种良好的政体形象，从自身找出矛盾的症结所在，不退缩、不失语，并体现一种果断稳健的处事作风，明确的问责机制使相关的失职人员得到应有的惩处，充分掌握事件的主动权和话语权。在面对频发的社会焦点事件引发的网络舆情时，需要一个畅通的利益表达渠道、一个畅通的情绪宣泄渠道和一个畅通的矛盾解决渠道。和谐社会并不是一个没有利益冲突和矛盾的社会，而是一个有能力化解和解决冲突并实现利益大体均衡的社会。只有真正建立有效疏导舆论的制度化、常态化的社会安全阀机制，才能很好地面对网络舆情的一次又一次的聚集和消散。

第三节 网络舆情与社会心理

一 网络社会对社会心理的影响

随着互联网接入门槛的不断降低和互联网的大众化普及，互联网已经深入影响到广大民众生活生产的方方面面，互联网与每个人都已经形成密不可分的关系，网络社会在成为现实社会的真实写照的同时，也在诸多方面对社会心理产生了前所未有的重要影响。首先，网络发展与应用的速度加快，促使人们的社会心理改变和重新调整的速度也加快了，社会心理上普遍产生了准备迎接和适应变化的心理特征，即网络加快了社会心理的变化。其次，网络在为生产方式和生活方式的变革提供新的认知对象的同时，还提供了新的感受和体验，即网络扩展了社会心理的时空范围。再次，网络交往成为人际交往方式的普遍形式，不但是传统人际交往方式的重要补充，更有取代之势。网络社会很大程度上改变了人们社会化的形式，它在虚拟空间给人以巨大的诱惑力、带来无限乐趣的同时，对人的心理也产生着强大的冲击。网络催生的专用交际语言即网络语言，因其符合广大公众的心理需求，具有极其广泛的传播能力，甚至引领了网络文化；但互联网上不健康信息的无序传播，也造成了刺激公众盲目从众心理的产生与蔓延，网络舆论的扑朔迷离与大多数网民媒介素养不足相结合导致了许多网络失序现象的产生，这种情绪不但在互联网上大行其道，还能借由网民这个媒介延续到现实生活中，对现实社会的正常运转造成负面影响，在当前社会转型期，尤其要引起舆情工作者和相关政府部门的高度重视。

二 网络社会的社会心理现状

根据人类社会的发展经验，以及其他国家发展的实际和现代社会心理学的研究表明，当一个社会处于急剧转型时期，不仅社会问题频发，而且社会公众的心理问题也会大量凸显，这些社会心理问题可以分为社会情感迷惘与道德认同失范两类。

1. 社会情绪与情感

（1）焦虑、浮躁、失落心理

在处于转型期的当前社会，浮躁、焦虑心理已经成为民众中普遍存在的一种集体性倾向。随着改革开放的不断深入，社会转型也步步为营催促着每个社会成员，导致社会成员面临前所未有的社会压力，似乎每个社会成员都有或多或少的压力在身，民众的焦虑、浮躁和失落心理也开始成为集体性特征。究其原因，从大环境来说，是社会在转型期对于社会关系和利益分配的剧烈调整，从个人层面，是每个个体在面对这种剧烈的变化时，仍然以先前的经验和心态对待自身在新的社会格局中的位置，导致个人的社会角色定位出现偏差，从而出现心理上的各种问题。除了少数人能够主动调整不断适应大环境并取得进步有所收获以外，大多数人则在这个过程中处于了被动的被选择的位置，从而极易出现被时代所抛弃的焦虑感和迷茫感、患得患失和游移不定等心理状态，行为上采取或冲动或盲从的方式，而逃避或抵触社会转型期带来的挑战。

从心理学的角度，指因为对自己和他人的期待过高，但最终结果和现实并没有达到所期望的程度，而导致的沮丧和灰心的心理状态。这种期待有可能是物质上的，也有可能是精神上的，而且由于人内心难免存在的或多或少的贪婪本性，在面对所获得的物质或精神慰藉时往往不是与自己进行纵向比较，反而习惯于与他人，而且主要是自己生活小圈子里的人进行横向比较，由于对身边的人情况更为了解，所以产生的失落感就更为真实，能够直达心底深处，却忽略了自我心态的调整和对自我努力价值的认可，以至于误入失去奋斗的动力、沉迷于以不健康心理揣测他人的不正常的消极心理状态。特别是社会转型期带来的社会保障体系不健全所导致的住房、医疗、教育、就业和环境等问题，进一步加剧了这种情绪的扩张和蔓延，甚至使相当部分的社会底层人士失去了生活下去的勇气，还有极个别的人在自我感觉一切失去希望后，甚至产生并实施了严重危害社会的犯罪行为，在其所引起的严重社会后果方面，相关部门需要引起高度不间断的重视，并以体系化的方式试图解决。

（2）暴戾心理

暴戾指凶暴残忍、粗暴乖张，脾性暴烈、凶险。随着社会进入转型时期，各种矛盾、竞争不断加剧，利益格局发生深刻变化，各种思想文化彼此冲突交融。当部分人的极端自我中心主义突显并未能理性控制时，其心态中的非理性因素逐渐显现，导致心态恶化、行为扭曲，对生命、道义、善良和人性的冷漠，几乎成为相当多人群内心心照不宣的价值认同，以致演化为暴戾事件的发生，这不仅严重违反了社会规范，扰乱了社会秩序，同时也给全社会带来了极为恶劣的影响。暴戾心理可以为社会上出现的诸多恶性事件提供充分的心理学上的解释，社会上一些极端恶性事件发生的背后，在心理层面上都有巨大的、未知的、综合的社会心理危机作为支撑。这些极端事件虽数量有限，但在社会学意义上，已不再是单纯的治安问题或孤立的犯罪现象，而在更深层的意义上折射出当今社会隐藏在许多人内心深处的暴戾心理，一旦有外界事件触发，就极易转化为恶性事件的发生，需要引起社会各个方面的高度重视，并采取综合系统化的方式加以解决。

（3）自我膨胀心理

自我膨胀指一个人表现出来的自信心超出本人的实际情况，演变成盲目自大和自负，完全以自我为中心评价人和事物，完全不顾他人的看法和感受，浅薄无知，狂妄自大，过度自负不仅有损心理健康，还影响正常的人际关系。但究其本质，自我膨胀实质上是在人缺乏足够自信时，对自我进行的一种过度补偿而努力掩饰的自卑。表现在当前社会的转型期，社会的急剧变化导致不少人因为运气原因，而在短时间内获得了普通人倾其所有也不能拥有的巨额财富或社会地位，其所谓的成功从客观上导致自身在判断人和事物是非、价值标准的迷失，也带来他人的羡慕、忌妒甚至怨恨心理的不理智泛滥，从心理蔓延到外在行为，就转化为某些事件触发的不同阶层之间的社会矛盾，如对富裕、权贵、官员和精英群体的仇视行为的发生，这样的心理思潮如果不得到有效的安抚和疏解，很容易引发社会动乱。

从个体而言，过度自我膨胀是对自卑的一种不成熟的心理防御。要改善这一问题，获得更成熟的心理状态，需要对自己有更多的了解和认识，意识到自己的优势和长处，也了解并接纳自己在某些方面的弱小和不足。只有对自我和环境拥有较为客观的认识，才能克服自我膨胀心理而获得稳定合适的自信与自尊。

2. 社会道德失范

道德失范指在实际生活中，现有的社会伦理道德规范已经不能通过舆论引导和良心谴责来发挥作用，由此导致人们在具体的抉择时无所遵循或出现应当遵循的原则在实践中相互冲突等现象。当前由于经济体制转轨、社会转型等原因，原有的社会规范遭到严重破坏，新的社会规范尚未形成，传统的道德价值观念受到冲击，新的道德观念尚未确立，使人们对和谐社会的构建、对美好生活的憧憬、对理性思维方式的选择等都造成了严重的冲击。道德失范不仅与道德意识有关，而且还与社会中诸多因素有关，比如经济社会转型造成新旧道德观念发生巨大变化、原有的道德影响力消退让民众行为选择进退无据、新倡导的伦理规范没能深入内化到人们的内心和相应监督和惩处机制不严格造成法不责众愈演愈烈等因素。

（1）冷漠心理

冷漠，即冷淡，不关心，对一切本应在意的人或事物都不在乎的消极心态，是一种比讨厌和憎恨更过分的心理，是感情的顶点。冷漠发自对外界心理的防御，表现为外界的敌意，是对自身的一种保护。从个体而言，冷漠心理的形成与其成长过程中的早期心理发展有很大关系。但作为社会中生存的个体，又受到了社会环境的巨大影响，我国社会经济建设在近年来取得骄人成就的同时，自觉或不自觉中确实忽视了思想道德建设。经济建设以及社会保障体系的不健全，以及经济发展水平的相对落后，造成广大民众对金钱的盲目崇拜，进入了人人都在忙于赚钱的社会，并形成了仰望权贵的社会氛围，传统的道德观念受到了巨大的冲击，优良的传统受到了前所未有的挑战，人与人之间的关系也变得粗暴和简单，甚至形成了以金钱和经济为主的人际关系，人们只关心自身利益，在遇到事件时以自保优先,在与别人利益产生冲突时,以自我利益为先,甚至不惜牺牲他人或集体利益,来维护自身利益,从而形成了冷漠的社会心态和心理。而冷漠心理风气的形成,又进一步加剧了社会成员之间关系的紧张程度,甚至出现了老人在大街上跌倒由于怕承担责任而不敢扶起、行人被机动车撞倒在大街上行人熟视无睹等极端现象的发生,极大地败坏了社会风气,亟须得到社会各个方面的高度重视,从社会大环境和个体两个方面着手,力图早日唤回气正风清的社会风气。

（2）自私心理

自私之心,自古就有。"自"是指自我;"私"是指利己;"自私"指的是只顾自己的利益,不顾他人、集体、国家和社会的利益,常有自私自利、损人利己、损公肥私等说法。自私是一种近似本能的欲望,处于一个人的心灵深处,是一种普遍的正常的心理现象。自私之心隐藏在个人的需求结构之中,是深层次的心理活动。人的许多行为就是为了满足自身需求,但是需求要受到社会规范、道德伦理、法律法令的制约,不顾社会历史条件的要求,一味想满足自己的各种私欲的人就是具有自私心理的人。但在当前市场经济条件下,人们价值观念中的个体取向、自主倾向逐渐增强,自身的利益意识、成就动机不断强化,社会经济的多元化导致个体对国家和集体的人身依附关系日益破除,再加上社会不良思潮因素的影响,使一部分人的道德观念被金钱扭曲,出现了重金钱轻道德、重权利轻义务、重索取轻奉献、重个人利益轻国家和集体利益等功利化现象,部分人为了个人利益不惜采用各种不正当的手段,损公肥私、损人利己甚至铤而走险等现象导出不穷,不顾基本的纲常伦理和社会道理甚至规章制度法规法律,内心里充满了人不为己天诛地灭的极端自私意识。

要解决冷漠心理和自私心理等社会道德失范问题,可以从加强政治人物的示范作用、奠定社会良性发展的氛围、划定社会公共道德的底线、明确不同人群的道德容忍限度、加快制度供给体系建设、增强人们主动道德法律要求的意识、强化理性认知理想引导和提升民众自觉践履道德规范等多方面着手,采取系统化的多重手段加以解决。

三 网络社会环境下社会心理变化的原因

随着互联网的发展与普及,其影响渗透到社会政治、经济、文化甚至生活、工作、学习等各个方面。表面上看,是几乎任何可以参与到互联网上发表信息或看法的人都有机会从互联网的巨大进步中获得收益，信息的获取成本确实得到了前所未有的降低，似乎所有与互联网扯上关系的个人、单位、机构、公司或行业，都可以依靠互联网取得飞跃式的发展。然而事实并不是这样，对于个人、组织或领域发展起到根本性作用的因素并没有发生变化，互联网在社会生活中的深入影响，并没有缩小地区发展水平的差距，也没有阻止社会成员之间财富的分配情况，更没有促进社会整体上道德水平的提高，人们的心理状态也与互联网社会之前并没有什么显著变化。所有这些现象，都可以运用传播学中的知沟理论来进行一定程度上的解释。知沟理论是关于大众传播与信息社会中的阶层分化理论。美国传播学家蒂奇诺等于1970年提出的知沟理论认为，由于社会经济地位高者通常能比社会经济地位低者更快地获得信息，随着大众媒介传送的信息越多，这两者之间的知识鸿沟也就越有扩大的趋势。换言之，互联网这个信息平台的出现，非但没有解决或缩小互联网出现之前知识鸿沟的程度，反而加剧了本来已经存在的知识鸿沟，进而加剧了社会各阶层的分化，社会各领域的不平衡现象变得更加突出。这种分化的冲击，在社会心理层面表现为以下几个方面。

1. 利益分配不公所导致的心理失衡

不可否认的是，改革开放以来，经过几十年的发展，无论是宏观上还是从社会个体上，我国在经济方面已经取得了巨大的进步，但与每个社会成员的心理预期以及与其身边或社会风云人物所取得的经济收入相比，两者之间的差距反而比改革开放之前还要大，导致不同群体贫富分化日益明显，阶层差距日益加大，以及社会分层的加速和贫富差距的扩大。这个现象在社会学和经济学上，可以用基尼系数加以描述。基尼系数指国际通用的用以衡量一个国家或地区居民收入差距的指标，基尼系数介于0—1之间，基尼系数越大，表示不平等程度越高。根据北京大学中国社会科学调查中心发布的《中国民生发展报告2014》显示，中国的财产不平等程度在迅速升高：1995年我国财产的基尼系数为0.45，2002年为0.55，2012年我国家庭净财产的基尼系数达到0.73，顶端1%的家庭占有全国三分之一以上的财产，底端25%的家庭拥有的财产总量仅在1%左右。经济基础决定上层建筑，经济利益的分配不平衡，也很容易导致不同阶层人群心理的分化，处于相对底层的人群尽管也可以解决温饱问题，中等收入的人群也可以达到小康生活水平，但与富裕阶层相比，就极易感受到两者之间近乎不可逾越的差距，从而在当比例最大的中层和低层人群中产生了心理不平衡现象，并且由于所处地位的相似性，再借由互联网这个信息传播平台得到了蔓延和程度上的放大，甚至让这些人群在内心里产生极深的挫败感，感觉到生活没有希望，再怎么努力也不能达到既得利益者的水平，心理失衡更加严重，甚至会衍生不思进取、得过且过、对社会漠视等心理问题，如果遇到某些事件，还会将这种心态发泄出来，形成广泛的网络围观和看客现象，本质上都是心理失衡所引起的。

2. 无力通过努力实现社会阶层上升的失落感

社会阶层是指社会成员按照一定等级标准划分为彼此地位相互区别的社会等级，同一社会集团成员之间态度以及行为模式和价值观等方面具有相似性，不同集团成员存在差异性。社会上不同阶层的人都占有一定的资源，可以用占有资源多少的不同来区分人们处于什么样的阶层。对客观存在的阶层的分析有助于缓和阶层矛盾，找到协调各阶层利益的途径，从而保证社会稳定。一个正常运转的社会，应该有正常的机制，应该给予大多数人通过自身的努力，以升学、就业、工作等方式，实现向上一个阶层挺进的希望和动力。然而处于转型期的当前社会，人们所处的社会与自然环境不断变化，新的和成熟的社会体系又没有建立，政策朝令夕改，社会保障体系不健全，教育、住房和医疗压力的压迫，造成大多数社会成员尽管对当前的各种转变非常不适应，但为了生存或者仅仅是为了解决基本生活需求，不得不想方设法应对这些挑战，巨大的生活压力在相当程度上剥夺了社会成员自身发展的空间，终日为生活所迫，辛苦奔波，却只能换来暂时的维持生存所需，更无从谈起进入更高社会阶层的希望，从而导致内心深深的失落感。

3. 社会支持弱化与心理危机加深

社会支持属于社会心理学范畴，指社会网络运用一定的物质和精神手段对社会弱势群体进行无偿帮助的行为的总和。一般是指来自个人之外各种支持的总称，是与弱势群体的存在相伴随的社会行为。在改革开放之前，社会成员均有其所依附的单位，尽管整体经济处于较低的水平，但社会支持工作根本上由各个国家或集体单位承担，反而处于较全面的保障水平。随着改革开放的实行以及深入发展，我国社会快速进入了社会转型期，经济结构发生剧烈变化的同时，社会成员的单位依附关系也随之衰弱，原有的社会支持系统基本上已经失去了作用，而新的社会支持系统又迟迟没有建立起来，导致诸多社会成员失去了社会支持的强力引导，个体一旦发生经济或心理问题，都难以得到排解，而自身的经济水平以及社会普遍偏低的心理健康水平，也难以适时起到积极作用，从而导致心理问题的进一步加深，以至于出现普遍性的心理危机。

4. 社会快速多元化与心理负荷加重

社会多元化是一个含义很广的概念，包括政治、经济、文化等多个方面，体现在社会的取向多种多样，而不是单一的利益取向。在当前的社会转型期，社会的变迁比以往任何时期都更加迅速，社会的多元属性表现得更为淋漓尽致，社会成员在面对更多可以实现人生价值的同时，面对更多新的社会元素或新的价值观，也往往表现得不知所措。各种新的经济形态、风云人物不断推陈出新，甚至出现了很多前所未有的新的职业，如电子商务行业所催生的以试穿衣物为职业的模特，动漫行业所催生的以扮演动画漫画中人物为职业的演员，网络直播行业所催生的以直播为生的网络红人，甚至专门给游戏玩家增加点数或升级的职业游戏代玩玩家等，都对以往的社会角色认知产生了巨大的冲击，并且以极高的出现频率刺激着本来已经疲惫的心灵，让大多数社会成员面对这样能展现个体才能又有高收入的职业时，对自己所从事的职业产生怀疑甚至不满，但为了生计又得不怀着不情愿甚至挫败和失落的心情继续自己的工作，从而造成心理的超负荷运转。

四 网络社会心理问题的疏导

互联网作为一项集多种技术于一体的信息传播平台，在人类的社会发展中起到了其他已有媒体所没有的作用，尽管互联网的应用带来了诸多负面的作用，但其正面和积极作用仍然占据了主要的方面，即表现出作为一项事物的两面性。在互联网所引起的负面影响中，对于社会心理的影响，尤其应当引起重视，并加以心理疏导。广义上的心理疏导包括了几乎所有心理咨询和治疗，而狭义上的心理疏导以人本主义心理学和认知心理学为基础理论，通过言语的沟通技巧对心理欠佳者进行梳理、泄压和引导，以达到改变个体的自我认知和心理疏泄，提高其行为能力和改善自我发展的目的。

1. 以民为本进行改革，引导重构新的社会心理平衡

与激烈的革命不同，相较于革命以暴力极端的方式推翻原有政权以达

成改变现状的目的，改革指在现有的政治体制之内，对政治、社会、文化、经济和宗教等领域进行的改良和革新。改革的过程中，必然涉及对利益既有者利益的触犯，以及利益在社会成员之间的重新分配以及秩序的重构，在改革过程中会自然引发社会心理平衡状态的打破，由于人本身的社会性，心理状态的不平衡也极易导致其行为的异常，甚至演化为外在的不稳定因素。针对社会心理失衡的情况，引导民众正确认识改革，促进新的社会心理平衡，重塑和谐社会心理，需要采取系统化的解决方法加以应对，在向广大社会成员解释改革政策、目的和过程的同时，还需要客观公正地及时将改革的利弊得失告之广大社会成员，最重要的是从根本上在制定改革政策时，要从社会进步的角度出发，以解决和满足广大社会成员的要求为基准点，以增加广大社会成员的获得感为目的，才能够从根本上赢得大多数社会成员的理解和支持，并在改革的过程中与广大社会成员一道，放低姿态紧密沟通，才有可能取得改革的成功。与传统媒体为主的时代相比，由于网络媒体的即时性、互动性和低门槛性，在改革政策的制定过程、实施过程以及完善过程中，可以充分利用互联网这个信息传播平台，作为社会各阶层之间信息沟通的纽带，让各种思想和想法充分交流融合，促进改革目的的达成。如果仅仅是从思想层面，通过宣传教育的方式让社会成员接受改革，仅仅让普通民众承担改革带来的负面影响，还想达到解决社会心理失衡的问题，无异于缘木求鱼，心理疏导也不会取得良好的效果，还有可能适得其反，最终被广大社会成员所摈弃。

2. 完善加强制度建设，保障社会公平正义

社会公平正义，就是社会各方面的利益关系得到妥善协调，人民内部矛盾和其他社会矛盾得到正确处理，社会公平和正义得到切实维护和实现。构建和谐社会，实现社会公平与正义，有必要从人类社会发展和理解的角度，全面认识社会公正问题。随着改革开放的深入进行，改革进入了深水区，社会各群体和领域利益关系的日益多元化，低门槛信息传播平台互联网的出现，进一步增强了民众对社会公平正义的意识，改革过程中所发生的利益分配不公平问题以及社会保障不完善等问题，都在互联网平台的放大作用下日益凸显，极大地冲击着每个社会成员的心理，造成中低层社会成员心理的不平衡，以及处于高层社会成员的不安全感，这些心理现象都是不利于改革的深入开展和进行的。要从根本上解决这个问题，需要

自上而下地构建保证公平正义的系统化社会制度，从民主权利、收入分配以及社会保障等多方面着手，采取综合性手段解决。同样的，服务于整个社会的社会化制度，一旦制定并实施会波及每一个社会成员的切身利益，所以在制度的酝酿、制定和实施过程中，需要做好与广大人民群众的信息沟通工作，互联网正好可以充当信息交流的平台，为完善加强制度建设和保障社会正义起到积极作用。

3. 建立畅通的民意表达机制，及时为社会心理减压

我国现行的民意表达机制由人民代表大会制度、司法制度和信访制度三部分构成，在发扬人民民主和维护社会稳定中作用巨大。但随着改革开放的不断演化以及经济和社会的转型的不断深入，现行的民意表达机制已经不能适应公众日益增加的利益诉求，针对这个情况，可以从以下几个方面完善民间表达机制。一、针对民意表达不充分问题，完善制度设计，畅通民意表达渠道；二、针对民意表达低效问题，完善机制运行方式，提高民意表达效率；三、针对体制外表达的新问题，通过多种方式，将民意表达的体制外表达引导至合法规范的轨道。在达成这个三个目标上，作为普及程度最高的互联网平台，都可以起到相应的作用。具有中国特色的网络问政，增加了民意与政府的信息沟通渠道，电子政务的普及，则提高了民意表达的效率。和其他任何社会领域一样，和谐的关系构建关键在于沟通，互联网为政府和民间的沟通提供了前所未有的便利，但要利用好互联网这个信息沟通平台，还需要政府放下高高在上的架子，民众在与政府部门沟通信息时注意措辞表达方式等技巧和平和的心态，才能进行有效的沟通，促进问题的解决，疏通社会成员的心理，进而为整个社会心理减压。

4. 构建社会主义核心价值体系，净化社会风气

党的十八大提出，倡导富强、民主、文明、和谐，倡导自由、平等、公正、法治，倡导爱国、敬业、诚信、友善，积极培育和践行社会主义核心价值观。富强、民主、文明、和谐是国家层面的价值目标，自由、平等、公正、法治是社会层面的价值取向，爱国、敬业、诚信、友善是公民个人层面的价值准则，是社会主义核心价值观的基本内容。社会主义核心价值观是社会主义核心价值体系的内核，体现社会主义核心价值体系的根本性质和基本特征，反映社会主义核心价值体系的丰富内涵和实践要求，是社会主义核心价值体系的高度凝练和集中表达。2017 年 10 月 18 日，

习近平总书记在十九大报告中指出，培育和践行社会主义核心价值观，要以培养担当民族复兴大任的时代新人为着眼点，强化教育引导、实践养成、制度保障，发挥社会主义核心价值观对国民教育、精神文明创建、精神文化产品创作生产传播的引领作用，把社会主义核心价值观融入社会发展各方面，转化为人们的情感认同和行为习惯。坚持全民行动、干部带头，从家庭做起，从娃娃抓起。深入挖掘中华优秀传统文化蕴含的思想观念、人文精神、道德规范，结合时代要求继承创新，让中华文化展现出永久魅力和时代风采。从每个社会成员的内心来说，都向往着光明和正义的社会大环境，但具体实施转化为行动时，往往又没有可以依据的价值，社会主义核心价值观的提出，则很好地解决了这个没有依据的问题，让每个社会成员的思想、言论和行为都有明确的依据，为构建风清气正的社会环境提供了坚强的基石。

第四节　网络舆情与政府执政

随着互联网大众化、普及化、底层化和个人化程度的不断加深，网络媒体已经取代传统媒体，成为民众获取信息、交流意见和发表言论的最主要平台，各种现实中的现象、问题、事件等几乎都可以及时在互联网上得到反映，加之网络对信息的聚焦和放大效应，网络舆情往往随时可能因为某些话题或事件而发生甚至爆发。网络上已经发生过和正在发生的诸多种舆情中，政治类舆情对于社会的稳定和发展起到了非常重要的作用。当今社会往往都是现代国家以政府的形式管理和服务社会，所以政治类舆情往往与政府形象密切相关，需要引起各个方面的高度重视。尽管如此，由于网络媒体作为一个新兴的信息传播平台，无论是广泛参与的广大民众，还是不得不重视网络媒体作用的政府部门，对于网络媒体在日常紧密使用的同时，往往也还是难以把握其规律，从而造成政府形象在网络上的歪曲，这就需要深入地找到影响政府形象的原因，才能有针对性的加以解决。

一　政府应对处置网络舆情的现状

政府作为社会的管理和服务的总负责部门，社会上几乎所有可能产生舆情的事件都与政府密切相关，如政治类、经济类、文化类或民生类事件，都有可能在特殊的情况或条件下，演变为舆情事件，而在各种事件当中，没有任何预兆而突然发生的事件，则因其突发性更容易引发网络舆情，需要引起政府高度重视。突发事件就是意外地突然发生的重大或敏感事件，造成或者可能造成严重社会危害，需要采取应急处置措施予以应对的自然灾害、事故灾难、公共卫生事件和社会安全事件。从近些年来政府应对突发事件网络舆情的情况来看，处置和应对舆情时仍然未能把握其中的内在规律，导致难以采取针对性的有效手段，缺乏有效应对网络舆情的能力。具体而言，表现在以下几个方面。

（一）对网络舆情知之甚少

长期以来，舆论通常由报纸、广告或电视中所反映的新闻或评论引发，舆论自然也就是政府中新闻出版广电、宣传或统战部门职责之内的事情，似乎与政府其他部门并没有直接的关系，这与传统媒体被强力控制在政府范围内的原因密切相关。但进入网络社会以来，由于互联网的自由性、低门槛性和信息交流的即时性和互动性，以及政府缺乏有效的互联网管理手段和信息把关人的角色缺失因素，导致借助互联网与某事件相关的网络舆情的层出不穷，互联网的用户在充当信息接受者的同时，也扮演了信息制造和生产者的角色，这也与之前信息传播渠道完全控制在报纸、广播和电视媒体的时代完全不同，舆情和舆论的产生、演化、特点和应对方式，都与传统媒体为主的年代迥然不同。而政府各部门的工作人员还只关注各自所负责的公务，从政府工作人员个人来说，与舆论关系不大的部门更是没有关注网络舆情的意识，更谈不上把握网络舆情的规律和采取有效的应对处置手段，很难有时间上网查看各种情况。从政府工作人员整个群体而言，网络舆情信息采集和汇报机制尽管也已经开始有意识建立，但尚未有效建立或有效运行，从而导致舆情事件发生后，面对由成千上万网民所推动形成的而且不断变幻的汹涌网络舆情，究其起源、发展以及现状等情况均处于无所适从的懵懂状态，在以桌面电脑为主的网络时代尚且如此，更不用说当今无线互联已经普及甚至泛滥的情况。对网络舆情的无知极易造成网络舆情事件的失控，让政府的工作处于被动状态，而花费更多的人力、物力和时间成本去弥补，所以需要引起政府各个部门的高度重视，即网络舆情与政府各个部门都有非常密切的关系，一旦发生，需要在完善的机制下，协调各个相关部门，共同及时把握网络舆情的动向，以便于后续的应对和处置。

（二）无法有效应对网络舆情

互联网建立在数字技术和网络通信技术之上，天然地具有信息传播快速性和即时性的特点。除此之外，在互联网普及进入网络社会的今天，互联网还具有影响范围遍及全球的特点，从根本上改变了信息的传播形态。与之前的传统舆情相比，网络舆情自然具有即时性、强交性、容易扩散、聚集演变的特征，而且一旦形成，往往影响区域不再限于事件的发生地，而是根据舆情事件的特点，往往超出事件发生的地理区域，甚至波及全世界。从这个意义上讲，已经超出了行政范畴上政府所能管辖的范围，而且这样的局面往往又是在极短的时间内发生的，又通常与负面的事件相联系在一起。要有效应对具有这样的特征的舆情事件，不但与新闻出版广电和宣传部门有关，更与舆情事件的具体管理部门相关，需要从根本上解决，往往直接管理部门所采取的措施更加有效。而要做到这一点，目前又缺乏比较有效的解决和协调机制，从而造成面对舆情时政府工作人员的无计可施，导致在沉默或焦虑中，眼睁睁看着网络舆情滑向难以挽回的深渊。而缺乏对网络舆情的理解和规律把握，仍然沿袭传统媒体时代的处置和应对方法，如删除网络上的相关新闻、评论和帖子，或者进行有限度的回应，公布事实采用挤牙膏遮遮掩掩的方式，不但不能奏效，还容易引起次生舆情的发生，导致网络舆情复杂化和更加难以处理，后续需要花费更大的精力去处理，究其原因就是思想作风尚未从传统媒体年代转变过来，并没有掌握网络舆情自身的规律。

（三）低估网络舆情可能造成的现实影响和危害

尽管网络舆情的发生、发展、高潮和消亡整个过程都发生在互联网上，但究其原因，都与现实中的事件和思潮脱不开关系，即网络舆情是现实在互联网上网民对其持有的态度、意见、看法和情绪及其交错的总和。既然网络舆情来源于现实，其影响自然也会作用于现实，正面的网络舆情加以引导，会促进社会良好风气的形成，而负面舆情如果不加以有效管控，则会极大地影响网民的情绪，有可能会将负面情绪带到生活和工作中，甚至会导致极端事件的发生。尽管如此，面对负面的网络舆情，根据辩证的原则，需要采取的措施不应该是封堵信息和压制舆情，而应当主动积极引导舆情方向，在有效应对舆情的同时起到教育网民的作用，将不利局面转化为对政府有利的情况，既锻炼了与舆情相关的政府工作人员，也稳定了社会情绪，还树立了良好的公众形象。但要做到这一点，需要与网络舆情相关的各个政府部门对网络舆情的规律和动向有深入地了解并加以把握，并在处置网络舆情时及时密切关注舆情的动向，进行动态调整才有可能达到变坏事为好事的目的。

二　政府应对网络舆情乏力的原因分析

自从互联网特别是无线移动互联网普及以后，网络舆情尤其是负面事件网络舆情的出现频率更高影响更大涉及范围更广，而政府在面对具有这样特点的网络舆情时，却往往表现出应对不力的局面，在进行网络舆情处置时失去了先机，还有可能导致网络舆情的进一步恶化。在已经进入网络社会的今天，为什么还广泛存在着绝大多数社会管理机构应对网络舆情乏力的情况，究其原因如下。

（一）网络舆情本身的特点使然

随着网络技术及网络基础设施的迅速普及，以数字媒体为代表的新媒体几乎在一夜之间取代了报纸、广播和电视等以往居于垄断地位的传统媒体，成为广大社会成员获取和发布信息的最主要途径和平台，于是赋予了互联网这个信息平台与传统媒体迥然不同的特点，即互联网平台上的信息具有海量性以及随时更新的不确定性和连续性，互联网用户之间密切的互动性和双向性，信息发布的及时性和有效反馈性。集信息的生产者和获取者于一体，互联网用户与传统媒体用户的角色也发生了根本性的转变。基于以上互联网信息传播的特点，来源于现实产生于互联网上的网络舆情自然也就具有了类似的特点，即直接性、多元化、突发性、隐蔽性和偏差性等。

面对具有如此特点的网络舆情，作为在社会生活中长期存在的政府部门来说，应对起来并没有那么得心应手，这是由于在传统媒体兴盛的年代，几乎所有传统媒体都是直接或间接受控于政府或政府所辖机构，除此之外再没有有效的信息传播渠道和平台。所以对于政府来说，控制好所管理的各种媒体机构，就等于控制了舆情和舆论，哪怕是媒体的受众有与主流媒体不同的想法，也没有有效的途径进行表达，更不可能在广泛的范围内传播并形成影响。而互联网媒体的兴起和普及，则完全打破了这样的信息传播模式，也给政府应对网络舆情提出了新的挑战。可惜的是，目前还存在着某些政府部门，仍然以传统媒体年代应对社会舆情和舆论的思路和方法来应对网络舆情，那结果必定是南辕北辙，背道而驰，难以取得良好的处置结果，甚至还会引起次生网络舆情的发生或者网络舆情的恶化。

但就目前的互联网信息传播情况而言，信息生产数量的过于庞大以及信息的瞬息万变，客观上也造成政府在忙于日常事务的同时，在面对缤纷变化的网络舆情时，又被淹没在信息的汪洋大海里，有效信息获取方式的缺失和互联网信息处理思维的不足，又导致难以从海量的互联网信息中提取政府所关心的信息。而网络舆情又往往隐身于海量无序错综变幻的信息中，也正是由于这样特征信息的相互作用，才最终促成了网络舆情的生成，面对隐身于海量信息中，需要具有一定理论和方法支持，并采用合适的技术手段进行抓取，才有可能有效地把握的网络舆情本质时，相当一部分政府工作人员就会处于手足无措的境地，除了一脸茫然似乎找不到更好的处理和解决办法。

除了海量的互联网信息外，互联网作为信息的获取和组织平台的作用，在应对网络舆情时也万万不可以忽视。尽管网络舆情存在于互联网上，但究其原因，往往又与现实中的事件息息相关，互联网在传播信息时又客观上起到了信息放大器的作用，使得所波及的范围和人员呈现进一步扩大的趋势，从而造成政府工作人员难以把握舆情信息的传播地理范围、影响的社会领域以及具体波及哪些人员。又由于当前互联网实名制推进的缓慢，网民在发布信息和转发、评论信息时具有了极大的自由度，几乎处于失控的状态，虽然在客观上比较真实地反映了广大网民的内心意愿，但在其隐身特征下所进行的人员按兴趣或志向集结，又放大了某种声音或情绪，甚至可以对互联网上的舆论进行操控，这一点在政府应对突发事件时尤其需要高度注意，不要被个别人群有意甚至恶意引导的网络舆情所牵制，而延误了舆情处置的大好时机，这就需要处理网络舆情的人员具有较高的网络媒介素养，并将其与具体的网络舆情的实际相结合，才能进行理智的网络舆情应对和处置。

除此之外，网络舆情并不仅仅与政府中的新闻、宣传等部门相关，仅仅依靠这些部门发布信息与广大民众进行沟通，是难以平息舆情或者将舆情引导到所希望的方向的。这是因为，舆情从本质上并不仅仅限于民众情绪上的表现，而是从根本上来源于现实中的事件，互联网只不过提供了针对该事件的情绪表达空间，并加以发酵和进一步传播。所以，要有效地处置网络舆情，必须先把引起舆情的具体事件进行归类，再由其管辖的部门配合新闻、宣传部门以及其他相关部门，各部门协力配合，共同作战，对外使用协调之后统一的声音发布信息或与民众进行沟通。要做到这一点，不仅需要各部门树立比较完善的网络舆情意识，还需要有统一规划建立统一协调的工作体制，才能针对网络舆情的特点，实施有效的应对措施。

（二）网络舆情应对欠妥

网络舆情作为一项新生事物，有其自身的规律和特点，也有其独特的社会影响，在当今互联网高度普及的社会，已经深入影响到社会成员生产生活的方方面面，几乎在任何领域都有着不可忽视的影响力，自然也渐渐引起了政府各个部门的高度重视。尽管从思想上已经将网络舆情提高到了比较高的位置，但从体制上相当比例的政府部门并没有将网络空间以及网络空间所发生的舆情纳入到政府执政领域的高度，或者尽管纳入到执政领域但也置之于比较次要的地位。在这样的体制下与网络舆情相关的人员、财力、物力、机构及其体系都未能建立或尽管建立、但仍然处于比较初级或原始的状态，就容易导致网络舆情信息收集不到位、分析解读不透彻、网络舆情报送和反馈渠道没有或者不通畅等问题，甚至一遇到突发的网络舆情事件发生，整个系统就会马上陷入混乱状态，更谈不上有效应对。近些年来，这样的情况虽然也有所改善，比如不少地方也建立了网络新闻发言人的岗位，但与传统媒体年代的新闻发言人角色工作原理相似，如果仅仅空有这样的一个岗位，其背后并没有强大的信息以及系统化的组织机构和人员团队作为支持，这个岗位往往也就会流于形式。如果强行面对公众，就会出现空话、大话和套话，对于网络舆情事件也不能有效地进行分析并作出解释，反而会在应对网络舆情时，由于网络新闻发言人发言的不恰当，导致次生舆情的发生，非但没有起到积极作用，反而增大了网络舆情的处置难度。

针对这个问题，必须采取体系化的解决方案，从中央政府到地方政府甚至于机关和企事业单位都在试图解决这个问题。比如中央级别的中共中央网络安全和信息化委员会办公室和中华人民共和国国家互联网信息办公室于2011年5月成立，主要职责包括落实互联网信息传播方针政策和推动互联网信息传播法制建设，指导、协调、督促有关部门加强互联网信息内容管理，落实互联网信息传播方针政策和推动互联网信息传播法制建设，负责网络新闻业务及其他相关业务的审批和日常监管，指导有关部门做好网络游戏、网络视听、网络出版等网络文化领域业务布局规划，协调有关部门做好网络文化阵地建设的规划和实施工作，负责重点新闻网站的规划建设，组织、协调网上宣传工作，依法查处违法违规网站，指导有关部门督促电信运营企业、接入服务企业、域名注册管理和服务机构等做好域名注册、互联网地址（IP 地址）分配、网站登记备案、接入等互联网基础管理工作，在职责范围内指导各地互联网有关部门开展工作。与之相对应，省级、市级和县级的互联网办公室也相继成立，并投入运营，在网络舆情事件的应对上，起到了非常重要的积极作用，也培养了大批网络信息人才，并一定程度上提高了政府工作人员的网络媒介素养。从顶层设计上，根据互联网主要是网络舆情形势的发展和需要，2018 年又成立了中国共产党中央网络安全和信息化委员会，全面领导中央网络安全和信息化委员会办公室的各项工作，为政府有效积极应对网络舆情提供了机制上的保障。

（三）网络舆情处置不力

政府部门处置网络舆情不力，既有历史原因，也有现实原因。尽管在社会生活中，政府问题以整体单位的姿态出现并参与社会活动，但政府毕竟是由一个个工作人员所构成，政府所服务和管理的对象与政府接触中，也不是直接和作为整体的政府打交道，而是和具体的工作人员联系，从而在一定程度上政府工作人员的工作水平和态度就代表了政府在服务对象即人民群众中的形象。

将这样的情况延伸到政府处置和应对网络舆情工作上来，即政府工作人员对于网络舆情的认识和把握程度，从根本上决定了政府处置网络舆情的水平和效果。在网络已经高度普及并影响社会各个方面的今天，仍然存在着政府工作人员对网络在社会生活中的重要性认识不足，或者持以逃避的态度，从心里并不认为互联网也是政府应该进行有效管理和利用的执政领域，再加上互联网上需要加以管制的往往是负面内容，甚至相当比例的负面内容事关政府或政府工作人员本身，一旦处置不力，就极易引发更为严重的后果，所以就容易采取事不关己高高挂起的逃避甚至冷落的态度，任由这些事件在互联网上蔓延发酵。与此同时，倒是有部分政府工作人员确实已经从主观上意识到互联网和网络舆情的重要性，但苦于其他事务繁忙，没有更多的时间和精力投身到网络舆情的关注和处理当中，即便有这样的精力也往往缺乏对于复杂网络舆情的认识、把握和控制能力，又被多一事不如少一事等不健康想法左右，从而客观上还是形成了对网络舆情不闻不问的局面。

既然从心理上已经存在上述诸多不利于有效开展网络舆情工作的因素，由心理学的相关理论，人的外在行为往往受到其心理的支配，所以在处置网络舆情时，就会很自然地将心里的想法表达出来。对网络舆情的不重视和逃避心理，就会导致面对公众时，以官话、大话和套话进行搪塞，没有认识到网络舆情是自己所执政的领域，就会出现网络舆情处置的推托，或者直接将个人私下对于网络舆情的认识，在政府所在的岗位上表达出来，引起非常不必要或严重的后果。比如，在2011年温州动车事故中，当时的铁道部发言人王永平针对网民对现场救援时在事发现场挖坑将事故中受损的动车车厢挖坑掩埋一事，非但没有以坦诚的态度进行解释，还说出了"不管你信不信，反正我是信了！"的"金句"，一时间引发了互联网上声势浩大的声讨，让原本铁道部实施的正常救援却饱受置疑。究其本质，就是对公众回应时心理上的漠视态度，导致了外在行为和言辞的不适宜，最后以自行申请辞去铁道部发言人职务作为结局，令人唏嘘不已。

除了政府工作人员心理以及所支配的外在行为对网络舆情处置存在不利因素外，缺乏健全和有效的网络舆情处置机制和体系也是当前所面临的一个根本性问题，网络舆情处置机制的缺失和心理上不重视，以及虽然主观上重视但客观上没有能力或意愿去建立这样的机制，存在不可分割的关系。但网络舆情处置机制的作用是网络舆情事发或者发展到一定程度后才采取的补救性措施，并不能从根本上解决问题，网络舆情作为一种客观存在的事物，也有其发生、发展、壮大、衰弱以及消亡的发展过程，所以可以从预防的角度进行网络舆情的处置。但遗憾的是，目前各级政府机关中，要么是缺乏预防意识或者没有网络舆情的预防机制，要么是建立了网络舆情预防机制，但并不健全，在处置网络舆情时往往处于力不从心或者事倍功半的状态，导致网络舆情处置的失败，起不到从以往网络舆情处置总结经验和吸取教训的作用。

三　提高网络舆情应对能力的建议

随着互联网的快速发展，网络舆情已经成为影响社会持续有序发展、维护社会和谐稳定的重要因素。各级政府应加强舆情监控，及时获取网络舆情动态，认真分析舆情信息，形成具有价值的舆情报告，积极引导社会舆论，从而形成健康的舆论氛围。

政府只有做好舆情监测,才能及时发现负面舆情信息,以启动应对措施或者应急预案。论坛、社区、博客、贴吧为网民发表言论提供了阵地,如果缺乏有效的监测手段,会造成突发舆论的大面积传播,特别是一些负面言论,会严重影响社会和谐、破坏投资环境、损害公众形象,这类信息需要及早发现,及时处理。其次舆情监测还可以帮助政府及时了解民众对于某事件、人物或者部门的意见,发现通过其他渠道难以发现的信息,以辅助制定正确的决策。

鉴于当前政府组织和工作机制现状,提高网络舆情也要采取自上而下的方式,在上级部门的重视下一级级执行下来,层层落实提高网络舆情的应对能力,具体来说,可以从以下几个方面着手。

(一)从思想上高度重视互联网及网络舆情

政府各部门都应该放低姿态,认真了解认识互联网,这是正确应对网络舆情的根本和基础。加强学习了解并掌握互联网的基础知识,以及运用互联网技术的基本技巧,为网络舆情信息的获取创造便利;更要了解网络舆情,知晓网络语言的基本含义,能对网络舆情的性质作出基本的判断,正确区分出突发事件、网络群体性事件以及网络谣言等基本网络舆情要素,基本了解网络舆情的发展规律、产生的载体以及所产生的现实背景;三要了解并掌握与网民打交道的基本技巧,发布事实性信息要信息确凿绝对可靠,不要采用模棱两可的语气发言,更万万不能采取想当然的方式不假思索地发表信息或看法,发表具有倾向性的观点时要进行充分的思考,不成熟的不讲,不合理的不讲,这些都事关网络舆情的最终解决。从管理指导思想上,必须将舆情风险管理从舆情消防员的角色定位中摆脱出来,不能仅仅等舆情事件爆发之后采用一些堵塞传播渠道、删除传播内容的方式来解决问题。

(二)将网络舆情工作渗透到平时的工作积累中

网络舆情虽然产生并存在于互联网,其根源还在现实生活。要正确应对网络舆情,加强日常工作的处理是重要一环,也是应对网络舆情的根本性措施。在常规思维中,一些政府部门缺乏舆情大局意识,在舆情来临时要么是无动于衷,要么不知所措,很多政府部门处理舆情事件往往只从危机发生后对应对政策进行研究,忽略了舆情危机的源头处理,以致在真正处理危机时手忙脚乱,使得政府部门在处理舆情时非常被动。

从具体个人而言,政府工作人员要加强自身素质建设,要对时代背景有基本的判断，准确地理解并掌握上级的精神，不说与时代精神发展趋势相悖的话，不做与上级精神相违背的事，对所主管或分管的工作了然于胸，在面对服务对象时，态度平和不说外行话，表现出应有的专业水平，时刻提醒注意自身的政府工作人员身份，更要时刻牢记党为人民服务的宗旨，不发表与党的基本政策和信仰相违背的言论，不断地聆听并吸收群众意见，尊重民意和呼声，将应对网络舆情渗透到工作的每个环节。

从应对网络舆情的系统和机制上，要创新政府新闻机制建设，包括建设好并充分发挥好新闻发言人制度的作用，消除流言产生的现实和互联网空间，建立健全网络新闻发言人制度，定期地、有针对性地对群众共同关心的问题释疑答难。加强与网友的沟通，采取"做客"、与网友网上聊天等形式，主动地说明问题。加强政府网络平台的建设，主动设置话题，主动地引导网民，并加强网络舆情信息的及时回应和公开，主动公开人民群众关心的热点问题、涉及人民群众切身利益的一些决策的结果，并做好充分的解释工作。政府新闻发言人要提高回应技巧，坚持主动发声、积极发声，并对舆情事件的相关情况进行精准详细解读。当危机出现时，政府最大限度地利用自身的公信力和权威性，对网民言论进行及时跟帖，撰写有深度、说服力强的网评文章，澄清事实，释疑解惑，进行必要的舆情疏导。主动和迅速披露信息，还要注意实事求是、言之有据，网络时代是信息透明的时代，事情一旦发生，网上参与人员多，收集和公布证据的多，监督无处不在，谎言无处藏身。建立健全网络舆情监督机制，针对一般性的网络舆情，要知晓，能判断，有回应，针对网络群体性事件或突发事件加强监控，并做到有预案、有应对、有措施。

（三）针对具体的网络舆情采取相应的应对措施

应对网络舆论要注意方式方法，正确的应对措施才能产生预期的效果，这是应对网络舆论的落脚点。对网络舆论，特别是网络群体性事件，一定要第一时间知晓，第一时间应对，不能拖拖拉拉。网络在上达民意、公开诉求、舆论监督、参政议政中的作用越来越明显和重要。网络已成为作为社会公众一部分的网民群体最为直观、便捷、互动、顺畅的参政议政平台，要让网民充分地发声，这既是政府的职能之所在，也是政府应尽的义务；坚持包容并蓄的原则，对于合理性的建议和意见，要有针对性地进行吸收，一时做不到的，吸收不了的，要进行充分的、合理的解释，解释要尽量做到详细，不但要讲清楚为什么没有采纳，而且要讲清楚在什么条件下、经过多长时间会采纳，同时，还要讲清楚已经或即将采取的具体措施；坚持依法处理的原则。

（四）建立完善的网络舆情监测技术体系

建立完善的舆情监测机制，上级领导部门要对一线舆情回应部门予以充分信任和授权，提高宽容度，减少内部审核层级，加强业务部门与舆情部门之间的横向协同能力，全方位提升政府舆情应对能力。安装舆情监测软件系统，全天候实时全网监测，闪电预警，依托于网络舆情监测系统的数据抓取和深度分析能力，为政府提供全面的舆情监测服务。

网络舆情应对方法上，要深入地将科学的调查分析方法引入网络舆情分析与应对体系，依托舆情监测系统的信息采集和数据挖掘功能，全面准确获取与企业相关的网络情报数据信息，充分发挥社会调查、数据挖掘、相关性分析等科学分析方法的作用。在网络舆情硬件建设上，需要建立专业的网络舆情计算机房，构建舆情监测和情报预警体系，通过舆情系统实时收集和监测相关的各类网上言论和情报数据。

网络时代，政府只有转变舆情应对的思维意识、完善现有的应对舆情的体制机制、加强网络舆情疏导，才能更好减少负面舆论，提升自身的发展。

第五节　网络舆情与公共政策

公共政策是指国家通过对资源的战略性运用，以协调经济社会活动及相互关系的一系列政策的总称，是公共权力机关经由政治过程所选择和制定的为解决公共问题、达成公共目标、以实现公共利益的方案，其作用是规范和指导有关机构、团体或个人的行动，表达形式包括法律法规、行政规定或命令、国家领导人口头或书面的指示、政府规划等，具体包括管理政策、分配政策、再分配政策和立法政策等。公共政策作为对社会利益的权威性分配，集中反映了社会利益，从而决定了公共政策必须反映大多数人的利益才能使其具有合法性。在网络社会的当前情况下，网络舆情在相当程度上也影响甚至决定着公共政策的形成、制定、实施和改进等多个方面，由于公共政策的服务对象为广大社会成员，所以广泛参与所形成的公共政策客观上也促进了公共政策的进步。

一　网络舆情对公共政策的影响

随着社会的发展和公民主体意识的觉醒与提高，公民在社会公共政策制定过程中的作用也越来越重要，互联网信息传播平台的出现为公民有关公共政策的表达和交流提供了空前的便利条件。当前随着改革开放的深入，社会在高速发展的过程中所积聚的各种矛盾也逐渐凸显了出来，政府作为社会的管家，在制定公共政策时也越来越意识到公民积极参与决策的重要意义，从而在制定公共政策时，才能最大程度上在管理、分配以及立法等方面，兼顾和平衡社会各个群体的诉求和利益，从根本上促进社会的稳定和长治久安。

当前的网络社会，公众呼声的表达往往以网络舆情的方式体现，互联网成为社会公众利益表达的重要渠道和平台，由于互联网信息传播时极大地减少了中间环节，突出了其便利性，非常有利于普通公众的诉求直接传达到政府决策的核心部门，又由于互联网信息传播时信源和信宿之间的相对相互隔绝性，可以让民众放心大胆地表现真实的看法和感受，使得政府可以听到社会各个阶层的真实意见和建议，在更广泛的范围内获得公众的信息反馈并及时了解公众对于公共政策的看法和态度。互联网成为政府部门倾听广大民众心声的重要渠道，政府管理部门通过互联网平台与公众可以进行充分的交流和互动，广大网民的意见和建议对于提升政府公共政策的制定和执政水平的提高大有裨益。

二　公众的政策态度对公共政策的作用

尽管各方对于网络舆情的定义和概念理解并不一致，但均认为网络舆情是在一定的社会中，围绕某一中介性事项而产生的情绪、态度、意见和看法及其交错的总和。公共政策作为影响社会广大成员的重要中介性事项，与传统媒体垄断的时代不同，网络社会中的互联网紧密地将网络舆情的主体即网民联系在一起，各项公共政策在自上而下快速地传播到广大网民的同时，作为公共政策服务和管理主体的网民，可以在政策制定、实施的过程中，充分地利用互联网表达对于各项公共政策的看法和态度。公共政策在实施中的各项优点和不足在更为广泛的各社会阶层都得以充分反映，并通过借由电子政务等互联网渠道反馈给公共政策的制定者，对于广大网民欢迎的好政策，可以继续执行或强化，可以做得更好，对于广大网民认为需要改进的公共政策，则需要及时进行调整甚至于废除，从而在相当程度上影响着公共政策的制定、实施和修订等各个环节，表现出公众的政策态度对于公共政策的巨大推动作用。

三 网民的政策态度对公共政策的意义

网络舆情与公共政策关系凸显出网民的政策态度对公共政策的价值，为了在当前的社会环境下更好地发挥互联网平台在政府和公众之间的信息交流和互动作用，可以从以下几个方面着手开展工作。

1. 制定公共政策时充分发挥互联网的信息试探作用。在公共政策制定伊始，通过互联网进行广泛的社会调查，将网民对某一即将推出政策的态度反馈作为公共政策的制定的重要因素，并在此基础上充分吸取专家和政府等方面的意见，最终决定公共政策是否落地、推迟执行或取消。但在这个过程中，一定要防止民粹主义的泛滥和影响的负面作用，即网络舆情由于难以受到有效的监控，以及大多数网民的文化水平和媒介素养并不高，根据传播学的两级传播理论，极易受到意见领袖的影响，如果意见领袖的意见偏颇，舆情一旦形成，则难以体现广大网民的真实意见，而在公共政策的制定和实施中，往往难以避开意见领袖的身影，就算没有意见领袖的有意作用，广大网民自发形成的网络舆情，也会在一定程度上影响后续加入讨论网民的意见，其原因可以参考沉默的螺旋等传播学理论。尽管在当前网络社会的现实之下，网民占社会公众的比例已经很高，但毕竟不是全部，所以互联网上网民关于公共政策的意见反馈只能作为制定或调整公共政策的参考因素，而不能轻易作为决定性因素。

2. 充分发挥公共政策实施时互联网的公众智慧集聚器作用。公共政策的制定往往是社会上以专家为主的极少数人完成，尽管已经对社会各个阶层的利益和态度都给予了充分的考虑，但仍然难以顾及社会上的所有群体或事项。要使得公共政策实施时更加符合更广泛范围内公众的需求，更好地服务于广大社会成员，在公共政策实施中，政府应当放低姿态，充分地虚心吸取社会各阶层社会成员的意见和建议，充分利用网络信息汇集的功能，激励网民积极负责地参与公共政策的改进，政府也可以在网民反馈的基础上有的放矢地改进或调整公共政策，从而提高公共政策的科学性和合理性。为了充分挖掘广大网民参与公共政策修正的积极性，还可以引入激励机制，鼓励网民采用合理合法的方式，在政府指定的渠道上对公共政策的制定、实施和修订中存在的问题提出看法和建议,对于采纳后产生良好效果的反馈,给予精神或物质上奖励,充分调动公众参与公共政策的积极性,在政策倡议和政策纠错等方面献计献策以增进公共利益,增加广大社会成员的主人翁意识,政府和公众共同促进公共政策的制定、社会的稳定和进步。

第七章
网络舆情的应对与处置

网络舆情随着互联网的普及而出现，又随着移动互联网的兴起和高度覆盖率，几乎渗透到社会生活和生产的方方面面。与传统媒体为主年代的社会舆情相比，网络舆情在及时性、隐蔽性、广泛性和影响范围等方面都具有深刻的区别，并且分散地存在于海量的网络舆情信息之中，整体社会舆情受到网络媒体和传统媒体的双重影响。因此，更好地从整体上把握舆情，需要从社会舆情和网络舆情两个方面同时入手，社会舆情的反映渠道和途径主要是传媒媒体，相对而言易于把握，而网络舆情则广泛地分散于浩茫无垠又变幻莫测的互联网上，要进行有效及时的把握，就需要建立与社会舆情完全不同的舆情收集、分析、应对和处置体系。

在网络舆情分析中，网络舆情理论提供原则性指导，网络舆情信息搜集和监测系统提供技术支持，网络舆情报告搭建舆情工作者和管理部门之间的桥梁，最终的目的是为了网络舆情的应对和处置。网络舆情应对是指网络舆情发生之后，在初步研判网络舆情的性质、趋势和走向后，政府社会服务和管理的相关部门为了引导正面积极舆情或者化解负面舆情所引起的不良社会反响，在科学的方法和原则的指导下，针对网络舆情的特点和影响因素，在对网络舆情进行分类的基础上，有针对性地对网络舆情所采取的系统化和体系化的措施和策略。

第一节 网络舆情的影响因素

按照网络舆情的因素和性质，网络舆情可以划分为不同的类型。网络舆情类型的划分，为网络舆情的信息搜集、监控、分析、研判、应对和处置效率的提高和成功率的提升，都具有重要的意义。

一 按网络舆情涉事件性质分类

尽管网络舆情产生于互联网上，但究其来源却是与现实中的某些事件具体相关，所以要有效地应对和处置网络舆情，对于网络舆情起源的事件性质的分析是基本前提。

在引发网络舆情的诸多类型事件中，管理部门最关注的往往是负面事件，特别是突然发生的负面事件，由于其突然发生，往往所引起的网络舆情也会借助互联网平台急速扩大。由于突发事件一直在社会生活中具有非常重要的地位，国家相关部门已经高度重视并制定了若干法律法规，为网络舆情的应对和处置提供了政策上的支持。比如，2007年颁布实施的《中华人民共和国突发事件应对法》规定，突发事件分为自然灾害、事故灾难、公共卫生事件以及社会安全事件等类型，与之相对应所引发的网络舆情也可以分为自然灾害类网络舆情、事故灾难类网络舆情、公共卫生事件类网络舆情、社会安全事件类网络舆情等类型。此外，在该法律中规定，按照社会危害程度、影响范围等因素，自然灾害、事故灾难、公共卫生事件分为特别重大、重大、较大和一般四级，法律、行政法规或者国务院另有规定的，从其规定。

除了《突发事件法》的舆情事件分类，由于网络舆情往往与社会上的思想动态密切相关，也可以根据网络舆情所涉及思想动态的性质，将网络舆情分为思想反映类、问题倾向类、工作动态类与对策建议类等种类的网络舆情，分别指对热点焦点问题的思想反映或倾向性看法、反映网民思想倾向和党政工作中存在的问题、反映党政部门工作新进展或新思路和对热点难点问题提出对策与建议的网络舆情。

二 按网络舆情的持续时间分类

网络舆情尽管发生于互联网上，但终归起源于具体的现实事件或现象，并与之高度相关，所以网络舆情的演变自然与相关的事件或现象本身的变化密切相关，事件或现象在时间上的持续性特点也会影响到其对应舆情的时间持续性。除此之外，网络舆情自身的变化特点对其所起源事件或现象的影响，又反作用于网络舆情的时间持续性，从而使其在其生命周期中经历发酵期、成长期、高潮期、衰退期和消亡期等各个阶段的发展过程。

网络舆情事件五个阶段的含义分别如下。（1）发酵期。表现为网络舆情事件的致因业已存在，但因为能量不够或缺乏强力触发而暂未显化为民众所感知的事件，这一阶段属于平静阶段。（2）成长期。表现为网络舆情事件已现端倪，少量的信息开始涌现，但可能不大为人所关注。（3）高潮期。表现为网络能量快速集聚，意见领袖出现，热度大幅增加，这一阶段的特点是舆情呈现出爆发性。（4）衰退期。表现为网络舆情主导意见已形成，关注人数相对稳定，热度处于平衡。（5）消亡期。表现为热度开始冷却，社会关注度下降，新的网络热点开始出现并替代原来的热点。网络舆情的这五个阶段都会有一定的持续时间，从而在整体上表现出网络舆情的时间持续性特点。

网络舆情突发事件处于潜伏期时，由于事件尚未爆发，网络的关注度较低，且舆论看法各异，没有形成较强的统一力量，故而该阶段是遏制致因的最佳时机，但也正是由于网络观点分散，致因被掩埋其中，使之具有较强的隐蔽性而不易被察觉。有时，这种突发事件由于后续没有触发因素或能量达不到临界点而最终湮灭。随着网络舆情的展开，网络关注度呈现波动状态，一些具有代表性的舆论开始凸显，而分散的观念也出现以之为中心的多头集聚，自此网络舆情突发事件进入萌动期，进入萌动期的网络舆情突发事件并不都会继续进入加速期。在这一阶段网络能量开始缓慢聚集，而突发事件也开始初现端倪，该阶段的网络舆情处于不稳定状态，政府一般可以在这一阶段的初期介入。在加速期阶段，由于关注度急速提高，导致网络能量快速增强，同时网络舆情开始偏向少数几个中心，形成寡头集聚，致因逐渐凸显，能量又被集中，因此推动突发事件迅速发展，影响面积也快速扩大。若政府在加速期的中期才介入，此时控制的难度会加大。加速期后期的关注人群增多，关注热度提高；但此时速度呈递减趋势，最终达到相对稳定的状态，从此网络舆情突发事件进入成熟期，在该阶段网络舆论已经高度集中，致因基本显露，网络能量也随着关注热度而趋于稳定，整个突发事件的蔓延减缓，这种减缓既可能是网络能量自然衰减的结果，也可能是新的热点显现而替代的结果，也可能是政府干预的结果。进入衰退期后，网络舆情突发事件的关注度随着致因的逐渐弱化与消除、网民新鲜感的减弱，以及新的热点事件的涌现而缓慢降低，从此网络能量下降，突发事件得以逐步平息。

网络舆情事件有其热度和关注度的变化，从而呈现出一定的周期性规律，其规律表现为两个方面。其一，网络舆情事件具有一定的生命周期，即任一特定的突发事件，都会从其萌发走向消亡，具有一定的时间性；其二，网络舆情事件的产生与变化可以分为若干阶段，其演进和消退具有一定的阶段性。

根据网络舆情的持续时间，王灵芝将波及高校的网络舆情分为阶段性的高校学生舆情、周期性的高校学生舆情、长期性的高校学生舆情三类，以方便高校舆情的研究和处置。

三 中共中央宣传部舆情信息局的分类

中共中央宣传部舆情信息局按四个标准对网络舆情进行分类。一是按网络舆情涉及和影响的领域，分为政治性舆情、经济性舆情、文化性舆情、社会性舆情与复合性舆情；二是按网络舆情的形成过程分为自发舆情与自觉舆情；三是按网络舆情的信息构成分为事实性舆情和意见性舆情；四是按网络舆情的空间分为境内网络舆情和境外网络舆情。

在上述网络舆情的分类中，部分分类对于舆情分析工作的开展实际指导意义有限。其中，按照网络舆情波及和影响领域的分类方法，按网络舆情内容性质分类、网络舆情领域分类对实际工作的意义较大，这是因为思想反映类、问题倾向类与对策建议类网络舆情，政治性网络舆情等是政府相关部门应重点关注、及时研判与应对、快速作出回应的舆情，对这些舆情如果没有及时作出适当回应，可能会导致舆情的恶化和失控。

第二节 网络舆情主体的心态

网络舆情涉事件的产生，往往在偶然性之中具有其必然性，但哪怕再小的事件，也是来源于现实生活中，与具体的社会成员密切相关，尽管仅仅是发生在某个时间段的某个地理范围内的某个领域里，但由于网络信息传播的放大器作用，一旦与广大社会成员的利益或关切范围建立联系，特别是负面事件及突发事件的发生，在各种思潮涌起以及利益分配格局尚未完善的当今，更容易迅速激发网民的巨大关注热情，在网络上将各种情绪加以发酵并形成网络舆情，甚至从互联网上延展到现实生活中，还有可能导致社会的不稳定以及动荡。在整个网络舆情的产生和对社会影响逐步深入的过程中，网络舆情主体即网民的心态起到了关键性的作用，所以认识并加以深刻理解网民的心态,是应对和处置网络舆情的基本前提和根本要求。目前,有以下几种心态,在网络舆情的演化中扮演着重要的角色。

一 利益分配不匀导致失衡心态的兴起

近些年来,仇富、仇官心理愈来愈强烈,社会矛盾越来越突出,有些地方富人和官员与老百姓之间的矛盾激化,几乎到了水火不容的地步。但静心观察分析发现,当前所谓的仇富、仇官,其实人们仇的不是富,而是不公平,仇的不是官本身,而是不应该存在的腐败。由于既得利益集团的特权日渐坐大,造成资源配置不均和收入分配不公,导致贫富分化严重和等级观念抬头,驱使相当比例的人将自身对工作生活现状的不满,发泄到他们认为生活无忧的公务员和富裕阔绰的有钱人身上。这种情绪的产生,本质上源于网民普遍不满资源高度集中在少数官员和商人手中,逐渐滋生了仇官仇富的失衡心理,以致部分网民极端地认为官员都贪得无厌,富人都为富不仁,而这种不正常心态的产生,也有客观现实加以佐证。比如,有钱人花钱可以上好学校,穷人没钱择校,有钱人挤压了穷人上升的通道;富人多生孩子,交了罚款了事,穷人没有钱交罚款,就只能怀孕七个月也得被引产。而更多的平民仇的不是富,而是致富的机会。有钱什么都可以买,文凭、官职、就业、甚至是法律文书,本来是穷人的机会被他们花钱买去了。

据中新网2017年1月20日报道的消息,国家发展改革委员会副主任兼国家统计局局长宁吉喆表示,近年来,中国的基尼系数总体上呈下降趋势,2016年是0.465,比2015年提高了0.003,但并没有改变中国基尼系数总体下降的趋势。这说明,我国人均收入的基尼系数处于很高的不平等程度。据此,有网民无奈地调侃道,世界最远的距离,就是咱俩一起出门,你买苹果7代(苹果手机iPhone 7),我买7袋苹果。网民的黑色幽默,折射出当下贫富悬殊的尴尬现实。

人民日报社旗下的《环球时报》曾发表社论认为,网民的异常心理与互联网放大孤立事件的负面影响有关,同时指责一些名人加入了对仇官、仇警、仇富的鼓吹,大肆宣扬社会仇恨,从具体的不公平事件中总结出制度的罪恶、政府的罪恶,为社会情绪竖立宣泄的靶子。该评论虽然具有一定客观性和合理性,但从更深层次分析,网民仇官、仇富心态的形成,也与部分官员不作为、吃拿卡要、贪污受贿、腐化堕落、骄横跋扈等行为有关，与部分官商非法勾结敛财有关。党的十八大以来，中央大力反腐，"老虎""苍蝇"一起打，同时简政放权、减少权力寻租、官商勾结的空间，深入民心，广受好评。

当然也有很多网民不同意仇官、仇富的看法。他们表示，他们不会盲目仇官、仇富，仇的是那些违法乱纪的贪官污吏，以及趋炎附势、靠权力和垄断获取不义之财、缺乏诚信和爱心的违法奸商。而对于遵规守法靠自身本领和智慧发家致富的人，他们不但不嫉妒、仇视，反而推崇仿效。如著名科学家袁隆平，不但获得国家科学技术进步奖，但网民没有仇视他，而是称赞他君子爱财，取之有道，推崇他依靠创新推动社会进步精神，希望他能评上诺贝尔奖，表达了广大网民对科学家的尊重，对科技英雄的礼赞。

二　伴随社会发展民族主义情绪的放大与泛滥

民族指人们在一定的历史发展阶段形成的有共同语言、共同文化生活以及表现于共同的民族文化特点上的认同自身为一个团体的稳定共同体。民族主义，也称为国族主义或国家主义，为包含民族、种族与国家三种认同在内的意识形态，主张以民族为人类群体生活的基本单位，以作为形塑特定文化与政治主张之理念基础，主张民族为国家存续之唯一合法基础，以及各民族有自决建国之权。民族主义与爱国主义无从区分。开化的社会过去大多强调民族共同体，而尚未开化的社会则着重于由国家或政府陈述的文化或政治共同体。即民族主义是以自我民族的利益为基础而进行的思想或运动，往往与民族独立运动及意识形态有关，以民族为出发点看待和考量人类活动。民族主义的产生和发展与国家意识的发展密切相关，特别是与现代国家范畴有关，具有由来已久的特征。

民族主义的情绪来源主要有两个。一个来源于外部的压迫和侵袭，是一种应激性的自我防卫心理。对于一个群体来说，越是受到外部打击，就越是向内部寻求支持，可以简单称为受害者民族主义。这种心理容易衍生出极端排外，甚至衍生出群体性的暴力行为，本质上由某种程度的自卑的心理成分导致。一个来源于本身的优越，由个体所在群体在某些方面的优越表现而衍生出的群体自豪感、认同感，可以简单称之为优越者民族主义心理。这种心理本身并没有什么外在危害，但在国际民族的发展差异性面前，就极其容易衍生出针对其他民族诸多方面的歧视甚至于蔑视。

中华民族的现代意义上的民族主义，其实起源于第一种心理。这是在长期的外国侵略、割地赔款之下产生出来的自我防卫心理，这种心理很容易演变为盲目排外。那些上街砸国外品牌汽车的人，如果不是趁机发泄的社会流氓，那么就是受这种盲目心理的驱使。

然而这并不是中国眼下民族主义的全部。以2008年北京奥运会为标志，特别是2010年中国的国民生产总值超越日本位居世界第二位以后，第二种来源的民族主义在中国日渐崛起，中国的综合国力日渐增强，科技、军事、经济领域都有不错的表现，导致民族自信心增强，逐渐衍生出第二种民族主义。理论上来讲，当第二种民族主义高涨的时候，第一种就会消退，根本原因在于民族的强大基本不太可能受到外部的侵袭。

然而中国眼下是处于两个阶段之间的过渡期，第一种民族主义仍然高涨，而第二种民族主义已然兴起。究其原因，一方面与中国政府的有意宣传息息相关，另一方面也是因为中国发展较快，使得中国贫弱期出生的一代人通过对下一代的家庭教育而留存的受害者民族主义还仍然强烈，而中国兴盛期已经逐步到来。所以，这不仅仅是宣传问题，更是一个历史时期的问题，这个问题在当今互联网高度普及的今天，由于互联网信息传播的放大作用以及信息传播前所未有的便利性，得到了空前的放大，民族主义所表现出对社会的冲突比比皆是。

如2014年7月20日，麦当劳、肯德基、必胜客、汉堡王等知名洋快餐被曝出使用福喜中国提供的过期肉，引发中国网民激烈的民族主义心理，一时间群情激愤，抵制洋快餐似乎成了人们的必然选择。然而，理性分析食品安全问题并不与快餐是不是具有外资背景绝对相关，其根本原因出在食品安全的监管和制度的实施上，盲目排斥洋快餐并不能解决食品监管问题，对食品安全问题的解决更是没有任何益处。将狭隘民族主义情绪置于食品问题之上，会忽视真正的食品监管问题，无益于食品安全问题的最终解决。

近年来，日本公然将钓鱼岛"收归国有"，右翼势力不时否认侵华罪行，甚至篡改历史教科书，重现已被日本政府摈弃的"皇国史观"，莫不遭到中国人民的愤怒声讨与强烈抗议。又如，因日本右翼势力挑起的否定侵华历史、与我钓鱼岛领土主权之争而诱发的打砸日货商店、冲击日本使领馆等过激行为，虽由民族尊严和爱国热情驱使，但不利于我国推进对外经贸合作、展示负责任的大国形象，故不能将此类行动一概冠以爱国标签而放任自流。诚然，在事关领土主权、海洋权益及日本侵华历史等大是大非的原则问题上，我们必须旗帜鲜明、立场坚定地维护国家利益和民族尊严，决不允许日本否定侵略历史、侵犯我神圣主权。

民族主义作为人类发展过程中的一项精神领域的事物，同样具有两面性，一定范围内的民族主义，是一种正当合理和必然存在的社会意识和群体情感，但超出了一定范围的非理性的民族主义，不但不能体现为爱国，反而可能误国。民族主义会成为推动国家、民族、社会发展的巨大动力，民族主义的出发点和归结点则都是本民族利益。因此，它在对本民族利益强烈关注的同时，容易导致对其他民族利益的忽视甚至否定。

民族主义一向被看成是维护民族国家存在和发展的精神融合剂和社会力量，既可能表现为强烈的民族意识、社会思潮，也可能反映在对待民族问题的价值观念和行为准则。当民族主义与不同的政治主张和思想倾向建立关系后，就体现为健康的民族主义或病态的民族主义。前者可以凝聚全民族团结一致、同仇敌忾的爱国意识，而后者则可能因过度滥用而演变成狭隘偏执、孤傲排斥的极端民族主义情绪，影响外交关系和国际形象。

这种情况意味着，我们应该注重减少对于过去屈辱历史的重视（除了吸取历史教训之外），而应该注重培养新一代国民更加宽容、开放的思维方式——这是一个大国国民理应拥有的思维方式。对于不恰当的历史言辞，应当抵制。固然那些言辞在对日施压方面是方便的工具，但对国民思维模式的影响，可能是更值得重视的方面。而且需要对我国经济发展的成绩和不足都有比较清醒的认识。不能妄尊自大，也不能妄自菲薄。我们需要的是自信而不自大、自谦而不自卑的国民心态。

三 对当下不满导致的怀旧心态

随着改革开放的不断开展，以及改革进入深水区，各种利益和社会秩序处于反复的调整之中，在新的稳定秩序形成的过程中，自然会有社会成员群体的利益受到冲突，也会有一些之前社会中不存在的新鲜事物和利益集团的出现，获取了相当多之前并没有的利益。尽管从总体来说，社会各阶层都比以往取得了更多的利益，生活水平也都明显提高，但多元化的价值观的冲击和贫富差距的急剧拉大也是不争的事实，从而造成相当多群体面对这样社会现象时自然怀有的"不患寡而患不均"的心理，认为还不如回到以前大家都贫穷但比较平均的时代，毕竟那个时代的社会风气还是比较好的，而看不惯眼下社会上的一切现象，对于新生事物更是逢新必反，陷入对以往深切怀念的怀旧心态。

怀旧是一种常见的心理现象。但上述认定今天的一切都不如往昔，尽管人生活在今天，而刻意让心理和志趣滞留在过往，一言一行与现实生活格格不入，就不能再归结为正常的怀旧。这种怀旧心理的产生既有宏观上的社会原因，也有微观上的个人主观因素。

从社会原因来看，由于社会结构与阶层发生了重大变化，社会资源与利益重新分配组合，社会地位与经济利益受到冲击的那一部分人，极易产生失落感，但又无能为力，只能通过怀旧的方式来表达对于现实的遗憾。随着现代文明和大都市的大规模崛起，原有的生活环境在无情地解体。在大城市，人们告别了四合院、胡同、里弄，但又被困在钢筋水泥的框架中；在乡村，诗篇一样的田野，不断被公路、铁路吞噬；极速发展壮大的工业在生产丰富生产生活资料的同时，也污染自然环境；好多人为了生存不得不背井离乡，电视使世界和人们接近，却又使人们的心灵彼此疏远；对外开放的不断深入，让人们直面国外各种现象的同时，依稀看到了自己以前的身影和对未来的惶恐。所有这一切，都使部分社会成员感到不适与恐惧，从而产生了不如生活在过往的怀旧心态，因为他们已经习惯了过往的生活。

从主观方面看，怀旧实质上是一种对现实生活的躲避和遁逃，怀旧是一种特殊的机制。它刻意地隐藏和忘却所不想回忆的痛苦和压抑，以至于力图永远不会再想起。而另一方面，它又把过去生活中美好的东西大大强化了、美化了，以至于人们在几次类似的回忆后把自己营造的回忆当作真实。当下，网民的怀旧情绪主要表现为，不满当今社会存在的功利主义、浮躁心理和冷漠氛围，怀念20世纪五六十年代的真诚团结与和睦相处，向往20世纪五六十年代的激情燃烧、浪漫主义和理想主义。将几十年前的社会情况用来比较当下的现实问题，缺乏了对时代发展的全面辩证思维，看法偏颇，观点以偏概全，并不能完整地反映社会的进步，是非常不妥当的。

社会学家普遍认为，是中国当前社会的主要矛盾问题催生、助长了怀旧的情绪。在全国人民为实现中国梦共同努力的今天，在党中央为全面深化改革做好顶层设计的当下，在建设新时代具有中国特色社会主义的伟大复兴进程中，中国必将进入一个稳定可持续的价值和制度形态，生活在公平正义、织梦圆梦的美好社会，让人民自内而外地摈弃不正常的怀旧心态。

四　与社会整体进步反其道而行之的弱势心态

随着中国近些年来的快速发展，国人的腰包越来越鼓了，生活水平有了普遍提高，人们理应在社会生活和国际交往中树立起一定的自信和强势心理。然而，物质生活的空前丰富，并没能带来心灵的富足，反而越来越多的群体感觉自己成为了弱势群体，比如公司白领、记者、大学教授等，甚至企业主、官员等权贵群体也称自己是弱势群体。

社会上一般将弱势群体的范围定义为农村贫困人口和城镇失业、下岗职工等特定人群。然而，在这个社会中，不但开私家车的人说自己弱势，开豪华车的车主在不遵守交通规则而发生事故时，一样称自己处于弱势地位，其他的很多中等收入甚至更高收入的人也称自己是弱势群体，而与社会其他群体相比，并没有处于弱势地位，究其原因，是因为其内心里存在着弱势心理或弱势感，而且具有这种感觉的群体随着社会的发展不但没有减少，而且某种程度上还在蔓延。

弱势心态的蔓延，是社会比较的结果，反映了人们要求改变目前状况的愿望，更说明了社会整合的乏力和阶层分化中离心力量的滋长。追寻这种弥漫在各阶层的弱势心态的心理根源不难发现，人们最为痛恨和不满的，不是自身素质和技能的无能为力，而是在不公平、不公正环境下的回天乏力，种种人为的社会不公平造成的个人生存发展的巨大落差，怎能不冲击善良民众的情绪和心态。抱有弱势心态的人如果正在面对辛苦的工作、拮据的生活、迷茫的未来，怎能不整天都在纠结、终日愁眉不展。社会心理学研究表明，人们觉得自己渺小和弱势，很多时候是因为面对那些自认无法对其加以控制的事件，使得无力感、不安感、不稳定感等弱势心态被成倍放大，这种心态的蔓延是一种可怕的不良社会情绪，当越来越多的人都认为自己处于弱势群体，就会进一步强化其心里的弱势地位，从而转化为对社会强烈的不满甚至产生怨恨情绪，破坏社会和谐的根基，所以要引起各个方面的高度重视，并给予有效的疏导。

弱势心态的盛行与我国现代化、市场化、城市化的推进密切相关，既可能源于合法竞争造成的弱势化，也可能由于制度障碍导致社会不公形成的弱势化。而社会不公又多半是由于缺乏科学公正的人才评价体系和充分竞争的人力资源市场所造成。弱势心理蔓延是社会情绪的一种表达。这是改革进入深水区，社会进入矛盾多发期的表现。从一定意义上来说，也是一种正常现象，因为那种普遍受益而没有人受损的改革时期已经过去，我们已经进入了有人受益有人受损的改革时期。弱势心理的蔓延容易造成对真正弱势群体的遮蔽。弱势群体是在市场竞争中、在社会财富和权力分配过程中遭遇不公平排斥而处于边缘地位的群体。在我国，农民、农民工、以下岗失业者为主体的贫困阶层才是真正的弱势群体，而非其他群体。

弱势心理蔓延的本质是相对剥夺感的扩大化。社会学理论告诉我们，利益被相对剥夺的群体可能对剥夺他们的群体怀有敌视或仇恨心理。当不如意者将自己的境遇归结为获益群体的剥夺时，社会中就潜伏着冲突的危险，甚至他们的敌视和仇恨指向也可能扩散。

弱势心态是对社会公平正义的呼唤。只有在公平正义的阳光照耀，用科学的制度和合理的规则创造公平发展的空间、共建共享的平台，为社会成员提供通过竞争实现地位上升的渠道，并对因自身竞争力不足而陷入困境者提供社会保护，才能让更多自认无力无助无奈的人们逐渐走出弱势阴影。有理由坚信，随着全面依法治国的深入推进，必将迎来一个更加遵规守法、更加公平正义的社会，将会有越来越多的人通过合法竞争和社会保护而逐步驱散弱势心态。

有专家表示，要想消除公众普遍的弱势心态，除了社会主体的自立、自尊、自强，最主要的就是加快民主进程，应当尊重和保障社会各阶层群体的政治、经济、文化和社会权利，特别是要加强民主制度建设，保障群体的参与权、知情权和表决权，尤其是保障其参与社会公共事务和与自身权益有关的各项决策的权利，使其能够依据法律程序维护合法权益，弱势心态就会大大降低。中央党校教授青连斌表示，制度的不完善是造成弱势心态蔓延的重要因素。弱势化的本质在于社会资源分配的不公，而造成资源分配不公的关键则在于现有制度的不完善，如户籍制度、收入分配制度、社会保障制度等等。国家行政学院教授汪玉凯认为，政府首先应最大限度地保障政策本身的公平和公正，要消除公众普遍的"弱势心理"，就是要通过政策的公开、公正体现出来，所以政府一定要保证政策本身的公平和正义，若是政策本身就不公平、不正义，若是维护了强势利益集团的利益，遏制弱势心态就无从谈起。

第三节 网络舆情的分析与研判

网络舆情分析研判，是在网络舆情监测的基础之上，运用科学的舆情研判方法，对网络舆情的特点、规律等进行分析，预测舆情走势，为舆情应对和引导提出意见建议，从而帮助深入了解网络舆情信息传播的特点、规律和趋势，为网络舆情的引导、应对和处置等相关工作提供依据。

网络舆情分析研判是网络舆情工作的重要组成部分，是做好网络舆论工作，特别是引导工作的重要前提和保障。我国网民的主体是青年学生、知识分子、中产阶层等，代表了社会发展和进步的主流，所引领的网络舆论往往在一定程度上代表着社会主流意见，需要高度关注。据此，习总书记指出，要创新改进网络宣传，运用网络传播规律，弘扬主旋律，激发正能量，大力培育和践行社会主义核心价值观，把握好网上舆论引导的时、度、效，使网络空间清朗起来。要在此精神的指引下做好网络舆情的研判工作，需要从研判内容、原则和研判方法等方面进行分析。

一　网络舆情研判内容

网络舆情研判内容，即研判网络舆情分析学者和专家提出的网络舆情监测及预警指标。综合研读多方网络舆情分析的学者专家的文献，网络舆情监测及预警指标主要体现在网络舆情热度、网络舆情主题、网络舆情强度、网络舆情受众、网络舆情传播过程、网络舆情受众倾向等多个方面，所以，网络舆情进行分析研判也应当从这些方面着手进行。

但在进行网络舆情研判时，上述指标对网络舆情研判的实际参考意义和重要性并不相同，其中网络舆情热度是需要考虑的首要因素，原因在于无论网络舆情所关注事件的性质是否正面，只要在互联网上并没有引起相当多的关注之前，网络舆情难言形成，就更妄论其影响和其他因素了，而网络舆情热度的判定往往需要借助计算机和网络技术，在网络舆情监测系统的辅助下进行定量的研判。而一旦网络舆情热度达到一定程度，才有必要进一步研判其主题的真伪、性质以及网络舆情的强度、受众等要素指标，综合定量和定性方法进行研判之后，再决定是否进行舆情传播过程和受众倾向等要素指标的研判，从而完成网络舆情研判的整个流程。

综上，网络舆情的研判工作是一项系统工程，主要由两部分组成。一是对网络舆情进行日常性和持续性跟踪与搜集，并在此基础上建立网络舆情信息库，具有长期性、稳定性、系统性的特点。二是针对某一突发事件或某一特定任务进行有针对性的研判工作，一旦该任务完成，则舆情活动便随之结束，具有针对性、临时性、专题性的特点。

二　网络舆情研判原则

网络舆情研判作为一项综合性、创造性的工作，在网络舆情工作中处于衔接网络舆情监测和网络舆情应对和处置的重要位置。要进行行之有效的网络舆情工作，就需要在开展网络舆情研判过程中把握以下原则。

1. 系统性原则。系统工程是从系统观念出发，以最优化方法求得系统整体的最优的综合化的组织、管理、技术和方法的总称，是组织管理系统的规划、研究、设计、制造、试验和使用的科学方法，是一种对所有系统都具有普遍意义的科学方法。网络舆情研判也属于系统工程的范畴，由围绕舆情研判以及舆情事件的方方面面的因素构成，所以要将舆情研判这个研究对象作为一个整体进行分析，即将舆情信息搜集、处理、分析和研判当作一个系统性流程，分析总体中各个部分之间的相互联系和相互制约关系，分析总体中的各个部分相互协调配合的情况；在分析构成整体的因素以及局部问题时，综合运用各种科学管理的技术和方法，定性分析和定量分析相结合，从整体协调的需要出发，综合舆情研判结果；除了网络舆情本身之外，还要对舆情事件参与方、媒体、网民等舆情事件各个要素以及舆情事件所处的社会环境等外部因素和变化规律进行分析，分析其对网络舆情的影响和作用，从更大的范围里考量网络舆情的变化，才能以全面的系统化方法对网络舆情进行有效科学的研判，得到尽量客观的研判效果。

2. 科学性原则。科学性原则是指决策活动必须在决策科学理论的指导下，遵循科学决策的程序，运用科学思维方法来进行决策的行为准则，特点是准确、严谨、客观、可靠，适用于解决多变量、大系统的各种新问题。运用科学性原则进行网络舆情研判时，对舆情主题的选择、网络舆情信息分析方法、技术和工具的选用以及分析结果的呈现都要符合客观实际，具备一定的科学性与合理性，即研判时要把握舆情信息的客观性，不能主观臆断；把握信息全面性，防止作出片面结论；把握舆情事件的规律性，防止以偏概全。由于当前互联网越来越大，网民越来越多，网络舆情变化越来越快，影响越来越广，以前没有遇到过的新情况、新问题层出不穷，就更凸显了在网络舆情研判中必须遵循科学性原则的重要性。

3. 综合性原则。网络舆情分析是为舆情引导、应对和处置服务，应将这个目标排出优先次序，首先选取最优先的目标，然后尽可能在不损害第一目标的前提下完成下一个目标，这就需要综合分析、统筹兼顾、不可顾此失彼。网络舆情研判作为一项综合性工作，涉及政治、经济、社会、文化、教育、医疗、民生等多个领域，要有效地进行网络舆情研判，需要舆情工作人员总结学习各个相关领域的基础知识、发展特点和内在规律，并吸收借鉴以前类似网络舆情研判的成功经验和失败教训，从中汲取有益的信息，用于指导网络舆情研判工作的开展和进行。除此之外，在网络舆情研判过程中，还会运用到数据收集、统计和计算分析甚至可视化呈现等相关工具和技术，需要舆情工作人员还具有相当的现代信息处理能力，采用定量和定性结合的综合性方法，要开拓思路和想法，综合多方面因素，才能有效地科学地进行网络舆情的研判工作。

三　网络舆情研判要求

网络舆情分析研判要在掌握基本原则和搜集材料的基础上，科学地尝试分析舆情的特点和趋势，努力揭示舆情事件的实质所在，通过发现舆情信息的变化规律，分析判断网络舆情事件的原因和发展趋势，才能最大可能找到正确的舆情应对和处置方案，给出引导网络舆情的对策建议，并提出解决问题的途径和方法。为达到这个目的，在网络舆情研判中，需要具体从以下几个方面着手进行。

1. 做好基础工作，准确、全面搜集舆情信息。搜集信息和材料是进行网络舆情分析研判的基础和重要环节，拥有全面的材料，才能对舆情事件有全面的了解，从而进行深入细致的分析，否则舆情分析研判就只能是无源之水。一方面，要确定舆情信息监测搜集的对象，明确舆情信息监测收集的重点和热点，以获取最全面、多样的舆情信息。另一方面，网络舆情信息良莠不齐，大量歪曲事实、不合实际的信息混杂于真实信息之中，如不剔除，会干扰分析思路，影响分析结果。所以，在搜集到舆情信息后，要进行信息的鉴别、整理与筛选，以保证后续舆情研判的正确合理。

2. 重视对网络舆情信息的全面性、系统性把握。网络舆情研判是一项系统工程，相关舆情信息分布于事件产生发展的各个阶段。持续关注事件相关信息将有助于提升分析研判的质量。在研判过程中，要善于举一反三，能够将大量与事件相关的舆情信息贯穿起来，总结出普遍性、倾向性、苗头性的内容。对于事件涉及的区域、网民群体、信息源等进行整体分析，全方位呈现舆情事件面貌。在进行分析研判时，不能满足于表层现象的分析，要学会从点到面、从表层到内涵、从问题到建议的纵深分析，揭示舆情事件的内在本质和规律，努力揭示舆情事件的内隐实质及事件产生的根本原因，提出解决问题困境、引导网络舆情的对策建议。

3. 注重趋势预测，体现网络舆情研判核心价值。从网络舆情产生之初，它的生命周期就按照网络舆情传播规律，经历着发生期、发酵期、高潮期和回落期的周期演变。网络舆情预测就是采用各种信息分析手段，预判网络舆情所处阶段，民众关注焦点和趋势的过程。舆情预测有助于发现舆情变化中的潜在危机，辅助政府部门作出相应决策。舆情研判除了呈现当下的舆情状态之外，更重要的目的是要能够对舆情事件的发展进行科学推测，从而提出相关意见建议。目前，网络舆情工作中主要存在着偏重舆情搜集的倾向，相当一部分舆情工作的主要目的就是简单粗暴地删除舆情事件相关人员的负面信息。相关部门研判能力不足，偏重舆情信息上报数量，忽视质量，缺乏对舆情事件的深层分析和加工。要通过掌握舆情事件的历史与现状，发现舆情事件的发展变化，合理推断舆情事件的发展趋势。在进行研判时，要还原舆情事件发展的生命周期，掌握舆情事件的内容本质，揭示舆情事件的变化趋势，预测网民关注趋势，预测事件发展走向，为把握舆情事件的整个过程提供重要支撑。

四　网络舆情研判方法

目前，对网络舆情研判方法的论述并不多见，有学者将网络舆情研判的方法分为定性分析与定量分析相结合的方法，文字搜索与技术检测相结合的方法，深度加工与本色反应相结合的方法，综合分析与专题分析相结合的方法等，以上分类主要是对分析研判的原则性要求，而不是具体研判方法。南京市委宣传部互联网宣传信息中心的程亮，将网络舆情的研判方法划分为系统研究方法、内容分析法、案例库比较法，并以案例的形式作了简要介绍。

网络舆情研判方法主要分为定量研判和定性研判两种。网络舆情定量研判的关键技术如网络舆情采集与提取技术、网络舆情话题发现与追踪技术、网络舆情倾向性分析技术、多文档自动文摘技术等，在当前计算机软硬件的发展情况下基本上都得到解决。目前国内已有较多从事网络舆情监测服务的机构和公司，可提供网络舆情监测软件和网络舆情监测系统产品，通常具有网络舆情预测、监测、预警、报警、倾向分析、趋势分析等功能，目前基本实现了自动分类、自动摘要、关键词提取、自动生成舆情报告等诸多实用功能。各级政府、企业、政府专业管理部门可使用相关的软件或产品，已经基本上可以满足网络舆情定量研判的要求，但缺点是机械化、模式化，对自动生成的舆情研判结果，还需要工作人员作出进一步研判。

相比上述两种网络舆情分类方法，更重要的是网络舆情的定性研判，它是监测软件或监测系统所无法替代的。如果只有自动生成的网络舆情研判结果，而不能进一步地作出正确的研判和应对，自动的网络舆情研判结果也就没有太大意义。网络舆情的定性研判结论是因人而异的，受人的价值观等主观影响，所以对研判分析人员的敏锐性、敏感性、洞察力、知识面都要求较高。

就网络舆情具体研判方法来说，需要作网络舆情内容研判、网络舆情等级研判、网络舆情走向研判、网络舆情应对研判等，这些研判较多的是定性的研判。例如内容研判不同的网络舆情研判和分析人员，其研判可能不一致。为了指导实际研判工作，加强网络舆情定性研判工作，可编制网络舆情研判指导手册，供宣传、信息、网监、新闻办等部门参考研判分析之用，相关工作人员也可以根据实际工作和岗位需要进行修改和调整，供日常工作之需。

第四节 网络舆情应对精神、理论与原则

一 网络舆情应对精神

网络舆情应对工作的开展应在党的领导下，坚持四项基本原则和中国特色社会主义方向，以毛泽东思想、邓小平理论、"三个代表"重要思想以及习近平新时代中国特色社会主义思想为指导。毛泽东思想中关于繁荣社会主义文化的有关内容，邓小平理论中关于三个有利于的阐述，"三个代表"重要思想中关于党要始终代表中国先进文化的前进方向的重要阐述，科学发展观中关于坚持以人为本、全面协调发展、重视和谐社会等有

关内容，新时代中国特色社会主义思想中关于网络舆情治理的论断内容，都对网络舆情应对工作具有直接的现实指导意义。近些年来，有关网络舆情及舆论的重要论断如下。

十六大报告在第六部分"文化建设和文化体制改革"第一条"牢牢把握先进文化的前进方向"中指出，必须坚持马克思列宁主义、毛泽东思想和邓小平理论在意识形态领域的指导地位，用"三个代表"重要思想统领社会主义文化建设。坚持为人民服务、为社会主义服务的方向和百花齐放、百家争鸣的方针，弘扬主旋律，提倡多样化。坚持以科学的理论武装人，以正确的舆论引导人，以高尚的精神塑造人，以优秀的作品鼓舞人。其中的两个服务方向、双百方针和舆论引导对网络舆情应对工作具有重要指导意义。

十七大报告在第六部分"坚定不移发展社会主义民主政治"第六条"完善制约和监督机制保证人民赋予的权力始终用来为人民谋利益"中指出，重点加强对领导干部特别是主要领导干部、人财物管理使用、关键岗位的监督，健全质询、问责、经济责任审计、引咎辞职、罢免等制度。落实党内监督条例加强民主监督，发挥好舆论监督作用，增强监督合力和实效。十七大报告中，关于舆论监督的论述也为网络舆情应对工作指明了方向。

中国共产党第十七届中央委员会第五次全体会议通过的《中共中央关于制定国民经济和社会发展第十二个五年规划》中，第九条"推动文化大发展大繁荣提升国家文化软实力"，第三十九款"繁荣发展文化事业和文化产业"中提到，广泛开展群众性文化活动加强重要新闻媒体建设，重视互联网等新兴媒体建设、运用、管理，把握正确舆论导向，提高传播能力。这也是对网络舆情工作的发展具有重要的指导意义。

中国共产党第十七届中央委员会第六次全体会议通过的《中共中央关于深化文化体制改革推动社会主义文化大发展大繁荣若干重大问题的决定》中，关于舆论工作作了专门论述。"舆论"一词在决定中共出现了13次之多，第四部分"全面贯彻'二为'方向和'双百'方针为人民提供更好更多的精神食粮"第二条"加强和改进新闻舆论工作"中更是详细指出，要坚持马克思主义新闻观，牢牢把握正确导向，坚持团结稳定鼓劲、正面宣传为主。壮大主流舆论，提高舆论引导的及时性、权威性和公信力、影响力，发挥宣传党的主张、弘扬社会风气、通达社情民意、引导社会热点、疏导公众情绪、搞好舆论监督的重要作用，保障人民知情权、参与权、表达权、监督权。以党报党刊、通信社、电台电视台为主。整合都市类媒体、网络媒体等宣传资源构建统筹协调、责任明确、功能互补、覆盖广泛、富有效率的舆论引导格局。加强和改进正面宣传，加强社会主义核心价值体系宣传，加强舆情分析研判，加强社会热点难点问题引导，从群众关注点入手，科学解疑释惑，有效凝聚共识。做好重大突发事件新闻报道，完善新闻发布制度，健全应急报道和舆论引导机制提高时效性，增强透明度。加强和改进舆论监督，推动解决党和政府高度重视、群众反映强烈的实际问题，维护人民利益，密切党群关系，促进社会和谐。新闻媒体和新闻作者要秉持社会责任和职业道德，真实准确传播新闻信息，自觉抵制错误观点，坚决杜绝虚假新闻。

十八大报告第六部分"扎实推进社会主义文化强国建设"第二条"丰富人民精神文化生活"部分指出，加强和改进网络内容建设，唱响网络主旋律，加强网络社会管理，推进网络规范有序运行，开展扫黄打非，抵制低俗现象，普及科学知识，弘扬科学精神，提高全民科学素养，广泛开展全民健身运动，促进群众体育和竞技体育全面发展。

十九大报告第七部分"坚定文化自信，推动社会主义文化繁荣兴盛"部分指出，必须推进马克思主义中国化时代化大众化，建设具有强大凝聚力和引领力的社会主义意识形态，使全体人民在理想信念、价值理念、道德观念上紧紧团结在一起。要加强理论武装，推动新时代中国特色社会主义思想深入人心。深化马克思主义理论研究和建设，加快构建中国特色哲学社会科学，加强中国特色新型智库建设。高度重视传播手段建设和创新，提高新闻舆论传播力、引导力、影响力、公信力。加强互联网内容建设，建立网络综合治理体系，营造清朗的网络空间。落实意识形态工作责任制，加强阵地建设和管理，注意区分政治原则问题、思想认识问题、学术观点问题，旗帜鲜明反对和抵制各种错误观点。

上述关于网络建设的论述，都是网络舆情管理的指导性方针，也是网络舆情应对工作的基本指导思想，是网络舆情应对工作的行动指南。

二　网络舆情应对理论

网络舆情应对作为网络舆情分析的重要应用目的之一，需要相关的理论作为开展工作的思想指导和理论支撑。近些年来，国内有关专家学者已经做了大量卓有成效的工作。

2007年，纪红、马小洁从掌握网上舆论主动权的角度，探讨了网络舆情的搜集、分析以及引导网络舆情的方法。搜集网上舆情要正确把握网络舆情的生成规律，清楚了解网络舆情的存在空间，分析网上舆情要通晓社会思潮和复杂形势，引导网上舆情要做好信息发布等基础性工作。

2009年，温淑春指出网络舆情对政府管理具有正负两方面的作用。对此，应建立政府网络舆情工作机制、网络舆情引导机制、网络舆情预判预警机制、网络舆情危机处理机制和政府部门间协作交流机制。

2009年，姜胜洪提出正确引导网络舆情。应建立公开透明、及时有效的政府信息发布制度；坚持正确舆论导向，讲究引导舆情的方法和艺术；充分发挥网络上意见领袖的作用，引导网民自我教育；正确处理规范管理与积极鼓励的关系。

2010年，史波在对网络舆情演变机理进行归纳总结的基础上，分析了应对机制与演变机理之间的内在关系，并提出了四位一体的应对机制体系框架，从管理运行机制、预警机制、处置机制和善后机制4个方面，系统地提出了公共危机事件网络舆情的应对策略。

2011年，翁钢粮、邓兴广指出要实现司法审判与网络舆情和谐互动，法院必须把握好：坚持正面及时回应、坚守司法底线和注重方式方法创新三大基本原则。构筑司法审判与网络舆情和谐互动关系，具体机制和举措包括网络舆情信息监测研判机制、舆情应对联动机制、网络舆论监督的规范化建设等，以及实现对司法舆情的程序性回应与吸纳、加强网络舆论监督规范化建设。

2012年，谢清华从地方政府层面、网络舆情层面和网络舆情主体层面三个层面，对地方政府应对网络舆情能力的现状进行分析，在剖析地方政府应对网络舆情能力存在不足原因的基础上，从制度，物质和文化的角度并结合加强创新社会管理时代背景下，提出了提升地方政府应对网络舆情的能力的对策建议。

2013年，魏芳、张广森认为网络舆情是影响思想政治理论课的主要环境变量。它以网络意见领袖、名人微博、网络论坛、人际传播和网络娱乐等方式，直接影响思想政治理论课的四门主干课程的内容，对大学生的世界观、价值观、历史观和人生观产生了不同程度的负面影响，因此，必须构建起网络舆情研判与引导体系，积极有效地应对网络舆情，切实提高思想政治理论课的实效性。

2013年，朱明从网络环境的角度，将网络舆情应对涉及的问题分为三个层次。第一层是传播层，第二层是分析层，第三层是决策层（包括应对）。第一层包括了发送者、接收者和材料的选择等问题，第二、三层实际上包括了利益相关层，也可以说是控制层。并认为，发送者、接收者的问题实质上也是需要研究的对象的问题，要做好网络舆情应对工作，首先要搞清楚应对的对象是谁，否则就可能产生事倍功半的效果，或者没有效果，甚至产生负面的效果。

2014年，李昕认为，政府的舆情应对乏力整体表现为政府管控型舆情应对模式不适用网络舆情现状，具体表现为政府舆情应对行为的多种不当。究其原因，政府官僚制组织架构固有的政治沟通模式和组织安排对舆情应对存在着内生性阻力。基于以上分析，提出了政府不仅要树立新型网络舆情应对理念，还要改进网络舆情应对的工作机制，以及要在舆情应对以外的基础性社会治理上下功夫，为舆情应对提供良好的社会环境的政府改进舆情应对的策略的建议。

2015年，周玮点在分析当前应对网络舆情策略所存在的问题和不足的基础上，从反应速度、法律、观念、工作机制、沟通、网络环境、技术等方面提出了完善政府网络舆情应对策略的建议。

2015年，张军玲采用定量和定性分析有机结合的层次分析法，确定指标体系及权重，给出了企业网络舆情危机应对评价的步骤，并进行了评价验证，为相关单位网络舆情危机应对评价提供一定的参考和指导。

2017年，启翔、倪叶舟基于波特五力模型风险识别方法，识别政府应对网络舆情的风险，从网络媒体层面、网民执议层面、官方媒体层面、网络谣言层面和国外媒体层面，分别提出了政府应对网络舆情的策略。

2017年，赵一凡依据霍尔三维结构，结合政府网络舆情信息需求分析的三个维度，利用网络舆情演化阶段的信息需求矩阵，对网络舆情事件的每个演化阶段政府的应对方式和需要达到的目标进行应用分析。通过政府应对网络舆情信息需求分析的逻辑模型，展示了舆情事件每个阶段政府的信息需求以及提高舆情事件处理能力的方向，为政府部门提升信息收集、筛选、分析能力提供方向建议和更好的经验累积。

2018年，陈福集、翁丽娟通过对移动环境下高校网络舆情相关主体进行分析，建立移动环境下高校网络舆情演化的动力学模型，采用Vensim PLE 软件对模型进行仿真分析，仿真结果最终表明提高高校信息公开程度，降低网民的舆情关注度和媒体作用力能够有效提升高校在移动环境下应对网络舆情的效率。

三　网络舆情应对原则

网络舆情源于现实事件，牵涉线上线下等多个方面，要有效地应对网络舆情，应该根据网络舆情的特点，本着服务广大网民的思想，遵循一定的准则、规范和要求展开工作。

（一）以人为本

以人为本即尊重人的特性和本质，把人民的利益作为工作的出发点和归宿，把人作为经济社会发展和现代化建设的动力和目的，一切工作从最广大人民的根本利益出发，促进人的全面发展，不断满足人民群众日益增长的物质文化、精神生活和政治民主的需求，不断满足人民多方面的现实需要和实现人的全面发展，把关心人、尊重人、解放人、发展人作为社会经济发展的目的。根据这个要求，在网络舆情应对中要从人民的利益和需要出发，满足其物质、精神文化生活需求，而非简单粗暴地封堵舆论信息的传播和蔓延。在事关突发事件和重大安全事故的网络舆情应对中，第一时间出现在现场并进行真实的情况披露，把人的生命和健康放在最重要的位置，在信息发布过程中，尽最大努力地挽救生命。

（二）依法合理

在应对网络舆情的过程中，要坚持以国家相关的法律法规为依据和准绳，符合宪法、法律、法规和其他规章制度的要求。宪法明确了公众的言论自由和舆论监督权，宪法第 21 条第 1 款规定，一切国家机关和国家工作人员必须倾听人民的意见和建议，接受人民的监督。宪法第 41 条进一步规定，中华人民共和国公民对任何国家机关和国家工作人员有提出批评和建议的权利。在依法保护公众知情权、监督权的同时，要依法规范公众及网民的监督行为，对那些恶意散布虚假信息、诬陷他人、危害国家利益以及对网络监督压制、打击、报复的，对违反有关网络管理或侵犯公民人身权、隐私权、名誉权的行为有关主管机关要依据情节轻重和危害程度，依法追究法律责任。近些年来，我国还出台了诸多关于互联网的规定和管理办法，作为网络舆情应对工作的法律依据。除了依法，网络舆情应对还应做到合乎情理，不仅对待网民和公众要合情合理，公布的事实真相、事件细节也应符合情理、符合常理。

（三）及时积极

与传统舆情相比，网络舆情的最大特点就是传播迅速，不受时空限制，能够在极短的时间内遍布整个互联网，甚至传遍整个世界。随着以手机为代表移动终端的高度普及，微信、微博和各种客户端的普遍使用，更加速了互联网信息的传播，这对网络舆情的应对时效性提出了更高的要求。网络舆情一旦发生，基层相关部门应第一时间作出快速反应，相关人员应通力合作，根据经验在自己的职责范围内积极开展应对和先期处理工作。

（四）主动抢先

在网络舆情形成的第一时间，相关部门人员应通过各种媒体渠道主动宣传，力图创造有利的主流舆论态势和社会氛围，切不可坐等媒体调查事实真相和进行现场报道。尤其是对重大敏感事件、突发性事件的新闻报道和舆论引导，要努力抢占先机，把握话语权，赢得主动权，为应对工作营造良好的网络舆论氛围。信息的主动披露，可以以主动积极的姿态有效地应对网络舆情，并降低舆情恶化的可能性，为网络舆情应对工作抢占先机。

（五）开诚布公

信息公开透明是应对网络舆情的基本原则。从信息传播的角度来说，信息公开是对付小道消息和谣言的最好办法。事件发生或网络舆情爆发后，应公开事实真相、事情经过、已采取的措施、已查明的事件原因等，让网民想知道、想了解的情况都能通过公开的渠道和信息找到。在与网民和媒体的信息沟通和传递过程中，应重视平等公平地和网民、媒体互动交流和沟通，想网民和媒体所想，以良好的态度做好信息沟通工作，以最大程度地消除谣言猜测并赢得网民和媒体的信任与支持，为应对网络舆情创造有利条件。

（六）回应引导

与应对现实舆情一样，在应对网络舆情时，仅仅发布信息是不够的，还必须迅速了解和把握网上的舆情信息迅速回应公众疑问，以消除网民的疑问满足其知情权，做到有效及时地回应。在回应网民疑问的同时，还应主动引导舆情及舆论方向，将网络的评论、跟帖、讨论引导到正确的方向上来，利用舆情专员或舆情评论员，监控和跟踪网络舆情，参与跟帖、评论、讨论,主动影响网络论坛、微信、微博等互联网舆论场,引导网民理性、客观地评价和看待事件。对涉及政治等敏感性问题,更要采取正面引导的应对方式,将不利舆情引导到主流舆情上来,避免舆情恶化。

(七)准确真实

真实准确是信任之本。只有准确真实的信任、才不会误导公众,错误虚假的信息比没有信息危害更大,会给事件处理和网络舆情应对带来极大的危害。及时发布确凿可信的事件信息、过程和细节,真实还原事件真相和全貌,不让事件留下疑点,力争不给公众带来困惑,才能最大程度取信于公众和网民,为应对和处置网络舆情创造有利条件。

(八)联动协同

网络舆情应对工作涉及面广,往往牵扯宣传部门、公安部门和工信部门等多个部门,应对工作需要部门之间有效联动,上下级部门之间、政府与企业之间的联合行动,与媒体有效联动和沟通,协调行动,分工协作、彼此配合,步调一致,口径一致,行动一致,共同对网络舆情进行引导和控制应对,从而有效化解网络舆情,促进网络舆情涉及的事件或问题有效解决。

(九)分级分工

属地管理与分级管理是我国政府管理的基本原则,也是网络舆情应对工作的原则。根据网络舆情危急、紧急的程度以及网络舆情涉及事件的大小,分别由不同层级的相关政府部门负责应对,启动相应的应急预案。坚持归口管理,尽量就地解决,将网络舆情及舆情反映的事件化解在基层。同时,各级宣传部门、公安网监部门、国安部门、工商部门、教育部门等部门和网络运营商要担负起各自的互联网管理职责,按照职能分工协作,发挥各自的优势,齐抓共管,共同营造文明健康的网络文化氛围。同时,有关企业及其他社会组织在涉及本单位的网络舆情和事件爆发后,应积极配合有关部门,做好应对工作,避免矛盾激化。

(十)统一指挥

网络舆情由于牵涉利益方众多且发展迅速,网络舆情一旦形成,应立即明确主管部门、主管领导及其责任,统一指挥、统一领导舆情应对工作。尤其是对于突发事件而引发的网络舆情,在危机状态下,领导指挥机构有权调动各个部门的人力、物力,以便统一行动,将危害程度降到最低,同时应在领导指挥机构设立新闻工作组,负责事件的媒体接洽、对外宣传、舆情应对工作，整合各个部门的资源，形成合力有力应对网络舆情。

第五节　网络舆情应对策略

尽管网络舆情这个名词已经广泛出现在政府的公安、维稳、信息等部门，甚至渗透到媒体、企事业单位和人们生活的日常，但在网络舆情应对现实工作和实践中，由于各种各样的原因，仍然存在着许多有待改进的地方。在当前的情况下，为了更加有效地开展网络舆情应对工作，建议从构建网络舆情应对工作体系，完善网络舆情应对法律法规，健全网络舆情应对工作制度，建立网络舆情应对机制等方面着手。

一　构建网络舆情应对工作体系

网络舆情应对工作体系主要涉及网络舆情应对人员、网络舆情组织建设和舆情应对工作责任分配等问题。在网络舆情工作相关性最高的公安局、检察院、安全监督生产管理局等部门，成立专门的网络舆情应对工作领导小组，或指定某分管领导负责网络舆情应对工作，结合实际情况可以考虑下设网络信息中心、新闻中心和宣传科室等组织，并配备舆情监测人员、舆情研判预警人员、跟帖评论人员和新闻发言人等，分别负责网络舆情信息收集、网络舆情研判预警、网络舆情引导应对工作，在各个政府部门形成舆情信息收集队伍、舆情研判预警队伍、舆情引导应对队伍，从而在各个政府部门之间形成这种工作体系的格局。

在网络舆情工作的基础性环节舆情信息收集中，各部门主要负责舆情信息收集工作的网络信息中心之间应当建立相互联系、互联互通和共享的工作体系；网络舆情研判预警工作体系在初步作出研判预警后，对于非本部门的网络舆情，也应及时告知其他相应部门，即网络舆情研判预警工作部门之间也应是相互联系的；对舆情引导应对工作体系来说，各个部门在引导应对各种舆情中的问题、经验及做法也应相互交流，各个部门之间应形成纵横交叉的、立体的舆情应对工作体系，以合作以共赢的心态形成合力，运用体系化的力量完成网络舆情的应对工作。

二 完善网络舆情应对法律法规

经过几十年的迅猛发展，互联网仍然处于剧烈的调整和演化中，所以衍生于互联网上的网络舆情也自然呈现各种前所未有的新姿态。尽管国家立法部门和行政管理部门也一直在制定网络信息管理方面的法律和规章制度，但相对于急速变化的网络舆情，网络治理方面的法律法规仍然处于相对滞后的状态。但法律和规章制度的制定总是具有一定的滞后性，对于网络信息治理方面的法规制度来说，需要进一步加强对网络舆情的调查研究，结合实际情况完善相关法律法规，提高法律条文的可操作性，加强网络媒体的管理和控制，加大对网络信息违法的惩罚力度以及监督管理和违规处罚力度。

除了加紧完善和制定网络舆情信息相关的法律法规，还需要借鉴发达国家较为成熟的法律法规经验，结合网络舆情发展中产生的新情况、新问题和新特点，不断完善和出台网络舆情方面的法律法规，促进和加快网络舆情管理的法制化、规范化和制度化。同时可以考虑逐步推行网络实名制，以净化网络公共空间，加大网络犯罪、网络谣言等打击力度，防止别有用心的人利用网络混淆是非、煽动闹事、进行非法游行集会和炮制群体性事件等。整合与网络舆情相关各部门的职能，强化信息安全工作，通过完善法规以解决网络管理、侦查打击等方面的多头管理问题，促进政府部门间网络信息共享，避免和消除"信息孤岛"，最近几年各级政府逐步成立的网络信息化办公室，就在一定程度上向着这个目标前进。

从国家层面，国家领导人一直对网络舆情工作高度重视，从根本上阐述了网络舆情工作的思想，并提出了诸多切实可行的解决办法。党的十八大以来，各级部门各司其职、密切配合、齐抓共管，在个人信息保护、互联网新闻、互联网网站、网络直播、互联网账号等多个领域持续开展各类专项治理行动，推动着网络生态进一步好转。习近平总书记更是在多个场合均反复强调，网络空间天朗气清、生态良好，符合人民利益；网络空间乌烟瘴气、生态恶化，不符合人民利益。

习近平总书记指出，要抓紧制定立法规划，完善互联网信息内容管理、关键信息基础设施保护等法律法规，依法治理网络空间，维护公民合法权益。近些年来，我国先后在网络安全、电信和互联网用户个人信息保护、互联网直播、网络出版等领域出台了一大批法律法规和部门规章。特别是《网络安全法》的出台，夯实了网络强国建设法制保障。

　　近年来，全国网信战线沿着习近平总书记提出的指向和原则，扎实推进工作，网络空间建设在顶层设计、内容建设、生态治理、安全防护、信息化发展等诸方面都迈出坚实步伐。2016年，《国家网络空间安全战略》正式公布；《网络安全法》于2017年6月1日正式实施。网络强国建设的指向更加明确，保障更加有力，相应地，具体措施逐步展开。2017年1月10日，中央网络安全和信息化领导小组办公室印发《国家网络安全事件应急预案》，用以建立健全国家网络安全事件应急工作机制，提高应对网络安全事件能力，预防和减少网络安全事件造成的损失和危害，保护公众利益，维护国家安全、公共安全和社会秩序。2017年5月2日，国家网信办颁布1号令《互联网新闻信息服务管理规定》，对互联网新闻信息服务许可管理、网信管理体制、互联网新闻信息服务提供者主体责任等进行了修订，进一步加强网络空间法治建设，促进互联网新闻信息服务健康有序发展。同时，《互联网信息内容管理行政执法程序规定》《互联网新闻信息服务许可管理实施细则》也相继出台。

　　2017年8月25日，国家互联网信息办公室公布了《互联网跟帖评论服务管理规定》，自2017年10月1日起施行，该规定旨在深入贯彻《网络安全法》精神，提高互联网跟帖评论服务管理的规范化、科学化水平，促进互联网跟帖评论服务健康有序发展。该规定的出台对于加强互联网跟帖评论服务管理、促进互联网跟帖评论服务发展，具有重要意义。各级互联网信息办公室要切实强化属地管理责任，依法开展互联网跟帖评论服务管理。互联网跟帖评论服务提供者要严格履行主体责任，健全各项规章制度，不断强化人员队伍建设，依法提供互联网跟帖评论服务。

　　所有这些法律法规的制定和出台，都充分地反映了党和政府对网络舆情工作的高度重视和充分关注，也体现了依法治国理念在网络舆情工作中开展的重要性，更为各级政府和企事业单位有效地开展网络舆情应对工作提供了坚实的理论基础和制度保障。

三　健全网络舆情应对工作制度

　　建立健全工作制度是落实网络舆情应对工作的实际性关键环节。针对当前网络舆情工作制度仍然缺失和不完善的状况，为了有效引导和应对网络舆情，要从以下几个方面建立健全网络舆情应对工作制度。

（一）网络新闻发言人制度

网络新闻发言人代表政府对外发布网络新闻和政务信息，并就网络媒体和公众关心的问题进行答复。网络发言人制度是在原新闻发言人制度的基础上的进一步拓展和延伸，建立政府各级网络发言人体系，代表政府各部门及时在网络上发布准确信息，必要时可在媒体中开设专版专题等，以适应网络时代网络舆情多发的现实需要。

网络新闻发言人制度发轫于中央级政府机构，后来逐步发展到省级和市级政府机构。目前，市级以上政府部门已经基本建立网络新闻发言人制度，但在县级及以下政府中还没有建立完全的网络新闻发言人制度。为确保网络新闻发言人制度各项措施落到实处和取得实效，还需要成立由政府主要领导参与的网络新闻发言人工作领导小组，负责统筹所辖地政府系统的网络新闻发布工作。

为了更加有效快速地应对网络舆情，县级及其以下各级政府、各组成部门或企事业单位，在条件许可的情况下，都应建立新闻发言人制度，确定专门的新闻发言人或岗位，并结合自身实际情况确立新闻发布会的条件和要求。在形成网络舆情的公共中介性事项的信息发布时，对于涉及多个政府职能部门的网络舆情，应明确横向沟通的要求，形成统一的对外宣传口径，由政府新闻发言人统一对外发布。

（二）网络舆情信息审核制度

随着移动互联网的快速发展，互联网群组方便了人民群众工作生活，密切了精神文化交流。但与此同时，一些互联网群组信息服务提供者落实管理主体责任不力，部分群组管理者职责缺失，造成淫秽色情、暴力恐怖、谣言诈骗、传销赌博等违法违规信息通过群组传播扩散，一些不法分子还通过群组实施违法犯罪活动，损害公民、法人和其他组织的合法权益，破坏社会和谐稳定，人民群众反映强烈，亟待依法规范。近些年互联网的迅猛发展，也使以往多部门分头审核网络信息的工作模式遭遇严重挑战，各级政府均已经建立了互联网信息办公室，统一进行网络信息的管理工作。但其他与信息密切相关的政府部门，如宣传部等政府职能部门，也应建立网络信息审核制度，从网络舆情信息的源头着手，在媒体的入口把握好信息的审核工作，杜绝不良信息和不健康信息的发布。除了内部信息发布环节之外，对明显违反现行法律政策、恶意歪曲事实真相等信息的媒体或机构按照政策及时适当处理，对发布或传播恶意攻击政府及现行政治制度、煽动暴力或非法集会等违法信息的媒体或机构及时送交网络管理部门，以最大程度确保网络信息源头的风清气正。

为此，2017年9月7日，国家互联网信息办公室印发《互联网群组信息服务管理规定》，并于2017年10月8日正式施行。该规定出台旨在促进互联网群组信息服务健康有序发展，弘扬社会主义核心价值观，培育积极健康的网络文化，为广大网民营造风清气正的网络空间。该规定明确，互联网群组信息服务提供者应当落实信息内容安全管理主体责任，配备与服务规模相适应的专业人员和技术能力，建立健全用户注册、信息审核、应急处置、安全防护等管理制度；该规定强调，互联网群组信息服务提供者应当对互联网群组信息服务使用者进行真实身份信息认证，建立信用等级管理体系，合理设定群组规模，实施分级分类管理，并采取必要措施保护使用者个人信息安全；要求互联网群组建立者、管理者应当履行群组管理责任，依据法律法规、用户协议和平台公约，规范群组网络行为和信息发布，构建文明有序的网络群体空间。互联网群组成员在参与群组信息交流时，应当遵守相关法律法规、文明互动、理性表达。互联网群组信息服务治理需要政府部门、互联网企业、社会公众等多方参与，健全完善舆论监督、社会评议、投诉举报等手段，不断推进行业自律规范，共同构建良好网络生态。

除了依照国家相关法律法规审核网络信息之外，网络信息主管部门平时应加强与媒体和机构的沟通，督促检查媒体在执行制度的同时，更要支持和鼓励做大做强主流媒体，与网民之间建立完善顺畅的双向交流沟通机制，依据社会形势设置广大民众关注的议题与网民进行交流，逐步增强主流媒体的公信力，促使网民形成从主流媒体获取信息的良好习惯，将网络信息的审核工作效果落实到实处，为营造健康向上的社会风气添砖加瓦。

（三）网络信息评论员制度

互联网诞生之初，看腻了报纸上的读者来信，听烦了电视里日复一日的单向叙述，人们一窝蜂涌进了BBS，尽情地灌水，发泄着表达欲望。时至今日，在庞杂的网络信息里，还能偶然瞥见几篇当年动辄几千层楼的神帖。

互联网信息传播的即时性和灵活的双向交流特性，吸引了众多网民获取信息的同时，也在获知信息的第一时间发表对所获取信息的看法，即评论。由于评论来自各色人等，可以从几乎各个角度和阶层反映对网络信息的反馈，从而造成许多情况下，评论比信息或事实本身更精彩现象的出现，也使得相当一部分网民逐步养成了先看标题，跳过正文而直接看评论的网络信息阅读习惯，而往往忽略了网络信息本身的内容，从而流传了这样一句话，"我是来看评论的"，最终的结果就是网络舆情往往不是事实真相本身导致，而是由其作为源头所引发的评论决定的。

而网民这样的信息获取习惯，是信息发布审核环节所不能把握和决定的，但在网络舆情的引导、应对和处置时，可以利用传播学的二级传播原理，有意设立起引导作用的网络评论员，在网络信息的评论环节积极介入。比如舆情多发部门可以尝试考虑设立网络评论员，针对重大网络舆情，根据网络舆论引导和应对工作部署，以普通网民的身份在网上发布正面信息，参与网络和论坛讨论，引导网络舆论，开展网络舆论引导和不良信息处置等工作，并形成网络信息评论员工作制度，提升政府和正面信息的舆论支持度。

随着媒体技术的进步，评论又跟随视频点播或直播以弹幕的形式出现，同样了体现了网民对于视频这种网络信息的看法和态度，所反映的内容和观点同样值得网络舆情工作者关注，并建立相应的网络信息评论员制度。

（四）推行网络实名制度

由于互联网产生之初自由、平等和分享的精神，得以在短时间内在全球范围内得以迅速发展。究其原因，网民参与网络活动的匿名性特点起到了重要的作用，网民可以脱离现实社会的束缚与监督，完全扮演成与现实生活中完全不同的角色参与网络活动，发表信息或看法和意见，从而在早期的互联网上流传了一句名言，"没人知道你是一条狗"，充分地披露了当时互联网的身份的隐匿性和模糊性。网民身份匿名的特点造成网络兴盛的同时，也给网络信息的发布审核和辨别带来了巨大的挑战，再加之缺乏有效的监管，造成虚假信息甚至恶意歪曲信息的满天飞舞，甚至别有用心的人恶意发布不实信息，轻则混淆视听，重则引起社会的秩序失衡甚至动乱。

要消除或减小这种现象的发生，就需要在信息的发布者身份的真实性上着手，在一定范围内逐步推行网络实名制。网络实名制可以有效地防止匿名身份的网民在互联网上散布虚假信息或谣言，制造恐慌和恶意侵害他人名誉等网络行为，能有效遏制网瘾，并使网友看到更有责任的言论，有利于建立社会主义信用体系，提高个人信息的准确度，人与人之间的联系将更加方便和安全。但将实名制全面引入互联网，还需要逐步完成，在这方面，国内做了很多的努力。

2003年开始，中国各地的网吧管理部门要求所有在网吧上网的客户必须向网吧提供身份证，实名登记，以及办理一卡通、IC卡等，以防止未成年人进入网吧。2004年，中国互联网协会发布了《互联网电子邮件服务标准》（征求意见稿），首次提出实名制并且强调电子邮件服务商应要求客户提交真实的客户资料，作为判断邮箱服务归属的标准；同年，实行全站实名制的网站出现。2005年2月，信息产业部会同有关部门要求境内所有网站主办者必须通过为网站提供接入、托管、内容服务的IDC、ISP来备案登记，或者登录信息产业部备案网站自行备案，企事业单位网站或是个人网站，都必须在备案时提供有效证件号码。2006年10月，中华人民共和国信息产业部提出对博客实行实名制。2007年3月，中国互联网协会发出消息称中国互联网协会在推进博客实名制。2007年8月，《博客服务自律公约》鼓励博客实名制，互联网协会和多家互联网厂商将逐步引导、鼓励博客走向实名制。2008年8月，国家工业和信息化部正式答复网络实名制立法提案，虽然最终未获通过，但预示着实现有限网络实名制管理将是未来互联网健康发展的方向。2013年3月28日国务院办公厅发布《关于实施〈国务院机构改革和职能转变方案〉任务分工的通知》，规定了2014年将完成的28项任务中，包括出台并实施信息网络实名登记制度的内容。

尽管广大网民已经养成了在互联网上匿名进行活动的习惯，对实名制的实施会有抵触心理，但从大的方面权衡，实名制的推行有利于互联网平台的健康发展，并最终利于每个参与网络活动的网民，而且在理论、实践和技术上并不存在难以逾越的鸿沟，经过不断努力，建成比较完善的网络实名制后，会全面推进网络舆情工作的良性发展。

四　建立网络舆情应对的系统化机制

当今，互联网在成为最重要信息发布和获取渠道的同时，也已经渗透到生产和生活的方方面面，几近成为了社会正常运行的公共平台，几乎没有一个社会领域能够脱离互联网的影响。但作为信息传播平台本身的性质，互联网传播信息所引发的网络舆情也此起彼伏，深刻地影响着每个社会成员，在这样的形势下，要想有效地做好网络舆情应对工作，应当根据网络舆情自身系统复杂和涉及范围广泛的特点，构建相应的系统化工作机制，应对业已常态化存在的网络舆情。

（一）网络舆情监测预警机制

网络舆情监测是网络舆情工作的基础，网络舆情预警建立在舆情监测的分析的前提下。与工作机制结合，就要建议网络舆情监测预警体系，开发或购置网络舆情监测软件系统，组织人力物力实时监测互联网上的一切网络舆情动态，特别是与政治、意识形态和社会稳定等相关的网络舆情，更要引起特别的高度注意和重视，做到密切跟踪及时预警，将负面舆情信息尽快消灭在萌芽状态的同时，发布真实可靠的正面舆情信息，为主动引导舆情创造有利条件。

除了实时监测网络舆情之外，还需要根据网络舆情的特征，及时做好网络舆情预警工作。尤其是在网络舆情发生兴起之前或重大突发事件发生后，要求职能部门及时跟踪重大突发事件，关注敏感性网络舆论，及时发现媒体及网民关心关注的热点和焦点问题，根据舆情规律推测网络舆情发展的可能性，向相关职能部门发出信号，报告网络舆情特征，科学地判断网络舆情的可能趋势，为下一步引导或处置网络舆情提前做好准备工作，以避免由于不知情或准备不足导致负面舆情的恶化以及舆情事件的升级，为舆情处置提供预先性准备。

（二）网络舆情研判引导处置机制

网络舆情研判是指在对网络舆情进行初步敏感性分析和监测分析的基础上，分析和评价监测到的网络舆情信息，对网络舆情的等级、走向、应对措施和办法等作出判断，是网络舆情应对中联系网络舆情监测和预警环节的重要纽带，其研判结果用于指导网络舆情的引导或处置。制度化的网络舆情研判机制，包括专人负责网络舆情监测和研判、明确工作职责、研判工作常态化并形成制度等一系列环节。

网络舆情工作的根本目的是建立网络舆情引导处置机制。在网络舆情爆发后，迅速启动网络舆情应对预案，第一时间回应网民和公众的质疑和问题，对于正面舆情，在明确规定和工作程序的指导下，进行科学合理的舆情引导；对于负面舆情，则要以坚持积极和正面的引导相结合的方针，有针对性地及时回复网民的质疑，并策略性地理性对待网民的激烈情绪，在与网络舆情事件相关的评论内容方面，需要充分发挥网络评论员的作用，尽力消解负面舆情的不利影响，并及时总结不同类型和规模网络舆情的引导处置方法和策略，做到心中有数，以有效地应对各种网络舆情，并逐步实现网络舆情引导处置的制度化。

(三) 网络舆情保障联动机制

网络舆情工作作为一项事关各个群体和不同人群的社会性工作，要有效开展需要投入大量的人力、物力、财力和规章制度等资源作为后盾。网络舆情保障机制是指提供支持网络舆情工作的人、财、物、技术等方面的保障。其中，确定网络舆情管理的责任人是保障机制的重要内容。计算机技术、网络搜索引擎技术和数据挖掘技术的快速发展，为网络舆情的研判与应对提供了必要的技术保障，为了构建网络舆情保障机制，网络舆情管理职能部门应建立网络舆情监测分析系统，配备必要的网络舆情分析软件，建立舆情分析专家库，在需要专家建议和意见时，提供网络舆情管理的保障，与新闻媒体、社会中介组织、科研机构保持良好的关系，为网络舆情管理提供协作保障，必要时还可以委托专业研究机构开展专题性研究，掌握现实社会基础下的舆情动态。

以网络舆情工作为中心，需要网络舆情主管部门上下级之间及横向的其他相关职能机构联合行动、分工协作、彼此配合，协同应对网络舆情，从而实现共同的危机管理目标，以建立网络舆情工作的联动机制。目前，各级政府已经基本确立了以宣传、新闻、公安和工信等部门为主的网络舆情管理体系，各个部门都负有管理网络信息的责任，应当充分发挥各部门的特长，各部门之间建立积极有效沟通顺畅的信息交流机制，进而强化各部门之间职能的整合并形成合力，以集成化的形式应对网络舆情，以达到整体功能大于部分功能之和的效果。

(四) 网络舆情互动交流沟通机制

尽管不同的专家学者对于网络舆情的定义界定并不完全一致，但均认为网络舆情的主体是广大网民，即网络舆情是广大网民关于公共中介性事项情绪、态度、意见和看法及其交错的总和。所以要有效地应对网络舆情，从根本上说，即从认知网民的心理活动为基础，采取合适科学的策略，理性系统地将网民的情绪引导到正确的方向上来。在这个过程中，需要与广大网民进行充分良好的双向沟通，建立网络舆情互动机制。

网络舆情互动机制，即在应对广大网民所关注的重大公共中介性事项时，政府职能部门需要及时与传统媒体、网络媒体和新闻媒体等沟通和合作，广泛倾听来自社会各个阶层社会成员的呼声，充分发挥传统媒体和新媒体的积极作用，依据传统媒体公信力高的特点，及时发布权威真实可靠的信息，利用新媒体平台双向互动性强的特点，以谦虚的态度及时吸纳广大社会成员的声音，科学鉴别其中的正面信息加以引导强化放大，对于负面信息则要加以解释沟通，如果解释不通，则及时通报相关政府职能部门密切关注，及时发现问题并指出问题所在，尽力消解其负面作用，协调和联动其他与舆情事件密切相关的政府职能部门，并与之形成制度化、常态化的互动沟通和交流机制，最终全面促进社会的稳定发展，为建设新时代中国特色社会主义的深入开展提供稳定保障。

参考文献

1. 毕宏音：《网络舆情形成与变动中的群体影响分析》，《天津大学学报》（社会科学版）2007年第9卷第3期。
2. 扁柯潇、董志宏、林立瑛等：《群体性事件网络舆情对策研究》，《情报探索》2012年第4期。
3. 操玉杰：《基于社会性软件的知识传播研究》，华中师范大学，2012年。
4. 曹维芳、付文达、兰月新等：《基于Gompertz模型的网络新闻舆情扩散规律及对策研究》，《现代情报》2015年第35卷第5期。
5. 曹玉枝：《移动新闻客户端市场发展分析》，《青年记者》2013年第22期。
6. 陈玲霞、易臣何：《突发事件网络舆情政府监控保障体系研究》，《情报探索》2015年第8期。
7. 陈曦：《网络社会匿名与实名问题研究》，北京邮电大学，2014年。
8. 程亮：《网络舆情研判机制的内容与流程》，《中国记者》2010年第2期。
9. 程少华：《中国古代舆论监督历史探源（上）》，《新闻研究导刊》2011年第4期。
10. 丛帅：《网络舆情监测追踪系统的研究与开发》，河北大学，2013年。
11. 单一唯：《网络推手的舆论营造方式研究》，《中国公共安全》（学术版）2015年第3期。
12. 丁柏铨：《论网络舆情》，《新闻记者》2010年第3期。
13. 丁菊玲、勒中坚、薛圈圈：《定量网络舆情危机预警模型构建》，《图书情报工作》2011年第55卷第20期。
14. 丁秋更：《社会转型期我国心理健康问题与和谐社会的构建》，《江苏商论》2007年第3期。

15. 杜阿宁：《互联网舆情信息挖掘方法研究》，哈尔滨工业大学，2007 年。
16. 杜雷：《垂直搜索引擎网络爬虫的研究与设计》，北京邮电大学，2015 年。
17. 杜丽丽：《我国公民网络政治参与研究——兼论我国当代公民教育》，西北师范大学，2013 年。
18. 杜智涛、谢新洲：《利用灰色预测与模式识别方法构建网络舆情预测与预警模型》，《图书情报工作》2013 年第 57 卷第 15 期。
19. 段松青：《面向社会化媒体的用户特征分析关键技术研究》，北京邮电大学，2014 年。
20. 范瑾：《面向舆情监测的主题爬虫设计与分析》，天津科技大学，2014 年。
21. 范旭阳：《社交媒体中热点事件舆论反转现象探究》，南京艺术学院，2016 年。
22. 方提、曾长秋、方世荣：《地方新闻网站的舆论引导优势与传播策略研究》，《湖南大学学报》（社会科学版）2016 年第 30 卷第 4 期。
23. 方向民：《新媒体与传统媒体的互动与融合浅析》，《新媒体研究》2016 年第 2 卷第 18 期。
24. 方一：《网络舆情监测指标体系的设计与实证研究》，华中师范大学，2012 年。
25. 高坤：《论现代型政治信任在中国的建构》，燕山大学，2014 年。
26. 高斯夏：《网络舆情演化的元胞自动机模型研究》，首都经济贸易大学，2013 年。
27. 葛贤平：《和谐社会视域中的社会有机体自我调节及其实现路径》，《当代世界与社会主义》2009 年第 4 期。
28. 郭勇陈、沈洋、马静：《基于意见领袖的网络论坛舆情演化多主体仿真研究》，《情报杂志》2015 年第 2 期。
29. 何婧瑗、尹美娟、金晓燕：《基于主题的 Web 人名抽取系统的设计与实现》，《解放军信息工程大学学报》2010 年第 11 卷第 6 期。
30. 侯继冰：《微博"实名制"对网民意见表达影响研究》，河北大学，2013 年。
31. 胡迁乔：《面向中文论坛的网络舆情倾向性分析》，华中科技大学，

2009 年。

32. 胡顺珍：《突发公共卫生事件网络舆情演化模型研究——以"H7N9"禽流感为例》，东南大学，2016 年。

33. 华夏：《网络推手的运行机制及其应对策略》，《湖南科技学院学报》2016 年第 10 期。

34. 黄晨：《新媒体环境下的谣言传播研究》，云南大学，2015 年。

35. 贾春增：《外国社会学史》，中国人民大学出版社 2010 年版。

36. 姜胜洪：《网络舆情的内涵及主要特点》，《理论界》2010 年第 3 期。

37. 金加卫：《网络社区消费者抱怨影响力度量方法研究》，合肥工业大学，2013 年。

38. 金鑫、李小腾、朱建明：《突发事件网络舆情的演变机制及其情感性分析研究》，《现代情报》2012 年第 32 卷第 12 期。

39. 巨慧慧：《针对网络舆情的情感倾向性研究》，哈尔滨工业大学，2010 年。

40. 李弥程、林琛、周杰等：《网络舆情态势分析模式研究》，《情报科学》2010 年第 7 期。

41. 李昌文：《新媒体流行词语解析》，《山东社会科学》2012 年第 2 期。

42. 李昌祖、左蒙：《舆情的分级与分类研究》，《中共杭州市委党校学报》2015 年第 1 卷第 3 期。

43. 李纲、陈璟浩：《突发公共事件网络舆情研究综述》，《图书情报知识》2014 年第 2 期。

44. 李杰、锁志海：《基于统计分析和知识挖掘的网络舆情管理决策平台研究》，《中国教育信息化》2010 年第 15 期。

45. 李静：《媒介融合视角下的新闻传播效果与受众分析》，《新闻研究导刊》2013 年第 10 期。

46. 李可宝：《网络新闻发言人制度构建》，黑龙江大学，2011 年。

47. 李楠：《网络舆情的分阶段传播》，《新闻传播》2012 年第 8 期。

48. 李鹏：《人民日报官方微博传播问题研究》，广西民族大学，2015 年。

49. 李瑞雯：《网络负面舆论的政府治理研究》，西南大学，2017 年。

50. 李姝：《网易新闻跟帖的实证研究》，暨南大学，2014 年。

51. 李天龙、李明德、张宏邦：《微博舆情生成机制研究》，《情报杂志》2014 年第 9 期。

52. 李湘东、巴志超、黄莉：《基于加权隐含狄利克雷分配模型的新闻话题挖掘方法》，《计算机应用》2014年第34卷第5期。
53. 李晓彦：《新媒体环境下网络舆论引导策略》，《新闻战线》2015年第10x期。
54. 李昕：《当代中国网络舆情及其政府应对研究》，南京大学，2014年。
55. 李艳：《自媒体对中国人际关系的异化探析》，华南理工大学，2014年。
56. 李跃华、李习文：《简述我国对国外应对网络舆情危机做法的借鉴》，《图书馆理论与实践》2012年第8期。
57. 林琛、李弼程、王瑾：《基于模糊推理的网络舆情预警方法》，《解放军信息工程大学学报》2011年第12卷第1期。
58. 林敏：《网络舆情：影响因素及其作用机制研究》，浙江大学，2013年。
59. 林竹：《民意调查方法客观真实性探讨》，《中国统计》2011年第9期。
60. 刘春波：《舆论引导论》，社会科学文献出版社2015年版。
61. 刘君亭：《Web2.0环境下网络舆情传播控制模型及实现》，南京师范大学，2012年。
62. 刘磊、许志刚、蔡海博等：《基于转发评论的微博语义扩充和分类方法》，《北京工业大学学报》2015年第10期。
63. 刘樑、戴伟、李仕明：《基于多Agent的非常规突发事件在线信息预警策略研究》，《中国管理科学》2014年第S1期。
64. 刘乙坐：《微博舆情监测与引导机制研究》，重庆工商大学，2012年。
65. 刘毅：《网络舆情信息理论体系的构建研究》，天津外国语学院，2007年。
66. 刘泽光：《网络舆情分析关键技术研究》，东北大学，2013年。
67. 刘钊：《和谐社会背景下的我国网络舆情研究》，武汉纺织大学，2013年。
68. 陆蓓、程肖、谌志群：《互联网舆情挖掘研究述略》，《情报资料工作》2010年第2期。
69. 罗姮：《社会焦点事件网络舆情演变研究——基于张在元事件的分析》，华中科技大学，2011年。

70. 罗娟：《网络舆情热点事件中的网民行为研究——以邓玉娇事件为例》，华中科技大学，2011年。
71. [美] 曼纽尔·卡斯特：《网络社会的崛起》，社会科学文献出版社2006年版。
72. [美] 詹姆斯·R. 汤森、布兰特利·沃马克：《中国政治》，江苏人民出版社2005年版。
73. 孟晓娇：《基于系统动力学的网络舆情预警机制研究》，黑龙江大学，2013年。
74. 潘正高：《基于规则和统计相结合的中文命名实体识别研究》，《情报科学》2012年第5期。
75. 彭佳斌：《地方新闻网站网络舆情引导南京策略研究》，湖南师范大学，2016年。
76. 齐卫颖：《基于网络社会意象的舆情可视化设计研究》，哈尔滨工业大学，2013年。
77. 钱艳艳：《互联网使用对公共服务满意度的影响分析》，暨南大学，2017年。
78. 邱锐：《创新社会治理背景下的互联网舆情研究及舆论引导》，《中国海洋大学学报》（社会科学版）2016年第6期。
79. 任一奇、王雅蕾、王国华等：《微博谣言的演化机理研究》，《情报杂志》2012年第31卷第5期。
80. 石卉：《基于网络内容分析法的舆情信息研究及应用》，华中师范大学，2011年。
81. 史波：《公共危机事件网络舆情内在演变机理研究》，《情报杂志》2010年第29卷第4期。
82. 苏创、彭锦、李圣国：《国内外网络舆情数学建模研究综述》，《情报杂志》2014年第10期。
83. 苏楠、张璇、杨红岗等：《基于知识图谱的国内网络舆情研究可视化分析》，《情报杂志》2012年第10期。
84. 孙佰清、董靖巍：《重大公共危机网络舆情扩散监测和规律分析》，《哈尔滨工业大学学报》（社会科学版）2011年第13卷第1期。
85. 孙莉玲：《社会主义法制建设的新课题——网络舆情与司法权运行良性互动机制研究》，《东南大学学报》（哲学社会科学版）2013年第

15 卷第 3 期。

86. 孙玲芳、周加波、徐会等：《网络舆情危机的概念辨析及指标设定》，《现代情报》2014 年第 34 卷第 11 期。
87. 孙润：《态势估计技术研究与实现》，西安电子科技大学，2009 年。
88. 孙帅：《突发事件网络舆情管理机制研究》，苏州大学，2014 年。
89. 汤景泰：《我国网络舆论研究的知识图谱与研究主题——基于 CNKI（1998—2014）的数据分析》，《现代传播（中国传媒大学学报）》2015 年第 37 卷第 9 期。
90. 唐泓林：《论新媒体环境下地方党报舆论引导力的提升》，《鄂州大学学报》2016 年第 23 卷第 3 期。
91. 唐涛：《基于情报学方法的网络舆情监测研究》，《情报科学》2014 年第 1 期。
92. 唐喜亮：《突发公共事件网络舆情研究现状与反思》，《出版广角》2014 年第 2 期。
93. 陶长春：《网络谣言对民意的表达与歪曲》，武汉大学，2014 年。
94. 田荣：《试论网络舆情对国家政治安全的影响及对策》，复旦大学，2012 年。
95. 田云：《论媒体监督的困境与对策》，河北经贸大学，2015 年。
96. 王高飞、李明：《我国网络舆情研究的回顾与展望》，《现代情报》2016 年第 36 卷第 5 期。
97. 王根生：《面向群体极化的网络舆情演化研究》，江西财经大学，2011 年。
98. 王汉熙、万成娜、刘凯：《网络舆情研究现状与发展方向》，《哈尔滨工业大学学报》（社会科学版）2015 年第 1 期。
99. 王洪华、李锦兰：《地方政府应对网络舆情危机的成功案例分析》，《现代情报》2014 年第 34 卷第 9 期。
100. 王建龙：《把握社会舆情》，《瞭望》2002 年第 20 期。
101. 王健：《试论媒介技术逻辑影响下的网络情绪》，《重庆科技学院学报》（社会科学版）2012 年第 20 期。
102. 王君泽、方醒、杜洪涛：《网络舆情分析系统中的支撑技术研究》，《现代情报》2015 年第 35 卷第 8 期。
103. 王来华、冯希莹：《舆情概念认识中的两个基本问题》，《天津社会科学》2012年第6期。

104. 王兰成、徐震：《基于本体的主题网络舆情知识模型构建研究》，《解放军信息工程大学学报》2012年第13卷第2期。

105. 王灵芝：《高校学生网络舆情分析及引导机制研究》，中南大学，2010年。

106. 王宁：《论"网络水军"对网络舆情的影响》，河北经贸大学，2011年。

107. 王铁套：《突发事件网络舆情分析与威胁估计方法研究》，解放军信息工程大学，2012年。

108. 王允：《网络舆情数据获取与话题分析技术研究》，解放军信息工程大学，2010年。

109. 王中桥：《自媒体时代应对网络舆情的理念与做法》，《湖北社会科学》2013年第1期。

110. 魏超：《新媒体技术发展对网络舆情信息工作的影响研究》，《图书情报工作》2014年第58卷第1期。

111. 温丽华：《习近平网络强国战略思想研究》，《求实》2017年第11期。

112. 吴晨：《微博时代的媒介融合趋势探讨》，《新闻世界》2012年第8期。

113. 吴静：《基于站点地图的可视化研究及交互设计应用》，湖南大学，2012年。

114. 吴自哲：《地方政府应对群体性事件网络舆情研究》，江西农业大学，2016年。

115. 肖盛：《社会化媒体用户影响力评估》，大连海事大学，2013年。

116. 谢昕未：《基于生命周期理论的网络舆情传播机理及预警系统研究》，北京交通大学，2015年。

117. 谢耘耕、徐颖：《新媒体环境下突发公共事件的信源管理研究》，《新闻与传播研究》2011年第4期。

118. 熊项斌：《社会管理创新视阈下地方政府应对网络舆情的策略探讨》，《河南师范大学学报》（哲学社会科学版）2013年第40卷第5期。

119. 徐迪：《网络舆情研判指标体系与理论模型建构研究》，《现代情报》2013年第33卷第10期。

120. 许鑫、章成志、李雯静：《国内网络舆情研究的回顾与展望》，《情报理论与实践》2009 年第 32 卷第 3 期。
121. 杨冰玉：《新媒体背景下马克思主义大众化实现路径研究》，福建农林大学，2016 年。
122. 杨畅、苏国强、兰月新等：《基于统计回归模型的突发事件网络舆情研究》，《武警学院学报》2014 年第 30 卷第 7 期。
123. 杨武春：《网络问政的成因、问题与对策研究》，云南大学，2012 年。
124. 杨晓：《传统媒体与新媒体如何互动融合》，《新媒体研究》2016 年第 2 卷第 22 期。
125. 杨兴坤：《政府舆情应对工作十大原则》，《改革与开放》2014 年第 7 期。
126. 姚璐：《突发网络舆情中新媒体的作用机理及其应对研究》，湖南师范大学，2014 年。
127. 叶国平：《从民主发展的视角看舆情制度建设的实践价值与发展要求》，《天津社会科学》2013 年第 6 期。
128. 叶国平：《舆情内涵发展演变探析》，《理论与现代化》2013 年第 4 期。
129. 叶平浩、张李义：《基于知识图谱的网络舆情研究现状分析》，《情报杂志》2013 年第 2 期。
130. 叶钟鸣：《网络新闻传播的交互性特征研究》，《传播力研究》2018 年第 6 期。
131. 殷婷：《网络舆情逆转研究》，河北大学，2010 年。
132. 尹迪：《基于联合模型的嵌套命名实体识别研究》，南京师范大学，2014 年。
133. ［英］麦克奈尔：《政治传播学引论》，新华出版社 2005 年版。
134. 袁春月：《复杂适应系统理论视阈下的网络舆情官民互动性研究》，华中师范大学，2014 年。
135. 曾润喜、王晨曦、陈强：《网络舆情传播阶段与模型比较研究》，《情报杂志》2014 年第 5 期。
136. 曾小梦：《基于网民心理的网络舆情引导研究》，湖南大学，2013 年。
137. 张冬冬、林杉：《互联网舆情监测、预警和引导技术》，《计算机与网络》2014 年第 19 期。

138. 张吉伟：《互联网中实时信息获取与索引技术研究》，北京邮电大学，2015 年。
139. 张金鹏：《基于语义的文本相似度算法研究及应用》，重庆理工大学，2014 年。
140. 张克生：《舆情机制是国家决策的根本机制》，《理论与现代化》2004 年第 4 期。
141. 张兰廷：《大数据的社会价值与战略选择》，中共中央党校，2014 年。
142. 张梅贞、周小情：《网络舆情监测与搜集研究》，《青年记者》2014 年第 23 期。
143. 张伟：《基于复杂社会网络的网络舆情演化模型研究》，哈尔滨工业大学，2014 年。
144. 张小明：《论突发事件网络舆情的综合治理：体制建设与制度保障》，《上海行政学院学报》2013 年第 14 卷第 5 期。
145. 张旭、李美娟：《媒介融合环境下的媒体人泛职业化问题研究》，《新闻研究导刊》2015 年第 12 期。
146. 张瑶：《符号学视域下的网络流行语研究》，河北大学，2013 年。
147. 张玉亮：《基于信息交换均衡的突发事件网络舆情演变分期研究》，《现代情报》2013 年第 33 卷第 1 期。
148. 张玉亮：《突发事件网络舆情研究：回顾、检视及反思》，《情报杂志》2013 年第 2 期。
149. 张玥、罗萍、刘千里：《基于信息生命周期理论的网络舆情监测研究》，《情报科学》2013 年第 11 期。
150. 赵灿灿：《网络舆情对我国公共政策制定过程的影响研究》，山东大学，2011 年。
151. 郑春林：《互联网环境下江苏省青少年公民意识教育研究》，南京师范大学，2013 年。
152. 钟瑛、张恒山：《对新媒介环境下主流媒体舆论引导的思考》，《今传媒》2014 年第 7 期。
153. 周慧云：《网络舆情与政府形象塑造研究——以人民网 2011—2013 年舆情报告为研究范围》，上海交通大学，2014 年。
154. 周进：《试论全媒体时代政府官员的媒介素养》，《艺术百家》2014 年第 a01 期。

155. 周巍：《数字媒体时代的意见领袖研究——以微博为例》，复旦大学，2013年。

156. 周小情、张梅贞：《新媒体时代网络舆情预警机制研究》，《新闻知识》2014年第1期。

157. 周耀明、张慧成、王波：《网络舆情演化模式分析》，《解放军信息工程大学学报》2012年第13卷第3期。

158. 朱健：《互联网对我国社会主义民主政治建设积极影响研究》，南开大学，2012年。

159. 朱庆华、刘璇、沈超等：《计算实验方法及其在情报学中的应用》，《情报理论与实践》2012年第35卷第12期。

160. 庄静萍：《网络舆情对我国公共政策过程的影响》，山东师范大学，2014年。

161. 国家统计局：《2016年基尼系数为0.465 较2015年有所上升》（http://www.chinanews.com/cj/2017/01-20/8130559.shtml），2017-01-20。

162. 学习中国：《网络强国战略》（http://news.xinhuanet.com/politics/2015-11/12/c_128421072.htm），2015-11-12。

163. 人民邮电报：《互联网成民众获取信息的主要途径》（http://www.cctime.com/html/2015-3-27/20153271037593452.htm），2015-03-27。

164. 微博数据中心：《2016微博用户发展报告》（http://www.useit.com.cn/thread-14392-1-1.html），2017-01-11。

165. 张司南：《微博用户规模达2.42亿 微信朋友圈使用率为78.7%》（http://finance.sina.com.cn/360desktop/stock/t/2016-08-03/doc-ifxunyya3174262.shtml），2016-8-23。

166. 人民网舆情监测室：《2016年中国互联网舆情分析报告》（http://yuqing.people.com.cn/GB/401915/408999/index.html），2017-01-11。

167. 新华网：《2016年度社会热点事件网络舆情报告》（http://news.xinhuanet.com/yuqing/2017-01/04/c_129432155.htm），2017-01-04。

168. 中国网：《2016年中国互联网舆情研究报告》（http://news.xinhuanet.com/2017-01/11/c_1120292887.htm），2017-01-11。

169. 人民网:《2016 政务新媒体有何新变化 发布快？针对性更强？》（http://media.people.com.cn/n1/2017/0117/c40606-29027765.html），2017-01-17。

170. 徐和建:《腾飞的政务新媒体》（http://theory.people.com.cn/n1/2017/0425/c40531-29235252.html），2017-04-25。

171. 朝晖:《2.3 亿人种下 1025 万棵！从卫星上拍蚂蚁森林：被震撼了》（http://news.mydrivers.com/1/547/547235.htm），2017-09-25。

172. 李润田:《各国如何应对紧急状态》（http://www.people.com.cn/GB/paper68/13244/1187845.html），2004-10-25。

173. 胡正荣:《新媒体与传统媒体联动 构建舆论新环境》（http://media.people.com.cn/GB/40606/9506805.html），2009-06-19。

174. 贾伟民:《舆情预警的内容与方法》（http://yuqing.people.com.cn/n1/2017/0724/c209043-29424805.html），2017-07-24。

175. 正义网:《传播网络谣言被纳入刑法：四种情形最高判七年》（http://www.jcrb.com/xztpd/dkf/96k/2015LPS/CMP/CMTM/201601/t20160128_1587223.html），2016-01-28。

176. 中国网信网:《国家互联网信息办公室公布《微博客信息服务管理规定》》（http://www.cac.gov.cn/2018-02/02/c_1122358700.html），2018-02-22。

177. 朱玲娟:《1 月涉旅舆情生态：景区管理热点多发 安保机制遭受质疑》（http://yuqing.people.com.cn/n1/2017/0221/c209043-29096416.html），2017-02-21。

178. 刘丹丹、张欣、张时嘉:《舆情研究报告：移动短视频边缘现象研究》（http://yuqing.people.com.cn/n1/2016/1104/c364056-28835166.html），2016-11-04。

179. 蚁坊软件:《2018 高校师生问题"舆情事件汇总》（http://www.eefung.com/hot-report/20180418102253），2018-04-18。